Bernd Beckert

Medienpolitische Strategien
für das interaktive Fernsehen

Bernd Beckert

Medienpolitische Strategien für das interaktive Fernsehen

Eine vergleichende Implementationsanalyse

Westdeutscher Verlag

Die Deutsche Bibliothek – CIP-Einheitsaufnahme
Ein Titeldatensatz für diese Publikation ist bei
Der Deutschen Bibliothek erhältlich

1. Auflage März 2002

Alle Rechte vorbehalten
© Westdeutscher Verlag GmbH, Wiesbaden 2002

Lektorat: Nadine Kinne

Der Westdeutsche Verlag ist ein Unternehmen der Fachverlagsgruppe BertelsmannSpringer.
www.westdeutschervlg.de

Das Werk einschließlich aller seiner Teile ist urheberrechtlich geschützt. Jede Verwertung außerhalb der engen Grenzen des Urheberrechtsgesetzes ist ohne Zustimmung des Verlags unzulässig und strafbar. Das gilt insbesondere für Vervielfältigungen, Übersetzungen, Mikroverfilmungen und die Einspeicherung und Verarbeitung in elektronischen Systemen.

Die Wiedergabe von Gebrauchsnamen, Handelsnamen, Warenbezeichnungen usw. in diesem Werk berechtigt auch ohne besondere Kennzeichnung nicht zu der Annahme, dass solche Namen im Sinne der Warenzeichen- und Markenschutz-Gesetzgebung als frei zu betrachten wären und daher von jedermann benutzt werden dürften.

Umschlaggestaltung: Horst Dieter Bürkle, Darmstadt
Druck und buchbinderische Verarbeitung: Rosch-Buch, Scheßlitz
Gedruckt auf säurefreiem und chlorfrei gebleichtem Papier
Printed in Germany

ISBN 3-531-13773-5

Dank

Die hier vorliegende Arbeit ist eine aktualisierte Fassung der am 22. Mai 2001 an der Fakultät für Wirtschafts- und Sozialwissenschaften der Technischen Universität München eingereichten Dissertation mit dem Titel „Interaktives Fernsehen im Kontext staatlicher Programme für die Informationsgesellschaft. Eine vergleichende Implementationsstudie von Info 2000 und NII". An ihrer Entstehung waren viele Personen beteiligt, denen ich an dieser Stelle meinen Dank für ihre Unterstützung, Anregung und Kritik aussprechen möchte.

Mein Dank geht zunächst an Prof. Dr. Edgar Grande und Prof. Dr. Herbert Kubicek, die diese Arbeit von Anfang an betreuten und für die es nie ein Widerspruch war, sich gleichzeitig mit politikwissenschaftlichen und IT-spezifischen Fragen zu beschäftigen.

Der Volkswagen-Stiftung bin ich zu Dank verpflichtet, weil sie das Projekt „Wege in die Informationsgesellschaft" finanziert hat, in dem ich wichtige Erkenntnisse für diese Arbeit gewinnen konnte. Auch den Interviewpartnern in Deutschland und den Vereinigten Staaten sei an dieser Stelle noch einmal herzlich für ihre Auskunftsbereitschaft und Unterstützung gedankt.

Weiterhin danke ich meinen Kollegen und Freunden in der Forschungsgruppe Telekommunikation an der Universität Bremen Martin Hagen und Andreas Breiter für die konstruktive Kritik und ihren ansteckenden wissenschatlichen Enthusiasmus.

Besonderer Dank gilt meiner Frau Ariane, deren Liebe mich über all diese Zeit am Leben erhalten hat. Und er gilt meinen Eltern, die mich nicht nur moralisch unterstützt haben.

Und nicht zuletzt möchte ich mich bei meinen neuen Kollegen in der Abteilung Informations- und Kommunikationssysteme des Fraunhofer ISI in Karlsruhe bedanken, die mich immer wieder auf *noch* aktuellere Entwicklungen hingewiesen haben.

Inhalt

Abkürzungsverzeichnis

ACATS	Advisory Committee on Advanced Television Services
ADSL	Asymmetric Digital Subscriber Line
API	Application Programm Interface
ATM	Asynchronous Transfer Mode
ATVEF	Advanced Television Enhancement Forum
BK	Breitbandkabel
BLM	Bayerische Landeszentrale für neue Medien
BMBF	Bundesministerium für Bildung, Wissenschaft, Forschung und Technologie
BMPT	Bundesministerium für Post und Telekommunikation
BMWi	Bundesministerium für Wirtschaft
BTX	Bildschirmtext
CA	Conditional Access
CI	Common Interface
CMTS	Cable Modem Termination Station
DBS	Direct Broadcasting by Satellite
DoC	Department of Commerce
DOCSIS	Data Over Cable Service Interface Specification
DVB	Digital Video Broadcasting
DVD	Digital Versatile (oder Video) Disc
EPG	Electronic Programm Guide
FCC	Federal Communications Commission
FTP	File Transfer Protocol
Gbit/s	Gigabit pro Sekunde
HDTV	High Definition Television/ High Definition Digital Television
HH	Haushalte
I	Interview
IDR	Initiative Digitaler Rundfunk
IITF	Information Infrastructure Task Force
ISP	Internet Service Provider
IuK	Informations- und Kommunikationstechnologien
IuKDG	Informations- und Kommunikationsdienste Gesetz
Kbit/s	Kilobit pro Sekunde
LAN	Local Area Network
LfK	Landesanstalt für Kommunikation in Baden-Württemberg
LfR	Landesanstalt für Rundfunk in Nordrhein-Westfalen
Mbit/s	Megabit pro Sekunde
MHz	Megahertz
MMDS	Multichannel Multipoint Distribution Service
MPEG	Motion Pictures Experts Group
NE	Netzebene

NII	National Information Infrastructure
NTIA	National Telecommunications and Information Administration
NTSC	National Television Systems Committee
NVOD	Near Video on Demand
PAL	Phase Alternate Line
PPC	Pay per channel
PPV	Pay per View
RBOC	Regional Bell Operation Companies
RegTP	Regulierungsbehörde für Post und Telekommunikation
TCA	Telecommunications Act
TCP/IP	Transmission Control Protocol/ Internet Protocol
TK	Telekommunikation
TKG	Telekommunikationsgesetz
VDT	Video Dial Tone
VOD	Video on Demand
VSAT	Very Small Aperture Terminal
WLL	Wireless Local Loop
WLL	Wireless Local Loop
WWW	World Wide Web

Abbildungsverzeichnis

Tabellenverzeichnis

1 Einleitung

Gegenstand dieser Arbeit sind die großen und inzwischen als historisch zu bezeichnenden staatlichen Aktionsprogramme für die Informationsgesellschaft in Deutschland und den USA. Dabei handelt es sich zum einen um „Info 2000: Deutschlands Weg in die Informationsgesellschaft" der Regierung Kohl und zum anderen um die „National Information Infrastructure Initiative: Agenda for Action" der Clinton/ Gore-Administration. Beide Initiativen stellen den erstmaligen Versuch der jeweiligen Regierung dar, die gesellschaftlichen, wirtschaftlichen und politischen Konsequenzen einer medientechnischen Entwicklung zu erfassen, die sich durch neue Angebotskombinationen und die Konvergenz der Bereiche Telekommunikation, Computer und Medien auszeichnet. Die Entwicklung und Verbreitung neuer, digitaler Medien sollte nachhaltig gefördert werden, wobei nicht nur wirtschaftliche Gründe (Wettbewerbsfähigkeit, Technologieführerschaft), sondern auch gesellschaftspolitische Gründe (Medienvielfalt, Vermeidung der Spaltung der Gesellschaft in Informationsreiche und -arme) für eine staatliche Intervention sprachen.

Die bereits im September 1993 gestartete amerikanische Initiative zum Aufbau einer *National Information Infrastructure* (*NII*) kann in diesem Zusammenhang als Ausgangspunkt für eine ganze Reihe von staatlichen Programmen für die Informationsgesellschaft rund um den Globus gelten.[1] Die überragende gesellschaftliche Bedeutung, die den neuen Informations- und Kommunikationstechnologien (IuK) in der *NII* zugeschrieben wurde, hatte zur Folge, dass telekommunikationspolitische und medientechnische Fragen - zunächst in den Vereinigten Staaten und später auch in anderen industrialisierten Ländern - zunehmend in das Blickfeld der politischen und öffentlichen Diskussion gerieten. Bis dahin hatten solche Themen als zu kompliziert und zu technisch für die Allgemeinheit gegolten (Robinson 1995: 36).

Im Juli 1994 folgte mit dem sog. Bangemann-Bericht die europäische Antwort auf die *NII* und im Februar 1996 stellte die Bundesregierung unter Federführung des Bundeswirtschaftsministeriums das deutsche Aktionsprogramm Info 2000 vor.

Mit unterschiedlichen Schwerpunkten wurden in Deutschland auch auf Länderebene Programme und Projekte gestartet, mit denen der Weg in die Informationsgesellschaft geebnet werden sollte.[2] Die Clinton/ Gore-Initiative war in diesem

---

1   Für eine internationale Übersicht von Aktionsprogrammen zur Informationsgesellschaft bis 1996 siehe BMWi 1996, 31. Eine Liste aktueller Initiativen stellt das UNESCO Observatory on the Information Society zur Verfügung, www.unesco.org/webworld/ observatory/index.shtml.

2   Eine Übersicht von Landesinitiativen und -projekten bis 1996 findet sich in BMWi 1996, Anhang C. Aktuelle Initiativen und Programme der Länder listet z.B. die Webseite des Wirtschaftsministeriums: www.bmwi-info2000.de/glob_invent_d/index_ a.htm.

Sinne der Startschuß für einen Wettlauf in die Informationsgesellschaft, in dem die
Staaten um die besten Rahmenbedingungen, Regulierungsansätze und Strategien
konkurrieren und in dem mit Hilfe von Aktionsprogrammen der Anschluß an die
medientechnische Entwicklung gewährleistet werden soll. Auch das jüngste
deutsche Aktionsprogramm „Innovation und Arbeitsplätze in der Informationsgesellschaft des 21. Jahrhunderts" und die Initiative D21 sowie die aktuellen
amerikanischen Projekte zur Vermeidung einer *Digital Divide* sind in diesem
Zusammenhang zu sehen.

Dabei ist das Muster, wie solche Programme zustande kommen, immer ähnlich:
In der Regel ist die Grundlage eine Expertenkommission, die sich aus Vertretern des
Staates, der Politik, der Wirtschaft, der Wissenschaft und teilweise auch der
gesellschaftlichen Gruppen zusammensetzt (vgl. Klumpp/ Schwemmle 2000: 7). Die
Aktionsprogramme, die schließlich das Resultat komplexer Aushandlungsprozesse
sind, werden stets von der Überzeugung getragen, dass es einen akuten staatlichen
Handlungsbedarf gibt und dass eine politische Gestaltung des medientechnischen
Wandels sowohl möglich als auch notwendig ist.

Allerdings, so stellen Klumpp und Schwemmle in ihrer Untersuchung internationaler Regierungsprogramme zur Informationsgesellschaft treffend fest, sind
Aktionspläne von staatlichen Organisationen „überall auf der Welt ohne Zweifel
letztlich nur Papier. Und Papier ist geduldig" (Klumpp/ Schwemmle 2000: 7).
Völlig unreflektiert bleibt in diesem Zusammenhang meist die Frage, was solche
Pläne überhaupt bewirken können, inwieweit die Maßnahmen tatsächlich geeignet
sind, die intendierten Ziele zu erreichen und was - über einen gewissen Öffentlichkeitseffekt hinaus - an Resultaten erwartet werden kann. Diese Fragen erscheinen
umso brisanter, als die staatlichen Akteure im Zuge der Liberalisierung und Privatisierung des Telekommunikations- und Mediensektors in den 80er und 90er Jahren
wichtige Instrumente der Gestaltung weitgehend aus der Hand gegeben haben.
Nicht umsonst stehen in den staatlichen Programmen Appelle an die *wirtschaft-*
lichen Akteure und die Kreativität der Unternehmen an erster Stelle.

Trotz der offenbar eingeschränkten staatlichen Handlungskapazität im Politikfeld Multimedia waren sowohl die *NII* (1993-1997) als auch Info 2000 (1996-1999)
als tiefgreifende gesellschaftliche Reformprojekte konzipiert worden - mit entsprechenden Auswirkungen auf fast alle Lebens- und Arbeitsbereiche. Beide
Initiativen sind inzwischen abgeschlossen bzw. in neuen Initiativen und Maß-
nahmeplänen aufgegangen. Aus politikwissenschaftlicher Sicht - und nicht zuletzt
vor dem Hintergrund der aktuellen Aktionen der jeweiligen Regierungen - erscheint
es nun, im Abstand von einigen Jahren, wünschenswert zu wissen, wie erfolgreich
diese Initiativen in ihrem Bemühen waren, neue Medienanwendungen zu ermöglichen, inwiefern die gesteckten Ziele erreicht werden konnten und welche Um-
setzungsstrategien sich bewährt haben.

Eine solche Fragestellung stellt eine analytische und konzeptionelle Herausforderung dar, die ohne entsprechende Einschränkungen nicht bewältigbar ist. Vor
allem der umfassende Charakter, der beiden Initiativen eigen ist und der sich in der
Behandlung so unterschiedlicher Bereiche wie Schulen (Internet-Zugänge für

Schüler und Vermittlung von Medienkompetenz), öffentliche Verwaltung (Einsatz neuer IuK-Technologien und Online-Verwaltung) und private Mediennutzung (interaktives Fernsehen und Internet-Nutzung) ausdrückt, erzwingt geradezu eine thematische Konzentration auf einen Bereich. In dieser Arbeit sollen deshalb lediglich jene Maßnahmen aus den Aktionsprogrammen dargestellt und in ihrer Umsetzung analysiert werden, die sich auf die Entstehung und Ermöglichung von interaktivem Fernsehen beziehen.[3]

Interaktives Fernsehen, das in den staatlichen Programmen zum Teil direkt und zum Teil über Formulierungen wie „neue, interaktive Angebote für Privathaushalte" oder „Multimedia-Anwendungen im privaten Bereich" angesprochen wurde, stellt dabei keine Randerscheinung in den Aktionsprogrammen dar, sondern wurde als zentraler Begriff stellvertretend für einen grundlegenden Medienwandel mit erheblichen Konsequenzen für die Informations- und Meinungsbildung und das generelle Medienverhalten der Bevölkerung verwendet. Sowohl im deutschen als auch im amerikanischen Programm wurde dem interaktiven Fernsehen in den Varianten Video on Demand (Fernsehen auf Abruf), neue interaktive TV-Dienste (Teleshopping, Telebanking) und Breitband-Internet (Video- und Audio-Strea-ming), großes Potenzial zugeschrieben.

Ausgangspunkt für den erwarteten Medienwandel war die Digitalisierung der Fernsehtechnik Anfang der 90er Jahre, die es in Kombination mit immer leistungs-fähigeren Kompressionsverfahren ermöglichte, Fernsehinhalte prinzipiell wie Computerdateien zu behandeln und sie über Telekommunikationsnetze zu ver-schicken oder über Kabelfernsehnetze zu verbreiten. Auf der anderen Seite hatten Online-Dienste und Internet-Anwendungen über die klassische Kombination von PC, Modem und Telefonnetz seit 1993 größere Verbreitung in der Bevölkerung gefunden. Neue Zugangstechnologien über Kabelmodem und *Digital Subscriber Line* (DSL) versprachen in absehbarer Zukunft genügend Übertragungskapazität, um nicht nur Texte und Bilder, sondern auch Video- und Audioinhalte im Internet zu übertragen und in die Haushalte zu bringen.

Viele neue Kombinationen von Fernsehen und Online waren technisch machbar geworden und die Zukunft der Medien wurde in einer digitalen, interaktiven TV-Welt gesehen, in der jeder Zuschauer sein eigenes Programm zusammenstellen kann oder gar selbst zum Inhalteproduzenten wird (vgl. z.B. Noam 1995 und Negroponte 1995). Im Bereich der elektronischen Unterhaltungs- und Informationsmedien verhieß die Informationsgesellschaft die Befreiung aus festen Programmschemen,

---

3   Eine Analyse der Maßnahmen in allen drei Bereichen wurde in einem von der Volkswagenstiftung geförderten 3-jährigen Forschungsprojekt durchgeführt, das gleichzeitig die Grundlage für diese Arbeit darstellt. Auch hier wurde davon ausge-gangen, dass zunächst separate Bereichsstudien notwendig sind, bevor ein inter-sektoraler Vergleich möglich wird. Für den intersektoralen Vergleich wurden dann verschiedene Dimensionen bestimmt, mit denen der unterschiedlichen institutionellen Verfaßtheit der Bereiche Rechnung getragen wurde (vgl. Kubicek et al. 2001). Für eine detaillierte Analyse des Bereichs Schulen siehe Breiter 2000. Den Bereich Online-Verwaltung behandelt ausführlich Hagen 2001.

mehr Kontrolle über die Inhalte, mehr Auswahl und größere Personalisierungs-
möglichkeiten. Aber auch Einkaufen oder Bankgeschäfte sollten in Zukunft über
den heimischen Bildschirm erledigt werden können, wobei die neuen Technologien
mehr Transparenz, größere Bequemlichkeit und die Unabhängigkeit von Öffnungs-
zeiten versprachen.

In den Vereinigten Staaten löste die Aussicht auf eine eigene, selbstbestimmte
Auswahl von Fernsehsendungen und eine individuelle Gestaltung des Programms
Anfang der 90er Jahre geradezu euphorische Visionen von der Medienzukunft aus,
die unter anderem von der Hoffnung getragen waren, die Macht der als manipulativ
empfundenen kommerziellen TV-*Networks* zu brechen (vgl. Williams/ Pavlik 1994,
Gilder 1994). Aber auch in Deutschland wurde die Entwicklung vom passiven
Fernsehzuschauer zum eigenen Programmdirektor und die Transformation der
massenmedialen Einbahnstraße „Fernsehen" zu einer Ära der persönlichen Medien
und „medialer Interaktionen" (Faßler 1996) gefeiert (vgl. Rötzer 1994, Franke 1994,
Riem/ Wingert 1995: 55-92).

Entsprechende Aufmerksamkeit, wenngleich mit unterschiedlichen Akzentuierungen, erfuhr das interaktive Fernsehen in den staatlichen Programmen. Einig
waren sich die *NII* und Info 2000 vor allem darin, dass der Sprung in das interaktive
Medienzeitalter von großer Bedeutung für die Wettbewerbsfähigkeit der nationalen
Telekommunikations- und Medienindustrie sein würde. Die staatlichen Maßnahmen
sollten deshalb dazu beitragen, dass neue interaktive Medienangebote im Online-
und Fernsehbereich möglichst rasch und kostengünstig allen Bürgern zur Verfügung
stehen und Eingang in die tägliche Mediennutzung finden.

Diese Zielsetzung, die im deutschen Programm mit „wir machen Multimedia
möglich" umschrieben wurde (BMBF 1998: 3), hob vor allem auf geeignete
Rahmenbedingungen ab, die die Anbieter in die Lage versetzen sollten, solche
neuen Dienste zu entwickeln und anzubieten. Da interaktives Fernsehen aus der
Kombination bzw. Weiterentwicklung der Bereiche Online (Telekommunikation)
und Fernsehen (Medien) entsteht, bedeutete dies, dass entsprechende Rahmenbedingungen in ganz unterschiedlichen staatlichen Handlungsfeldern angepasst und
gestaltet werden mussten. In besonderem Maße bezog sich diese Anpassung auf die
Telekommunikations- und Medienpolitik, aber auch Querschnittsbereiche wie
Urheberrechts,- Verbraucher- und Datenschutz sollten auf ihre Anwendbarkeit bei
digitalen Medien überprüft und entsprechend überarbeitet werden. Diese, auf den
ersten Blick heterogenen und mit unterschiedlichen Zuständigkeiten versehen
Maßnahmenbündel sollten allerdings nicht unverbunden nebeneinander stehen,
sondern durch die Zusammenfassung und gemeinsame Ausrichtung im Aktionsprogramm dazu führen, dass letztlich ein neues, adäquates Medienregime geschaffen wird, das neuen, interaktiven Anwendungen zum Durchbruch verhilft. Die
staatlichen Initiativen für die Informationsgesellschaft waren in diesem Sinne
„Dach"- oder „Umbrella"-Programme, mit denen die jeweiligen Regierungen nicht
nur die Richtung für die Modifizierung der Rahmenbedingungen vorgeben wollten,
sondern darüber hinaus eine adäquate, koordinierte Umsetzung in den zuständigen
Ministerien, Fachbereichen und Institutionen sicherstellen wollten.

Für die Analyse der Umsetzung dieser Programme, wie sie hier vorgenommen werden soll, bedeutet dies zweierlei: Erstens muss sich die Untersuchung auf die konkrete Umsetzung der Maßnahmen und ihren jeweiligen institutionellen Kontext einlassen. Das in den Aktionsprogrammen formulierte Ziel einer Ausrichtung der staatlichen Handlungsfelder auf die Erfordernisse interaktiver Mediensysteme ist dabei eine Sache. Eine ganz andere Sache ist, ob bzw. inwieweit diese Ausrichtung bei der Umsetzung der Maßnahmen erreicht werden konnte.

Zweitens müssen die jeweiligen Maßnahmen daraufhin überprüft werden, ob und in welcher Weise sie geeignet waren, die Handlungsrationalitäten der Adressaten, d.h. der Medienunternehmen und anderer Anbieter neuer, interaktiver Medien, im intendierten Sinne zu beeinflussen. Es ist bislang durchaus unklar, welchen Anteil die staatlichen Vorgaben bei der konkreten Entwicklung interaktiver Mediensysteme haben und welche Maßnahmen tatsächlich geeignet sind, hier unterstützend und fördernd zu wirken. Um dies beurteilen zu können, ist eine genaue Kenntnis des spezifischen Entwicklungskontextes interaktiver Medien in ihrer jeweiligen Ausprägung notwendig. Erst auf der Basis dieses Wissens können schließlich Aussagen über die Passgenauigkeit der staatlichen Maßnahmen gemacht und abgeschätzt werden, ob die beabsichtigten Effekte letztlich erzielt wurden oder nicht.

1.1   Fragestellung

Betrachtet man den Stand der Verbreitung interaktiver TV-Angebote in Deutschland und den USA Ende des Jahres 2000, so kann man gravierende Unterschiede feststellen. Trotz aller Einschränkungen, die aufgrund uneinheitlicher Definitionen und lückenhafter Datenbestände gemacht werden müssen, haben US-Amerikaner heute eine größere Auswahl bei der Entscheidung, welche interaktiven TV-Dienste sie abonnieren bzw. nutzen wollen.[4] Dies bezieht sich sowohl auf die Wahl der Endgeräte (PC oder Fernseher mit entsprechendem Decoder) als auch auf die technischen Verteilwege (Fernsehkabel, Telefon, Satellit) und betrifft damit auch inhaltliche Aspekte.

Die Auswahlmöglichkeiten sind dabei nicht alleine dem *Boom* des Internets zuzuschreiben, der in den Vereinigten Staaten ungefähr drei Jahre früher als in Deutschland einsetzte und in dessen Folge viele neue Angebote entstanden. Dieses Zeitverschiebungs-Argument verliert schnell an Plausibilität, wenn man berücksichtigt, dass viele dieser, in der *Boom*-Phase entstandenen, Angebote heute gar nicht mehr existieren und wenn man drüber hinaus die grundsätzlichen Handlungsoptionen der Anbieter in beiden Ländern näher betrachtet. Dennoch ist damit die

---

4   Zur Quantifizierung der unterschiedlichen Verbreitung interaktiver Anwendungen werden bei der Definition der *Outcome*-Dimension in Abschnitt 3.7 folgende Hilfsgrößen herangezogen: Verbreitung von Web TV-Angeboten, d.h. Internet-basierter oder proprietärer Datendienste, die über das Fernsehgerät genutzt werden; Verbreitung von DSL- und Kabelmodemangeboten; Entwicklung von Video on Demand-Angeboten.

Frage angesprochen, in welchem Kausalverhältnis die staatlichen Programme zur
Verbreitung interaktiver Medien stehen: Ist die Situation, wie sie sich heute darstellt, wegen, trotz oder völlig unbeschadet von den staatlichen Aktionsprogrammen
entstanden? Inwieweit können diese Programme überhaupt als Erklärungsfaktor für
den unterschiedlichen Erfolg des interaktiven Fernsehens herangezogengen werden?

Tatsächlich müssen bei der Bestimmung der Ursachen für eine nachhaltige Verbreitung interaktiver Medien eine ganze Reihe von Faktoren beachtet werden, die
sowohl innerhalb als auch außerhalb der Reichweite der staatlichen Programme
liegen. Obwohl es an dieser Stelle wünschenswert wäre, auf ein allgemeingültiges
Modell zurückgreifen zu können, in dem die einzelnen Faktoren der Multimedia-
Entwicklung benannt und gewichtet werden, scheint sich die empirische Wirklichkeit gegen ein solches Modell zu sperren.

In ihrem Aufsatz „The Social Shaping of Multimedia in an International Perspective" entwickelten Kubicek/ Beckert/ Williams et al. (2000) ein entsprechendes
Modell zur Bestimmung der Multimedia-Entwicklung, das aus den Faktoren
„Industriestruktur", „Technische Infrastruktur", „Nutzerpräferenzen und -ressour-
cen" und „Politisch-institutionelle Faktoren" besteht. Der politisch-institutionelle
Bereich wurde dabei anhand der institutionellen Struktur, des Regulierungsregimes
und des Politikstils eines Landes konkretisiert. Auf der Basis umfangreicher
empirischer Erhebungen in vier Ländern konnte festgestellt werden, dass sich dieses
Modell, das den *Social Shaping of Technology*-Ansatz[5] auf den Bereich Multimedia
anwendet, zur Strukturierung der Einflussvariablen und zur Erklärung unterschiedlicher nationaler Multimedia-Profile sehr gut eignet. Ein allgemeingültiger Kausal-
zusammenhang bzw. eine generelle Gewichtung staatlicher und nicht-staatlicher
Faktoren konnte jedoch selbst anhand dieses elaborierten Ansatzes nicht herausgestellt werden (Kubicek/ Beckert/ Williams et al. 2000: 111f).

Vor diesem Hintergrund muss die Fragestellung und damit der Gültigkeits-
bereich der vorliegenden Arbeit eingeschränkt werden. Was nicht geleistet werden
kann, sind allgemeingültige Aussagen zum Kausalverhältnis von staatlichen
Aktionen und der Entwicklung interaktiver TV-Dienste. Dies hängt neben der
Komplexität und Dynamik in diesem Bereich vor allem mit der Zielsetzung der
Aktionsprogramme und dem verbliebenen staatlichen Instrumentarium zusammen:
Interaktive Medienangebote sollten *ermöglicht* werden, sie konnten aber in keiner
Weise konkret gestaltet oder gar vorgeschrieben werden.

Im Unterschied beispielsweise zu den Bereichen Schule und öffentliche Verwaltung gibt es bei der privaten Mediennutzung keine direkte Durchgriffsfähigkeit
des Staates.[6] Hier muss indirekt über die Gestaltung der Rahmenbedingungen und

---

5   Der *Social Shaping of Technology*-Ansatz geht davon aus, dass die Nutzung und
    Verbreitung neuer Technologien in hohem Maße von sozio-kulturellen Faktoren be-
    stimmt wird und weniger von der Beschaffenheit der technischen Artefakte. Vgl. z.B.
    Bijker/ Law 1992, Williams/ Edge 1996.

6   Dass dies nicht immer so war, wird in Kapitel 2 am Beispiel von Bildschirmtext und
    Kabelfernsehen in Deutschland gezeigt.

über flankierende politische Maßnahmen versucht werden, die Entwicklung im intendierten Sinne zu beeinflussen.

Dennoch erscheint es möglich, die Spezifik der Entwicklung dieses Bereichs zu erfassen und über die Analyse konkreter Medienprojekte zu Aussagen über die Wirkung und die Qualität staatlicher Maßnahmen zu kommen. Dabei gilt es zunächst, den Analyserahmen für politik-externe Faktoren offen zu halten und damit eine staatszentrierte Perspektive zu vermeiden, in der das politsche Programm als Ausgangpunkt für die Entwicklung erscheint. Auf der anderen Seite sind und waren staatlich-institutionelle Rahmenbedingungen von nicht unerheblicher Bedeutung für die Entwicklung neuer Mediensysteme (vgl. Bruck 1993, Giesecke 1991). Eine adäquate Gestaltung des medienrechtlichen Regimes kann in diesem Zusammenhang durchaus als ein zentraler Faktor für die rasche und nachhaltige Verbreitung gelten. Besonderes Gewicht erhält dieses Argument, wenn man sich die Forderungen vergegenwärtigt, die von wirtschaftlichen Akteuren und Verbänden im Zusammenhang mit den Aktionsprogrammen an den Staat gestellt wurden und die darauf hinausliefen, dass es vor allem die staatlichen Rahmenbedingungen, Regulierungsungleichgewichte und institutionelle Barrieren sind, die das Entstehen neuer Angebote verhindern (vgl. z.B. Höing/ Treplin 1994, Stammler 1996, Stock/ Röper/ Holznagel 1997, VPRT 1997, Herkel 1998, Bertelsmann Stiftung 1999).

Insgesamt sollen deshalb zur Beurteilung des Erfolges der staatlichen Aktionsprogramme zwei Fragen beantwortet werden: Erstens, inwiefern ist es gelungen, die vorgeschlagenen Maßnahmen im institutionellen Kontext konsequent umzusetzen und zweitens, inwiefern waren diese Maßnahmen geeignet, die konkreten Handlungsbedingungen der Akteure vor Ort zu beeinflussen? Angesprochen sind damit zum einen mögliche Implementationsdefizite und zum anderen die Frage, inwieweit die staatlichen Maßnahmen den speziellen Erfordernissen im lokalen Medienentwicklungskontext gerecht wurden.

Interpretiert man die staatlichen Initiativen zur Informationsgesellschaft als Beispiele für staatliche Kontextsteuerung, d.h. für eine Steuerung, die nicht über hierarchisch-autoritäre oder dekretive Muster, sondern über die Gestaltung entsprechender Rahmen- und Kontextbedingungen versucht, die erwünschten Ergebnisse zu erzielen (Willke 1988, Willke 1997), dann läßt eine differenzierte Bewertung dieser Initiativen letztlich auch Rückschlüsse auf die Handlungsfähigkeit des Staates in einem Bereich zu, in dem die traditionellen Instrumente weitgehend unbrauchbar geworden sind.

1.2 Forschungsstand

Da die staatlichen Programme hinsichtlich ihrer Auswirkungen auf die Entwicklung interaktiver TV-Dienste analysiert werden sollen, muss der Forschungsstand in zwei Bereichen berücksichtigt werden: Im Bereich der Analyse staatlicher Aktionsprogramme für die Informationsgesellschaft und im Bereich des interaktiven Fernsehens.

Die staatlichen Programme selbst waren Gegenstand verschiedener Untersuchungen, wobei meist die Entstehung und die thematische Struktur sowie Einzelaspekte wie die Liberalisierung der Telekommunikation oder Gesetze zur Regulierung neuer Mediendienste im Vordergrund standen. Den Entstehungsprozess der *NII* und europäischer Initiativen zeichnet z.B. Schneider (1997) in seinem Aufsatz „Different Roads to the Information Society? Comparing U.S. and European Approaches from a Public Policy Perspective" nach. Der Aufstieg des Themas Informationsgesellschaft in die politische Sphäre wird dabei im wesentlichen auf den amerikanischen Wahlkampf des Jahres 1992 zurückgeführt, in dem Clinton und Gore den Aufbau eines *Information Highways* ganz oben auf ihrer Agenda plazierten. Mit dem Einzug in das Weiße Haus 1993 wurde dieses Wahlkampfthema zur offiziellen Regierungspolitik und stieß über eine „global policy diffusion" (Schneider 1997: 346) entsprechende europäische Initiativen an.[7] Weiterhin gibt es eine Reihe von Untersuchungen zu einzelnen Aspekten der *NII*, wie z.B. der Anpassung des *Universal Service* Prinzips für die Informationsgesellschaft (McConnaughey 1997), der Beteiligung von Interessengruppen an der Entstehung des *Telecommunication Acts* (Drake 1997) oder der Maßnahmen zur Ermöglichung breitbandiger Internetzugänge (Werbach 1997, Werbach 1999).

Den speziellen europäischen Kontext beleuchtet die Studie von Campbell und Konert (1998) „Bausteine der Informationsgesellschaft. Ziele und Initiativen der europäischen Politik", wobei hier die Entstehungsgeschichte und die thematische Integration bestehender Förderprojekte in den Rahmen des Aktionsplans im Vordergrund stehen.[8] Eine aktuelle Darstellung internationaler Regierungsprogramme für die Informationsgesellschaft, die insgesamt 14 Länder sowie das europäische Aktionsprogramm „eEurope" umfaßt, haben Klumpp und Schwemmle (2000) erarbeitet. Ihre Bestandsaufnahme beschränkt sich jedoch auf die Wiedergabe von Zielen und Maßnahmen der jeweiligen Regierungen. Abgesehen von einigen Anmerkungen zum Stellenwert solcher Aktionspläne erfolgt keine Bewertung oder Einordnung der Initiativen.

Auffallend ist, dass das deutsche Aktionsprogramm Info 2000 keinen Niederschlag in der politikwissenschaftlichen Diskussion gefunden hat. Nach Kenntnis des Autors gibt es keine Untersuchung, die Info 2000 als nationalstaatlichen Entwurf für die Gestaltung der Informationsgesellschaft analysiert. Stattdessen gibt es eine Reihe von Einzeluntersuchungen, die sich beispielsweise mit der Entstehung des Telekommunikationsgesetzes (Thorein 1997, Paulweber 1999), der Struktur des Teledienstegesetzes (Gola/ Jaspers/ Müthlein 1997, Hochstein 1997) oder auch mit der Möglichkeit eines föderalen Kommunikationsrates (Stammler 2000, Hoffmann-Riem/ Schulz/ Held 2000) beschäftigen. Selten wird dabei jedoch ein konkreter Bezug zu den Zielen und zur Umsetzung von Info 2000 hergestellt.

Implementationsanalysen, die den Zusammenhang zwischen der Medienentwicklung und den staatlichen Aktionsprogrammen oder Teilen daraus themati-

---

7   Weitere Gesamtdarstellungen der *NII* finden sich bei Drake 1995, Kahin 1996 und Kalil 1997.

8   Mit Initiativen und Projekten für die Informationsgesellschaft auf europäischer Ebene befassen sich weiterhin Claus 1995, Niebel 1997 und Lob/ Oel 1998.

sieren, fehlen mit zwei Ausnahmen ganz. Die erste Ausnahme bezieht sich auf die Untersuchung über die Auswirkungen des deutschen Informations- und Kommunikationsdienste Gesetzes (IuKDG). Die Evaluierung dieses Gesetzes, in dem u.a. die Zuordnung neuer Dienste zur Telekommunikation oder zum Rundfunk geklärt werden sollte, war vom Gesetzgeber bereits bei seiner Verabschiedung im Jahre 1997 vorgesehen worden. In einem umfangreichen Evaluierungsprozess sollte festgestellt werden, wie sich dieses Gesetz in der Praxis bewährt hat und welche Änderungen aufgrund neuer medientechnischer Entwicklungen notwendig sind. Die Studien, die infolge des gesetzlichen Auftrags erstellt worden sind (vgl. Tettenborn 1999, LfK 1999), strukturieren den Bereich der neuen Medien allerdings entlang rechtlicher Vorgaben und sind daher nur in begrenztem Maße geeignet, die Dynamik der Entwicklung einzufangen.

Die zweite Ausnahme betrifft die amerikanische Entwicklung und basiert auf einer Maßgabe des *Telecommunication Acts* (TCA) von 1996. Dort wurde in Abschnitt 706 vorgesehen, die Entwicklung breitbandiger Zugangstechnologien (DSL, Kabelmodems, Wireless Local Loop, etc.) regelmäßig zu untersuchen und abzuschätzen, ob die Bevölkerung in ausreichendem Maße mit schnellen Internet-Zugängen versorgt wird. Die amerikanische Regulierungsbehörde *Federal Communications Commission* (FCC) legt seit 1999 jährlich einen umfangreichen Bericht vor, in dem beurteilt wird, inwiefern „broadband is deployed in a reasonable and timely fashion" (FCC 1999, FCC 2000). Obwohl es sich bei den FCC-Berichten um kritische und an den konkreten Erfordernissen des Marktes ausgerichteten Überprüfungen des bestehenden telekommunikationsrechtlichen Regimes handelt, wird hier lediglich ein Teilbereich der Entwicklung des interaktiven Fernsehens abgedeckt.

Zum interaktiven Fernsehen in seinen verschiedenen Varianten wurde seit Mitte der 90er Jahre eine Vielzahl von Studien veröffentlicht. Neben der Auflistung und Beschreibung verschiedener Pilot- und Markteinführungsprojekte (Höing 1994, Krasilovsky 1994, Kubicek/ Beckert/ Sarkar 1998) gibt es vor allem technische Darstellungen (Schwarze 1994, Ziemer 1994, Swedlow 2000) sowie Versuche, die wirtschaftliche Zukunft interaktiver TV-Angebote zu prognostizieren (Schauz 1997, Fletcher Research 1999, Torris 2000). In verschiedenen medien- und kommunikationswissenschaftlichen Zusammenhängen wurde darüber hinaus die Frage erörtert, welche Auswirkungen interaktive Programm- und Nutzungsformen auf das traditionelle Fernseherleben haben (Schönbach 1997, Vorderer/ Knobloch 1998, Knobloch 2000) und welche Konsequenzen sich aus der Möglichkeit der Personalisierung der Medien für den Begriff des Massenpublikums ergeben (Hoffmann-Riem/ Vesting 1994, Esposito 1995, Wehner 1997).

Konkrete wirtschaftliche, infrastrukturelle und regulatorische Rahmenbedingungen für die Realisierung des interaktiven Fernsehens wurden dagegen nur selten thematisiert. Ruhrmann/ Nieland 1997 sowie Garling 1997 sind hier die wichtigen Ausnahmen. Ruhrmann und Nielands Studie „Interaktives Fernsehen. Entwicklung, Dimensionen, Fragen und Thesen" geht auf ein Gutachten zurück, das 1994/95 im Auftrag des Deutschen Bundestages verfaßt wurde. Ihre Darstellung der medienrechtlichen und medienpolitischen Anforderungen für die Implementierung interaktiver TV-Angebote gilt in ihren Grundstrukturen nach wie vor. Ebenso wie Garlings Arbeit „Interaktives Fernsehen in Deutschland" beziehen sie sich allerdings auf eine frühe Phase des interaktiven Fernsehens, in der in Deutschland vor allem medienrechtliche Einordnungen von Teleshopping-Angeboten, Video on Demand und digitalem Pay-TV diskutiert wurden. Nur am Rande treten jene ordnungspolitischen Vorgaben in Erscheinung, die sich auf die konkreten technischen, ökonomischen und infrastrukturellen Rahmenbedingungen des interaktiven Fernsehens beziehen. Eben jene Rahmenbedingungen jedoch sind, wie zu zeigen sein wird, von entscheidender Bedeutung für die Entwicklung in diesem Bereich.

Insgesamt läßt sich ein Forschungsdefizit sowohl bei der vergleichenden Analyse der Umsetzung staatlicher Initiativen für die Informationsgesellschaft als auch bei der systematischen Aufarbeitung von Voraussetzungen und Barrieren des interaktiven Fernsehens feststellen. Der Ansatz, staatliche Maßnahmen auf der Basis konkreter Markt- und Anwendungsentwicklungen zu bewerten, wurde in der erwähnten Arbeit von Kubicek/ Beckert/ Breiter/ Hagen (2001) für die Bereiche Unterhaltung, Bildung und öffentliche Verwaltung verfolgt. Diese Studie bildet die Grundlage für diese Arbeit.

1.3   Vorgehen und Methode: Implementationsuntersuchung als zweistufiges Verfahren

Will man den Zusammenhang zwischen staatlichen Maßnahmen und der tatsächlichen Entwicklung in einem Politikfeld untersuchen, bieten sich Vorgehensweisen an, die im Rahmen der politikwissenschaftlichen Implementationsforschung entwickelt wurden. Implementationsanalysen können Aufschlüsse über Effektivität und Effizienz staatlicher Maßnahmen geben, indem sie die Ziele eines staatlichen Handlungsprogramms mit dem Resultat seiner Umsetzung, dem so genannten *Policy Outcome*, in Beziehung setzen.

Dabei wird davon ausgegangen, dass die Ziele nicht ohne weiteres erreicht werden können, sondern dass die Zielerreichung wesentlich vom rechtlichen und institutionellen Umfeld abhängt, in dem die Maßnahmen umgesetzt werden. Die Bearbeitung des Analyseausschnitts „Implementation" bietet sich für die Untersuchung der staatlichen Programme zur Informationsgesellschaft auch deshalb an, weil sie hinsichtlich ihrer Entstehung und Zielsetzung große Ähnlichkeit aufweisen. Der wesentliche Unterschied zwischen *NII* und Info 2000 wird deshalb in ihrer Umsetzung vermutet.

Die Implementationsanalyse dieser beiden Programme verfolgt aber nicht nur das Ziel, Implementationsschwächen oder „Vollzugsdefizite" (Mayntz 1978) von an sich sinnvollen Handlungsprogrammen zu bestimmen. In Politikfeldern, in denen der staatliche Durchgriff prinzipiell größer ist und in denen beispielsweise über Ressourcenzuteilungen, rechtliche Vorschriften oder Grenzwertdefinitionen direkter Einfluss auf das Verhalten der Akteure ausgeübt werden kann (z.B. in den Politikfeldern Bildung, öffentliche Verwaltung und Umweltschutz), würde die Analyse des administrativen Implementationszusammenhangs und seiner Restriktionen bereits ausreichen, um die Ergebnisse des Programms hinreichend erklären zu können (vgl. Mayntz 1980, Baestlein/ Konukiewitz 1980). Im Politikfeld Multimedia fehlen dagegen seit Anfang der 90er Jahre solche Instrumente und es ist durchaus unklar, was an die Stelle traditioneller Medien- und Technologiepolitik treten kann. Die staatlichen Pogramme zur Informationsgesellschaft verfolgten im Bereich Multimedia daher hauptsächlich die Absicht, Entwicklungen anzustoßen, Kooperationen zu ermöglichen und eine entsprechende Marktdynamik auszulösen - Ziele, die mithin eine freiwillige Kooperation wirtschaftlicher und gesellschaftlicher Akteure voraussetzen.

Die Entwicklung neuer Angebote und ihre Verbreitung in der Bevölkerung konnte also nicht vorgeschrieben werden, sondern musste über die Anpassung von rechtlichen und institutionellen Rahmenbedingungen sowie über flankierende politische Maßnahmen erreicht werden. Ob dieser Ansatz zu realen Wirkungsveränderungen geführt hat, kann letztlich nur beantwortet werden, indem man sich die konkreten Erfordernisse des lokalen Entwicklungskontextes vor Augen führt.

Eine Implementationsanalyse der staatlichen Programme für den Bereich Multimedia muss deshalb über die Analyse der Umsetzung der Maßnahmen im engeren staatlich-institutionellen Umfeld hinaus auch auf die konkreten Handlungsbedingungen der Adressaten, d.h. hier der Medienunternehmen, der Technik- sowie Inhaltelieferanten und der Nutzer, eingehen. Erst im Rückgriff auf Ergebnisse der Felduntersuchung kann schließlich beurteilt werden, wie passgenau die staatlichen Maßnahmen und ihre jeweilige Umsetzung waren. Dieser Umweg ist notwendig, weil nicht ohne weiteres davon ausgegangen werden kannn, dass der *Policy Output*, d.h. die Gesamtheit der politisch-administrativen Vorgaben, direkte Relevanz für das Verhalten der Adressaten hat und damit generell Wirkungen im intendierten Sinne erzielt werden können.

Daraus ergibt sich die Notwendigkeit, in zwei Schritten vorzugehen, d.h. zunächst gilt es, die staatlichen Maßnahmen in ihrem jeweiligen Implementationszusammenhang zu analysieren und anschließend müssen die zentralen Variablen der Medienentwicklung im Bereich des interaktiven Fernsehens bestimmt werden.

Die Analyse der Programmumsetzung soll dabei über eine klassische *Top-Down* Implementationsuntersuchung erfolgen, die sich an den Kriterien orientiert, die Paul A. Sabatier 1986 in seinem Aufsatz „Top-Down and Bottom-Up Approaches to Implementation Research" vorgeschlagen hat.

In Politikfeldern, die dem Zugriff staatlicher Maßnahmen weitgehend entzogen sind und in denen politisch-regulative Rahmenbedingungen nur ein Faktor unter vielen sind, könnte eine Analyse ausschließlich entlang staatlicher Dimensionen jedoch zu problematischen Ergebnissen führen. Unter dem Stichwort „Kausaltheorie" werden zwar auch in der *Top-Down*-Analyse die Vorstellungen über die Funktionslogik des Adressatenfeldes angesprochen. Eine genauere Prüfung der staatlichen Annahmen stößt allerdings im Bereich Multimedia auf Probleme, die nicht mehr innerhalb des *Top-Down*-Ansatzes gelöst werden können. Denn in diesem dynamischen und überaus komplexen Bereich liegen adäquate Kausal-theorien nicht unmittelbar auf der Hand. Sie müssen vielmehr über die Analyse des jeweils spezifischen Produktions- und Anwendungskontextes erst herausgearbeitet werden.

Dazu soll in einem zweiten Schritt eine *Bottom-Up*-Studie des Bereiches „inter-aktives Fernsehen" durchgeführt werden, die sich auf insgesamt sechs Fallstudien stützt. *Bottom-Up* bedeutet in diesem Zusammenhang, dass der konkrete Medienentwicklungskontext vor Ort im Mittelpunkt der Untersuchung steht. Gewissermaßen „von unten kommend" sollen dabei aus der Sicht der jeweiligen Anbieter oder Betreiber die zentralen technischen, wirtschaftlichen und regula-torischen Handlungsoptionen und -restriktionen bei der Realisierung von inter-aktiven TV-Angeboten bestimmt werden. Über die Darstellung der entscheidenden Variablen, d.h. der Erfolgsfaktoren für die Entwicklung in diesem Bereich, soll es schließlich möglich werden, den Stellenwert jener Einflussgrößen zu bestimmen, die im Gestaltungsbereich des Staates liegen.

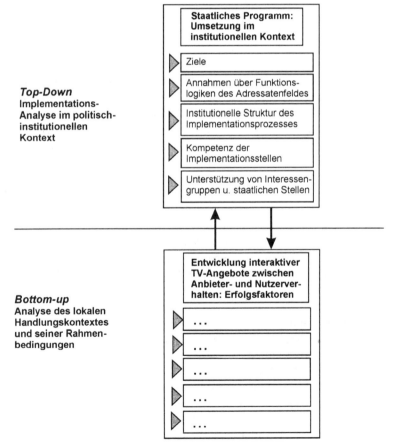

Abb. 1:   Die zweistufige Vorgehensweise aus *Top-Down*- und *Bottom-Up*-Analyse

Die *Bottom-Up*-Analyse dient hier jedoch nicht wie in anderen Studien dazu, eine „Aufwärtsbewegung" nachzuvollziehen, sondern wird von einem spezifischen Faktorenmodell strukturiert, das die besonderen Bedingungen im Bereich des interaktiven Fernsehens abbildet.[9] Aus der Innenansicht des lokalen Handlungskontextes wird dann die Bedeutung staatlicher Rahmenbedingungen zu bestimmen sein. Auf dieser Basis können schließlich die spezifischen Veränderungen des medienrechtlichen Regimes beurteilt werden, wie sie in den Aktionsprogrammen vorgeschlagen und im institutionellen Umfeld umgesetzt wurden. Abb. 1 faßt das zweistufige Vorgehen von *Top-Down*- und *Bottom-Up*-Analyse zusammen.

Um die Ergebnisse der *Top-Down*- und der *Bottom-Up*-Analyse zusammenführen zu können, ist es notwendig, die Umsetzung der Maßnahmen und die Medienentwicklung vor Ort als einen dynamischen und aufeinander bezogenen Prozeß zu begreifen, an dessen Ende der *Policy-Outcome* steht (siehe Abb. 2).

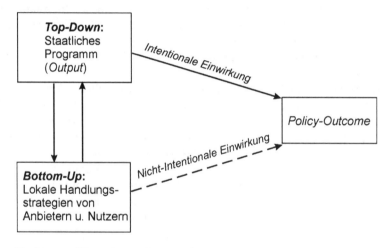

Abb. 2: Die *Outcome*-Dimension zur Verbindung von *Top-Down* und *Bottom-Up*

Policy-Outcome bezeichnet hier das Ergebnis der Entwicklung im Bereich des interaktiven Fernsehens nach der Umsetzung der staatlichen Aktionsprogramme und läßt sich mit gewissen Einschränkungen über die Zahl der dann vorhandenen Angebote quantifizieren.

Die staatlichen Akteure gingen sowohl in Deutschland als auch in den USA davon aus, die Entwicklung über ein geeignetes Set an Maßnahmen im intendierten Sinne beeinflussen zu können. Das, was im staatlich-administrativen Apparat an

---

9   Verschiedene *Bottom-Up*-Studien setzen auf der Ebene der kleinsten Untersuchungseinheit an und führen diese sukzessive auf Einflüsse „höherer" Handlungs- und Systemebenen zurück (vgl. z.B. Barrett/ Fudge 1981, Hanf 1982, Weidner/ Knoepfel 1983). Der lokale Handlungskontext wird in diesem Zusammenhang lediglich als „Implementationsfront" (Weidner/ Knoepfel 1983: 224) begriffen, von der aus der Gesamtprozeß bis hin zur Programmbildung empirisch rekonstruiert wird.

Maßnahmen konzipiert und umgesetzt wurde (*Policy Output*), sollte letztlich bewirken, dass vielfältige interaktive TV-Angebote entstehen, die von der Bevölkerung entsprechend genutzt werden. Eine nicht-intentionale Einwirkung auf den *Policy-Outcome* geht dabei von den Medienanbietern und den Mediennutzern aus. Die Akteure auf dieser Ebene agieren zunächst autonom und innerhalb ihrer eigenen Handlungslogiken. Ihre Verhaltensweisen sind jedoch von bestimmten Rahmenbedingungen geprägt, die bei entsprechender Veränderung neue Anreizstrukturen generieren können.

Intentionale und nicht-intentionale Einwirkungen auf den *Policy-Outcome* - in Abb. 2 als Pfeile dargestellt - können prinzipiell zusammenfallen, d.h. mehr oder weniger deckungsgleich sein, sie können parallel ohne direkten Bezug zueinander verlaufen, oder sie können völlig auseinanderlaufen. Was der Fall ist, entscheidet sich letzlich über den Grad der Abstimmung zwischen den staatlichen Maßnahmen und den lokalen Handlungsstrategien. Im Idealfall, der Übereinstimmung von intentionalen und nicht-intentionalen Einwirkungen, heißt dies, dass die Maßnahmen reale Anknüpfungspunkte bei den lokalen Handlungsstrategien finden konnten und dass die Umsetzung passgenau auf die Erfordernisse der gesellschaftlichen Akteure zugeschnitten war.

Der Aufbau dieser Arbeit folgt dem skizzierten zweistufigen Verfahren von *Top-Down*-Implementationsuntersuchung und *Bottom-Up*-Analyse des Adressatenfeldes.

In *Kapitel 2* wird die Fragestellung zunächst in einen größeren politikwissenschaftlichen Zusammenhang eingeordnet, in dem der Verlust der staatlichen Handlungsfähigkeit im Zeichen von Globalisierung, Deregulierung und Individualisierung diskutiert wird. Die allgemeine Diagnose vom Verlust staatlicher Handlungsfähigkeit trifft auf den ersten Blick in besonderem Maße auf die Bereiche Telekommunikations- und Medienpolitik zu. Dort wurden seit Mitte der 80er Jahre zunehmend Instrumente der staatlichen Gestaltung aus der Hand gegeben. Bereiche, die ehemals im staatlichen Versorgungsbereich lagen, wurden Schritt für Schritt privatisiert und dem freien Spiel des Marktes überlassen. Auf der anderen Seite sind im Zeichen des Wettlaufs in die Informationsgesellschaft die Ansprüche an staatliche Aufbau- und Integrationsleistungen gestiegen. Die Aktionsprogramme für die Informationsgesellschaft können in diesem Zusammenhang als neue Instrumente staatlicher Steuerung angesehen werden.

Der Analyserahmen für die *Top-Down*-Implementationsstudie wird in *Kapitel 3* entwickelt. Dabei werden die erwähnten Kriterien, die Paul A. Sabatier (1986) für die Durchführung einer solchen Studie vorgeschlagen hat, näher erläutert und auf den Untersuchungsgegenstand angepasst. Auch eine nähere Bestimmung der *Outcome*-Dimension soll in diesem Kapitel vorgenommen werden, da sie die Grundlage für den späteren Vergleich der Reichweite, bzw. des Erfolgs der staatlichen Programme bildet.

Interaktives Fernsehen ist ein Gegenstandsbereich, der sich nicht nur durch eine hohe Dynamik und technische Komplexität auszeichnet, sondern der auch von unterschiedlichen Beobachtern und Experten ganz unterschiedlich definiert wird. In *Kapitel 4* wird auf die Hintergründe der unterschiedlichen Definitionen eingegangen und versucht, über die Auseinandersetzung mit der Interaktivitäts- und Konvergenzdebatte eine eigene Strukturierung vorzunehmen, die sich nicht an den Potenzialen, sondern an den tatsächlichen Angeboten des Jahres 2000 orientiert. Dabei werden die drei Bereiche „Interaktive Fernsehdienste", „Breitband-Internet" und „Video on Demand" identifiziert und anhand von Beispielen dargestellt. Für alle drei Bereiche gelten unterschiedliche technische, wirtschaftliche und regulatorische Bedingungen, die entsprechend berücksichtigt werden müssen. Interaktives Fernsehen wird als spezifische Weiterentwicklung der Ursprungsmedien „Fernsehen" und „Online" dargestellt, die sich zunächst auf etablierte Anbieter- und Nutzerstrukturen sowie auf bekannte inhaltliche Kategorisierungen (Information, Unterhaltung, Kommunikation, etc.) stützt.

Die staatlichen Aktionsprogramme für die Informationsgesellschaft können als Antwort auf eine medientechnische Entwicklung gesehen werden, die die Telekommunikations- und Medienpolitik zunehmend unter Anpassungsdruck setzte. In *Kapitel 5* wird deshalb die Ausgangssituation im Fernsehbereich und im Bereich Online/ Internet in Deutschland zum Zeitpunkt der Formulierung der staatlichen Initiative dargestellt und gezeigt, dass sich im Schnittfeld dieser Medien neue Dienste entwickelt haben, für die es keine oder nur unzureichende Vorkehrungen im bestehenden medienrechtlichen Regime gab. Dabei muss genauer auf die technischen Voraussetzungen, die Marktstrukturen und die Verteilwege eingegangen werden, die die Grundlage für die Entwicklung interaktiver TV-Angebote bilden.

Die Untersuchung des Aktionsprogramms Info 2000 der Bundesregierung steht im Mittelpunkt von *Kapitel 6*. In Info 2000 wurden verschiedene Problemfelder angesprochen, welche die Entwicklung des interaktiven Fernsehens beeinträchtigen und entsprechende Maßnahmen vorgesehen, mit denen die identifizierten Barrieren beseitigt werden sollten. Da sich das Aktionsprogramm nicht an Anwendungsbereichen, sondern an traditionellen staatlichen Handlungsfeldern (Telekommunikationspolitik, Wirtschaftspolitik, Bildungspolitik, etc.) orientiert, müssen zunächst jene Maßnahmen identifiziert werden, die für das interaktive Fernsehen von Bedeutung sind. Anschließend wird auf der Basis von Sabatiers Kriterien eine *Top-Down*-Analyse durchgeführt, in der die Umsetzung der verschiedenen Maßnahmen im institutionellen Umfeld im Vordergrund steht. Die *Top-Down*-Analyse stützt sich hauptsächlich auf die Auswertung offizieller Dokumente, Aufsätze und Artikel in der Fachpresse sowie auf Ergebnisse umfangreicher Internet-Recherchen.

Kapitel 7 stellt die Ausgangssituation und die Problemkonstellation für die Telekommunikations- und Medienpolitik in den Vereinigten Staaten dar und folgt dabei der Struktur von Kapitel 5. Die *National Information Infrastructure* Initiative der Clinton/ Gore-Administration wird in *Kapitel 8* dargestellt, wobei auch hier Sabatiers Kriterien die Grundlage für die Beschreibung bilden. In *Kapitel 9* schließlich werden die Ergebnisse beider *Top-Down*-Analysen zusammengefasst und die zentralen Unterschiede zwischen Info 2000 und *NII* herausgearbeitet.

Für die *Bottom-Up*-Analyse, in der die Auswirkungen des Programms auf den realen Entwicklungskontext untersucht werden sollen, wird in *Kapitel 10* ein Faktorenmodell entwickelt, das die Einflussgrößen für die Entstehung interaktiver

TV-Angebote identifiziert und strukturiert. Prinzipiell werden dabei Faktoren unterschieden, die die Akteure im lokalen Handlungskontext selbst beeinflussen können und Faktoren, die nicht ohne weiteres verändert werden können und die sich als Rahmenbedingungen auf den Verlauf der Projekte bzw. Einführungsversuche auswirken. Bei den Rahmenbedingungen handelt es sich zum einen um ordnungs-politische, staatlich-regulatorische und zum anderen um wirtschaftlich-marktstruk-turelle Vorgaben.

Auf der Grundlage dieser Unterscheidungen werden in *Kapitel 11* drei deutsche Markteinführungsversuche von interaktivem Fernsehen untersucht, wobei die Angebote so ausgewählt wurden, dass sich ein typisches Bild der Entwicklungen in den Bereichen Video on Demand, Breitband-Internet und interaktive TV-Dienste ergibt. Im einzelnen handelt es sich um die Projekte „Interactive Video Services Stuttgart" (IVSS), „InfoCityNRW" und „DVB Multimedia Bayern".

Die amerikanischen Fallstudien folgen in *Kapitel 12*. Hier wird das „Full Service Network"-Projekt (FSN) von Time Warner, das Kabelmodemangebot „Excite@Home" und Microsofts „WebTV"-Angebot untersucht. Die detaillierte Analyse des lokalen Handlungskontextes und seiner Rahmenbedingungen hat zum Ziel, die zentralen Einflussfaktoren in den jeweiligen Teilbereichen zu bestimmen. Da die amerikanischen Einführungsversuche fast durchweg erfolgreich waren, sind damit gleichzeitig die kritischen Erfolgsfaktoren benannt, die bei der Realisierung beachtet werden müssen.

Für die Fallstudien wurden über einen Zeitraum von drei Jahren insgesamt 89 Interviews mit Projektverantwortlichen und Projektmitarbeitern in Technik- und Inhalteentwicklung bei den jeweiligen Unternehmen sowie mit einer Reihe von außen stehenden Medienexperten durchgeführt.[10] Vorbereitet und ergänzt wurden die Interviews durch die Sichtung und Auswertung von Aufsätzen in der Fach-literatur, Artikeln in der Fachpresse und im Internet sowie durch Gespräche mit Experten auf Messen und Konferenzen.

Eine vergleichende Zusammenfassung der sechs Fallstudien wird in *Kapitel 13* vorgenommen. Dabei stehen jene Rahmenbedingungen im Vordergrund, die sich als zentrale Stellgrößen für den Verlauf und den Erfolg der Projekte herausgestellt haben. Durch die Kenntnis des konkreten Entwicklungskontextes können nun die entscheidenden Rahmenbedingungen für die Bereiche Video on Demand, Breit-band-Internet und interaktive TV-Dienste aufgelistet werden. Hinsichtlich der staatlich beeinflussbaren Rahmenbedingungen kann darüber hinaus angegeben werden, welche Vorgaben sich förderlich bzw. hinderlich auf die Entwicklung ausgewirkt haben.

In *Kapitel 14* soll schließlich auf der Grundlage dieser Ergebnisse beurteilt wer-den, wie passgenau die staatlichen Maßnahmen aus den Aktionsprogrammen in den einzelnen Teilbereichen waren, d.h. inwiefern sie in der Lage waren, die relevanten Probleme zu adressieren und inwiefern sie dadurch reale Verhaltensänderungen

---

[10]   Die Interviews sind als Quellen im Text mit einem I und der entsprechenden Kodierung gekennzeichnet.

bewirken konnten. Die Beurteilung der Passgenauigkeit soll dabei im Rückgriff auf Ergebnisse der *Top-Down*-Studien und im direkten Deutschland-USA-Vergleich erfolgen. Insgesamt sollen dadurch detaillierte Aussagen zur Qualität der staatlichen Programme möglich werden und Hinweise gegeben werden können, welche staatlichen Strategien prinzipiell geeignet sind, die Multimediaentwicklung zu gestalten und zu fördern.

2 Diagnose vom Verlust staatlicher Handlungsfähigkeit in der Informationsgesellschaft

2.1 Globalisierung, Deregulierung, Individualisierung

Im Zusammenhang mit der Analyse staatlicher Handlungs- und Gestaltungsoptionen in der Informationsgesellschaft müssen drei grundlegende Trends angesprochen werden, die seit den 80er Jahren zunehmend die wirtschaftliche, gesellschaftliche und politische Entwicklung prägen und die darauf hinauslaufen, dass die generellen Einflussmöglichkeiten des Nationalstaats kontinuierlich abnehmen.

Zum einen handelt es sich dabei um die Internationalisierung bzw. Globalisierung der Wirtschaft. Obwohl es keine Einigkeit über das tatsächliche Ausmaß von Globalisierungsprozessen gibt und deshalb verschiedentlich vorgeschlagen wurde, besser von „Tridadisierung" zu sprechen, weil sich die Zunahme der internationalen Handelsströme hauptsächlich auf die drei prosperierenden Großräume Nordamerika, Europa und Asien beschränkt (Gruppe von Lissabon 1997: 112, Grande 1998: 7), kann seit Mitte der 80er Jahre von einer zunehmenden Entgrenzung wirtschaftlichen Handelns ausgegangen werden, die zu einer neuen Qualität von Weltmarktkonkurrenz geführt hat. Weltumspannende elektronische Informations- und Kommunikationsnetze sind dabei gleichzeitig Voraussetzung und Ausdruck für die weitreichenden Internationalisierungsprozesse. Sie ermöglichen und symbolisieren den höheren Vernetzungsgrad der Unternehmen und der Weltwirtschaft insgesamt (vgl. Willke 1997: 271-300).

Diese Entwicklung bleibt nicht ohne Auswirkungen auf traditionelle politische Formen und die Vorstellung von Staatlichkeit. Vor allem aufgrund der Auflösung von Territorialität und der Tatsache, dass staatlichen Akteuren zunehmend global organisierte und weltweit operierende multi- oder transnationale Unternehmen gegenüberstehen, gerät das Konzept des souveränen Nationalstaats unter Druck (vgl. Krätke 1997: 203ff, Hollingsworth/ Streek 1994: 11ff). Die Globalisierung wird dabei von vielen Beobachtern weitgehend gleichgesetzt mit dem Ende der nationalstaatlichen Politik. Es wird argumentiert, dass in einer grenzenlosen Wirtschaft staatliche Eingriffe zur Steuerung wirtschaftlicher Aktivitäten und zur sozialpolitischen Kompensation wirkungslos oder unbezahlbar geworden seien. Die wichtigste Aufgabe, die der Politik noch bleibt, bestehe darin, die Unternehmen von staatlicher Gängelung zu befreien, um ihnen so den Zugang zum Weltmarkt zu erleichtern und ihre Wettbewerbsbedingungen dort zu verbessern (Grande 1998: 4, Guéhenno 1995, Martin/ Schumann 1996, Ohmae 1996, Grande 1999). Die Extremposition vertreten in diesem Zusammenhang Nürnberger (1999) und Knoche (1999), die in ihrer kritischen Auseinandersetzung mit dem Neo-Liberalismus, der wirtschaftspolitischen Leitidee der Globalisierung, zu dem Schluß kommen, dass langfristige Trends von anderen gemacht werden als von Regierungen. Auf Politiker und Parlamente käme es deshalb nicht mehr so sehr an, „weil die alten Demokratien Europas gegenwärtig zu wirtschaftsabsolutistischen Gebilden mutieren, in denen Regierungen zu beschließen haben, was multinationale Unternehmen fordern, und in denen Regierungen helfend, reparierend und lindernd Entwicklungen hinterherlaufen, die sie weder geplant noch realisiert haben. Regierungen degenerieren zu Reagierungen." (Nürnberger 1999: 147).

Zum allgemein diagnostizierten Verlust staatlicher Handlungs- und Gestaltungsmacht im Zeichen von Globalisierung und Neo-Liberalismus kommt hinzu, dass europäische Staaten zunehmend nationalstaatliche Kompetenzen an die Europäische Union abgeben sowie aufgrund sich ausweitender institutioneller Fragmentierungen (Bund, Länder, Kommunen) immer weniger in der Lage sind, souveräne Entscheidungen zu treffen und diese durchzusetzen (vgl. Grande 1994: 147).

Der zweite Trend betrifft die Deregulierung und Privatisierung von Bereichen, die ehemals dem staatlichen Versorgungsbereich zugeordnet wurden. Davon betroffen sind fast alle Infrastrukturbereiche (Bahn, Post, Telekommunikation, Energie, Medien), wobei die Bereiche Telekommunikation und Rundfunk hier von besonderem Interesse sind. Telekommunikation und Medien bilden die technische und infrastrukturelle Grundlage der Wissens- und Informationsgesellschaft. Die Gründe für die Deregulierung von Telekommunikation und Medien sind dabei vielfältig. Vor allem kann hier der Anstieg der technischen Komplexität, die zunehmende Segmentierung und Spezialisierung in Teilmärkten, die Internationalisierung des Wettbewerbs und nicht zuletzt die politische Überzeugung, der Markt könne die technologischen Herausforderungen besser bewältigen als staatlich-bürokratische Monopolunternehmen, genannt werden (vgl. z.B. Bauer 1989, Grande 1989, Hüttig 1989, König/ Benz 1997).

Die Entlassung der Bereiche Telekommunikation und Medien in den primär privatwirtschaftlich organisierten Handlungsbereich bedeutet jedoch gleichzeitig den Verzicht auf wichtige staatliche Steuerungsinstrumente zur Gestaltung der Informationsgesellschaft. Zu einem Zeitpunkt, in dem der Aufbau spezieller Infrastrukturen und die Entwicklung neuer Medientechnologien besondere Bedeutung erhalten, kann der Staat immer weniger Einfluss auf die tatsächliche Entwicklung ausüben. Verschiedene medien- und telekommunikationspolitischen Projekte, wie sie in Deutschland noch bis in die Mitte der 80er Jahre möglich waren, sind vor dem Hintergrund der Deregulierungs- und Privatisierungsentscheidungen heute nicht mehr denkbar. Die Planungen für ein integriertes breitbandiges Fernmeldenetz (IBFN), die flächendeckende Versorgung der Bevölkerung mit Kabelfernsehen oder der Versuch, mit High Definition Television (HDTV) einen neuen Standard für das Fernsehen zu etablieren, markieren in diesem Zusammenhang die letzten Versuche der Politik, hoheitlich und über eine hierarchische Steuerung die medientechnische Entwicklung zu forcieren.[11]

---

11   Zum IBFN siehe z.B. Kubicek 1993, zur Verkabelung Jäckel 1991 und Kubicek 1998 und zu HDTV Kleinsteuber 1995.

Der dritte Trend ist die zunehmende Individualisierung und Fragmentierung der Gesellschaft, wie sie von Soziologen und Sozialpsycholgen diagnostiziert wird (Beck 1986, Schulze 1997, Sinus/ Spiegel Dokumentation 1999, Opaschowski 1999). Durch die Ausdifferenzierung von unterschiedlichen Lebensstilen, sozialen Milieus und individuellen Wertorientierungen verliert die Gesellschaft zunehmend an einheitlichen, verbindlichen Bezugspunkten, die für die Konstitution eines Gemeinwesens von zentraler Bedeutung sind. Die Gesellschaft zerfällt zunehmend in heterogene und immer kleinere soziale Einheiten, in denen die Menschen ihre jeweils eigenen Interessen und Lebensentwürfe verfolgen. Auch in der Mediennutzung zeigt sich dieser Trend, der dort zu einer zunehmenden und längst nicht abgeschlossenen Aufspaltung des Massenpublikums in eine Vielzahl von Teilpublika führt (vgl. Kliment 1997). Die Konsequenz dieser Entwicklung ist, dass die Reichweiten einzelner Angebote immer kleiner werden und eine Herstellung von gemeinsamen Themenagenden immer schwieriger wird (siehe z.B. Holtz-Bacha 1997 und Hasebrink/ Rössler 1999).

Eric Hobsbawn sieht in dieser Auflösung von Kollektivität, die „jedem einen reinen persönlichen Individualismus als Endziel vor Augen stellt" (Hobsbawn 1995: 159) eine grundlegende Bedrohung der Zivilgesellschaft. Andere betonen die Chancen für die Selbstentfaltung und Selbsinszenierung in einer Gesellschaft, in der soziale und religiöse Bindungen ihre Definitionskraft für das Individuum weitgehend verloren haben (vgl. Gergen 1991, Shotter 1993).

Für die Politik bedeutet dies, dass es immer schwieriger wird, Entscheidungen im Namen einer Mehrheit zu treffen und zu begründen, weil homogene gesellschaftliche Gruppen, bzw. große, einheitliche Kollektive immer weniger existieren. Der Trend zur Individualisierung der Gesellschaft führt insgesamt zu einer Verringerung der Reichweite und der Legitimität allgemeinverbindlicher staatlicher Entscheidungen.

2.2   Do politics mattter?

Vor diesem Hintergrund stellt sich die Frage, welche Rolle die Politik in der Informationsgesellschaft überhaupt noch spielen kann. Diese Fragestellung knüpft an die politikwissenschaftliche Diskussion an, die unter der Überschrift „Do politics matter?" geführt wird (vgl. z.B. Hulsink 1996, Willke 1996, Bekkers 1997). Die wirtschaftlichen, technischen und gesellschaftlichen Entwicklungen haben dazu geführt, dass sich staatliche Handlungsspielräume in vielen Bereichen verringert haben und dass herkömmliche Instrumente zum Teil unbrauchbar geworden sind. In besonderem Maße trifft dies auf die Telekommunikations- und Medienpolitik zu und wirkt sich damit grundsätzlich auf die Gestaltungsmöglichkeiten im Politikfeld Multimedia aus, in dem technische und inhaltliche Konvergenzprozesse die Komplexität zusätzlich erhöhen. Aus dem Zusammenwachsen der Bereiche Telekommunikation und Rundfunk ergeben sich ganz offensichtlich neue Herausforderungen, die mit traditionellen Politikmustern nicht mehr bewältigt werden können.

Auch das Scheitern groß angelegter medienpolitischer Projekte in den 70er und 80er Jahren haben zu der Erkenntnis beigetragen, dass der Staat im Bereich der medientechnischen Entwicklung mit seinen Steuerungsansprüchen offenbar überfordert ist. Er musste seine „Ohnmacht" eingestehen und wurde, wie Willke es nennt, „entzaubert" (Willke 1983). Für den Aufbau technischer und inhaltlicher Infrastrukturen für die Informationsgesellschaft hat dies zur Konsequenz, dass der zentrale Koordinationsmechanismus nicht mehr der Staat ist, sondern der Markt.

Trotzdem wurden mit den Aktionsprogrammen für die Informationsgesellschaft umfassende und ambitionierte staatliche Initiativen gestartet, in deren Zentrum die Entwicklung und Förderung interaktiver Medien steht. Wenn die These vom Steuerungsverlust des Nationalstaats stimmt, dann müßten diese Initiativen zwangsläufig ins Leere laufen, bzw. in ihren Auswirkungen äußerst marginal sein.

Tatsächlich gibt es jedoch eine Reihe von Hinweisen, die es als wenig plausibel erscheinen lassen, von einem *generellen* Steuerungsverlust des Staates auszugehen: Unterschiedliche Politikfelder sind von der Erosion staatlicher Handlungskapazität offenbar in ganz unterschiedlichem Maße betroffen (vgl. z.B. Economist 1995, Pfetsch 1997, Grande 1998). Und selbst in Bereichen, die als weitgehend dereguliert gelten, wie z.B. im Telekommunikationssektor, treten politische Dimensionen als zentrale Handlungsvorgaben für wirtschaftliche Akteure im Zusammenhang mit konkreten Regulierungsentscheidungen oder Marktkonzentrationsbestimmungen wieder auf (vgl. Grande/ Eberlein 1999).

Deshalb scheint es angemessener, von einem *Funktionswandel* der Telekommunikations- und Medienpolitik und der Technologiepolitik im allgemeinen zu sprechen, der sich dadurch auszeichnet, dass der Staat nicht mehr in hierarchischen, sondern in heterarchischen Steuerungszusammenhängen agieren muss. (Kitschelt 1994, media NRW 1997).

Steht der Nationalstaat als zentraler Akteur technologischer Entscheidungen nicht mehr eindeutig im Mittelpunkt, treten andere Akteure in der technologie- und medienpolitischen Arena ins Blickfeld. Es sind dies die Technologieentwickler in Wissenschaft und Industrie, die Gerätehersteller und Diensteanbieter, die Standardisierungsgremien unterschiedlichster Provinienz, aber darüber hinaus auch die Nachfragenden, die Abnehmer und Nutzer. Die Vorstellung einer institutionellen und kommunikativen Verflechtung der vielen Akteure ist mit dem Modell einer zentralen „Steuerung" nicht mehr in Einklang zu bringen, dafür aber mit der Auffassung von der Technikentwicklung als sozialem Prozess, wie er z.B. von Rammert (1995) oder Simonis (1993) beschrieben wird.

In diesem Entwicklungsprozess ist der Staat nur noch ein Akteur unter vielen. Sollen trotz der veränderten Umweltbedingungen gewisse staatliche Gestaltungsoptionen erhalten bleiben, müssen neue, kooperative Strategien entwickelt werden. In Frage kommen hier Ansätze der Moderation in komplexen Netzwerken (Schneider/ Kenis 1996, Glotz 1997) und Instrumente der indirekten Steuerung, bzw. der Kontextsteuerung, die vor allem auf die Setzung geeigneter Rahmenbedingungen abheben (Willke 1988, Willke 1996).

Insbesondere im Bereich Multimedia, der sich auf systemische, netzwerkbasierte Technologien stützt, sind solche Strategien notwendig und relevant, weil sich die Akteure über Schnittstellen verständigen müssen und auf die Kompatibilität und gegenseitige Offenheit von Systemen angewiesen sind. Im alten Regime der „Einheitstechnik" im Fernmeldewesen, darauf verweist Ulrich Riehm in seinem Aufsatz zur „Internet-Politik", gab es wenig abzustimmen und offenzulegen. Heute wirft dagegen z.B. das brisante Problem des Zugangs zu den Telefonendkunden („last mile-Problem") eine Fülle strategischer, technischer und ökonomischer Fragen auf, die gesetzlich, in Verordnungen oder von Regulierungsinstanzen zu entscheiden bzw. zwischen den Akteuren auszuhandeln sind. Dabei ist staatliches Handeln umso mehr gefordert, je ungleicher die Marktchancen verteilt und je grundlegender die Leistungen für die Gesellschaft insgesamt von Bedeutung sind (Riehm 1998: 222).

Dass sich die Politik auf ein neues Verhältnis von Staat und Öknomie einstellen muss, ist im Grundsatz unbestitten. Die einzelnen Strategien zum Erhalt staatlicher Handlungsfähigkeit zeichnen sich aber erst in Konturen ab und sie müssen auf die jeweils spezifischen Anforderungen in den verschiedenene Politikfeldern angepasst werden. Im Politikfeld Multimedia heißt dies, dass sich der Focus unweigerlich verlagert von der politischen Planung auf Aspekte der Regulierung, Moderation und Kooperationsförderung sowie auf Maßnahmen, die in der Lage sind, das Anwender- und Nutzerverhalten im intendierten Sinne zu beeinflussen.

Die staatlichen Programme zur Informationsgesellschaft stellen in diesem Zusammenhang den Versuch dar, mit neuen Ansätzen und Steuerungsinstrumenten auf veränderte Umweltbedingungen zu reagieren. Zum einen geht es bei den Programmen darum, ökonomische und rechtliche Rahmenbedingungen für die Entfaltung der Marktkräfte zu schaffen, Kooperationen über Branchengrenzen und Technologiesektoren hinweg zu ermöglichen und die verschiedenen Interessen so auszurichten, dass eine möglichst rasche Verbreitung neuer Medientechnologien möglich wird. Die Aktionsprogramme sind in diesem Sinne Beispiele für staatliche Strategien, bei denen es darum geht, öffentliche und private Akteure zu motivieren, mobilisieren, focussieren und koordinieren „zur gemeinsamen Lösung eines kollektiven Problems" (Grande/Risse, 2000: 256). Vor allem die Tatsache, dass es sich bei der Multimediaentwicklung nicht um einen „Selbstläufer" handelt, sondern dass es zur Realisierung des technischen Potenzials einer spezifischen Koordinationsanstrengung bedarf, führt dazu, dass dem Staat durchaus wichtige Funktionen zufallen. Im Vordergrund stehen hier wirtschaftspolitische Ziele, die durch den Hinweis auf den internationalen Technologiewettlauf zusätzliche Brisanz erhalten.

Zum anderen reflektieren die staatlichen Aktionsprogramme die Einschätzung, dass es sich bei neuen Medienangeboten nicht um beliebige Wirtschaftsgüter handelt, sondern dass Medien prinzipiell gesellschaftspolitische Funktionen erfüllen und deshalb der besonderen Gestaltung des Staates bedürfen. Hinsichtlich des Erlernens des Umgangs mit neuen, interaktiven Medien, der Vermittlung von Medienkompetenz und der Herstellung von Medienvielfalt ergeben sich Handlungsfelder, die nicht ohne weiteres und nicht ausschließlich als Aufgabe des Marktes an-

gesehen werden können. Hinzu kommt, dass eine gesellschaftliche Spaltung in Informationsreiche und Informationsarme vermieden werden soll und deshalb
verschiedene Vorkehrungen getroffen werden müssen, damit die neuen Medienangebote in allen Teilen der Bevölkerung zur Verfügung stehen und entsprechend
genutzt werden können.

Die Rolle des Staates in der Informationsgesellschaft und insbesondere die
staatliche „Ermöglichung" von Multimedia muss also differenziert betrachtet
werden. In den Aktionsprogrammen wurde in verschiedenen Bereichen die Notwendigkeit für staatliches Handeln gesehen, um wirtschaftspolitische und gesellschaftspolitische Ziele zu realisieren. Dabei ging es nicht um den staatlichen Aufbau
oder Betrieb eines *Information Superhighway* bzw. einer „Datenautobahn" nach
herkömmlichen Mustern. Dies sollte vielmehr die Wirtschaft in Eigenregie bewerk-
stelligen. Trotzdem wurde dem Staat sowohl in *NII* als auch in Info 2000 eine aktive
Rolle zugeschrieben. William Dutton charakterisiert die Rolle der Regierung in
seiner Untersuchung der amerikanischen Initiative folgendermaßen:

> (...) a governmental role remains for carefully crafting particular kinds of action to
> assure the growth of an information infrastructure available to reasonable cost.
> This philosophy explains why the U.S. government actively participates in shaping
> particular facets of the NII such as regulating telecommunications markets (...) and
> taking an active role in smoothing the path towards the provision of universal
> services (...)" (Dutton 1994 zitiert in d´Udekem-Gevers/ Lobet-Maris 1997: 200).

Auch in der deutschen Initiative sollte mit einer Reihe ganz unterschiedlich ge-
lagerter Aktionen der Weg für die Informationsgesellschaft geebnet werden. Eine
Kombination aus kooperativen Strategien, aber auch „harten" Regulierungsvorgaben sowie flankierenden bildungspolitischen Maßnahmen wurde in beiden
Programmen als Schlüssel für die Ermöglichung und Verbreitung neuer Medientechnologien in der Gesellschaft angesehen.

Inwiefern diese Strategien und neuen Steuerungsansätze erfolgreich waren, ob
sie bewirken konnten, was sie sollten und was dies konkret für die Handlungsfähigkeit des Staates in der Informationsgesellschaft bedeutet, soll im Folgenden
untersucht werden. Dabei genügt es nicht, allein die Programmatik der Aktionspläne
zu analysieren und sie auf der Basis der formulierten Ziele und Strategien zu
beurteilen. Vielmehr treten hier Aspekte der Umsetzung in den Vordergrund, über
die sich letzlich entscheidet, in wie weit die staatlichen Maßnahmen und Strategien
tatsächlich geeinget waren, reale Handlungsveränderungen herbeizuführen.

3 Analyserahmen: Synthese von *Top-Down*-Implementationsuntersuchung und *Bottom-Up*-Analyse des Adressatenfeldes

Der Analyserahmen für die Untersuchung der Aktionsprogramme für die Informationsgesellschaft besteht aus zwei Teilen, die durch ihre Zusammenführung detaillierte Aussagen über die Passgenauigkeit der staatlichen Maßnahmen und ihrer Umsetzung ermöglichen sollen.

Dazu wird der Gegenstandsbereich „Interaktives Fernsehen" aus zwei unterschiedlichen Perspektiven betrachtet: Zum einen gewissermaßen „von oben", d.h. aus der staatlich-administrativen Perspektive, die sich an den konkreten Maßnahmen des Programms orientiert und dabei auf die Qualität der Umsetzung im institutionellen Kontext konzentriert. Zum anderen „von unten", d.h. aus der Perspektive der Akteure im lokalen Handlungskontext, deren Handlungsbedingungen durch die staatlichen Programme verbessert werden sollten, wobei hier nicht nur die rechtlich-institutionellen Vorgaben, sondern grundsätzlich auch eine Reihe nicht-staatlicher Faktoren als Determinanten der Entwicklung in Frage kommen.

Diese Vorgehensweise orientiert sich an einem Ansatz aus der politikwissenschaftlichen Implementationsforschung, der von Paul A. Sabatier als Synthese von *Top-Down*- und *Bottom-Up*-Untersuchung beschrieben wurde (vgl. Sabatier 1986). In diesem Kapitel werden deshalb zunächst die grundsätzlichen Annahmen des Implementationsansatzes in der *Policy*-Analyse dargestellt und anschließend gezeigt, warum sich ein zweistufiges Vorgehen in diesem Untersuchungszusammenhang anbietet und wie die Kombination von *Top-Down* und *Bottom-Up* fruchtbar gemacht werden kann.

Dabei stehen insbesondere Sabatiers Kriterien für die *Top-Down*-Analyse im Vordergrund, nach denen die Untersuchung des Implementationsprozesses strukturiert werden soll. Hinsichtlich der Strukturierung der *Bottom-Up*-Analyse wird auf Kapitel 10 verwiesen, in dem ein spezifisches Faktorenmodell entwickelt wird, das die Einflussfaktoren für die Medienentwicklung vor Ort benennt.

Anschließend wird eine *Outcome*-Dimension für die staatlichen Programme im Bereich des interaktiven Fernsehens definiert, d.h. es wird versucht, einen Erfolgsmaßstab zu bestimmen, auf dessen Basis beurteilt werden kann, inwieweit die formulierten Ziele tatsächlich erreicht wurden. Da in den Aktionsprogrammen selbst keine quantitativen sondern lediglich qualitative Ziele vorgegeben wurden, ist eine solche Bestimmung im Nachhinein nicht unproblematisch. Für eine vergleichende Implementationsuntersuchung ist sie jedoch von zentraler Bedeutung. Entsprechend wird hier eine differenzierte *Outcome*-Dimension entwickelt, die der Komplexität der tatsächlichen Entwicklung Rechnung trägt.

3.1   Der Implementationsansatz in der *Policy*-Forschung

Die Untersuchung des Politikausschnitts „Implementation" basiert auf der analytischen Zerlegung des Politikprozesses in verschiedene zeitliche Phasen. Die Phasen stellen ein analytisches Konstrukt dar, das als Bezugsrahmen zur Untersuchung der einzelnen Entwicklungsstadien einer *Policy* und der jeweils gegebenen Einflussgrößen dient. Daraus wird die mögliche Veränderung von Politikinhalten während der verschiedenen Phasen erkennbar. Windhoff-Héritier unterscheidet bekanntlich fünf Phasen des *Policy-Cycles*: Problemdefinition, Agenda-Gestaltung, Politikformulierung, Politikimplementation und Terminierung bzw. eventuelle Neudefinition.[12] Obwohl diese Phasen in der politischen Realität oft ineinander übergehen und sich gegenseitig beeinflussen, kann eine getrennte Analyse und die Herausarbeitung phasenspezifischer Bedingungen und Konstellationen zu einem besseren Verständnis des Gesamtprozesses beitragen.

Implementation bedeutet dabei die „Durchführung bzw. Anwendung der im Prozess der Programmentwicklung entstandenen Gesetze und anderen Handlungsprogrammen" (Mayntz 1980: 236). Dabei kann der in der Phase der Politikformulierung entstandene „Handlungsauftrag" für die Akteure der Implementation vom vagen Aufruf bis hin zu präzisen Vorschriften reichen. Die Bedeutung der Implementation besteht darin, dass politisches Handeln durch Zielvorgaben, Handlungsprogramme oder Gesetze nicht endgültig steuerbar ist und daher in dieser Phase politische Programme und deren Intentionen verzögert, verändert oder sogar vereitelt werden können (vgl. Jann 1995: 553f).

Die Implementationsforschung rückt bei der Betrachtung des *Policy-Cycles* die Durchführungsphase und -probleme in den Mittelpunkt. Nach Nohlens Definition bezieht sie sich gegenständlich auf bestimmte Politikvorhaben, insbesondere auf Programme im Sinne bestimmter politischer Handlungs- und Gestaltungsabsichten und ihrer finanziellen oder institutionellen Instrumentalisierung und untersucht in diesem Zusammenhang den „langen Marsch durch die Institutionen" (Nohlen 1995: 355).

Nach der Definition von Schubert (1991) sind bei der Analyse der Implementation politischer Programme drei Gruppen von *Einflussfaktoren* zu beachten:

1. die Besonderheiten des Programms,
2. die Charakteristika der Durchführungsinstanzen und
3. die Merkmale der Adressatengruppe (Schubert 1991: 84).

Dabei ist es zunächst unerheblich, ob es sich um Anreizprogramme, Konditionalprogramme, Subventionsprogramme, Verfahrensprogramme oder persuasive Programme handelt (Vgl. Kaufmann/ Rosewitz 1983 und Bohnert/ Klitzsch 1980: 211). Die Vielzahl der möglichen Programmformen macht aber schon deutlich, dass

---

12   vgl. Windhoff-Héritier 1987: 7ff. Nur drei Phasen unterscheiden dagegen Mayntz (1982) und Jann (1995). Grundsätzlich liegen nach Schubert (1991) allen Phasenmodellen das Eastonsche „Input-Output-Modell" zugrunde, das die Verarbeitung von *Inputs* zu *Outputs* als zentrale Leistung des politischen Systems herausstellt.

es je nach Politikfeld und gewähltem Instrumentarium eine Vielzahl von unterschiedlichen Konstellationen geben kann, die sich schwerlich in ein einheitliches, allgemeingültiges Raster fügen.

Die zentrale Fragestellung der Implementationsforschung ist es, ob und inwieweit politische Intentionen realisiert werden konnten und welche Handlungsveränderungen im Adressatenfeld (*Impacts*) erzielt wurden. Wichtig ist, dass es sich hierbei nicht um irgendwelche, sondern um konkrete, d.h. in den politischen Programmen manifestierten Intentionen handelt, die auf politisch-administrativem Wege realisiert werden sollen. Besonders geeignet sind hierfür Reformprojekte, die mit vergleichsweise klarer Zielsetzung eine bestehende Situation zu ändern versuchen.

Allerdings weist Mayntz (1980) darauf hin, dass es das politische Programm, als konkrete und faßbare Einheit, etwa in Form genau eines Gesetzes, in der politischen Realität meistens nicht gibt. Politische Programme werden vielmehr aus einer *ex post*-Perspektive im Forschungsprozess (re-) konstruiert und können „daher allgemeiner als ein Komplex aufeinander bezogener Maßnahmen" (Mayntz 1980: 4) definiert werden. Grundlage hierfür bilden dann etwa ein oder mehrere Gesetze und Gesetzesteile, die unter inhaltlichen - d.h. programmatischen - Aspekten zusammengefasst werden. Es können aber auch politische Absichtserklärungen und ein oder mehrere Teile eines umfassenderen Gesetzes, etwa in Verbindung mit den entsprechenden Rechtsverordnungen und speziellen Verwaltungsanweisungen, zusammengefasst werden.

Dies bedeutet jedoch, dass allein die Konkretisierung dessen, was im Rahmen der Implementationsforschung als relevant für das jeweilige Politikfeld gelten kann, einigen Forschungsaufwand notwendig macht (vgl. Schubert 1991: 83). Die Entscheidung darüber, was letztlich unter die Initiative gefasst wird und was nicht, hängt von der Definition der Forscher ab, die damit wiederum die Struktur der Analyse auf der Basis eigener Maßstäbe festlegen.

Auch in den empirischen Forschungsberichten, die in Mayntz (1980a), dem Standardwerk der deutschen Implementationsforschung, vorgelegt wurden, wird deutlich, dass bereits die Festlegung dessen, was als politisches Programm analysiert werden soll, für die Analyse konstitutiv ist. Diese Tatsache hat der Implementationsforschung den Vorwurf der Subjektivität oder zumindest der „theoretischen Ambiguität" (Knill/ Lenschow 1999: 599f) eingebracht. Offensichtlich hat die Implementationsforschung Schwierigkeiten mit der Verallgemeinerbarkeit und der Theoriebildung (vgl. Mayntz 1983a: 8, Windhoff-Héritier 1987: 88). Denn sie kann in aller Regel nicht auf abstrakte Prinzipien rekurrieren, sondern muss vielmehr auf relative, d.h. aus dem Untersuchungszusammenhang her bestimmbare, Maßstäbe zurückgreifen.

3.2 Von der Restriktionsanalyse zur „Ermöglichungs"-Analyse

Während die Implementationsforschung in den 80er Jahren ihren Höhepunkt hatte, gibt es seither nur noch wenige Politikfeldanalysen, die den Implementationsprozess in den Mittelpunkt der Untersuchung stellen. Dies hängt unter anderem mit der

Anspruchs-Überlastung zusammen, an welcher der Implementationsansatz zu leiden hatte, nachdem er in den 80er Jahren zum Inbegriff der *Policy*-Analyse avanciert war. Hintergrund waren die zu Beginn der 70er Jahre hochgespannten politischen Programm- und Planungsvorstellungen der sozial-liberalen Koalition. Als diese sich zunehmend als unrealisierbar herausstellten, wurde dies auf Implementations-schwächen unter dem Stichwort „Vollzugsdefizite" zurückgeführt (Mayntz 1978, Prittwitz 1994: 232f). Im Rahmen von Restriktionsanalysen wurde dann versucht, die „Sperrigkeit" des institutionellen Umfeldes als Ursache für den Misserfolg der politischen Programme nachzuweisen. Die Programme konnten, so die Vermutung, ihre Ziele deshalb nicht erreichen, weil eine adäquate Umsetzung von den nach-gelagerten Behörden und Institutionen vereitelt wurde.

Inzwischen haben jedoch verschiedene neo-institutionalistische Analysen in der vergleichenden Politikforschung gezeigt, dass die Wirkung institutioneller Faktoren durchaus kontingent ist. Sie fungieren nicht einfach als „Restriktionen", durch die ambitionierte Regierungsprogramme „kleingearbeitet" werden, sie können solche Ambitionen auch fördern und unterstützen." (Grande 1998: 41, vgl. auch Grande/ Schneider 1991).

Auffällig ist, dass sich Implementationsstudien jüngeren Datums vor allem mit staatlichen Umweltschutz- oder Emissionskontrollprogrammen beschäftigen (Lübbe-Wolff 1996, Knill/ Lenschow 1999). Dies ist kein Zufall, denn dieses Politikfeld eignet sich noch am ehesten für Implementationsanalysen nach dem Restriktionsprinzip. Entweder werden dabei die umweltrechtlichen Vorgaben der Europäischen Kommission auf ihre Umsetzung in nationalstaatliche Regulierungs-zusammenhänge untersucht (Knill/ Lenschow 1999), oder es werden die Aus-wirkungen von Emissionsschutzprogrammen auf die tatsächliche Entwicklung von Schadstoff-Ausstoßmengen analysiert (Weidner/ Knoepfel 1983). In beiden Fällen profitiert die Analyse zum einen davon, dass in diesem Bereich klare Zielvorgaben (Grenzwerte) definiert werden können und zum anderen davon, dass der staatliche Durchgriff notfalls über Gesetze und Verordnungen sichergestellt werden kann.

Im Zusammenhang mit der Untersuchung der Aktionsprogramme für die Infor-mationsgesellschaft ist der Hinweis auf Implementationsstudien im Umweltschutz-bereich vor allem deshalb von Bedeutung, weil in einem Fall „positive" Ziele formuliert werden und im anderen „negative": Während die Umweltschutz-programme ein gewisses Verhalten (Produktion von Umweltbelastungen) verhin-dern sollen und dies entsprechend sanktioniert werden kann, haben sich die Programme zur Informationsgesellschaft das Ziel gesetzt, ein bestimmtes Verhalten (Entwicklung neuer Medienangebote) zu ermöglichen und zu fördern.

Prinzipiell bedeutet dies, dass bei der Untersuchung der Programme für die In-formationsgesellschaft anders vorgegangen werden muss als bei Implementations-studien, bei denen die Analyse von institutionellen Restriktionen im Vordergrund steht. Da die Informationsgesellschaft offenbar keine Gegner hat und eine generelle Einigkeit über das Ziel besteht (vgl. Klumpp/ Schwemmle 2000: 4), ist es nicht möglich, den unterschiedlichen Umsetzungserfolg der Aktionsprogramme an den Widerständen gesellschaftlicher Akteure oder des institutionellen Kontextes festzumachen.

Aufgrund des fehlenden staatlichen Durchgriffs und der Tatsache, dass Innovationen nicht „verordnet" werden können, kommt der Kooperation mit wirtschaftlichen und gesellschaftlichen Akteuren besondere Bedeutung zu. Entsprechend wichtig werden politische Überzeugungs- und Moderationsstrategien. Denn die überwiegende Zahl derjenigen Dinge, die über staatliche Eingriffe verändert werden sollen, können im *qualitativen Sinne* nicht vorgeschrieben werden.

Im Ergebnis heißt dies, dass der Analyserahmen für die Untersuchung der Initiativen zur Informationsgesellschaft in der Lage sein muss, auf die inhaltliche Qualität der staatlichen Maßnahmen einzugehen und dass die Handlungslogiken des Adressatenfeldes sowie die Wechselwirkungen zwischen staatlichen und wirtschaftlichen Akeuren in besonderem Maße berücksichtigt werden müssen.

3.3 Wirkungsmodelle und Bestimmungsfaktoren

Wenngleich in der Implementationsforschung grundsätzlich Einigkeit darüber besteht, dass die drei Ebenen „politisch-programmatischer Kontext", „institutioneller Kontext" und „Handlungskontext der Adressaten" betrachtet werden müssen, so wurden bei der Konkretisierung des jeweiligen Forschungsdesigns doch sehr unterschiedliche Wirkungsmodelle benutzt, für die jeweils eigene *Sets* von Bestimmungsfaktoren definiert wurden.

Das einfachste Modell stellt das *Impact Model* von Nachmias (1979) dar, in dem lediglich die Faktoren „Policy", „Attitudes", „Behavior" und „Conditions" unterschieden werden. In Pfeildiagrammen werden auf der Basis dieses Modells dann die Spezifika der verschiedenen Handlungsebenen eingetragen und mit hypothetischen Kausalbeziehungen versehen (Nachmias 1979: 10ff).

Einen elaborierteren Ansatz entwickelte Elmore (1985), indem er die Techniken des *Forward-* und *Backward-Mapping* in die Implementationsanalyse einführte. Beim *Forward-Mapping*, der vorausschauenden Analyse von Wirkungsparametern, orientierte sich Elmore zunächst auschließlich an der Handlungslogik der staatlichen Akteure, die über ein bestimmtes Set an Instrumenten (*Implements*) verfügen („Voluntary Approach", „Incentive-Based Approach", „Regulatory Approach") und fragte dann, von welchen externen Faktoren diese Instrumente beeinflusst werden. Anschließend ordnete er den Instrumenten die entsprechenden Umsetzungsbehörden und ihre jeweiligen Aufgaben zu und definierte das Adressatenfeld. Je nach eingesetzten Instumenten ergaben sich so unterschiedliche Effekte im Verhalten der Adressaten. Dabei stellte sich heraus, dass die *Outcome*-Dimension im Laufe der Implementation zunehmend unabhängiger von den eigentlichen Zielen wurde und in großem Umfang von der Wirkung der eingesetzten Instrumente geprägt wurde.

Den umgekehrten Weg verfolgte Elmore beim anschließenden *Backward-Mapping*, das die Adressaten des Programms als Ausgangspunkt setzt und den gewünschten *Output* als Ziel festlegt, dessen Erreichung schließlich von verschiedenen externen und institutionellen Parametern abhängt. Die *Implements* stehen bei dieser Analyserichtung erst am Ende des Prozesses, d.h. erst nach einer sorgfältigen

Analyse der Handlungsbedingungen von Adressaten und Umsetzungsbehörden erfolgt die Entscheidung darüber, welche Instrumente eingesetzt werden (Elmore 1985: 40-43).

Für die Analyse der Programme zur Informationsgesellschaft scheint das darauf aufbauende Konzept von Sabatier (1986) am besten geeignet, denn es verarbeitet nicht nur Aspekte des *Forward-* und *Backward-Mapping*, sondern stellt auch eine überschaubare Zahl von Kriterien zur Verfügung, die bereits in mehreren Implementationsuntersuchungen getestet wurden. Sabatiers Ansatz einer Kombination von *Top-Down* und *Bottom-Up* erfüllt vor allem deshalb die Anforderungen an ein Rahmenkonzept, weil Ursache-Wirkungs-Beziehungen nicht einfach vorausgesetzt werden, sondern durch den Perspektivwechsel analytisch herausgearbeitet werden können. Im folgenden werden daher Sabatiers Annahmen näher erläutert, seine Kriterien für die *Top-Down*-Analyse dargestellt sowie einige Vorannahmen für die *Bottom-Up*-Analyse getroffen, die in einem zweiten Schritt anhand von Fallstudien Aufschluss darüber geben soll, inwiefern sich die staatlichen Maßnahmen auf die Handlungsbedingungen der Adressaten ausgewirkt haben.

3.4   Kriterien der *Top-Down*-Analyse

Sabatiers Aufsatz „Top-Down and Bottom-Up Approaches to Implementation Research: A Critical Analysis and Suggested Synthesis" von 1986 faßt zunächst die Ergebnisse der Implementationsforschung von den 70er Jahren bis zur Mitte der 80er Jahre zusammen. Alle untersuchten empirischen Implementationsstudien folgen nach Sabatier entweder dem *Top-Down*-Ansatz oder es handelt sich um *Bottop-Up*-Studien. Die Synthese aus diesen beiden Ansätzen stellt den Versuch dar, die Vorteile beider Ansätze zu erhalten und daraus einen Bezugsrahmen zu entwickeln, der weder „programm-lastig" noch „programm-blind" ist.

Top-Down-Ansätze zeichnen sich zunächst dadurch aus, dass sie von einer Regierungsentscheidung oder einem politischen Programm ausgehen und dann fragen, inwieweit die formulierten Ziele tatsächlich erreicht wurden und welches die entscheidenden Faktoren waren, die den Politik-*Output* bestimmten.

Sabatier analysierte über 20 *Top-Down*-Implementationsstudien aus insgesamt zehn Politikfeldern, wobei die meisten Untersuchungen in den Bereichen Raumordnung, Bildung und Umweltschutz durchgeführt worden waren (vgl. Sabatier 1986: 26, Sabatier/ Mazmanian 1981). Hinsichtlich der verwendeten Kriterien für die Beurteilung des Umsetzungserfolgs fielen dabei starke strukturelle Ähnlichkeiten auf. Auf der Basis dieser Auswertungen entwickelte Sabatier schließlich ein eigenes, konzentriertes Kriterienraster, das im Folgenden dargestellt wird und das die Grundlage für die Implementationsuntersuchung der Aktionsprogramme zur Informationsgesellschaft bilden soll.

Sabatiers Kriterienraster besteht aus insgesamt sechs Punkten, die als Leitfragen dieser Untersuchung dienen. Der Umsetzungserfolg des Programms ist demnach umso wahrscheinlicher, je mehr dieser Fragen positiv beantwortet werden können.

3.4.1   Klarheit und Konsistenz der Ziele

Die erste Frage bei der Untersuchung eines politischen Programms gilt den formulierten Zielen: „Clear and consistent objectives" sind nach Sabatier für die erfolgreiche Umsetzung eines Programms eine notwendige Bedingung. Stellt sich beispielsweise heraus, dass ein Programm nicht in der Lage war, Veränderungen im intendierten Sinne herbeizuführen, so kann dies daran gelegen haben, dass widersprüchliche Ziele formuliert wurden, die Zielvorgaben nicht aufeinander abgestimmt waren, oder dass sie sich im Verlauf des Umsetzungsprozesses änderten.

Klare und konsistente Ziele dienen als Maßstab für die Evaluation und sind wichtige Vorgaben für alle Stellen, die mit der Implementation beauftragt sind. Insgesamt sollte dieser Punkt jedoch nicht überbewertet werden. Sabatier räumt ein, dass sich bei späteren Untersuchungen herausgestellt hat, dass die Mehrzahl der Programme eine Vielzahl von teilweise widersprüchlichen Zielen verfolgten und trotzdem eine - wenngleich nicht „exzellente", so doch zumindest - „befriedigende" Zielerreichung vorweisen konnten (Sabatier 1986: 29).

3.4.2   Adäquate Kausaltheorie: Annahmen über die Funktionslogik des Adressatenfeldes

Politikinterventionen basieren nach Sabatier auf impliziten Annahmen darüber, wie wirtschaftlicher und sozialer Wandel bewirkt werden kann. Gesetze und Politikmaßnahmen müssen den unterstellten Kausalbeziehungen entsprechen und den Implementierungsstellen entsprechend vermittelt werden, wenn das Programm Erfolg haben soll.

Der kritische Punkt ist hier die „unterstellte Kausalbeziehung", denn diese kann durchaus von den tatsächlichen Handlungsrationalitäten und den vorhandenen Anreizstrukturen im Adressatenfeld abweichen und sich damit als unzutreffend erweisen. Die staatlichen Akteure entwickeln in der Regel Kausaltheorien auf der Basis vorangegangener Entscheidungen und der beobachteten Wirkungen. Bezieht sich ein Programm auf einen Bereich, in dem noch keine oder nur unzureichende Erfahrungen vorliegen, müssen Kausaltheorien erst entwickelt werden. Aufgrund veränderter Umweltbedingungen können sich hier traditionelle Ansätze durchaus als uneffektiv herausstellen und damit den Erfolg des Programms aufgrund einer unzutreffenden Kausaltheorie vereiteln.

Für die Untersuchung der Angemessenheit der impliziten Kausaltheorie ist es deshalb zunächst notwendig, die zentralen Akteure im Adressatenfeld zu identifizieren und ihre Anreizstrukturen zu verstehen. Sabatier faßt dies unter dem Stichwort „accurate understanding of target group´s incentive structure" zusammen (Sabatier 1986: 33). Zum besseren Verständnis der Handlungsbedingungen im lokalen Kontext bietet sich eine eigene, *Bottom-Up*-Analyse an, die als Ausgangspunkt nicht das staatliche Programm, sondern das eigentliche Adressatenfeld als

Handlungseinheit hat.[13] An dieser Stelle, so räumt Sabatier ein, kann es durchaus Überschneidungen zwischen *Top-Down-* und *Bottom-Up-*Ansätzen geben, die jedoch nicht als Dopplungen oder unnötige Beweisführungen zu werten sind, sondern letztlich Ergänzungen darstellen, die vor einer einseitigen Betrachtungsweise bewahren können (Sabatier 1986: 33f). Wie eine solche Kombination konkret aussehen kann, wird weiter unten dargestellt.

3.4.3   Rechtliche und institutionelle Struktur des Implementationsprozesses

Die Anpassung der rechtlichen und institutionellen Struktur, die Sabatier „coherent structuring" nennt (Sabatier 1986: 27), ist das dritte Kriterium für eine erfolgreiche Umsetzung. Für den Implementationserfolg ist es demnach entscheidend, dass Implementationsstellen ausgewählt werden, die sich unterstützend („supportive and sympathetic") zum Programm verhalten. Oftmals hat es sich dabei als erfolgreiche bzw. notwendige Strategie erwiesen, neue Behörden, Regulierungsinstanzen oder Koordinationsgremien einzurichten. In vielen Fällen, in denen dies nicht gelang, wirkte sich das Fehlen einer speziellen Umsetzungsbehörde als ernsthaftes Hindernis für eine effektive Umsetzung aus.

Wichtig ist hier die rechtliche Ausformung des Programms, bei der verschiedene Gesetzesmechanismen zur Anwendung kommen können, wie z.B. Bestimmungen zur Programmausführung, Sanktionen und Anreize, um Widerstände zu überwinden, und die Beauftragung von Implementationsstellen, die das Programm inhaltlich unterstützen und ihm eine hohe Priorität einräumen. Bei Bundesprogrammen, deren Umsetzung auf Länder- oder kommunaler Ebene erfolgt, ist der Grad der hierarchischen Integration der beauftragten Implementationsstellen von entscheidender Bedeutung (vgl. Sabatier/ Mazmanian, 1981: 11f).

3.4.4   Kompetenz und Motivation der Implementationsstellen

Wegen des unvermeidlichen eigenen Ermessensspielraums der Implementationsstellen ist es entscheidend, dass diese Stellen von den Politikzielen überzeugt und in der Lage sind, die vorhandenen Ressourcen entsprechend dieser Ziele einzusetzen (Sabatier 1986: 23). Kompetenz und Motivation können dabei nicht einfach vorausgesetzt werden, sondern müssen institutionell verankert werden.

Dieser Punkt geht auf die Beobachtung zurück, dass Implementation nicht nur Durchführung und Vollzug programmvorgegebener Vorschriften und Bestimmungen bedeutet, sondern dass sie immer auch ein Stück Interpretation und „Reformulierung" von Politik- und Programmzielen umfaßt. Es bedarf einer *zusätzlichen* Übertragungs- und Übersetzungsleistung von seiten der Durchführungsorganisationen, um politische Absichten in praktisches Handeln umzusetzen. Diesen Gesichtspunkt betonen auch Majone und Wildavsky (1979), wenn sie von Implementation als einem „Prozess der Reformulierung von Politik als

---

13   Die Notwendigkeit einer *Bottom-Up-*Analyse aufgrund von unklaren Kausalbeziehungen wird in Abschnitt 3.5 näher beschrieben.

kontinuierlichen Adjustierungsprozess zwischen Zielen und Mitteln sprechen" (Majone/ Wildavsky 1979: 21).

3.4.5 Unterstützung von Interessengruppen und staatlichen Stellen

Während des langen Implementationsprozesses ist es wichtig, dass politische Unterstützung von Interessengruppen, Regierungs- und Verwaltungsstellen aufrechterhalten wird (Sabatier 1986: 25). Die durchgängige Unterstützung staatlicher Stellen kann sich dabei auf symbolische Aktionen der politischen Spitze beziehen, auf personalpolitische Entscheidungen bei der Besetzung wichtiger Umsetzungsbehörden oder auf ergänzende politische Maßnahmen, die mit dem „Geist" des Programms in Einklang stehen oder thematisch daran anknüpfen.

Die langfristige und andauernde Einbeziehung und die Unterstützung von Interessengruppen ist deshalb wichtig, weil dort das fachliche *Know-How* vorhanden ist und weil ein offener und partizipativer Umsetzungsprozess die Legitimität und letztlich die Reichweite der Maßnahmen erhöht.

Zusammenfassend kann man sagen, dass die Sorgfalt, mit der ein Programm konzipiert und umgesetzt wird, das Ausmaß bestimmt, in dem die Ziele erreicht werden können. Genauer gesagt wird die Zielerreichung von Programmen, die das Verhalten der Adressaten nachhaltig verändern sollen, wahrscheinlicher, wenn sie (1) klare und konsistente Ziele formulieren, wenn sie (2) über eine zutreffende Kausaltheorie verfügen, wenn sie (3) eine rechtliche und institutionelle Struktur für den Implementationsprozess schaffen, die auf die Ziele hin ausgerichtet ist, wenn sie (4) auf kompetente und motivierte Implementationsstellen bauen können und schließlich, wenn sie (5) die Unterstützung von Interessengruppen und staatlichen Stellen über den Implementationsprozess hinweg aufrecht erhalten können (vgl. Sabatier/ Mazmanian, 1981: 14f, Sabatier 1986: 23-25 und 38).

Diese Kriterien sollen für die anschließende Analyse von Info 2000 und *NII* verwendet werden. Ziel dieses Analyseabschnitts ist es, eine spezifische Faktorenkonstellation für die jeweilige Umsetzung der Programme in Deutschland und den USA zu erarbeiten, in der die Meilensteine bzw. Defizite des staatlich-institutionellen Umsetzungsprozesses indentifiziert werden.

Über die tatsächlichen Auswirkungen der einzelnen Maßnahmen, d.h. über ihre Fähigkeit, das Verhalten der Adressaten im intendierten Sinne zu beeinflussen, kann dabei jedoch noch wenig gesagt werden. Eine solche Einschätzung des *Outcomes* bedarf der genaueren Kenntnis der Handlungszusammenhänge im lokalen Kontext.

3.5 Notwendigkeit einer zweiten Perspektive: *Bottom-Up*-Analyse

Genau an dieser Stelle, bei der Bewertung des *Outcomes,* setzt die Kritik an der *Top-Down*-Perspektive an. Denn der *Top-Down*-Ansatz geht von einer vertikalen Steuerung aus und setzt konsequenterweise die staatlichen Akteure ins Zentrum. Implizit wird dabei unterstellt, dass die Programm-Macher die entscheidenden Akteure sind und andere Akteure den Implementationsprozess nur behindern. Diese Sichtweise vernachlässigt aber systematisch den Handlungskontext der Adressaten und den strategischen Zusammenhang, in dem die Unternehmen agieren.

Darüber hinaus wurde eingewendet, dass es unmöglich sei, das *Top-Down*-Modell in Fällen anzuwenden, bei denen es sich statt um ein klar umrisses Politikprogramm mit einer einzigen zuständigen Behörde, um einen Politikbereich handelt, in dem es eine Vielzahl von Gesetzesinitiativen und disperse Akteure gibt (vgl. z.B. Barrett/ Fudge 1981).

Dabei ist die Feststellung, dass politische Programme nicht alle Wirklichkeitsausschnitte beeinflussen können, in ihrer Allgemeinheit zunächst trivial. Unbestritten gibt es Bereiche, die nicht über politische Steuerung beeinflusst werden können, seien es technische Entwicklungen, Bewußtseins- und Wertänderungen oder auch demographische Entwicklungen (vgl. Bohnert/ Klitzsch 1980: 201f). Allerdings wird bei der Untersuchung der Entwicklung im Multimediabereich eben diese Bestimmung von staatlich steuerbaren Bereichen zur zentralen Frage, da es hier offensichtlich signifikante Verschiebungen des Politik-Wirtschaft-Gefüges gibt (vgl. Abschnitt 2.1). Es ist in diesem Bereich durchaus nicht offensichtlich, wie die Bereiche Staat, Wirtschaft und Nutzer voneinander abzugrenzen sind und welche Faktoren unter die politisch entscheidbaren fallen und welche nicht.

Die Frage des Wirkungskreises staatlicher Politik und intentionaler Steuerbarkeit wird innerhalb des *Top-Down*-Ansatzes jedoch nicht thematisiert. Prinzipiell kann davon ausgegangen werden, dass die staatlichen Handlungsmöglichkeiten im Multimedia-Bereich zwar eingeschränkt sind; der noch, bzw. weiterhin zugängliche Gestaltungsraum sich aber unterschiedlich nutzen läßt. Damit rückt die Verfaßtheit des Feldes und die Bestimmung der Feldinteressen ins Blickfeld der Untersuchung.

Zur Bestimmung der Verfaßtheit des Adressatenfeldes bietet sich eine *Bottom-Up*-Analyse an, in der - zunächst unabhängig von politischen Interventionen - die Akteurskonstellationen, Handlungsrationalitäten und Entscheidungsmuster in einem Politikfeld untersucht werden. Die Beschreibung des Akteursnetzwerks beginnt dabei auf der „untersten" Ebene, bestimmt Ziele, Strategien, Aktivitäten und Kontakte dieser Akteure und fragt schließlich nach der Bedeutung institutioneller Rahmenbedingungen und der Wirkung spezieller staatlicher Maßnahmen. Der Vorteil dieser Methode ist, dass die relative Bedeutung von staatlichen Programmen vis-á-vis von Unternehmensstrategien und Marktkräften eingeschätzt werden kann.

Das entscheidende Manko der *Bottom-Up*-Methode ist jedoch, dass sie sich nicht auf eine allgemeingültige Theorie stützen kann, auf deren Basis die jeweiligen Handlungen, Entscheidungen und Strategien der Akteure erklärt werden können. Das Fehlen einer expliziten Theorie über die Auswirkungen sozialer, wirtschaftlicher und rechtlicher Faktoren läßt die *Bottom-Up*-Methode nach Sabatier lediglich als „useful starting point" (Sabatier 1986: 35) erscheinen, um die wichtigen Akteure und ihren Handlungskontext zu identifizieren. Zur Erklärung der Handlungsmuster im lokalen Kontext können unterschiedliche theoretische Konzepte herangezogen werden. Weitergehende theoretische Verankerungen der *Bottom-Up*-Analyse scheinen dagegen problematisch.[14] Wenn eine übergreifende Theorie fehlt, ist es umso wichtiger, eine implizite, gegenstandsbezogene Theorie zu entwickeln und zur Diskussion zu stellen. Die Strukturierung von Einflussfaktoren und Wirkungszusammenhänge sollte nicht beliebig, sondern anhand von überprüfbaren Annahmen vorgenommen werden.

Für die *Bottom-Up*-Untersuchung der Entwicklung des interaktiven Fernsehens wird dies in Kapitel 10 auf der Basis eines speziellen Medienmodells durchgeführt, das Kubicek und Schmid (1996) entwickelt haben. Dieses Modell stammt aus einem kommunikationswissenschaftlichen Zusammenhang und beschäftigt sich mit den Voraussetzungen für die Etablierung interaktiver Medien, wobei insbesondere die Wechselbeziehungen zwischen Anbietern und Nutzern sowie deren Einbettung in etablierte Strukturen und die Auswirkungen von entsprechenden Rahmenbedingungen im Vordergrund stehen.

3.6 Systhese von *Top-Down* und *Bottom-Up*

Für die Untersuchung der Auswirkungen von *NII* und Info 2000 sind zunächst separate und schließlich kombinierte *Top-Down-* und *Bottom-Up*-Analysen insbesondere deshalb notwendig, weil weder die Auswirkungen institutioneller Faktoren auf den Verlauf der Initiativen bekannt ist, noch die Bedeutung von Rahmenbedingungen im konkreten Medienentwicklungskontext von vornherein feststehen. Eine Synthese von *Top-Down* und *Bottom-Up* bietet die Möglichkeit, in beiden Bereichen Konkretisierungen vorzunehmen, aufgrund derer letztlich die Passgenauigkeit der staatlichen Maßnahmen im Vergleich beurteilt werden kann.

„Passgenauigkeit" bezieht sich dabei auf die Fähigkeit der Programme, an die jeweiligen Handlungslogiken im Adressatenfeld anzuknüpfen und mit den gewählten Ansätzen und Maßnahmen Verhaltensänderungen im intendierten Sinne zu bewirken. Der Erfolg staatlicher Maßnahmen hängt in diesem Sinne vom intelligenten Eingehen auf die Bedingungen im Regelungs- bzw. Adressatenfeld ab. Bohnert und Klitzsch umschreiben dieses intelligente Eingehen als „Forderung nach Kompatibilität eines neuen Steuerungsimpulses mit den vorhandenen Regelungsverhältnissen" (Bohnert/ Klitzsch 1980: 207). Umgekehrt heißt dies, dass mangelndes Faktwissen und Defizite in der Einschätzung real ablaufender Prozesse mit großer Wahrscheinlichkeit zu falschen Annahmen des Programmgebers und damit zu mangelnder Zielerreichung führen.

Systemtheoretisch gewendet könnte man die Kombination der *Top-Down-* und *Bottom-Up*-Analyserichtung als Untersuchung des Steuerungs*objekts* und des Steuerungs*subjekts* und ihrer Wechselwirkungen bezeichnen (vgl. Luhmann 1981, Willke 1992, Grande/ Häusler 1994). Auch in der Systemtheorie wird davon ausgegangen, dass das Verhalten der Akteure nicht aus dem Implementations-

---

14 Die Versuche, die es hierzu gegeben hat, inkorporieren verschiedene *Bargaining*-Theorien oder beziehen sich auf die Theorie des Generalisierten Tauschs. Das Ergebnis ist nach Einschätzung von Sabatier (1986) jedoch wenig überzeugend und eignet sich nicht für ein explizites Rahmenkonzept (vgl. Sabatier 1986: 35).

prozess selbst heraus, sondern erst unter Einbeziehung übergreifender Feldzu-
sammenhänge verstanden werden kann.

An dieser Stelle sei jedoch darauf hingewiesen, dass die Begriffe *Top-Down* und
Bottom-Up nicht zur Klassifizierung unterschiedlicher *Steuerungsformen* verwendet
werden, wie dies z.B. Knill und Lenschow (1999) in ihrer Untersuchung der
europäischen Umweltpolitik getan haben.[15] Hier geht es dagegen um die
analystische Perspektive auf den Implementationsprozess, d.h. um die Sicht „von
oben" und die Sicht „von unten", die in ihrer Kombination eine adäquate Beurteilung des Umsetzungserfolges ermöglichen soll.

Die Synthese aus *Top-Down* und *Bottom-Up* stellt in diesem Sinne eine analytische Ergänzung einer Implementationsstudie um die Bestimmung der zentralen
Einflussgrößen im lokalen Kontext der Medienentwicklung dar. Die Einbeziehung
der *Bottom-Up*-Perspektive ist deshalb wichtig, weil die Entwicklung im Politikfeld
Multimedia zwar von politischen Programmen und ihren jeweiligen Vorgaben
beeinflusst, aber nicht vollständig determiniert wird.

Durch die Kombination der beiden Sichtweisen wird es möglich zu zeigen, ob
das jeweilige staatliche Programm zur Förderung neuer Medien im Unterhaltungsbereich deshalb ins Leere lief, weil die Maßnahmen nicht konsequent umgesetzt
wurden, oder - für den Fall, dass die Implementation effektiv war - , dass sich die
intendierten Effekte deshalb nicht einstellten, weil die Maßnahmen an der Realität
der Akteure vor Ort vorbeiliefen.

3.7   Definition der *Outcome*-Dimension

In diesem Abschnitt geht es darum, den Erfolgsmaßstab festzulegen, nach dem die
Programme für die Informationsgesellschaft bewertet werden sollen. Eine
Bestimmung der *Outcome*-Dimension ist für eine vergleichende Implementations-
studie zwingend erforderlich, da anderenfalls keine Rückschlüsse auf Eignung und
Qualität der jeweiligen staatlichen Strategien möglich sind. Dazu muss zunächst ein
Ausgangszeitpunkt T0 und ein Ergebniszeitpunkt T1 festgelegt werden. T0 markiert
den Startzeitpunkt bzw. die Anfangsperiode der Programme. Die amerikanische
National Information Infrastructure Initiative wurde bereits Ende 1993 gestartet,
wobei der wichtigste Bestandteil für den Medien- und Telekommunikationsbereich,
der *Telecommunications Act* (TCA), erst 1996 verabschiedet wurde. Die deutsche
Initiative startete offiziell im Februar 1996, d.h. mehr als zwei Jahre nach der *NII*.
Im August 1997 trat in Deutschland das Telekommunikationsgesetz (TKG) in Kraft,
ein Jahr später folgten das Informations- und Kommunikationsdienste Gesetz
(IuKDG) sowie der Mediendienstestaatsvertrag.

Aufgrund der ungleichen Starttermine von *NII* und Info 2000 müßten im Grunde
zwei unterschiedliche T0-Werte zugrunde gelegt werden. Allerdings hat sich, wie

---

15   Ihr Interesse galt insbesondere der Wirkung von Steuerungs*instrumenten*, die sie in
      klassische Formen interventionalistischer *Top-Down* Instrumente und Formen
      kontextorientierter *Bottom-Up* Ansätze unterteilten (vgl. Knill/ Lenschow 1999: 592).

die Darstellung der Ausgangssituation in Deutschland und den USA zeigen wird (Kapitel 5 und 7), die Zeitverschiebung nicht grundsätzlich auf die inhaltliche Konzeption der Maßnahmen ausgewirkt. Das heißt, allein die Tatsache, dass die amerikanische Initiative zwei Jahre vor der deutschen gestartet ist, kann nicht ihre höhere Reichweite begründen. Tatsächlich markierten der TCI (1996) und das TKG (1996) sowie das IuKDG und der Mediendienstestaatsvertrag (beide 1997) die zentralen regulatorischen Meilensteine innerhalb der jeweiligen Initiativen, die eine gemeinsame Datierung des Startzeitpunkts T0 für die Jahre 1996/97 rechtfertigen.

Zeitliche Ungleichheiten in der Entwicklung zwischen Deutschland und den USA fallen auch deshalb nicht so stark ins Gewicht, weil als Endzeitpunkt T1 nicht das offizielle Ende der Programme gewählt wird, d.h. 1997 für die Vereinigte Staaten und 1999 für Deutschland, sondern für beide Programme auf Ende 2000 festgelegt wird. Damit wird der Zeitraum der Untersuchung über den offiziellen Ablösetermin der jeweiligen Programme hinaus ausgedehnt, was eine Berücksichtigung von längerfristigen Auswirkungen ermöglicht bzw. Phasenverschiebungen oder Trendverzögerungen egalisiert.

Die inhaltliche Bestimmung der *Outcome*-Dimension ist aus zwei Gründen problematisch. Erstens wurden in den Programmen hinsichtlich der Ziele nur recht vage Aussagen gemacht, die sich vor allem auf die Medien- und Angebotsvielfalt im Bereich interaktiver Dienste bezogen. Medien- und Angebotsvielfalt läßt sich aber nicht ohne weiteres quantifizieren. Um die Situation bei den interaktiven Medien Ende des Jahres 2000 zu beschreiben, müssen gewisse Annahmen getroffen werden, die sich auf die Strukturierung des interaktiven Fernsehens beziehen. Um zu vergleichbaren Zahlen zu kommen, wird auf die Verbreitung von neuen Zugangstechnologien, wie z.B. Kabelmodems oder DSL-Anschlüssen, zurückgegriffen und die Anzahl von Projekten im Anwendungsbereich Video on Demand gegeneinander aufgerechnet. Diese Zahlen sind jedoch nur begrenzt aussagekräftig, weil sie zum einen wenig über die tatsächliche Nutzung aussagen und zum anderen, weil sie nicht zwischen größeren und kleineren Projekten unterscheiden.

Zweitens ist die Situation im Bereich des interaktiven Fernsehens, wie sie sich im Jahre 2000 darstellt, nicht allein auf die staatlichen Programme zurückzuführen, sondern wurde, wie erwähnt, von einer Vielzahl von Faktoren beeinflusst, die erst noch zu bestimmen sind.

Wenn hier dennoch eine Bestimmung des *Outcomes* vorgenommen wird, dann unter dem Vorbehalt, dass es sich dabei lediglich um den quantitativen Ausdruck einer Einwicklung handelt, die es gilt, im weiteren Verlauf der Untersuchung qualitativ zu beschreiben und inhaltlich zu spezifizieren.

Da sich interaktives Fernsehen im Schnittfeld von Online und digitalem Fernsehen entwickelt, können die Nutzer- und Abonnentenzahlen in diesen Bereichen zunächst als „Umgebungsvariablen" herangezogen werden. Online/ Internet und digitales Fernsehen sind Voraussetzungen für das interaktive Fernsehen in dem Sinne, als sie zum einen die Vertrautheit mit interaktiven Nutzungsformen erhöhen und zum anderen von den Fernsehzuschauern eine aktive Rolle im Umgang mit dem nahezu unüberschaubar gewordenen Programmangebot abverlangen (vgl.

Kapitel 4). Abb. 3 und 4 zeigen die Entwicklung der Online- und Internet-Nutzung zwischen 1996 und 2000 sowie den Anstieg von digitalen TV-Angeboten in den Vereinigten Staaten und Deutschland.

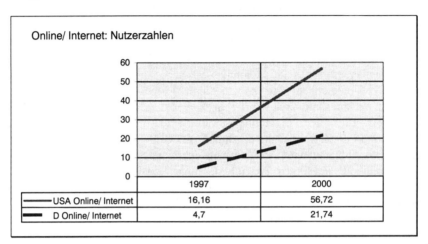

Online/ Internet: Nutzerzahlen

	1997	2000
USA Online/ Internet	16,16	56,72
D Online/ Internet	4,7	21,74

Abb. 3:   Online/ Internet-Nutzer in den USA und Deutschland 1997-2000 je 100 Einwohner[16]

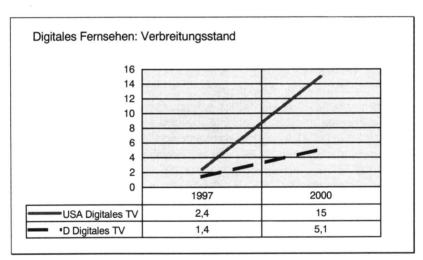

Digitales Fernsehen: Verbreitungsstand

	1997	2000
USA Digitales TV	2,4	15
D Digitales TV	1,4	5,1

Abb. 4:   Digitales Fernsehen in den USA und Deutschland 1997-2000, Abonnenten von Digital-TV im Verhältnis zur Gesamtzahl der TV-Haushalte[17]

---

16   Quellen USA: FIND/SVP, April 1997, NielsenNetRatings, Sept. 2000; Deutschland: Nua estimate, Sept. 1997, GfK Online-Monitor, Aug. 2000.
17   Quellen: Eito 1998, Angaben von Premiere World und F.U.N., DirecTV und Echostar-Abonnenten plus Digital Cable-Abonnenten und terrestrisch, DBS digest 2000 (www.adec.edu/satellite-resources.html) und Kröger 1997.

Die Online/ Internet-Nutzung über PC und Modem ist in den Vereinigten Staaten zwischen 1997 und 2000 sehr viel stärker angestiegen als in Deutschland. Obwohl es sehr unterschiedliche Angaben über die tatsächliche Zahl der Online-Nutzer in beiden Ländern gibt und die Spannbreite zwischen dem höchsten und dem geringsten ermitteltem Wert in den einzelnen Studien außergewöhnlich hoch ist,[18] weisen alle Untersuchungen darauf hin, dass der Anstieg in den USA schneller verlief und heute auf einem wesentlich höheren Niveau ist als in Deutschland.

Beim digitalen Fernsehen kann eine ganz ähnliche Entwicklung beobachtet werden, wobei der starke Anstieg in den Vereinigten Staaten vor allem auf den Erfolg des Satellitenfernsehens (Direct Broadcasting by Satellite, DBS) zurückzuführen ist, das Mitte der 90er Jahre als digitales Abonnentenfernsehen eingeführt wurde.

Die eigentliche *Outcome*-Dimension für das interaktive Fernsehen umfaßt drei Bereiche und bezieht sich auf die Entwicklung von breitbandigen Internetangeboten (1), interaktiven TV-Diensten (2) und Video on Demand-Angeboten (3). Dass es diese drei Bereiche sind, die das interaktive Fernsehen definieren, und keineswegs nur fernsehbasierte Zusatzangebote, wie z.B. Teleshopping oder Telebanking, wird in Kapitel 4 näher erläutert.

Im ersten Bereich, dem Bereich breitbandiger Online-Plattformen, muss zwischen Kabelmodemsystemen und DSL-Angeboten unterschieden werden. Über beide Plattformen werden nicht nur schnelle Internet-Anbindungen möglich, sondern potenziell auch die Übertragung von Fernsehinhalten (z.B. über *Streaming Media*-Technologien).

Kabelmodemsysteme setzen dabei ein technisch entsprechend ausgebautes Kabelfernsehnetz voraus. Ihre Verbreitung hängt somit von der adäquaten Aufrüstung des Netzes und generell von der Verbreitung des Kabelfernsehens ab. Die Verbreitung von Kabelfernsehen ist in den Vereinigten Staaten mit 68 Prozent nur unwesentlich höher als in Deutschland, wo ebenfalls über 50 Prozent aller TV-Haushalte Kabelfernsehen empfangen. Der technische Ausbaugrad des Kabelfernsehnetzes ist dagegen in den USA wesentlich höher als in Deutschland. Entsprechend können amerikanische Kabelnetzbetreiber breitbandige Intenet-Dienste heute in weit größerem Umfang anbieten, was sich in Abb. 5 in stark auseinanderlaufenden Linien ausdrückt.

DSL-Angebote basieren dagegen auf dem herkömmlichen Telefonnetz, wobei auch hier technische Aufrüstungen, d.h. die Installation von entsprechenden Komponenten in den Vermittlingsstellen, erforderlich sind. Die Nachfrage nach DSL-Angeboten war Ende 2000 sowohl in den USA als auch in Deutschland sehr groß. Meist kamen die Telefongesellschaften mit der Aufrüstung nicht nach, d.h. es entstand ein Überhang an unerledigten Aufträgen, der bis heute

---

18 Dies hängt vor allem damit zusammen, dass private und berufliche Nutzung oft nicht gesondert erhoben werden. Detailliertere Erhebungen sind bislang selten und liefern aufgrund von Veränderungen in der Erhebungsmethode noch keine vergleichbaren Zeitreihen. Zur Diskussion von Erhebungsmethoden und Ergebnissen siehe z.B. Wingert 1998 und van Eimeren/ Gerhard 2000.

nicht nach, d.h. es entstand ein Überhang an unerledigten Aufträgen, der bis heute nicht abgearbeitet werden konnte. Nach Angaben von BITKOM, dem deutschen Bundesverband für die Informationswirtschaft, verfügten Ende 2000 35 von 1.000 US-Haushalten über einen DSL-Anschluß, während es in Deutschland lediglich elf waren (Bitkom 2000: 7, siehe Abb. 6).

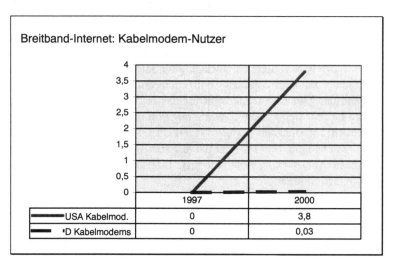

Abb. 5:   Kabelmodem-Nutzer in den USA und Deutschland 1997-2000 im Verhältnis zur Gesamtzahl der Kabel-TV-Abonnenten[19]

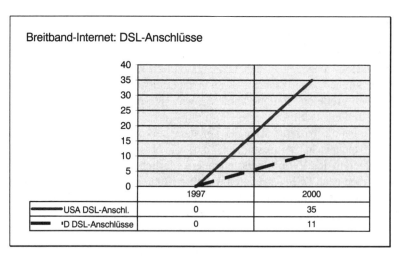

Abb. 6:   DSL-Anschlüsse in den USA und Deutschland 1997-2000 je 1.000 Haushalte[20]

---

19   Quellen: Bitkom 2000, Dataquest, Dec. 2000.
20   Quellen: BITKOM 2000: 7, FCC 2000.

Dabei ist zu berücksichtigen, dass DSL-Anschlüsse in den Vereinigten Staaten bisher fast ausschließlich in Großstädten angeboten werden, wogegen in Deutschland eine flächendeckende Versorgung angestrebt wird, die von der Deutschen Telekom vorangetrieben wird. Aufgrund der unterschiedlichen Besiedelungsstrukturen beider Länder fällt der Vergleich der Verbreitungsraten anders aus, wenn man die regionale Verfügbarkeit als Kriterium zugrunde legt.

Sowohl Kabelmodem- als auch DSL-Angebote weisen im Jahr 1997 einen Wert von Null auf. Dies bedeutet jedoch nicht, dass diese Zugangstechnologien zu jener Zeit gänzlich unbekannt gewesen wären. Im Gegenteil, ihre Einsatzgebiete und Potenziale wurden in Fachkreisen bereits Mitte der 90er Jahre ausführlich diskutiert und zum Test verschiedener anwednungen wurden bereits technische Versuchsprojekte durchgeführt.

Zur Quantifizierung der Entwicklung im Bereich der interaktiven TV-Angebote, d.h. von interaktiven Anwendungen für Fernsehzuschauer, können momentan lediglich die Nutzerzahlen von WebTV-Angeboten herangezogen werden.

Andere Angebote existieren zwar, sie kommen aber deshalb nicht in Frage, weil sie im Rahmen von Pilotprojekten lediglich einem begrenzten Publikum zur Verfügung stehen bzw. generell eine geringe Verbreitung haben (z.B. Intercast, ARD Online-Kanal, Met@box) oder aber, weil es sich um Anwendungen zur Orientierung innerhalb des digitalen TV-Angebots handelt, welche nicht im engeren Sinne als interaktiv zu bezeichnen sind (z.B. Elektronische Programmführer oder digitale Videorecorder, siehe Kapitel 4).

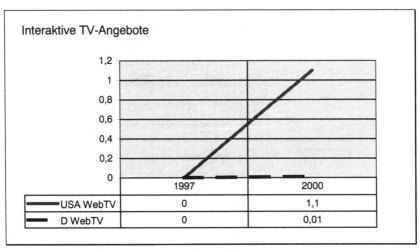

Abb. 7: Interaktive TV-Angebote in USA und Deutschland 1997-2000, Anteil von WebTV-Nutzern an der Gesamtzahl der Online-Nutzer[21]

---

21   Quellen: WebTV 2000, Nua estimate, Dec 2000.

Bei WebTV-Angeboten handelt es sich um Abonnentendienste, die über eine spezielle Set-top Box auf einfachste Weise Online-Dienste, Internet-Nutzung sowie E-Mail über den Fernseher ermöglichen. In Deutschland werden solche Set-top Boxen bereits seit 1998 z.b. von Loewe oder Grundig angeboten, wobei bis heute nur geringe Stückzahlen verkauft wurden. In den Vereinigten Staaten ist es vor allem die Firma WebTV Neworks, eine Tochterfirma von Microsoft, die einen solchen Dienst anbietet. Er wurde Ende 2000 von ca. 1,3 Mio. Abonnenten genutzt. Abb. 7 zeigt die Enwicklung von WebTV-Angeboten im Vergleich.

Bei Video on Demand ist es noch schwieriger, die Entwicklung in Zahlen zu fassen, weil es hier bisher keine flächendeckenden Angebote, sondern lediglich technische Tests, Pilotprojekte und lokale Einführungsversuche gibt. Zwar sind und waren diese Projekte stets so ausgelegt, dass sie bei entsprechenden Ergebnissen in den kommerziellen Betrieb übergehen könnten und auf andere Märkte übertragbar wären, bislang beschränkte sich der Regelbetrieb aber sowohl in Deutschland als auch in den Vereinigten Staaten auf einige wenige Städte und Nutzer.

Wie Abb. 8 zeigt, gab es 1997 eine größere Anzahl solcher Projekte als Ende 2000. Video on Demand hatte als Konzept für die interaktive TV-Zukunft um die Mitte der 90er Jahre besondere Attraktivität für Netzbetreiber und Medienunternehmen und wurde in einer Vielzahl von Projekten getestet.

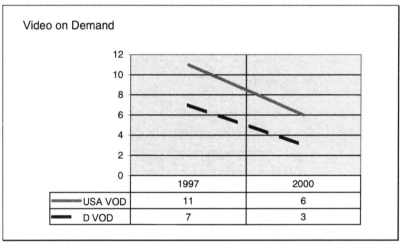

Abb. 8:   Video on Demand in USA und Deutschland 1997-2000, Anzahl der Projekte[22]

22   Projekte in USA 2000: Intertainer, Time Warner in Phoenix, Ariz. und Glendale, Fla.,
     Blockbuster/ Enon, Gemstar VOD-Integration, AT&T Broadband/ DIVA, Starz En-
     core/ DIVA, Charter Communications/ DIVA in L.A (zu den aktuellen VOD-Projekten
     siehe insbesondere die Pressemeldungen der Technikprovider NCube und DIVA:
     www.ncube.com und www.diva.com). Aufstellungen von VOD-Projekten der frühen
     Phase finden sich in Ziemer 1997, Kubicek/ Beckert/ Sarkar 1999 und Tedesco 1999.
     Projekte in Deutschland 2000: Bertelsmann Broadband Group, Intermedia Entertain-
     ment on Demand, Primacom in Leipzig.

Nach dem Scheitern der meisten Projekte sind die Unternehmen vorsichtiger geworden und warten die technische Entwicklung und vor allem die Entwicklung der Kosten ab. Trotzdem ergibt Abb. 8 nur ein unvollständiges Bild, denn seit Ende 2000 gibt es wieder vermehrt Versuche, Video on Demand-Angebote auf der Basis bereits aufgerüsteter Kabelfernseh-Netze und mit Hilfe ausgereifterer und kostengünstigerer Technologien zu realisieren (vgl. Kapitel 4).

Zusammenfassend deuten die Entwicklungen in den drei Bereichen Breitband-Internet, Interaktive TV-Dienste und Video on Demand darauf hin, dass es in den Vereinigten Staaten Ende des Jahres 2000 eine größere Angebotsvielfalt als in Deutschland gab.

Kabelmodem- und WebTV-Angebote fehlen in Deutschland fast ganz bzw. finden bei den Nutzern keinen Zuspruch.

Obwohl die Ausgangssituation in beiden Ländern in den Jahren 1996 und 1997 ähnlich war, hat sich in den USA ein größeres Spektrum an Anwendungen im Bereich des interaktiven Fernsehens entwickelt. Die Auswahlmöglichkeiten der Bevölkerung sind insbesondere im Breitband-Internet-Bereich und im Bereich der interaktiven TV-Diensten größer als in Deutschland.

4   Definition des interaktiven Fernsehens

Die Bestimmung der *Outcome*-Dimension hat bereits gezeigt, dass eine Untersuchung des Gegenstandsbereichs „Interaktives Fernsehen" nicht ohne entsprechende Definitionen und Abgrenzungen auskommt. In diesem Kapitel sollen deshalb die Grundzüge der Diskussion dargestellt werden, in der die Entwicklung interaktiver Fernsehdienste steht. Dabei muss insbesondere auf die technischen Grundlagen, das Konvergenz- und Interaktivitätskonzept sowie auf die Erfahrungen eingegangen werden, die im Rahmen von Pilotprojekten und konkreten Markteinführungsversuchen seit Mitte der 90er Jahre gemacht wurden.

Die *konzeptionelle* Einordnung von interaktiven Diensten, z.B. auf der Basis von Interaktivitätsskalen oder entlang von Personalisierungsstufen kann hier zwar zur Strukturierung und zum besseren Verständnis des komplexen Konvergenzprozesses von Fernsehen und Online beitragen. Eine Arbeitsdefinition des interaktiven Fernsehens für den vorliegenden Forschungszusammenhang muss allerdings über die Einordnung in verschiedene Kontinuen hinaus in besonderem Maße auf die tatsächliche Marktentwicklung und auf reale Angebote abstellen, wie sie sich während des Untersuchungszeitraums ergeben haben. Eine solche Definition des interaktiven Fernsehens auf der Basis tatsächlich existierender Angebote soll deshalb am Ende dieses Kapitels erfolgen, wobei die drei Bereiche „Interaktive TV-Dienste", „Breitband-Internet" und „Video on Demand" unterschieden werden.

Der Begriff „Interaktives Fernsehen" wird oft als Widerspruch empfunden, weil aktiv selektierendes bzw. bewußt gesteuertes Medienverhalten und passive Fernseh-„Berieselung" als zwei unterschiedliche Rezeptionsarten betrachtet werden, die sich schwerlich zusammen denken lassen (vgl. z.B. Hasebrink/ Krotz 1996, Berghaus 1995).

Trotzdem gab es in der Geschichte des Fernsehens immer wieder Versuche, interaktive Elemente in das Programm einzuführen und damit die Passivität der Zuschauer aufzubrechen. Beispiele hierfür sind telefonische Abstimmungen über TED (Teledialog)- Systeme in Unterhaltungsshows und Hitparaden sowie Spielshows, in denen Zuschauer über Richtungskommandos den Spielverlauf beeinflussen können.[23] Auch die Übermittlung von telefonischen Zuschauerfragen in das Fernsehstudio, z.B. in politischen Magazinen oder bei Ratgebersendungen können als interaktive Programmelemente betrachtet werden.

---

23   Wie z.B. in der Sendung „Der goldene Schuß", in der Zuschauer telefonisch als Spielkandidaten teilnehmen und mit Richtungskommandos eine Armbrust steuern konnten, die auf einer Studiokamera angebracht war. Ziel war es, einen goldenen Sack abzuschießen, der an einem Seil in einer Zielscheibe aufgehängt war.

Eine Ausweitung des Interaktivitäts-Konzepts auf fiktive Unterhaltungsformate wurde erstmals 1991 in der ARD/ZDF-Produktion „Mörderische Entscheidung - Umschalten erwünscht" versucht. Dieser Fernsehkrimi wurde auf beiden Kanälen simultan gesendet, wobei Teile der Handlung aus der Perspektive unterschiedlicher Akteure gedreht waren. Die Perspektive konnte jeweils durch Umschalten gewechselt werden.

Der Erfolg dieses Experiments ist indes umstritten. Während sich die Zuschauer durch die individuelle Wahl der Perspektive einerseits offenbar stärker in das Geschehen hineingezogen fühlten und die größeren Identifikationsmöglichkeiten schätzten, wurde andererseits beobachtet, dass Zuschauer aus Angst, etwas zu versäumen, so oft hin und herschalteten, bis sie den Handlungsverlauf aus den Augen verloren hatten und schließlich das Interesse verloren (vgl. Knobloch 2000: 100). Seither hat es in Deutschland nur noch sporadische Versuche gegeben, die Zuschauer interaktiv in den Verlauf einer Geschichte mit einzubeziehen.[24]

In der Kommunikationswissenschaft und bei Medienkünstlern lösten interaktive Experimente wie „Mörderische Entscheidung" sowie die Aussicht, Spielfilme bald wie interaktive Computerspiele produzieren und nutzen zu können, Mitte der 90er Jahre Diskussionen darüber aus, inwiefern Zuschauer überhaupt interaktiv sein wollen (Platt 1995, Schönbach 1997, Weiberg 2000) und welche nicht-linearen Erzähltechniken generell für interaktive Filme in Frage kommen (Cameron 1995, Weinbren 1997, Reitz 1997).

Dabei wurde davon ausgegangen, dass sich die Fernsehnutzung in Zukunft wesentlich verändern wird, sobald interaktive Rezeptionsmöglichkeiten auf der Basis digitaler und rückkanalfähiger Fernsehsystme tatsächlich realisiert werden. „Interaktiv" wurde dabei als die Möglichkeit des Mediennutzers beschrieben, in den Verlauf einer narrativen Handlung einzugreifen. Der Göttinger Medienwissenschaftler Peter Vorderer illustriert dieses Szenario folgendermaßen:

> Der Mörder (zum Beispiel in einem *Whodunit*-Krimi) müßte künftig nicht mehr unbedingt immer derjenige sein, von dem es alle schon während des gesamten Filmverlaufs erwartet hatten; vielmehr könnte es dann auch denjenigen treffen, den die Zuschauerin gerne bestraft sähe, weil er ihr schon die ganze Zeit über unsympathisch war. Der Nachbar dieser Zuschauerin hingegen wäre frei, eine Variante zu wählen (und das heißt dann auch: den Film zu gestalten), bei der es gar keinen Schuldigen gibt, weil er Krimis mit offenem Ausgang am meisten zu schätzen weiß. Die Schaffung derartiger Möglichkeiten bedeutet freilich vor allem für

24 Obwohl sich der interaktive „Zweikanalkrimi" offenbar gut in andere Länder verkaufen ließ (vgl. Emmerich 1993). Ein ähnliches Konzept verfolgte 1999 das dänische Silvester-Projekt, bei dem verschiedene Regisseure vier 70-Minuten-Filme drehten, die in am Neujahrsabend 2000 von den vier nationalen dänischen Fernsehsendern gleichzeitig ausgestrahlt wurden. Im Mittelpunkt jeder der vier Filme stand eine Person, die am Silvesterabend durch das nächtliche Kopenhagen streift und dabei auf die Protagonisten der anderen Filme trifft. Jeder Darsteller wurde von einem Kamerateam begleitet, die Regisseure kontrollierten den Ablauf in einem Regiezentrum (vgl. epd film 11/99: „Dogma 95 plant Millenniums-Film").

die am „Text" selbst ansetzenden Wissenschaften eine fundamentale Veränderung ihres Gegenstandes (Vorderer 1995: 501f).

In diesem spezifischen medienwissenschaftlichen Kontext ist die Definition von interaktivem Fernsehen als Möglichkeit der Zuschauer, den Fortgang der fiktionalen Handlung zu bestimmen, zwar plausibel und interessant. Für die vorliegende Untersuchung eignet sie sich jedoch vor allem aus einem Grund nicht: Es existieren bis heute keine solchen Angebote. Und selbst in den zahlreichen Pilotprojekten zum interaktiven Fernsehen, die von 1993 bis Ende der 90er Jahre in verschiedenen Ländern durchgeführt wurden, kamen Vorhaben, die inhaltliche Interaktivität in Spielfilmen realisieren wollten, nicht über die Konzeptionsphase hinaus.

Betrachtet man den enormen wirtschaftlichen und kreativen Aufwand für solche „multi-linearen" Filme, ist dies nicht weiter verwunderlich. Für einen zweistündigen Spielfilm, in dem die Zuschauer nur alle 30 Minuten die Wahl zwischen zwei Handlungsoptionen haben, müßten alleine 7,5 statt 2 Stunden Film produziert werden.[25]

Darüber hinaus haben kleinere Experimente mit nicht-linearen, datenbankgestützten Filmen auf ein grundsätzliches Problem des interaktiven Fernsehens hingewiesen: Während die dargestellten Charaktere in herkömmlichen Filmen lediglich Identifikations*angebote* für die Zuschauer darstellen, *sind* sie in interaktiven Filmen die Hauptdarsteller, weil sie den Fortgang der Handlung selbst bestimmen. Dies führt dazu, dass der Zuschauer in der eigenartigen Situation ist, eine fiktive Version von sich selbst zu beobachten, die überhaupt nicht wie sie selbst ist und die Dinge tut, die er nie tun würde (vgl. Platt 1995: 2).

Eine Definition des interaktiven Fernsehens, die sich auf die *inhaltliche* Ebene von Interventionsmöglichkeiten bezieht, kommt aufgrund fehlender Angebote nicht in Frage. Die tatsächlichen neuen Angebote im Bereich des interaktiven Fernsehens sind vielmehr Erweiterungen des herkömmlichen Programmfernsehens, programmbegleitende Zusatzinformationen, neue Dienste, die Handlungen erlauben, die bislang nicht-medial vermittelt waren (Teleshopping, Telebanking, Telelearning etc.) sowie Sendungen und Filme auf Abruf.

Die erste Festlegung für die Definition des interaktiven Fernsehens besteht deshalb in der Beschränkung auf Interventionsmöglichkeiten auf der *formalen* Ebene, d.h. auf Angebote, welche die bisherige Fernsehnutzung erweitern, flexibilisieren und neue Kombinationen im individuellen Mediengebrauch ermöglichen.

4.1   Technische Grundlagen

Die technische Grundlage für die Entwicklung von interaktiven TV-Angeboten ist zunächst die Digitalisierung der Fernsehtechnik und der Einsatz unterschiedlicher

---

25   Wobei für die produzierten 30-Minuten-Sequenzen keine Möglichkeit der Zweit- und Drittverwertung (Pay-TV und werbefinanziertes Fernsehen) besteht, wie dies bei herkömmlichen Spielfilmen üblich ist (vgl. Weiberg 2000: 4).

Internet-Protokolle und -Technologien bei der Computervernetzung. Die durchgehende Digitalisierung der Fernsehtechnik von den Aufnahmestudios über die Ausstrahlung und den Empfang über Kabel, Satellit und Hausantenne (terrestrisch) bis zu den Endgeräten ist eine zentrale Voraussetzung für die Realisierung von interaktiven Diensten, weil dadurch Fernsehinhalte praktisch wie Computerdateien genutzt, gespeichert und „verarbeitet" werden können.[26]

Während die Studiotechnik bei den meisten Fernsehsendern bereits seit einigen Jahren digitalisiert ist und hier digitale Aufnahmegeräte, Schnittplätze, Editing- und Archivierungssysteme zur Verfügung stehen, steht die Digitalisierung bei den Übertragungswegen und den Endgeräten sowohl in Deutschland als auch in den USA noch weitgehend aus.

Für die Übertragung digitaler Fernsehsignale waren vor allem technische Fortschritte bei der Bild-Kodierung und Kompression entscheidend. Die Datenmengen, die bei der digitalen Kodierung von Bewegtbildern entstehen, sind enorm und könnten ohne Reduzierung auf herkömmlichen Verteilwegen nicht übertragen werden. Die Weiterentwicklung des MPEG-1-Standards zu MPEG-2 Mitte der 90er Jahre war deshalb in gewisser Weise das Schlüsselerlebnis für das digitale Fernsehen. MPEG-2 ist ein von der internationalen Standardisierungskommission Motion Pictures Experts Group entwickelter Kodierungs- und Kompressionsstandard, der Bildauflösungen von NTSC (amerikanischer analoger TV-Standard) und PAL (europäischer Analogstandard) bis High-Definition TV (HDTV) abdeckt und eine Datenreduktion von durchschnittlich 20:1 bewerkstelligt. Davor waren digitale Übertragungen lediglich in VHS-, d.h. Videorecorder-Qualität möglich. MPEG-2 nutzt zur Datenreduktion den Umstand, dass sich der Bildinhalt bei Filmen über einen kurzen Zeitraum nur wenig ändert: Neben einem „Key-Frame", der alle paar Sekunden die vollständige Bildinformation enthält, existieren für die Generierung der Zwischenbilder so genannte „Delta-Frames", die den Unterschied zum vorigen Bild festhalten und nur diesen kodieren. Je weniger Bewegung der Film enthält, desto geringer fällt die Datenmenge der Delta-Frames aus. MPEG-2 nutzt so die Trägeit des Auges und reduziert die Datenmenge ohne sichtbaren Qualitätsverlust (vgl. Ziemer 1994: 163-205).

Entsprechend verringern sich die Anforderungen an die Bandbreite des Übertragungskanals: Während ein unkodiertes Fernsehsignal für die digitale Verbreitung ca. 160 Mbit/s (Megabit pro Sekunde) beanspruchen würde, kommen MPEG-2-kodierte Signale in PAL-Qualität einschließlich Ton, Teletext-Daten und Verschlüsselungsinformationen mit 5,6 Mbit/s aus. Innerhalb des Frequenzspektrums eines herkömmlichen analogen TV-Kanals (8 MHz in Deutschland und 6 MHz in den USA) können digitale Daten mit einer Datenrate von insgesamt ca. 40

---

[26]   Zwar können einzelne interaktive Dienste, wie z.B. E-Mail über den Fernseher, auch in der traditionellen, analogen TV-Welt realisiert werden, indem der Rückkanal über das Telefon hergestellt wird. Solche Anwendungen sind jedoch nur Zwischenstufen auf dem Weg in eine vollständig digitalisierte Medienwelt, in der neben Texten und Bildern auch alle Audio- und Videosignale digital übertragen werden.

Mbit/s übertragen werden. Dies bedeutet, dass im selben Spektrum statt eines analogen Fernsehprogramms bis zu sechs verschiedene digitale Programme ausgestrahlt werden können.

Der MPEG-2-Standard ist inzwischen der Weltstandard für die Kodierung und Kompression digitaler Programme. Für die Modulation der MPEG-codierten Signale und damit für die Übertragung in Kabel-TV, Satelliten- und terrestrischen Systemen, gibt es jedoch mit DVB (Digital Video Broadcasting) in Europa und ACATS (Advisory Committee on Advanced Television Services) in den Vereinigten Staaten zwei unterschiedliche Standardfamilien.

Eine weitere technische Grundlage für das digitale Fernsehen ist die Entwicklung leistungsfähiger Computerchips für die digitale Kodierung von Filmmaterial. Während Mitte der 90er Jahre noch sog. „digital factories" benötigt wurden, in denen mit beträchtlichem Hardwareaufwand - hauptsächlich mit leistungsfähigen nCube-Rechnern - Filme digitalisiert und gespeichert wurden (vgl. Gamm/ Kunze 1994, Schwartz 1995), ist dies heute mit speziellen MPEG-Chips und handelsüblichen PCs in Echtzeit möglich.

Beim Empfang digitaler Fernsehsignale ist zu beachten, dass die Signale wieder in analoge Impulse zurückgewandelt werden müssen, um auf normalen TV-Geräten darstellbar zu werden. Denn die existierenden Fernsehgeräte sind fast durchweg nur analogtauglich. Deshalb wird eine sog. Set-top Box benötigt, die zwischen Fernsehgerät und Antennensteckdose geschaltet wird. Obwohl die Analogwandlung (Dekodierung) weniger aufwändig ist als die ursprüngliche digitale Codierung, werden auch hier Computerkapazitäten benötigt. Größere Arbeitsspeicher, höhere Prozessorgeschwindigkeit und leistungsfähigere Software haben auch hier in den letzten Jahren eine Verbesserung der Leistungsfähigkeit und eine Erweiterung der Einsatzmöglichkeiten dieser Beistell-Dekoder bewirkt. So gibt es beispielsweise inzwischen Set-top Boxen, die über eine integrierte Festplatte verfügen und somit als digitale Videorekorder genutzt werden können.

Im Internet-Bereich sind derartige Umwandlungsprobleme unbekannt, weil die Computertechnologie und -vernetzung von Anfang an digital war. Prinzipiell übersetzt der Computer Sinngehalte mit Hilfe standardisierter Codes in ein binäres Zahlensystem, das nur die blitzschnelle Abfolge der Zustände 1 und 0 kennt. Daher ist bedeutungslos, mit welchen Zeichen sich der Computer befaßt. Für den Computer sind alles Zahlen, so dass Daten, Sprache, Texte, Bilder und Töne in ein- und derselben Symbolsprache als Zahlen gespeichert, übertragen und verarbeitet werden können (vgl. Hoffmann-Riem/ Vesting 1994: 382).

Die Datenübermittlung im Internet erfolgt mit Hilfe des so genannten Paketvermittlungskonzeptes (*Packet Switching*). Dafür wird die zu übertragende Datenmenge in einzelne „Pakete" aufgeteilt. Die mit einem „Header", der Empfängeranschrift und Absenderangaben, versehenen Datenpakete werden nacheinander versandt. Sie erreichen ihr Ziel oftmals über getrennte Wege und werden erst am Empfängerort wieder zu einem vollständigen Datensatz zusammengefügt. Die Vermittlungsrechner im Internet, die so genannten *Router*, leiten anhand der Angaben im *Header* das Datenpaket jeweils weiter zum nächsten Rechner, bis das

Ziel erreicht ist. Im Gegensatz zur leitungsvermittelnden Übertragungstechnik (*Circuit Switching*) der klassischen Telefonie muss keine direkte und konstante physikalische Verbindung zwischen Sender und Empfänger bestehen. Statt für jeden Datenaustausch eine eigene teuere Dauerverbindung über die gesamte Strecke aufzubauen, wird beim Paketvermittlungsprinzip die jeweils nächste freie Datenleitung zum nächsten *Router* genutzt, wobei die Pakete sowohl stück- als auch abschnittsweise effizient weitergereicht werden.

Der Nachteil dieses Verfahrens ist, dass es oftmals zu Latenzzeiten und Verzögerungen kommt, weil die Datenpakete nicht immer den gleichen Übertragungsweg nutzen und die Teilnetze unterschiedliche Leistungskapazitäten aufweisen. Jenseits des generellen Bandbreiten-Problems im Internet, auf das später eingegangen wird, wirkt sich das *Packet-Switching*-Verfahren vor allem auf die Übertragung von zeitkritischen Audio- und Videodateien störend aus, da es oftmals zu Bildausfällen und Tonverzerrungen kommt. Allerdings gibt es hier verschiedene Ansätze, die Nachteile der Paketvermittlung auszugleichen, z.B. durch Prioritäten-Zuweisungen, den Einsatz von *Proxy*-Servern (Vorhaltung von häufig abgefragten Inhalten auf lokalen Servern), den Ausbau von Netzkapazitäten und durch intelligentes Kapazitäts- und Netzwerkmanagement.

Während es Anfang der 90er Jahre eine Reihe proprietärer Standards für die Datenübertragung in Computernetzen gab, hat sich seit Mitte der 90er Jahre das TCP/IP-Protokoll (*Transmission Control Protocol/ Internet Protocol*) des Internets durchgesetzt. TCP/IP stellt heute die wichtigste Voraussetzung für die Kommunikation zwischen Computern in Netzwerken dar.[27]

Bei Internet-Verbindungen handelt es sich fast immer um Punkt-zu-Punkt-Verbindungen (*Unicast*), d.h. jedem Nutzer, der eine bestimmte Datei anfordert, wird eine eigene Kopie über das Netz zugeschickt. Daten für mehrere Empfänger müssen dementsprechend mehrfach ausgesandt werden. Das IP-Protokoll ermöglicht allerdings auch Punkt-zu-Multipunkt-Übertragungen, die über das so genannte IP-Multicast-Protokoll abgewickelt werden. IP-Multicast ermöglicht die zeitgleiche Übertragung von Daten an eine genauer definierte Empfängergruppe, d.h. an verschiedene Computer in einem Netzwerk, die für den Empfang der Daten „freigeschaltet" wurden (vgl. Keyes 1997: 35-41, Bormann/ Seifert 1998).

Das Prinzip des individuellen Abrufs im Internet wird also durch das IP-Multicast-Protokoll um die Komponente „Daten an mehrere Empfänger gleichzeitig verschicken" erweitert. Generell werden damit Internet-Anwendungen möglich, die jenen des (verschlüsselten) digitalen Fernsehens entsprechen, nämlich „Aus-

---

27   Der erste Teil des Internet-Protokolls, das *Transmission Control Protocol*, ist dafür zuständig, eine logische Verbindung zwischen zwei Computern im Internet aufzubauen und zu überwachen. Der zweite Teil, das Internet-Protokoll *IP,* ist dagegen für die Aufteilung der Daten in einzelne Pakete („Datagramme") und deren Adressierung zuständig. Es übernimmt darüber hinaus auch die Übertragung der Datenpakete zwischen den verschiedenen Netzen. Eine ausführliche Spezifizierung der Internetprotokolle und ihrer Funktionen findet sich z.B. in Goldhammer/ Zerdick 1999: 28-37.

strahlung (*Broadcast*) von Inhalten an geschlossene Nutzergruppen".

Die Geschwindigkeit, mit der Daten in Computernetzen übertragen werden, wird in Kilobit pro Sekunde (Kbit/s), bzw. Megabit pro Sekunde (Mbit/s) gemessen. Die erreichbaren Übertragungsgeschwindigkeiten hängen von verschiedenen Faktoren ab, vor allem aber von der Leistungsfähigkeit der Modems und der Leitungskapazität des Zugangsnetzes. Herkömmliche Modems erreichen heute maximal 56 Kbit/s, mit ISDN-Karten können bis zu 64 Kbit/s erreicht werden. Für den privaten Internetzugang wird fast ausschließlich das Telefonnetz benutzt, das auf der so genannten letzten Meile, d.h. der Strecke zwischen der letzten Telefon-Vermittlungsstelle und dem Telefonanschluß in der Wohnung, bisher mit ISDN-Geschwindigkeiten „ausgereizt" war. Über neue Zugangstechnologien wie ADSL oder Kabelmodems in Fernsehkabelnetzen können inzwischen erheblich höhere Übertragungsgeschwindigkeiten (zwischen 540 Kbit/s und 2 Mbit/s) erzielt werden.[28]

Für die Übertragung von digitalem Fernsehen (5,6 Mbit/s für PAL-Qualität) reichen aber selbst diese Bandbreiten noch nicht aus. Videosequenzen für die Betrachtung am Computermonitor müssen deshalb noch weiter komprimiert werden, was entsprechende Einbußen hinsichtlich der Größe und Qualität der Bilder mit sich bringt.

Umgekehrt können typische Internet-Dienste wie E-Mail und World Wide Web (WWW) relativ problemlos auf einem Fernsehgerät dargestellt werden - vorausgesetzt der Fernseher ist über ein Modem (in der Set-top Box) mit dem Internet verbunden. Auch hier gibt es jedoch spezifische Einschränkungen, die den Rückkanal, die Qualität der Darstellung von Text und Bildern (geringere Auflösung des Ferndsehbildschirms) und die Eingabe von Kommandos betreffen. Auf die speziellen technischen Probleme, die sich bei der Realisierung von Fernsehen im Internet und Internet im Fernsehen ergeben, wird im Rahmen der Fallstudien in Kapitel 11 und 12 näher eingegangen.

4.2   Das Konvergenzkonzept

Die Digitalisierung von Medienformen und die Verknüpfung von Medieninhalten mit modernen Informationstechnologien ist seit Mitte der 90er Jahre Ausgangspunkt für die Vorstellung vom Zusammenwachsen und Verschmelzen, d.h. von der Konvergenz der Medien. Die Konvergenzvorstellung wird dabei oftmals als Grundlage für Prognosen künftiger Multimedia-Angebote sowie künftiger Mediennutzungsformen herangezogen. Tatsächlich herrscht bei Medienwissenschaftlern und Experten jedoch keine Einigkeit über die konzeptionelle und empirische Tragkraft dieses Konzepts.

---

28   Näheres zu den neuen Zugangstechnologien und ihrer Bedeutung für die Entwicklung interaktiver TV-Angebote siehe Abschnitt 5.3 und 7.3. Zum Stand ihrer Verbreitung in Deutschland und den USA siehe Abschnitt 3.7.

Ausgangspunkt des Konvergenzkonzepts ist eine eher abstrakte technische Ebene: Auf der Basis digitaler Datenverarbeitung können mit Hilfe von Kompressionsverfahren statische Medien (Texte, Bilder) und dynamische Medien (Video, Audio) integriert, gespeichert und übertragen sowie interaktiv genutzt werden (vgl. Kubicek 1996: 19 und Abschnitt 4.1). Von dieser technischen Konvergenz werden allgemein weitreichende Konvergenzprozesse abgeleitet, die sich auf die Inhalte, die Dienste, die Geräte und die Netze beziehen (vgl. Kubicek/ Beckert/ Williams et al. 2000: 97-110). Abb. 9 zeigt, welche neuen Schnittmengen in den verschiedenen Bereichen erwartet werden.

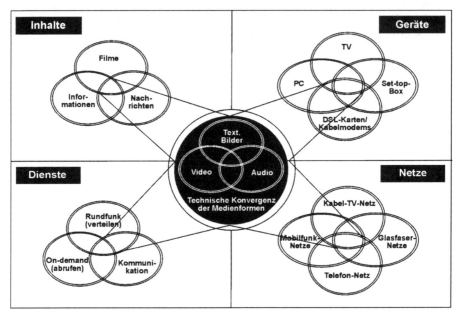

Abb. 9:   Vier Ebenen der Konvergenz (Basis: Kubicek/ Beckert/ Williams et al. 2000: 98)

In all diesen Bereichen löst die technische Konvergenz sozusagen Verschmelzungsprozesse aus oder führt zu Funktionsüberschneidungen, so dass z.B. im Bereich der Dienste Medienangebote möglich werden, die sowohl Merkmale von Rundfunk-, als auch von Abruf- (*On-demand*) und Kommunikationsdiensten in sich vereinigen.

Weitergehende Konvergenzvorstellungen beziehen sich auf das Zusammenwachsen von ganzen Industriezweigen und bisher getrennten Märkten. Als Indizien für diese Entwicklung werden Firmenübernahmen, strategische Allianzen und andere branchenübergreifende Unternehmenskooperationen in den Bereichen Telekommunikation, Computer, Medien und Unterhaltungselektronik angeführt (vgl. Pavlik/ Dennis 1993: 1-4, Sarkar 1996, Europäische Kommission 1997).

Zur wirtschaftlichen Konvergenz kommt die Vorstellung hinzu, dass sich auch die Politik auf die neue Entwicklung einstellen muss und die Bereiche Telekommunikationspolitik, Medienpolitik, Technologiepolitik und Industriepolitik zusammenlegen muss, um adäquat auf die Technik- und Marktentwicklung reagieren zu können (vgl. z.B. Marsden 1997, Stumpf 1998, Hoffmann-Riem/ Schulz/ Held 2000). Auf diese Vorstellung soll im weiteren Verlauf noch näher eingegangen werden. In diesem Zusammenhang ist zunächst nur von Bedeutung, dass aus der technisch möglichen Verschmelzung der Medien vielfältige Konvergenz-entwicklungen abgeleitet werden und das Konvergenzkonzept damit auf unter-schiedlichen Ebenen Bedeutung beansprucht. Allerdings haben empirische Unter-suchungen gezeigt, dass Konvergenzprozesse in verschiedenen Ländern ganz unterschiedlich verlaufen können (vgl. Kubicek/ Beckert/ Williams et al. 2000), und dass innerhalb der einzelnen Bereiche ganz unterschiedliche Einflussfaktoren beachtet werden müssen (vgl. z.B. Garnham 1995, Greenstein/ Khanna 1997, Kuhne 1998). Eine pauschale Zugrundelegung des Konvergenzkonzepts reicht demnach nicht aus, wenn es darum geht, die spezifischen Entwicklungslinien und Einfluss-faktoren für das interaktive Fernsehen zu bestimmen.

Eine Möglichkeit der konzeptionellen Einordnung des interaktiven Fernsehens bietet die Darstellung neuer Dienste im Zusammenhang mit der Entwicklung der jeweiligen Ursprungsmärkte, d.h. des Fernsehens und des Online-Sektors. Denn tatsächlich ist der Konvergenzbereich, in dem interaktive TV-Dienste und Video on Demand entstehen, bisher ein relativ kleiner Bereich, der im Kontext der markt-mäßig bedeutenderen Entwicklungen in den Bereichen Fernsehen und Online gesehen werden muss (vgl. Abb. 10).

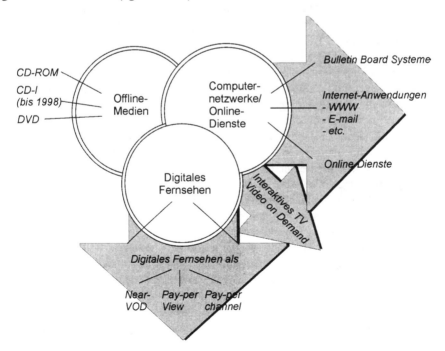

Abb. 10:   Interaktives Fernsehen im Kontext der Entwicklung der Ursprungsmärkte Fern-sehen und Online (Basis: Kubicek 1996: 19)

Im Bereich der Computernetze und Online-Dienste sind es vor allem die Internet-Anwendungen (E-Mail, WWW, FTP, Chat, Newsgroups etc.), die für die dynamische Entwicklung interaktiver Medienangebote verantwortlich sind.[29] Hier hat sich seit Mitte der 90er Jahre ein breites inhaltliches Spektrum ausgebildet, auf das künftige interaktive TV-Angebote aufbauen können. Der Fernsehbereich zeichnet sich durch die Digitalisierung und die Kanalvervielfältigung und die dadurch möglich gewordenen neuen Angebots- und Abrechnungsformen *Near Video on Demand* (NVoD, zeitversetzte Anfangstermine für Spielfilme in verschiedenen Kanälen), *Pay per View* (PPV, Freischaltung eines einzelnen Spielfilms nach Bezahlung) und *Pay per Channel* (Freischaltung eines Programms nach Bezahlung) aus.

Abb. 10 zeigt, dass sich die beiden Ursprungsmärkte zunächst in jeweils unterschiedliche Richtungen entwickeln. Inwiefern sich in ihrem Überschneidungsbereich neue interaktive TV-Dienste entwickeln und wie diese künftig konkret aussehen werden, darüber gibt es unterschiedliche Vorstellungen.

Auf der Basis technischer Konvergenzvorstellungen wurde z.B. argumentiert, dass die Möglichkeit, beliebige Medien zu digitalisieren ganz neuartige transparente Systeme schaffen werde. Telefon, Online-Dienste und Internet, Videotext, Radio und Fernsehen könnten, so die Argumentation, schon bald aus ein und demselben Übertragungsmedium zugeführt und in multifunktionalen Allzweckgeräten (Multimedia-Terminal) aufbereitet und verbreitet werden. Der Computer würde langfristig auch Fernseh- und Videofunktionen übernehmen können und der Fernseher zu einer datenverarbeitenden Maschine werden. Entsprechend würde der Rundfunk - technisch gesehen - Teil einer übergreifenden Vertriebsebene für Daten und Dienstleistungen. Im Ergebnis bedeutete dies das Entstehen eines riesigen, interaktiven, voll digitalisierten Medienverbundsystems mit einer Unzahl von Kanälen, Programmformen und elektronischen Diensten (vgl. dazu z.B. Gilder 1994, Fidler 1997, Hoffmann-Riem/ Vesting 1994).

Diese Vorstellung von der Verschmelzung von Fernsehen und Online war besonders Mitte der 90er Jahre weit verbreitet und bildete die Grundlage für viele Pilotprojekte zum interaktiven Fernsehen (vgl. Beckert/ Kubicek 1999). Abb. 11 illustriert die Vorstellung einer Einheitstechnik, in der alle Inhalte, Dienste, Netze und Endgeräte aufgehen sollten.

Allerdings stellten Hoffmann-Riem und Vesting bereits 1994 in ihrem Aufsatz zum Strukturwandel der technischen Medien fest, dass die tatsächliche Entwicklung wenig Anlaß zu der Annahme gibt, dass in naher Zukunft ein einziges System alle anderen ersetzen könnte (Hoffmann-Riem/ Vesting, 1994: 383).

Weiterhin wurde darauf hingewiesen, dass das Konzept einer übergreifenden Universaltechnologie, die auf der Basis von Glasfaserstrecken alle Dienste in ein

---

29   Der Bereich der elektronischen *Bulletin Board* Systeme, wurde seit Mitte der 90er Jahre zunehmend von Internet-Angeboten und von kommerziellen Online-Diensten verdrängt. In den Anfangsjahren der Computervernetzung spielte er jedoch eine wichtige Rolle und besteht heute in Nischen weiter.

einziges technisches Medium integriert, einer absolutistischen Vorstellung von Einheitstechnik und zentralistischer Steuerung verhaftet bleibt: der Welt eines universellen (Telefon-)Netzes. Dieses trägt den vielfältigen Anforderungen und Bedürfnissen der Informationsökonomie jedoch kaum mehr Rechnung (vgl. Hoffmann-Riem/ Vesting, 1994: 383).

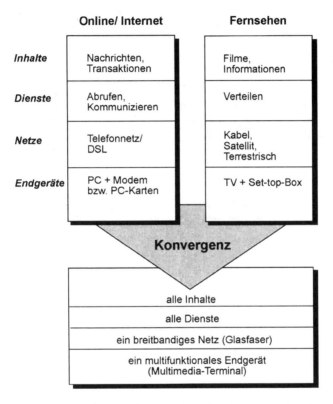

Abb. 11: Das technische Konvergenzkonzept: Verschmelzung auf allen Ebenen (Quelle: Beckert/ Kubicek 2000: 85)

Das Konvergenzkonzept gilt inzwischen als überholt. Denn tatsächlich ist die früher von vielen prognostizierte Integration von Netzen und Diensten nur eine Seite der digitalen Revolution, während die andere Seite gerade in einer zunehmenden Desintegration, in einem Trend der Differenzierung und Fragmentierung besteht.[30] Die prognostizierte Implosion von Medienformen, Übertragungsnetzen und End-geräten zu etwas neuem Dritten hat bisher nicht stattgefunden. Stattdessen kann man neue Mischformen, partielle Kombinationen und Überschneidungen beobachten, die alle Ebenen betreffen. In ihrer Gesamtheit kommt diese Entwicklung eher einer

---

30 Für den Bereich der Telekommunikation hat dies Eli Noam bereits 1992 deutlich gemacht, vgl. Noam 1992: 407ff und 434f.

Medienexplosion gleich als einer Verschmelzung (vgl. Polaschek 1997). Hier deutet sich eine grundlegende Entkopplung von Inhalten und Technik an, die den Wertschöpfungsanteilen besser entspricht und die darauf zielt, die teueren Inhalte über möglichst viele Distributionskanäle zu den Kunden zu bringen (vgl. Beckert/ Kubicek 2000: 85ff).

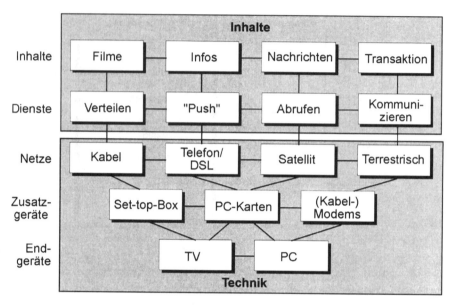

Abb. 12:   Das Kombinations-Konzept: Entkopplung von Inhalten, Diensten, Netzen und Endgeräten (Basis: Beckert/ Kubicek 2000: 86)

Mit dieser Entkopplung oder Modularisierung von Inhalten, Diensten, Netzen und Geräten werden nun viele neue Kombinationen möglich, die in Abb. 12 als Möglichkeitsraum dargestellt sind.

Für die Analyse des interaktiven Fernsehens bedeutet dies, dass es nicht darum geht, eine Entwicklung hin zur Verschmelzung der Fernseh- und Online-Welt zu beschreiben, sondern, dass es wichtig ist, auf neue Kombinationen und spezifische Ergänzungen bzw. Funktionserweiterungen von neuen interaktiven Angeboten zu achten. Hierbei spielen Schnittstellen zu den jeweiligen Übertragungssystemen, d.h. die Interoperabilität über alle vier Netze und für alle Endgeräte, eine wichtige Rolle. Funktionserweiterungen sind dabei z.B. Fernsehanwendungen im Internet, die durch die Nutzung des Kabel-TV-Netzes für *Highspeed*-Daten-Übertragungen möglich werden oder aber Internetanwendungen für den Fernseher, die den Zuschauern zusätzliche Informationen zum laufenden Programm auf Abruf anbieten. Interaktive TV-Angebote zeichnen sich somit als Neu-Kombination von Inhalten und technischen Plattformen (Netze, Geräte) aus, sowie durch die Übernahme von Funktionalitäten vom TV auf den Online-Sektor und umgekehrt.

Zusammenfassend hat die Diskussion des Konvergenzkonzepts gezeigt, dass eine nähere Bestimmung des Untersuchungsgegenstandes „Interaktives Fernsehen" nicht von einem generellen Zusammenwachsen ausgehen kann, sondern eine differenzierte Betrachtung entlang der Ursprungsmärkte „Fernsehen" und „Online" erfordert. Dabei gilt es, neue Kombinationen von Inhalten, Diensten, Netzen und Endgeräten zu identifizieren. Diese neuen Kombinationen stellen Erweiterungen und Ergänzungen der herkömmlichen TV- und Online-Nutzung dar und bilden nicht etwa ein revolutionäres drittes Mediensystem, in dem alle anderen Medien aufgehen.

4.3   Das Interaktivitätskonzept

Zur konzeptionellen Einordnung von neuen, interaktiven Fernsehangeboten kann weiterhin die Einführung von Interaktivitätsstufen hilfreich sein. Wie bereits die Unterscheidung von inhaltlicher und formaler Ebene des interaktiven Fernsehens zu Beginn dieses Kapitels gezeigt hat, ist eine Auseinandersetzung mit dem Begriff der Interaktivität notwendig zur näheren Bestimmung des Gegenstandsbereichs.

Alle bestehenden Studien zum interaktiven Fernsehen basieren auf mehr oder weniger weitreichenden Definitionen von Interaktivität. Die zentralen Studien aus der Mitte der 90er Jahre „Marktübersicht Interaktives Fernsehen" von Michael Höing und Daniel Treplin (1994) sowie „Digitales Fernsehen: Marktchancen und ordnungspolitischer Regulierungsbedarf" von Klaus Schrape (1995) definieren Interaktivität im weitesten Sinne als „das Bestehen einer prinzipiellen Rückkopplungsmöglichkeit des Zuschauers mit dem Angebot" (Schrape 1995: 28).[31] Beide Autoren kommen zu dem Ergebnis, dass sich der Begriff am besten durch die Einteilung in verschiedene Interaktivitäts-Level bestimmen läßt:

- **Interaktives Fernsehen Level 0:**
  An- und Ausschalten und Programmwechsel (Zapping)
- **Interaktives Fernsehen Level 1:**
  Paralleles TV (analog/ digital). Zeitversetzte Ausstrahlung des selben Programms auf mehreren Kanälen.
- **Interaktives Fernsehen Level 2:**
  Additives digitales TV: Parallele Ausstrahlung digitaler Zusatzinformationen mit oder ohne Programmbezug.
- **Interaktives Fernsehen Level 3:**
  Media on Demand. Individueller Abruf von digital gespeicherten Inhalten, passive Benutzerführung, d.h. Medieninhalte werden von professionellen Anbietern produziert.
- **Interaktives Fernsehen Level 4:**
  Kommunikatives TV: Interaktive Dienstleistungen und individuelle Bildkommunikation, aktive Benutzerorientierung, d.h. Nutzer machen ihr eigenes Programm.

Abb. 13:   Interaktivitätslevel bei Höing/ Treplin (1994) und Schrape (1995)

---

31   Höing weist in diesem Zusammenhang auf die Wandlungsfähigkeit des Begriffs hin: „Interaktivität als Begriff lädt sich monatlich mit jedem neuen Projekt weiter auf. Die Diskussion darüber, was interaktives Fernsehen ist und was nicht, findet statt, ist aber müßig." (Höing 1995 zitiert nach Stockmann 1995: 141).

Der Vorteil einer solchen Leveleinteilung ist, dass einzelne Angebote einem bestimmten Interaktivitäsniveau zugeordnet werden können und damit Nutzungsmöglichkeiten und -voraussetzungen transparent werden. Dabei wird deutlich, dass zwischen Level 3 und 4 ein gravierender qualitativer Unterschied besteht: Während auf Ebene 3 noch passive Elemente dominieren und die Zuschauer auf eine Auswahl vorproduzierter Inhalte festgelegt sind (z.B. Video on Demand), setzen Angebote auf Ebene 4 bei der medialen Kommunikation an. Vorstellen kann man sich Anwendungen auf dieser höchsten Interaktivitätsstufe als eine Art computergestützte, unmoderierte Telefonkonferenz in der jeder seinen eigenen Beitrag zum Produkt „Kommunikation" beisteuert.

Auch Reinhard und Salmony (1994), die in ihrem Aufsatz „Interaktives Fernsehen - Ein Definitionsversuch" eine ganz ähnliche Unterteilung vornehmen, sehen die höchste Stufe der Interaktion in solchen neuartigen Kommunikationsangeboten: „Interaktives Fernsehen auf diesem Level bedeutet nicht nur, beliebige Sendungen zu beliebigen Zeiten abrufen zu können, es bedeutet eigene Programmbeteiligung, ja sogar eigene Programmveranstaltung. Der ehemals passive Rezipient wird zum *aktiven Gestalter*. Dies kann von Rubriken wie privaten Urlaubsvideos über Diskussionsforen zu bestimmten Themen bis hin zu Blitzumfragen reichen" (Reinhard/ Salmony 1994: 143, Hervorh. im Original). Indirekt wird hier auf Online-Dienste und das Internet verwiesen, um den Weg des Fernsehens hin zu einem offenen System zu verdeutlichen, in dem die Nutzer jederzeit Zugriff auf die Inhalte und Eingriff in das Kommunikationsgeschehen haben.

Diese frühen Konzeptualisierungen des interaktiven Fernsehens zeigen, wie zentral der Begriff der Interaktivität für die Zukunft des Fernsehens gesehen wurde. Tatsächlich werden solche Anwendungen bisher jedoch weder angeboten, noch konnte sich die Unterteilung in Interaktivitätsstufen wirklich durchsetzen. Kritisiert wurde vor allem, dass das eigentliche Unterscheidungskriterium der Skala nicht Interaktivität, sondern Individualisierung ist (vgl. Garling 1997: 44ff). Der zunehmende Individualisierungsgrad der Level sei jedoch keineswegs gleichbedeutend mit zunehmender Interaktivität. Beispielsweise sind einige Angebote des Levels 3 (z.B. digitale Tageszeitung) nicht interaktiver als die des Levels 2 (z.B. videotextähnliche, digitale Zusatzangebote). Die größere Auswahl und die zunehmende zeitliche Unabhängigkeit gegenüber den Programmschienen der Veranstalter sei kein Synonym für Interaktivität, so Garling in seiner Untersuchung zum interaktiven Fernsehen von 1997. Seine eigene Level-Einteilung, die sich an Mensch-Mensch- und Mensch-Maschine-Dialogmöglichkeiten orientiert, ist allerdings ebenfalls nicht überzeugend.

Das Grundproblem liegt in der Übertragung des Begriffs „Interaktivität" auf die Mediennutzung. Denn die Definition von Interaktivität und die Frage, inwieweit sich die neuen elektronischen Medien in unterschiedliche Interaktivitätsniveaus einordnen lassen, orientieren sich grundsätzlich am Vorbild reziproker Kommunikationsbeziehungen zwischen anwesenden *Personen* (vgl. Goertz 1995, Riehm/

Wingert 1995).[32] Im Gegensatz zur Kommunikation, bei der eine Botschaft vom einen zum anderen übermittelt wird, geht es bei der Interaktion aber immer um einen beiderseitigen Austausch. An diesem Unterscheidungsmerkmal scheitern aber heute alle Medien, die sich interaktiv nennen. Peter Glaser (1997) bringt diese Tatsache in seinem Aufsatz „Magischer Hauch" auf folgenden Punkt:

> Es liegt in der Natur der Sache, dass sich ein Gegenüber, mit dem ich auf die alt-
> bekannt analoge Weise interaktiv bin, gleichzeitig mit mir ändert - jede Seite wird
> ein kleines bißchen erfahrener. Die Situation ist nie eindeutig vorhersehbar. Die
> Vorstellung, man könne interaktiv mit etwas sein, das sich selber nicht ändert, ist
> unsinnig (Glaser 1995: 2).

Prinzipiell können Medien und Software lediglich in unterschiedlicher Weise auf die Anforderungen von Nutzern reagieren. Man kann dies multioptional oder *Mutiple Choice* nennen - ein Austausch, bei dem beide Seiten Erfahrungen miteinander machen, ist es jedoch nicht. Danach ist es auch nicht interaktiv, ein Feld auf einem Bildschirm anzuklicken. So zahlreich und wohlgestaltet die Programme auch sein mögen, alle Auswahl- und Verzweigungsmöglichkeiten sind unveränderlich festgesetzt.

Neuere Untersuchungen zum interaktiven Fernsehen meiden denn auch konsequenterweise die Auseinandersetzung mit dem Begriff der Interaktivität und schreiten gleich zur Darstellung der Angebote, die untersucht werden sollen (vgl. Haley 1999, Fletcher Research 1999, Roth 1999, Torris 2000) oder verwenden den Begriff jeweils so, wie es praktikabel erscheint.[33]

Der Einwand von Garling (1997), dass Interaktivitätsskalen im Grunde nicht Interaktivität, sondern Individualisierung meinen (Garling 1997: 44f), öffnet allerdings die Perspektive für einen adäquateren Ansatz. Denn tatsächlich zeichnen sich die neuen Angebote durch zunehmende Personalisierungs- bzw. Individualisierungsmöglichkeiten aus. Statt von interaktivem Fernsehen könnte man deshalb von individualisiertem Fernsehen sprechen.

Eine entsprechende Unterscheidung neuer Medienangebote nach dem Grad ihrer Personalisierbarkeit wurde 1996 von Eli Noam in seinem Buch „Cyber TV" vorgeschlagen. Noams Überlegungen beziehen sich dabei zunächst nur auf den Fernsehbereich. Er unterscheidet zwischen senderspezifischen Programmen, themenspezifischen Angeboten, Mikro-Zielgruppen-Angeboten und einem voll-

---

32 Und legen damit ein technikfreies Ursprungsmodell wechselseitiger Bezugnahme
    zugunde (vgl. Wehner 1997: 11).
33 So wurde z.B. von „lazy interactivity" gesprochen, um Angebote zu qualifizieren, in
    denen die Zuschauer per Knopfdruck lediglich Produkte bestellen oder sich an Um-
    fragen beteiligen können („quick-hit, one-button mini-applications"). Diese Art der
    Interaktivität wurde als angemessen für Fernsehzuschauer mit einer kurzen Auf-
    merksamkeitsspanne definiert, „who have a remote in one hand and a beer in the other"
    (Forrester Research Report „Lazy Interactive TV", August 1998, zitiert nach der
    Pressemeldung vom 10. August „Lazy Interactivity Will Restore TV´s Ascendancy",
    www.forrester.com. Siehe auch Rötzer 1998).

ständig personalisierten Programm, den er als "Me Channel" bezeichnet (vgl. Abb. 14). Auf dieser obersten Ebene, in der Spitze des Dreiecks, löst sich schließlich das Fernsehen in seiner vertrauten Form auf.

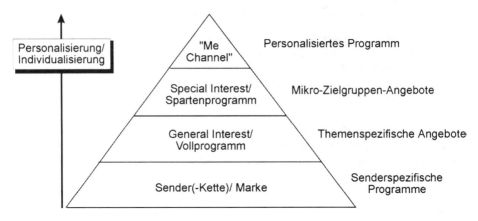

Abb. 14:   Die Personalisierungspyramide (nach Noam 1996: 11 und Goldhammer/ Zerdick 1999: 164)

Das Broadcast-Prinzip, nach dem die gleichen Inhalte an viele verschiedene Empfänger nach einem festen Programmschema gesendet werden, wird im "Me Channel" ersetzt durch das *Unicast*-Prinzip, d.h. durch die individuelle Zusendung von Informationen und Unterhaltungssendungen. Im "Me Channel" kann jeder Nutzer sein eigenes Programm nach seinen persönlichen Präferenzen zusammenstellen.

Der Realisierung eines solchen Szenarios stehen allerdings bei genauerer Betrachtung verschiedene Einwände entgegen. Der wichtigste Einwand bezieht sich auf die Frage, ob größere Nutzerkreise überhaupt in der Lage sind, ihr persönliches Interessenprofil zu bestimmen, und ob es nicht gerade das Überraschungsmoment ist, das viele Zuschauer am herkömmlichen Fernsehen schätzen.

Ein weiteres Problem von Noams Personalisierungspyramide ist, dass es die derzeitigen Entwicklungen im Online-Bereich nicht adäquat abbilden kann. Im Internet sind bereits heute hochgradig personalisierbare Dienste realisiert. Das Neue am Internet ist, dass es hier auch Kommunikationsformen gibt, in denen *ein* Produzent Inhalte für w*enige* (Berechtigte) verfügbar macht (*one-to-many*-Kommunikation).[34]

In einer Untersuchung von nationalen und internationalen Multimedia-Projekten konnten Kubicek, Beckert und Sarkar (1998) zeigen, dass eine Einteilung in nur drei, aber inhaltlich erweiterte Personalisierungsstufen eine bessere Unterscheidung

---

34   Näheres zur Typologie von Diensten im Internet und zur Zukunft der *Broadcast*-Medien im Zusammenhang mit der Verbreitung interaktiver Medien siehe Beckert/ Kubicek 2000: 13ff und 71-90.

neuer Dienste darstellt. Ausgangspunkt war die Beobachtung, dass sich zwischen den herkömmlichen, nicht personalisierbaren Diensten (*Broadcast*, Fernsehen) und den voll personalisierbaren Diensten (*Unicast*, Internet/ Online) in den letzten Jahren *teilweise* personalisierbare Dienste entwickelt haben (siehe Abb. 15).

nicht personalisierbar (Broadcast)	teilweise personalisierbar (Narrowcast)	voll personalisierbar (Zwei-Wege-Kommunikation/ Unicast)
Digitales Fernsehen (Free-TV/ Pay-TV Pay per Channel/ Elektronische Programmführer)	Webcasting (Datenverteildienste), Spartenkanäle des digitalen Fernsehens (Bouquets und NVoD)	Internet/ Online-Dienste, Breitband-Internet (Kabelmodem/ DSL), Interaktive TV-Dienste (mit Rückkanal), Video on Demand

Abb. 15: Unterscheidung neuer Medienangebote nach dem Grad ihrer Personalisierbarkeit (Basis: Beckert/ Kubicek 2000: 16)

Der Bereich der teilweise personalisierbaren Dienste (*Narrowcast*) zeichnet sich dadurch aus, dass spezielle Inhalte für kleinere Nutzergruppen ausgestrahlt werden, wobei es letztlich keinen Unterschied macht, ob diese Dienste auf dem Computermonitor oder auf dem Fernsehschirm dargestellt werden.

Narrowcast-Dienste teilen mit den *Broadcast*-Angeboten, dass die gleichen Inhalte an mehrere Teilnehmer gleichzeitig ausgestrahlt werden (von engl. *to cast*) und mit *Unicast*-Angeboten, dass sie einen hohen Personalisierungsgrad haben, d.h. die Nutzer können ihren Interessen entsprechend eine (Vor-)Auswahl treffen und sind unabhängig von vorgegebenen Programmschemata.

Die Unterteilung verschiedener Dienste nach dem Grad ihrer Personalisierbarkeit hat den Vorteil, dass sich darin die Entwicklungslinien der beiden großen Mediendomänen Fernsehen und Online-Dienste widerspiegeln: Während das digitale Fernsehen durch die Programmvervielfältigung in den Bereich der teilweise personalisierbaren Medien vordringt und sich vom Massen- zum Sparten-TV entwickelt, ist es im Internet/ Online-Bereich gerade umgekehrt. Hier entstehen nun aus voll personalisierbaren Kommunikations- und Abrufdiensten *Cast*-Dienste, die bisher allein dem Fernsehen vorbehalten waren. Im Überschneidungsbereich dieser Entwicklungslinien entstehen zunehmend Verteildienste, die gleichzeitig an geschlossene Nutzergruppen ausgestrahlt werden und dann wie Online-Medien genutzt werden können, die prinzipiell jedoch weit über das *Unicast*-Modell hinausgehen (siehe Abb. 16).

Grund für diese gegenläufigen Entwicklungen sind die unterschiedlichen Triebkräfte in den beiden Bereichen. Während die Entwicklung im Internet/ Online-Bereich von der zunehmenden Integration von Audio- und Videoelementen getrieben wird, die einen höheren Bedarf an Bandbreite und Übertragungsgeschwindigkeit generiert, wirkt im TV-Bereich das Interaktivitäts- bzw. Personalisierungsversprechen eines Mediums, das bisher ausschließlich am Massenpublikum ausgerichtet war (vgl. Beckert/ Kubicek 2000: 19ff).

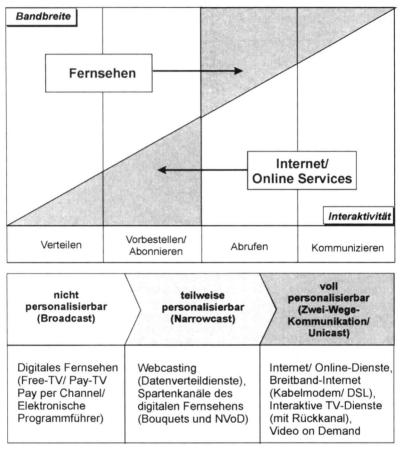

Abb. 16:   Personalisierung und Entwicklungslinien in den Bereichen Fernsehen und Online (Basis: Beckert/ Kubicek 2000: 19)

Zusammenfassend hat die Auseinandersetzung mit dem Begriff der Interaktivität gezeigt, dass sowohl grundsätzliche Bedenken als auch die Komplexität der tatsächlichen Entwicklung gegen eine Verwendung von Interaktivitässkalen spricht. Besser geeignet erscheinen Einordnungen nach dem Grad der Personalisierbarkeit. Eine solche Klassifizierung wurde anhand eines Modells vorgestellt, in dem drei Personalisierungsstufen (*Broadcast, Narrowcast, Unicast*) unterschieden werden. Deutlich wurde außerdem, dass der Entwicklung im Fernseh- und Online-Bereich unterschiedliche Triebkräfte zugrunde liegen, die - unbeschadet von Über- schneidungen in bestimmten Bereichen - getrennt analysiert werden müssen, weil hinter den neuen Angeboten die unterschiedlichen „Welten" von Fernsehen und Online stehen. Diese Tatsache wird noch deutlicher, wenn man sich die historische

Entwicklung des interaktiven Fernsehens ansieht, d.h. die gescheiterten Pilot-projekte und die darauf hin einsetzende Differenzierung interaktiver Medien-angebote.

4.4 Historische Entwicklung: Zwei Phasen des interaktiven Fernsehens

Von 1993 bis 1996 wurden sowohl in Deutschland als auch in den USA eine ganze Reihe von teilweise groß angelegten Pilotprojekten zum interaktiven Fernsehen durchgeführt. Die meisten dieser Pilotprojekte erfüllten allerdings die in sie gesetzten Erwartungen nicht. Viele kamen nicht über die Planungsphase hinaus, einige wurden wegen technischer Schwierigkeiten abgebrochen und nur wenige konnten - teilweise mit veränderter Konzeption - erfolgreich abgeschlossen werden (vgl. Kubicek/ Beckert/ Sarkar 1998). Obwohl die meisten Pilotprojekte von den Betreibern als kommerzielle Markteinführungversuche geplant waren, konnten sich die dort entwickelten neuen Angebote letztlich nicht am Markt bzw. bei den Nutzern durchsetzen.

Mit dem Scheitern dieser Projekte kam es Mitte der 90er Jahre zu einem deut-lichen Bruch bei der Entwicklung interaktiver Anwendungen. Dieser Einschnitt ist so auffällig, dass man von zwei Phasen der Entwicklung des interaktiven Fern-sehens sprechen kann (vgl. Abb. 17).

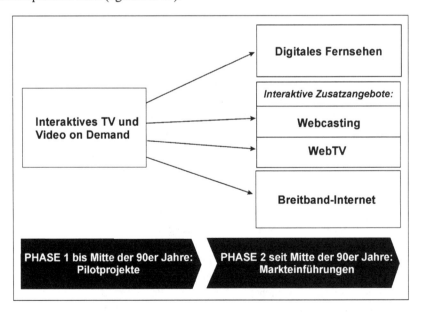

Abb. 17: Zwei Phasen des interaktiven Fernsehens (Basis: Beckert/ Kubicek 1999: 132)

Für die erste Phase bis Mitte der 90er Jahre waren die genannten Pilotprojekte kenn-zeichnend. Initiiert wurden sie von großen Telefongesellschaften, marktbeherr-schenden Fernsehkabelnetzbetreibern und Medienunternehmen, um die mediale

Zukunft zu demonstrieren und die Nachfrage bei den Nutzern für einzelne Angebote zu ermitteln. Inhaltlich ging es dabei um die Realisierung von Teleshopping, Telebanking, Telelearning, Services-on-Demand und Video-on-Demand. Für diese Dienste wurden eigene, meist grundlegend neue technische Systeme entwickelt. Beispiele für Projekte aus dieser ersten Phase sind das „Full Services Network" von Time Warner in Orlando und das Stuttgarter Pilotprojekt „Multimedia Baden-Württemberg". Beide Projekte werden später als Fallstudien genauer dargestellt (siehe Abschnitt 11.1 und 12.1).

Die zweite Phase der interaktiven Medienentwicklung zeichnet sich dadurch aus, dass neue Angebote auf der Basis *bestehender* Mediensysteme (Fernsehen/ Internet) von den entsprechenden Anbietern (Medienunternehmen, Fernsehsender, Netzebetreiber, Soft- und Hardwarehersteller etc.) kommerziell eingeführt werden. Dabei handelt es sich um digitales Fernsehen, interaktive Zusatzangebote (Online-ähnliche Angebote für den Fernseher, Webcasting, WebTV) und um schnelle Internet-Zugänge (Breitband-Internet).

Der Unterschied zur ersten Phase besteht darin, dass sich die neuen Angebote weitgehend an bestehenden Märkten und Modellen (TV/ Online) orientieren und die vorhandenen technologischen Trends, wie z.B. die Digitalisierung und Kompression von Videobildern oder die Bandbreitenerhöhung durch neue Übertragungstechnologien, dazu nutzen, diese Märkte zu erweitern.

Legt man diese empirische Entwicklung sowie die Ergebnisse der Auseinandersetzung mit dem Konvergenz- und Interaktivitätskonzept in den vorangegangenen Abschnitten zugrunde, so ergibt sich eine Arbeitsdefinition des interaktiven Fernsehens, die sich im wesentlichen auf drei konkrete Anwendungsbereiche bezieht:

1.   Interaktive TV-Dienste (zusätzliche Abruf- oder Verteildienste auf der Basis des digitalen Fernsehens, WebTV, Webcasting),
2.   Breitband-Internet (zusätzliche Angebote auf der Basis von *Highspeed*-Datenverbindungen über neue Zugangstechnologien),
3.   Video on Demand (Filme auf Abruf auf der TV- und PC-Plattform sowie in der „Tradition" der Pilotprojekte).

Obwohl, wie gezeigt, prinzipiell auch andere Definitionen möglich wären, eignet sich diese Abgrenzung für den vorliegenden Untersuchungszusammenhang am besten, weil dadurch erstens eine Unterscheidung der Regelungsbereiche Fernsehen und Online/ Internet mit ihren jeweilig unterschiedlichen Einflussfaktoren möglich ist und zweitens, weil dadurch auch die Erfahrungen mit Video on Demand in den Pilotprojekten und ihre Auswirkungen auf die künftige Medienentwicklung verarbeitet werden können. Im nächsten Abschnitt sollen diese drei Bereiche ausführlicher dargestellt und anhand von Beispielen illustriert werden.

4.5 Darstellung der drei Anwendungsbereiche

4.5.1 Interaktive TV-Dienste

Bei interaktiven TV-Diensten handelt es sich um Online-ähnliche Zusatz-informationen für die Fernsehzuschauer. Die Informationsangebote können sich entweder auf das laufende Programm beziehen (Hintergrundinformationen zu Nachrichtensendungen, Programmvorschau, Inhaltsangaben von Filmen, Schau-spielerbesetzungen etc.) oder ohne direkten Programmbezug sein (siehe Abb. 18). „Online-ähnlich" sind diese Dienste deshalb, weil sie sowohl als Abrufdienste realisiert werden können, bei denen die Daten über eine Telefonverbindung ange-fordert und übertragen werden, als auch als Verteildienste, bei denen die Zusatz-informationen ähnlich wie bei Videotext mit dem Fernsehsignal übertragen werden.

Gemeinsam ist den interaktiven TV-Diensten, dass sie auf digitaler Fernseh-technik basieren, d.h. die Zuschauer benötigen eine entsprechende Set-top Box, um sie zu nutzen. Die Set-top Box hat eine eigene Fernbedienung, bei der meist farbige Sondertasten zur Navigation innerhalb des Zusatzangebots dienen. Sofern die Set-top Box über einen Telefonanschluß und damit über einen individuellen Rückkanal verfügt, sind auch Dienste wie E-Mail, Chat, WWW und Teleshopping („t-com-merce") möglich. Zur Texteingabe werden dann spezielle, kabellose Tastaturen verwendet.

Abb. 18: Interaktive TV-Dienste: *Screenshot* von „on net", dem interaktiven Zusatzangebot von „on digital" in Großbritannien (Quelle: www.onnet.com)

Grundsätzlich kann innerhalb der interaktiven TV-Dienste zwischen „Enhanced TV" und „WebTV" unterschieden werden:

Enhanced TV bezeichnet zunächst die Angebote, die von den Fernsehsendern und Werbepartnern speziell für das System produziert werden. Beispiele für solche Anwendungen sind begleitende Programminformationen (so genannter „Companion Content"), interaktive Werbung und Bestellmöglichkeiten von CDs, DVDs, Büchern etc. (so genannte „Impulse Sales" oder t-commerce). Die Angebote sind dabei auf jene Informationen und Produkte beschränkt, die die Betreiber des Systems zur Verfügung stellen: Der Nutzer befindet sich in einem *Walled Garden*, einem geschlossenen System, das von den Betreibern gespeist und kontrolliert wird.

WebTV-Angebote („Internet-over-TV") ermöglichen dagegen ein unbeschränktes Surfen im World Wide Web. Der direkte Zugriff auf Inhalte im WWW hat allerdings zur Folge, dass die optische Qualität der Seiten schlechter ist als bei *Enhanced TV*. Denn Web-Seiten wurden für die Darstellung auf Computermonitoren gestaltet und müssen für die Nutzung am Fernseher vergrößert werden, damit sie von einer größeren Distanz aus noch lesbar sind.

Oftmals werden *Enhanced TV* und *WebTV* kombiniert angeboten, d.h. die Nutzer können sowohl die eigens für das System produzierten Seiten abrufen, als auch den *Walled Garden* verlassen und im Internet surfen. Solche Angebote können mit herkömmlichen Online-Diensten verglichen werden, die über die Nutzung ihrer eigenen Inhalte auch den Zugang ins Internet ermöglichen.

Beispiele für interaktive TV-Angebote sind Microsofts „WebTV" sowie „AOL TV" in den Vereinigten Staaten, „on net" innerhalb des digitalen TV-Angebots „on digital" in Großbritannien (siehe Abb. 18), das Angebot von Met@box und der „ARD Online-Kanal" innerhalb des digitalen TV-Bouquets der ARD in Deutschland.[35]

Stellvertretend für den Bereich der interaktiven TV-Dienste werden hier in den Fallstudien die Angebote von Microsofts WebTV in den USA und die Entwicklungen innerhalb des DVB-Projekts „Multimedia Bayern" analysiert (siehe Kapitel 11.3 und 12.3).

4.5.2   Breitband-Internet

Breitband-Internet-Angebote wenden sich bisher ausschließlich an PC-Nutzer und können als Erweiterung der herkömmlichen Online-Nutzung gesehen werden. Die Erweiterung besteht dabei hauptsächlich in der Integration von Audio und Video, die duch die höhere Übertragungsgeschwindigkeit möglich wird. Damit wird gleichzeitig eine stärkere Ausrichtung der Online-Medien auf den Unterhaltungsbereich möglich (siehe Abb. 19). Aber auch das Merkmal der ständigen Verfügbarkeit der Internet-Verbindung („always-on"), d.h. der Wegfall eines separaten Einwählvorgangs, bietet die Möglichkeit für neue Anwendungen.

---

35   Näheres zu AOL TV siehe www.aoltv.com, zu on digital siehe www.ondigital.com und zum ARD-Online-Kanal sowie zu Met@box siehe Beckert/ Kubicek 2000: 38-41.

Die technische Grundlage für Breitband-Internet-Angebote sind neue Zugangs-technologien wie DSL und Kabelmodems, aber auch drahtlose Techniken wie WLL (*Wireless Local Loop*) oder MMDS (*Multichannel Multipoint Distribution Service*). DSL-Angebote, meist in der Form von A(symmetric) DSL, und Kabelmodem-Angebote wurden dabei bereits Mitte der 90er Jahre entwickelt und sind heute die meist verbreiteten neuen Zugangstechnologien für *Highspeed*-Internet im Bereich der privaten Online-Nutzung.

Abb. 19:   Breitband-Internet: *Screenshot* der *Entertainment*-Seite von Excite@Home (Quelle: www.home.net)

Für die Nutzung eines breitbandigen Internet-Zugangs wird entweder eine DSL-Einsteckkarte für den PC (bzw. ein DSL-„Modem") oder ein Kabelmodem[36] benötigt. DSL-Angebote nutzen das, mit entsprechenden technischen Komponenten aufgerüstete, Telefonnetz und Kabelmodem-Angebote das Fernsehkabelnetz, das zu diesem Zweck entsprechend ausgebaut und mit einem Rückkanal versehen werden muss.

Highspeed-Internet wird von den Telefongesellschaften meist als reiner ISP (Internet Service Provider)-Dienst angeboten, d.h. es werden keine eigenen Inhalte produziert.[37] Kabel-TV-Firmen dagegen bieten zusätzlich zur schnellen Verbindung

---

36   Streng genommen handelt es sich hier nicht mehr um Modems, d.h. um Karten für die analog/ digitale Modulation und Demodulation, weil die Signale in diesen Systemen durchgehend digital übertragen werden.

37   Ausnahme ist hier das T-DSL-Angebot der Deutschen Telekom, die ihren Breitband-Internet-Dienst mit dem firmeneigenen Online-Dienst T-Online koppelt.

ins Internet in der Regel auch eigenproduzierte Inhalte an, die sich mit entsprechender Zugriffs- und Übertragungsgeschwindigkeit nutzen lassen. Dies hat technische und unternehmenspolitische Gründe, auf die später näher eingegangen werden soll.

Beispiele für breitbandige Internet-Angebote sind „InfoSpeed DSL" von Bell Atlantic, die Kabelmodemangebote „Excite@Home" von AT&T Broadband und „RoadRunner" von AOL Time Warner in den USA sowie „T-DSL" der Deutschen Telekom, „Arcor-DSL" und die Kabelmodemangebote der Kabelnetzbetreiber Primacom und TeleColumbus („InfoCity") in Deutschland.

Stellvertretend für den Bereich der breitbandigen Internet-Angebote werden in den Fallstudien die Kabelmodemangebote von Excite@Home in den USA und InfoCity des Kabelnetzbetreibers TeleColumbus (ehemals o.tel.o) in Deutschland analysiert (siehe Kapitel 11.2 und 12.2).

4.5.3   Video on Demand

Video on Demand, d.h. der individuelle Abruf von Nachrichtensendungen, Spielfilmen und Serviceinformationen ist in gewisser Weise die Anwendung, auf die die Entwicklung in den Bereichen interaktive TV-Dienste und Breitband-Internet letztlich hinauslaufen. Bisher gibt es jedoch keine konkreten Angebote, in denen die Kombination von Fernsehen auf Abruf, begleitenden Zusatzinformationen und Online-Kommunikationsformen realisiert wurde. Dies hat technische, aber auch marktstrukturelle und nutzungsspezifische Gründe, auf die später im Rahmen der Fallstudien eingegangen wird. Allerdings gibt es seit kurzem vereinzelte Video on Demand-Angebote, die sich auf den Abruf von Spielfilmen, Musikstücken und Musikvideos beschränken.

Grundlage für diese neuen Angebote sind aufgerüstete Kabelfernsehnetze bzw. DSL-Systeme. Beispiele für solche Anwendungen, die in Abgrenzung zu den Video on Demand-Pilotprojekten der 90er Jahre „Second Generation VoD" genannt werden (vgl. Ourand 1999, Swedlow 2000), sind die VoD-Angebote von AOL Time Warner in einigen amerikanischen Großstädten, das Intertainer-Angebot in Kooperation mit verschiedenen amerikanischen Kabelnetzbetreibern (siehe Abb. 20) und in Deutschland die Angebote „Entertainment on Demand" der Firma Intermedia sowie die Entwicklungen der Bertelsmann Broadband Group (inzwischen RTL New Media),[38] die ebenfalls von Kabelnetzbetreibern angeboten werden sollen, sobald diese ihre Netze aufgerüstet haben.

Da diese neuen Angebote auf der IP-Technologie des Internets basieren, können sie sowohl auf einem PC mit breitbandigem Internet-Anschluß als auch auf dem Fernsehgerät mit einer entsprechenden Set-top Box genutzt werden.

---

[38]   Nähere Informationen zu Intermedia siehe www.intermedia.de. Das Bertelsmann Broadband-Projekt wird ausführlich beschrieben bei Driesen 2000 und Heinzle 2000.

Abb. 20: Video on Demand: *Screenshot* des Filmauswahlmenüs bei Intertainer
(Quelle: www.intertainer.com)

Obwohl in diesen Projekten teilweise andere Technologien zum Einsatz kommen und sie insgesamt von den gesunkenen Hardwarekosten und den stärker standardisierten Netzwerktechnologien profitieren, stehen sie in der Tradition der Pilotprojekte zu Video on Demand, wie sie bis Ende der 90er Jahre durchgeführt wurden. Besonders deutlich wird dies in der beabsichtigten VoD-Einführungsstrategie von AOL Time Warner, des größten amerikanischen Kabelnetzbetreibers. Das künftige Video on Demand-Angebot von AOL Time Warner, das unter dem Namen „Project Pegasus" entwickelt wird, knüpft direkt an Entwicklungen und Erfahrungen an, die das Unternehmen von 1994 bis 1997 im Full Service Network (FSN)-Pilotprojekt in Orlando gemacht hat. Auch die inhaltliche Ausrichtung, d.h. die Konzentration auf aktuelle Spielfilme und hochwertige Fernsehproduktionen, orientiert sich weitgehend an dem Ansatz, der bereits im FSN verfolgt wurde.

Aus diesem Grund, aber auch zur Verdeutlichung grundsätzlicher Zusammenhänge bei der Koordination von Technik, Inhalten und Nutzeranforderungen, werden in den Fallstudien die Projekte „Full Service Network" von Time Warner und das deutsche Projekt „Interactive Video Services Stuttgart" (IVSS) stellvertretend für den Bereich Video on Demand analysiert (siehe Kapitel 11.1 und 12.1).

5 Deutschland: Ausgangssituation und Problemkonstellation für die Medien- und Telekommunikations-Politik

Nach der Definition des interaktiven Fernsehens anhand konkreter Anwendungen in den Bereichen interaktive TV-Dienste, Breitband-Internet und Video on Demand gilt es nun, die Ausgangssituation darzustellen, in der die staatlichen Programme zur Informationsgesellschaft entstanden. Dies soll hier zunächst für Deutschland und in Kapitel 7 für die Vereinigten Staaten geschehen. Grundsätzlich können die jeweiligen Aktionsprogramme als Antwort des Staates auf jene Fragen interpretiert werden, die sich aus der medientechnischen Entwicklung im Fernseh- und Online-Bereich ergeben haben. Allerdings trafen die neuen technischen Möglichkeiten in Deutschland und den USA nicht auf die selben Ausgangsbedingungen: In beiden Ländern waren und sind die Ursprungsmärkte für interaktives Fernsehen unterschiedlich verfaßt, es gibt unterschiedliche Marktstrukturen, Akteurkonstellationen und Regulierungsvorgaben.

Die Beschreibung der Ausgangssituation und der Problemkonstellation der Medien und Telekommunikations-(TK) Politik in Deutschland bezieht sich auf die Jahre 1995 bis 1998. Sie muss sich nicht auf die Zeit unmittelbar vor dem offiziellen Start von Info 2000 im Februar 1996 beschränken, weil viele Einzelmaßnahmen der Initiative erst in ihrem Verlauf konkretisiert und damit wirksam wurden.

Bei der Darstellung der Ausgangssituation werden die Anbieterkonstellationen, Geschäftsmodelle, Marktstrukturen und Regulierungsvorgaben entlang der technischen Verteilwege strukturiert. Für den Fernsehbereich bedeutet dies, dass die Verteilwege Kabel-TV, Satellit und Terrestrik ausführlicher beschrieben werden müssen. Im Online-Bereich beschränkt sich die Beschreibung der Ausgangssituation dagegen auf die Datenkommunikation über das Telefonnetz.

Die medientechnische Entwicklung wird vor allem im Hinblick darauf analysiert, welche Konflikte sich aus ihr für die damals in Deutschland bestehende Regulierung ergeben haben. Um diese Konflikte deutlich zu machen, ist es auch hier notwendig, näher auf die technischen und marktstrukturellen Voraussetzungen einzugehen. Dadurch wird auch eine Beschränkung auf die damals zeittypische, nationale Diskussion vermieden, die durchaus ihre blinden Flecken hatte, bzw. bestimmte Aspekte betonte und andere vernachlässigte.

Die Darstellung der medientechnischen Entwicklung bereitet darüber hinaus die Grundlage für die Fallstudien. Die in den Fallstudien beschriebenen konkreten Angebote stehen beispielhaft für die Entwicklung in den drei Bereichen des interaktiven Fernsehens und müssen im Zusammenhang mit den allgemeinen Entwicklungstrends in diesen Bereichen gesehen werden.

5.1   Ausgangssituation im Fernsehbereich

Das Rundfunksystem in Deutschland zeichnet sich durch ein Nebeneinander von öffentlich-rechtlichen (gebührenfinanzierten) und kommerziellen (werbe-finanzierten) Fernseh- und Radiosendern aus. Das duale System hat eine Vielzahl frei empfangbarer Fernsehprogramme hervorgebracht. Die öffentlich-rechtlichen Sendeanstalten (ARD und ZDF) produzieren allein sechs bundesweit empfangbare und acht regionale Fernsehprogramme. Von den ca. 20 kommerziellen Fernseh-sendern (RTL, Sat1, Pro7 etc.) produzieren sieben ein Vollprogramm mit Spiel-filmen, Serien, Nachrichten und Sport; bei den übrigen Kanälen handelt es sich um Spartenprogramme, die die Bereiche Musik, Sport und Nachrichten abdecken (MTV, Viva, Eurosport, n-tv, etc.).

Für jedes Fernsehgerät müssen in Deutschland monatliche Rundfunkgebühren bezahlt werden, die im Jahre 1997 DM 28,25 betrugen.[39] Damit werden die Pro-gramme des öffentlich-rechtlichen Rundfunks finanziert sowie das föderale System der Medienzulassung und Medienaufsicht der kommerziellen Sender unterhalten.

Während die öffentlich-rechtlichen Sender mit paritätisch besetzten Gremien über eigene inhaltliche Kontrollmechanismen verfügen, werden private TV-An-bieter von den Landesmedienanstalten lizensiert und überwacht. Die Lizensierung ist dabei an bestimmte inhaltliche Qualitätsmerkmale gebunden. Die 15 Landes-medienanstalten wachen darüber, dass sich kommerzielle Fernsehveranstalter an Werbezeitenregelungen, Jugendschutzbestimmungen sowie an Vorgaben für regionale und kulturbezogene Programmfenster halten. Darüber hinaus gibt es in Deutschland die Kommission zur Ermittlung der Konzentrationskontrolle (KEK), die nach einem Zuschauermarktmodell die Meinungs- und Marktmacht einzelner kommerzieller TV-Veranstalter bestimmt und diese bei Überschreitung einer vorgegebenen Marke begrenzen kann (vgl. Dörr 1998).

Die technische Verbreitung der Fernsehprogramme geschieht zum größten Teil über das Fernseh-Kabelnetz: Mehr als die Hälfte der 33 Millionen TV-Haushalte in Deutschland empfängt ihr Fernsehsignal über das Breitband Kabel (BK)-Netz der Deutschen Telekom oder anderer Netzbetreiber (siehe Abb. 21). Für die technische Bereitstellung des Kabelfernsehanschlusses verlangen die Netzbetreiber von den Teilnehmern eine monatliche Gebühr zwischen DM 12 und 26. Die Höhe der Gebühr richtet sich nach der Anzahl der gleichzeitig versorgten Wohneinheiten (siehe Abschnitt 5.1.1).

Über Satellitendirektempfang beziehen 34 Prozent der deutschen Fernsehhausshalte ihr Signal. Eine Satellitenanlage mit Sateliten-Antenne und *Receiver* kostet je nach Ausstattung zwischen DM 200 und 500. Monatliche Gebühren fallen keine an, sofern über die frei empfangbaren Programme hinaus keine verschlüsselten Pay-TV-Angebote abonniert werden.

---

39   Die Rundfunkgebühr setzt sich zusammen aus der Grundgebühr (Radio) von DM 9,45 und der Fernsehgebühr von DM 18,80. Seit 1. Januar 2001 beträgt die Gebühr DM 31,58.

Ausschließlich über die Hausantenne (terrestrisch) empfingen 1997 in Deutschland nur noch 13 Prozent der Haushalte ihr TV-Programm.

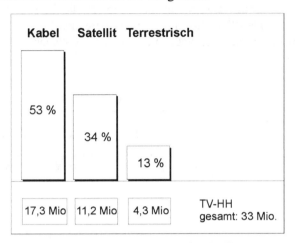

Abb. 21: Fernsehempfangsarten in Deutschland (1997, Quelle: Zimmer 1998: 353)

Insgesamt zeichnet sich der deutsche TV-Markt durch eine Vielzahl frei empfangbarer Programme (Free TV) aus. Pay-TV-Angebote konnten sich noch nicht in größerem Umfang durchsetzen. Der deutsche Rundfunkbereich unterliegt einer hohen Regelungsdichte in den Bereichen inhaltliche Kontrolle, Marktmacht und Zugang zu den Übertragungswegen. Generell sind in Deutschland die einzelnen Bundesländer für die Regulierung von Rundfunk (Fernsehen und Radio, d.h. Massenkommunikation) zuständig. ⸌

Welche Marktstrukturen und staatlichen Regulierungsvorgaben in den einzelnen Übertragungsbereichen vorzufinden sind, wird in den folgenden Abschnitten dargestellt. Besondere Aufmerksamkeit erfährt dabei das Kabelfernsehnetz, das sich aufgrund seiner technischen Eigenschaften für interaktive Multimediadienste besonders eignet.

5.1.1   Das Kabelfernsehnetz

17,3 Mio. Haushalte oder 53 Prozent aller Fernsehhaushalte sind in Deutschland an das BK-Netz angeschlossen. Die *technische* Reichweite des BK-Netzes, d.h. die Zahl der Haushalte, die zwar einen Kabelanschluß haben, diesen aber nicht nutzen („anschließbare Haushalte"), lag 1997 bei 26,3 Mio. (vgl. VPRT 1999: 35).

Das Kabelfernsehnetz befand sich zum Zeitpunkt der Formulierung von Info 2000 zum größten Teil im Besitz der Deutschen Telekom. Der staatlich geförderte Aufbau des BK-Netzes in den 80er Jahren hatte zu einer weltweit einmaligen Netz- und Eigentümerstruktur bei diesem Übertragungsweg geführt. Die Netzstruktur des deutschen BK-Netzes besteht aus vier Netzebenen (vgl. Abb. 22). Die erste Netzebene umfaßt die TV- und Hörfunk-Studios der Rundfunkanstalten, die über verschiedene technische Einrichtungen mit den Übertragungsstrecken der Telekom

verbunden sind. Über verschiedene Übertragungstechnologien werden die Fernseh-
und Radioprogramme dann in der Netzebene 2 zu den regionalen Rundfunk-
empfangsstellen gesendet. Die Netzebene 3 umfaßt die Breitbandverstärkerstelle
und die (Kupferkoaxial-)Kabellinien im örtlichen Bereich bis zum Übergabepunkt
in den Häusern. Netzebene 4 schließlich bezeichnet die Weiterverbreitung im Haus
bzw. Häuserblock selbst.

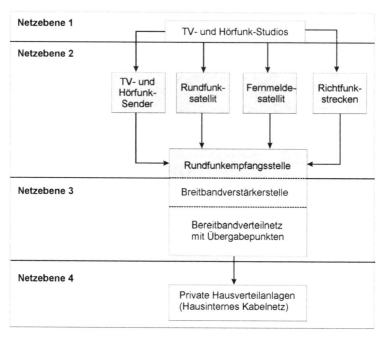

Abb. 22: Netzebenen des deutschen Kabel-TV-Netzes (Quelle: Ziemer 1994: 115)

Neben der Deutschen Telekom gibt es mehrere Hundert regionale Netzbetreiber, die
allerdings meist nur das letzte Teilstück des BK-Netzes in die Wohnsiedlungen
hinein betreiben (Netzebene 4). Dabei werden die TV-Signale unverändert aus den
vorgelagerten Netzebenen der Deutschen Telekom übernommen.[40] Der Betrieb der
deutschen Breitbandkabelnetze ist grundsätzlich zweigeteilt: Die Deutsche Telekom
betreibt das Zuführungsnetz sowie das Ortsverteilnetz (NE3) und die NE4-Betreiber
das Hausverteilnetz.
Allerdings gibt es örtliche Ausnahmen. So gibt es beispielsweise Netzbetreiber, die
über eigene Kabelkopfstationen („Headends") verfügen, mit denen sie die Fernsehprogramme direkt vom Satelliten ins BK-Netz einspeisen. Die Zahl der von diesen
Betreibern versorgten Wohneinheiten wird mit 4 Mio. angegeben (ANGA 1999: 51,

---

40   Hintergrund dieser Netz- und Eigentümerstruktur war die politisch gewollte Beteili-
      gung von mittelständischen Antennen- und Elektroinstallationsfirmen beim Aufbau des
      BK-Netzes in den 80er Jahren. Vgl. dazu z.B. Kubicek 1984 und Jäckel 1991.

vgl. Abb. 23). Eine weitere Ausnahme bilden jene Haushalte, die Direktkunden der Deutschen Telekom sind. Bei diesen ca. 5,8 Mio. Haushalten handelt es sich zumeist um Ein- und Zweifamilienhäuser mit Einzelnutzervertrag (vgl. Zimmer 1998: 363).

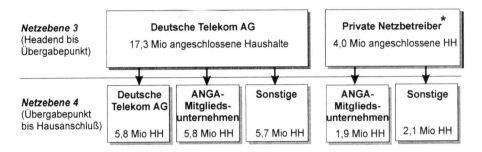

* Darunter ca. 2 Mio Haushalte, die über Satellitengemeinschaftsanlagen versorgt werden, also ohne "physisches" Kabelnetz.

Abb. 23: Marktstrukturen im deutschen Kabel-TV-Markt (Quelle: VPRT 1999: 31 und ANGA 1999)

Während die Deutsche Telekom nahezu als Monopolist die Netzebene 3 besitzt, ist die Marktstruktur der NE4-Betreiber stark fragmentiert, d.h. sie besteht aus vielen kleinen und mittelständischen Kabelnetzfirmen. Die drei größten, so genannten alternativen Netzbetreiber o.tel.o, tss und PrimaCom, besitzen mit 4,3 Mio. Kunden einen Marktanteil von ca. 20 Prozent in der Netzebene 4 (siehe Tab. 1). Weitere ca. 2.500 mittlere und kleinere NE4-Betreiber kommen auf insgesamt 7,3 Mio. Teilnehmer.[41] Die Versorgungsgebiete dieser Betreiber sind entsprechend klein und umfassen meist nicht mehr als 50 bis 100 Haushalte.

Obwohl die alternativen Netzbetrieber insgesamt auf einen beachtlichen Markt-anteil kommen, heißt dies nicht, dass sie die angegebene Teilnehmerzahl über ein zusammenhängendes Netz versorgen könnten. Tatsächlich handelt es sich hier um addierte Haushalte, die über eine Vielzahl von separaten Kabelinseln versorgt werden, die sich in unterschiedlichen Städten und Stadtteilen befinden und die jeweils von einem Telekom-*Headend* gespeist werden.

Aufgrund der eigentümlichen Netzebenenunterteilung und der fragmentierten NE4-Betreiber-Landschaft erscheint der deutsche Kabel-TV-Markt insgesamt als *Patchwork*, in dem kein Netzbetrieber souveräne Entscheidungen über die tech-nische oder dienstebezogene Struktur seines Angebots treffen kann. Denn einerseits sind die NE4-Betreiber von der vorgelagerten und von der Deutschen Telekom verwalteten NE3 abhängig und andererseits kann auch die Telekom Veränderungen

---

41 Von diesen weiteren NE4-Betreibern können 64 als „mittelgroße" Netzbetreiber bezeichnet werden. Sie sind in der ANGA organisiert und versorgen zusammen 3,2 Mio. Haushalte. Vgl. VPRT 1999: 30.

ihres Angebotes nur in Abstimmung mit den alternativen Netzbetreibern vornehmen, da diese über einen Großteil der direkten Kundenbeziehungen verfügen. Dieser Zusammenhang wurde als „Dominanz und Dilemma der Telekom" im deutschen Kabelmarkt charakterisiert (Zimmer 1998: 360).

Kabelnetzbetreiber	Angeschlossene Haushalte (ca.)
1. Deutsche Telekom	5,8 Mio
2. TeleColumbus Gruppe (o.tel.o)	1,8 Mio.
3. tss (Telekabel Service Süd)	1,2 Mio
4. PrimaCom	1,2 Mio
5. Weitere ca. 2.500 kleine und mittlere Netzbetreiber	7,3 Mio

Tab. 1:   Direkte Kundenbeziehungen der Kabelnetzbetreiber in Deutschland mit geschätzten Abonnentenzahlen 1998[42]

Die historisch gewachsene Situation im deutschen Kabel-TV-Markt findet ihren Ausdruck auch im Geschäftsmodell der Deutschen Telekom. Dieses besteht aus zwei Einnahmequellen: Den Kabelgebühren, die entweder von den NE4-Betreibern oder direkt von den Kabelkunden eingezogen werden und den Einspeisegebühren, die den Fernsehsendern in Rechnung gestellt werden (vgl. Abb. 24). Im Unterschied zu anderen europäischen und den amerikanischen Kabelnetzbetreibern, die eigene Kabelsender betreiben und verschiedene Programmpakete zusammenstellen und vermarkten, sieht sich die Deutsche Telekom lediglich als technischer Dienstleister, der den TV-Sendern die Verbreitung ihrer Programme ermöglicht und dafür entsprechende Einspeisegebühren verlangt.

Trotz dieser Einnahmequellen war der Betrieb des Kabel-TV-Netzes in den 90er Jahren für die Deutsche Telekom hoch defizitär.[43] Schließlich entschied man sich für den Verkauf der Netzebenen 3 und 4. Der Verkauf begann Mitte 2000 mit der Übernahme der Kabelregionen Nordrhein-Westfalen und Baden-Württemberg durch die amerikanische Investorengruppe Callahan und in Hessen durch den Investor Klesch.

Die Verkaufsentscheidung stand auch im Zusammenhang mit der Forderung der Europäischen Kommission, den Betrieb von Kabel-TV- und Telefonnetz innerhalb der Deutschen Telekom rechtlich und organisatorisch zu trennen, worauf später noch eingegangen wird (vgl. Abschnitt 14.3.2).

---

42   o.tel.o verkaufte 1999 die TeleColumbus Gruppe an Mannesmann. tss und PrimaCom gehören seit Ende 2000 der amerikanischen Kabelgruppe UPC.
43   Die Verluste der Deutschen Telekom aus dem Betrieb der BK-Netze beliefen sich nach Angaben des Unternehmens im Jahr 1997 auf 1,3 Mrd. DM (vgl. Schrape/ Hürst 2000: 12).

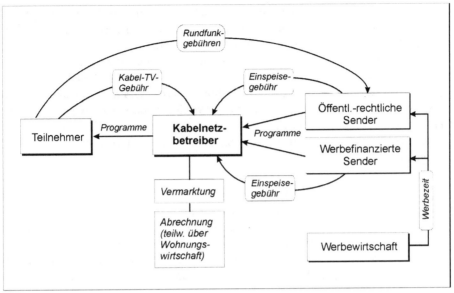

Abb. 24:   Das Kabelnetzbetreiber-Marktmodell (Deutsche Telekom) in Deutschland (Basis: VPRT 1999: 54)

Bei der Beschreibung der Ausgangssituation ist die Veräußerung des Telekom-Kabelnetzes allerdings nur insofern von Bedeutung, als dies der Schlußpunkt einer Entwicklung war, in der die Entstehung neuer interaktiver Dienste über das TV-Kabel in Deutschland gesehen werden muss.[44]

5.1.2   Der Satellitendirektempfang

Ungefähr 34 Prozent aller deutschen TV-Haushalte verfügen über eine eigene Satelliten-Antenne. Über Satellit werden grundsätzlich die gleichen öffentlich-rechtlichen und kommerziellen Fernsehprogramme ausgestrahlt wie im Kabel. Wegen der höheren Übertragungskapazität des Satellitendirekempfangs und der Möglichkeit, verschiedene Satelliten (z.B. ASTRA, Eutelsat) gleichzeitig anzupeilen, haben Satellitenhaushalte jedoch eine größere Auswahl und empfangen durchschnittlich ca. 40 TV-Programme. Die Installation von Satellitenantennen ist in Deutschland nicht überall erlaubt und kann in Wohngegenden, in denen Kabelfernsehen verfügbar ist, von den Vermietern bzw. Wohnungsbaugesellschaften untersagt werden. Der Vorteil des Satellitenempfangs für die Verbraucher ist, dass

---

44   Die neuen Eigentümer haben zwar milliardenschwere Investitionen für die technische Aufrüstung und die Entwicklung neuer interaktiver Dienste angekündigt, aber auch sie werden in den nächsten Jahren zunächst mit der Umgestaltung der historisch gewachsenen Struktur des deutschen BK-Netzes zu kämpfen haben. Vgl. dazu z.B. die Auseinandersetzung um neue Kanalbelegungen und Paketierungen des Kabelnetzbetreibers PrimaCom in Leipzig Ende 2000 sowie Bleich 2000 und Hege 2000.

sie für das Programmangebot keine monatlichen Gebühren bezahlen müssen wie beim Kabelfernsehen. Allerdings müssen für mehrere Fernsehanschlüsse in einer Wohnung jeweils eigene Receiveranlagen installiert werden.

Der Satelliten-Bereich ist der im Vergleich zum Kabelfernsehen und der terrestrischen Ausstrahlung am schwächsten regulierte Bereich. Die Satellitenbetreiber entscheiden selbständig über die Aufschaltung eines Programms, für das lediglich eine Sendelizenz der Landesmedienanstalten vorliegen muss. Da auch ausländische Programme über Satellit ausgestrahlt werden und diese dann flächendeckend in Deutschland empfangen werden können, betrifft diese Einschränkung nicht alle Programme.

5.1.3   Der terrestrische Empfang

Nur noch 13 Prozent der Fernsehhaushalte empfingen ihr Programm Ende 1997 ausschließlich über terrestrische Antennen. 1991 lag dieser Wert noch bei 58 Prozent, d.h. bei mehr als dem Doppelten des damaligen Kabel- und dem Vierfachen des damaligen Satellitenempfangs (vgl. Zimmer 1998: 353). Dies zeigt die steigende Bedeutung des Kabel- und Satellitenempfangs in Deutschland in den 90er Jahren.

Der Grund für die stark rückläufige Bedeutung des terrestrischen Empfangs ist seine technisch bedingte Beschränkung, die nur die Übertragung von vier bis acht TV-Programmen zuläßt.

Die öffentlich-rechtlichen Sender unterhalten aufgrund ihres gesetzlichen Versorgungsauftrages ein flächendeckendes terrestrisches Sendenetz, so dass bundesweit mindestens Das Erste (ARD), das ZDF sowie ein regionaler ARD-Sender (N3, BR, SWR, etc.) über Antenne empfangen werden können. In Ballungsgebieten werden darüber hinaus verschiedene kommerzielle TV-Programme und teilweise ein regionales Programm ausgestrahlt. Für die Belegung der knappen Frequenzen sind auch hier die Landesmedienanstalten verantwortlich.

Die terrestrische Ausstrahlung ist für die Fernsehsender die teuerste Art der Verbreitung ihrer Programme. Für die annähernd flächendeckende Versorgung der Zuschauer mit den öffentlich-rechtlichen Grundprogrammen sind derzeit rund 300 Grundnetzsender und 6000 Fernsehfüllsender im Einsatz (Zimmer 1994: 108).

5.2   Ausgangssituation im Online-Bereich

Weit weniger ausgeprägt, sowohl hinsichtlich der Angebotsvielfalt und der technischen Zugangsmöglichkeiten, als auch in Bezug auf die Regulierungsdichte war der 1997 in Deutschland noch relativ junge Bereich der Online-Medien. Dieser Bereich hatte sich seit Mitte der 90 Jahre mit einer hohen Dynamik entwickelt. Allerdings lagen und liegen die Nutzungszahlen und -zeiten dieses neuen Mediums noch weit unter denen des klassischen Massenmediums Fernsehen.

Nur 4,11 Mio. Deutsche ab 14 Jahren, d.h. knapp 6 Prozent der bundesdeutschen Bevölkerung, hatte 1997 nach der ARD/ ZDF-Online-Studie einen Zugang zu Online-Diensten oder zum Internet (vgl. van Eimeren/ Oehmichen/ Schröter 1998: 549). Mehr als die Hälfte der für diese Studie befragten Nutzer gab jedoch an, diesen Zugang nicht zu Hause zu haben, sondern am Arbeitsplatz, der Universität oder der Schule. Auch die Online-Nutzungsdauer ließ sich noch nicht mit der des Fernsehens vergleichen: Die durchschnittliche Zahl der Tage, an denen die Befragten in der erwähnten Studie auf Online-Medien zugriffen, betrug im Jahre 1997 wöchentlich 3,3 Tage. Als durchschnittliche tägliche Online-Nutzungsdauer wurde dabei ein Wert von 75 Minuten ermittelt,[45] ein Bruchteil der Zeit, die üblicherweise vor dem Fernseher verbracht wird.[46]

Hauptanwendung der Online-Nutzer war dabei die Informationssuche im WWW für berufliche und private Zwecke und damit verbunden der *Download* von Dateien sowie der Versand bzw. Empfang von E-Mails. Nach den Daten des Medienverbunds Südwest aus dem Jahre 1998 suchte nur ein Drittel Gesprächsforen auf, chattete oder war in einer *News Group* aktiv. Ebenfalls auf nur niedrigem Niveau (14 Prozent im Jahre 1997) wurde die Möglichkeit des Online-Shoppings genutzt (vgl. www.mediendaten.de).[47]

Bei der Informationssuche im World Wide Web konnten die deutschen Online-Nutzer bereits 1997 auf ein breit gefächertes Angebot zurückgreifen. Neben den Online-Ausgaben von Zeitungen, Zeitschriften und Magazinen (z.B. *SZ, FR, Spiegel, Focus*) standen verschiedene Serviceangebote unterschiedlicher Betreiber zur Verfügung. Beliebte Inhalte und Anwendungen waren regionale Veranstaltungskalender, Programmhinweise für Kino und Fernsehen, Stadtinformationssysteme und Behördenwegweiser, Tourismusinformationen und Reisebuchungssysteme, Börsendaten, Unternehmensnachrichten und Wetterinformationen.

5.2.1 *Dial-up-Verbindungen über das Telefonnetz*

Im Unterschied zum Berufs- und Ausbildungsbereich, der hier aufgrund anderer Nutzungsbedingungen und -muster bewußt ausgeklammert wird, spielen im Bereich der privaten Online-Nutzung so genannte Internet Service Provider (ISP) und Online-Dienste eine wichtige Rollle.[48] ISPs und Online-Dienste ermöglichen den Zugang zum Internet und zu speziellen Internet-Inhalten bzw. -Diensten für den privaten Nutzer. Dazu muss eine Datenverbindung über das Telefonnetz hergestellt werden („Dial-Up").

Führender Anbieter im Bereich der Online-Dienste in Deutschland ist T-Online der Deutschen Telekom, gefolgt von AOL Bertelsmann (heute: AOL Deutschland) und Compuserve sowie einer Reihe kleinerer Online-Dienste mit proprietären Inhalten.

---

45   Im Jahr 2000 betrug die durchschnittliche tägliche Nutzungsdauer dann ca. 90 Minuten, vgl. van Eimeren/ Heinz 200: 344.

46   Die durchschnittliche Einschaltdauer des Fernsehens wird in Deutschland mit fünf Stunden pro Tag angegeben (vgl. z.B. Dusseldorp 1997).

47   Mit wenigen Ausnahmen (z.B. Online-Banking) gelten diese Feststellungen auch für die Nutzer des Jahres 2000, vgl. van Eimeren/ Heinz 200: 341.

48   Im Berufs- und Ausbildungsbereich werden Internet-Anbindungen meist über Standleitungen realisiert. Die Nutzer müssen sich hier nicht einwählen, sondern können über ihr lokales Netzwerk online gehen.

Fast 60 Prozent der privaten Online-Nutzer wählten sich 1997 über einen dieser Online-Dienste ein.[49] Voraussetzung für die Nutzung eines Online-Dienstes oder des World Wide Webs über einen ISP ist ein PC mit Modem, eine Hardware-Ausstattung, über die in Deutschland im Jahre 1997 nur 9 Prozent aller Haushalte verfügten.[50]

Online-Dienste stellen zunächst ein geschlossenes System mit eigenen Inhalten (Nachrichten, Börsendaten, Wetter etc.) und Dienstleistungen (z.B. E-Mail, Datendownload oder Online-Banking) dar. Darüber hinaus bieten sie aber auch einen Zugang zum World Wide Web und zu anderen Internet-Anwendungen (Datenbankrecherche, Filetransfer, Chat etc.). Die monatliche Grundgebühr für Abonnenten von Online-Diensten beträgt zwischen DM 20 und 30. Hinzu kommen in Deutschland die Kosten für die tatsächliche Nutzung, d.h. die verbrachte Online-Zeit, die zwischen 3 und 8 Pf. pro Minute berechnet wird sowie die Kosten für die Telefonverbindung. Hier gibt es verschiedene Tarifmodelle, in denen z.B. 10 Freistunden bereits mit der Grundgebühr abgegolten sind oder höhere Minutenpreise, in denen die Telefonkosten bereits enthalten sind.

Reine Internet Service Provider verzichten dagegen auf eine eigene Zusammenstellung von Inhalten und bieten ihren Kunden hauptsächlich E-Mail und den unmoderierten Zugang zum World Wide Web an. In Deutschland gab es 1997 mehre Hundert regionaler, sowie eine Reihe überregionaler ISPs, die unter einer zentralen Telefonnummer zum Ortsarif angewählt werden konnten. Auch in diesem Bereich wurden verschiedene Tarifmodelle entwickelt. Meist zahlen ISP-Nutzer aber keine monatliche Grundgebühr, sondern lediglich Telefonkosten plus Onlinekosten, die im Gebühren- bzw. Minutentakt abgerechnet werden.

Standardgeschwindigkeit für die Übertragung von Online-Daten über Modem und Telefonleitung waren im Jahre 1997 14,4 Kbit/s. Über ISDN-Karten konnten maximal 64 kBit/s erreicht werden. Andere Zugangstechnologien zum Internet wie z.B. Kabelmodems, DSL-Systeme, Glasfaserleitungen oder drahtlose Verbindungen wurden in Deutschland bereits seit Mitte der 90er Jahre diskutiert. Es gab aber außer einer Reihe technischer Tests und Laborversuche keine konkreten Einführungsversuche von schnelleren Verbindungen für private Anwender.

Nach der gesetzlichen Einordnung handelt es sich bei Online-Diensten und ISP-Angeboten um Telekommunikationsdienste, für die prinzipiell der Bund zuständig ist. Die Dienste unterliegen zunächst keiner inhaltlichen Regulierung und es besteht keine Zulassungs- oder Anmeldepflicht für solche Angebote. Obwohl es bei der rechtlichen Behandlung von Online-Angeboten und -Inhalten seit 1997 Veränderungen gab, die auf die Initiative Info 2000 zurückgehen, ist damit auch die

---

49   Vgl. BITKOM 2000: 13. Eine ausführlichere Beschreibung des Online-Sektors in Deutschland findet sich in Kubicek/ Schmid/ Beckert 1997: 25-27.

50   Vgl. Zerdick/ Picot/ Schrape et al. 1999: 294. Bei der Computerausstattung der Haushalte lag Deutschland zu dieser Zeit unter dem europäischen Durchschnitt. Seit 1999 liegt Deutschland mit 32 PCs auf 100 Einwohner im Mittelfeld, vgl. BITKOM 2000: 10.

Ausgangssituation beschrieben. Auf die Einzelheiten der Zuständigkeitsdebatte, die sich im Zusammenhang mit der Verbreitung von Online-Medien in Deutschland entwickelte, wird im weiteren Verlauf, insbesondere in Abschnitt 5.4.4, näher eingegangen.

Generell bezieht sich die Zuständigkeit des Bundes für den Telekommunikationsbereich (Individualkommunikation) auf die Regelung von Preisen, der Marktsituation (Wettbewerb) und des Zugangs. Aufgrund des praktisch konkurrenzlosen Internet-Zugangs über *Dial-Up*-Verbindungen können insbesondere von der Regulierung des Ortsnetzbereichs direkte Auswirkungen auf die Verbreitungschancen von Online-Anwendungen erwartet werden: Hohe Gebühren im Ortsnetz sowie ungünstige Rahmenbedingungen für die Verbreitung alternativer Zugangstechnologien können die Entwicklung des Online-Bereichs grundsätzlich behindern.

5.3   Medientechnische Entwicklung

Nach der Beschreibung der Ausgangssituation bei den Ursprungsmedien Fernsehen und Online werden nun die Entwicklungen in ihrem Überschneidungsbereich dargestellt. Die Darstellung interaktiver Fernseh-Angebote in Deutschland bezieht sich wiederum auf die Zeit vor, bzw. kurz nach Anlauf der Initiative Info 2000 der Bundesregierung. In der Öffentlichkeit wurde den neuen Angeboten, die im Folgenden beschrieben werden, große Aufmerksamkeit zu teil. Neue, digitale Informations- und Kommunikationsdienste, allen voran das Internet, sowie digitales Fernsehen und neue interaktive Medienangebote, die im Schnittfeld von Rundfunk und Telekommunikation entstehen sollten, wurden als Wachstumsmärkte der Zukunft betrachtet und galten als Schlüssel für die Entwicklung einer künftigen Informationsgesellschaft (vgl. z.B. Stammler 1998).

5.3.1   *Digitales Fernsehen als Basis für interaktive TV-Dienste*

Technische Grundlage und Voraussetzung für die Einführung interaktiver TV-Dienste ist das digitale Fernsehen. Durch digitale Übertragungs- und Kompressionstechniken ist es möglich, im gleichen Frequenzspektrum eine ungleich größere Anzahl von Fernsehprogrammen zu übertragen (vgl. Abschnitt 4.1). Die Sender nutzen diese Möglichkeit zunächst, um neue zielgruppenorientierte Spartenprogramme zu produzieren und um vorhandene Programme in neuen Kombinationen, in so genannten digitalen Bouquets zusammenzustellen und neu zu vermarkten.

Darüber hinaus ermöglicht die Fernsehübertragung auf der digitalen Plattform die Realisierung unterschiedlichster neuer Datendienste. Diese reichen vom elektronischen Programmführer, dem so genannten Electronic Programm Guide (EPG), in dem zusätzliche Informationen zum laufenden Programm zur Verfügung gestellt und Programmhinweise auf ähnliche Sendungen (z.B. Reiseberichte, politische Magazine, Techniksendungen) eingeblendet werden können bis zu programmunabhängigen Diensten, in denen ähnlich wie bei Videotext z.B. Wetter- und Börsendaten übertragen werden (sog. Online-Kanäle). Außerdem werden interaktive

Dienste wie Teleshopping und Telebanking oder Internet-Recherchen und E-Mail über einen Telefonrückkanal möglich.

Die Einführung weiterer Fernsehprogramme ist für die Sender damit nur der erste Schritt auf dem Weg zur möglichen Realisierung einer Vielzahl neuer interaktiver Angebote auf der digitalen Plattform. Die potenziellen Refinanzierungs-möglichkeiten, die Geschäftsmodelle und Paketierungsoptionen für solche neuen Dienste hängen allerdings in hohem Maße von technischen Parametern ab, bzw. davon, wer welche Elemente der technischen Prozesskette kontrolliert. Deshalb ist ein genauerer Blick auf die Technik des digitalen Fernsehens notwendig.

Die Technikkette ist beim digitalen Fernsehen ungleich länger als beim her-kömmlichen analogen Fernsehen. Während analoges Fernsehen einen relativ kurzen Weg vom Produzenten zum Empfänger zurücklegt und hier auf bereits vorhandene analoge Endgeräte zurückgegriffen werden kann, müssen digitale Angebote mehrere technische Stationen passieren und erfordern beim Endnutzer ein neues Gerät, d.h. einen entsprechenden Decoder (Set-top Box), damit die Darstellung auf herkömm-lichen Fernsehern möglich wird (siehe Abb. 25).

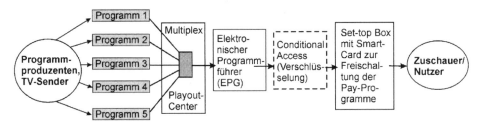

Abb. 25:   Technische Prozesskette des digitalen Fernsehens (eigene Darstellung in An-lehnung an Holznagel 1998: 6)

Zunächst muss das analoge Programm digitalisiert, d.h. in einen Datenstrom aus Einsen und Nullen zerlegt werden. Dieser, als Multiplexing bezeichnete Vorgang, wird meist zentral, d.h. an einer Erdfunkstation oder bei der Sendezentrale in sog. *Playout-Centern* durchgeführt. Anschließend werden in den digitalen Datenstrom Zusatzinformationen, die *Service Information* (SI)-Daten eingefügt, die dem jeweiligen Programm einen bestimmten Programmplatz im Elektronischen Programmführer zuweisen und eine Beschreibung der Sendung beinhalten, die der Zuschauer ähnlich wie Videotext abrufen kann.[51]

Handelt es sich bei den übertragenen Programmen um Bezahldienste (Pay-TV, Pay per View etc.), müssen die Datenströme außerdem verschlüsselt werden. Dies geschieht mit Hilfe so genannter Conditional Access (CA)-Systeme, d.h. mit Verschlüsselungs-Soft und -Hardware, deren Spezifikationen nur dem jeweiligen

---

51   Der Elektronische Programmführer ist u.a. deshalb so wichtig, weil sich die Nutzer beim Umschalten meist nicht mehr an Kanalnummern orientieren, sondern den Programmwechsel direkt über das elektronische Menü, den EPG, vornehmen.

Betreiber bekannt sind. Die Set-top Box beim Zuschauer wandelt den digitalisieren Datenstrom schließlich wieder in ein analoges Signal um und schaltet die Abo-Programme oder entsprechende Dienste frei, für die der Zuschauer bezahlt hat.

Vor allem zwei Elemente sind in dieser Prozesskette kritisch für die Gestaltung interaktiver Zusatzdienste: Die technische Ausstattung der Set-top Box und die Frage der Verschlüsselung. Die Set-top Box benötigt für Dienste, bei denen z.B. ein Rückkanal erforderlich ist, ein internes Modem mit entsprechender Schnittstelle sowie genügend internen Speicher. Bei der Verschlüsselung geht es in erster Linie darum, ob die Box nur *ein* CA-System entschlüsseln kann oder ob sie in der Lage ist, verschiedene Verschlüsselungsverfahren von unterschiedlichen Anbietern zu verarbeiten. In offenen Set-top Boxen gibt es dazu freie Steckplätze, in die entsprechende Hardware-Karten der Programmbetreiber eingesteckt werden können. Hierbei handelt es sich um so genannte Common Interface (CI)-Boxen. Hintergrund ist die Tatsache, dass die Haushalte nicht mehrere Set-top Boxen anschaffen wollen, sondern nur *ein* neues Endgerät, mit dem dann möglichst alle digitalen Dienste darstellbar sein müssen (vgl. z.B. Hofmeir 1999).

Tatsächlich hat aber derjenige Anbieter, der große Teile der technischen Prozesskette kontrollieren kann, entscheidende Vorteile bei der Vermarktung seiner eigenen Programmpakete und Zusatzdienste. Vor allem wegen der enormen Investitionskosten in die technische Infrastruktur (*Playout-Center*, Verschlüsselungstechnik sowie Entwicklung und Produktion der Set-top Boxen) haben große Programmanbieter und Medienunternehmen ein Interesse daran, die Hürden für den Zugang anderer Anbieter möglichst hoch zu halten.

Neben dem Wunsch der Konsumenten, alle Programme und Dienste mit einer einzigen Set-top Box empfangen zu können, spricht aber vor allem das Argument der Anbieter- und Angebotsvielfalt für eine offene und diskriminierungsfreie Plattform, d.h. für eine Plattform, auf der verschiedene, voneinander unabhängige Anbieter, unterschiedliche Dienste anbieten und getrennt abrechnen können. Die Entwicklung einer solchen diskriminierungsfreien Plattform setzt jedoch einen hohen Verständigungsgrad zwischen Programmveranstaltern, Netzbetreibern und der Unterhaltungselektronikindustrie voraus.

In Deutschland hat es beginnend mit der 1994 gegründeten Media Service Gesellschaft (MSG) mehrere Anläufe gegeben, eine einheitliche Decodertechnik für das digitale Fernsehen zu installieren. Dem erhöhten Kooperationsbedarf standen allerdings jeweils eigene, zum Teil konträre Interessen der einzelnen Akteure entgegen (vgl. Breuning1997: 99-121 und Paukens/ Schümchen 2000).

Für die Zeit der Entstehung der Initiative Info 2000 ist entscheidend, dass es eine erhebliche Unsicherheit hinsichtlich der zukünftigen Entwicklung des digitalen Fernsehens gab. So war z.B. völlig unklar, ob und mit welchen Konditionen andere Anbieter die technische Plattform der Kirch Gruppe nutzen konnten. Auch hinsichtlich der Verbreitung im Kabel-TV-Netz gab es keine Klarheit. Grundlage waren hier Versuchsklauseln der Medienanstalten; aber nicht in allen Bundesländern durften die digitalen Angebote der Kirch Gruppe eingespeist werden. Dabei hatte sich das Unternehmen mit der Deutschen Telekom darauf verständigt, dass für die Verbreitung im Kabel ausschließlich die d-box-Technik in Frage kommt. Diese Allianz kam aber seit 1997 zunehmend unter Druck der Europäischen Kommission, die die Bereiche Programmproduktion und Verbreitung grundsätzlich getrennt sehen wollte.

5.3.2 Breitband-Internet

Mit Hilfe neuer Zugangstechnologien können die Übertragungsgeschwindigkeiten bei Internet-Verbindungen auf der letzten Meile erheblich gesteigert werden. Statt 14 bis 64 Kbit/s wie bei herkömmlichen *Dial-up*-Verbindungen können über DSL- oder Kabelmodem-Verbindungen 1 Mbit/s und mehr erreicht werden. Dadurch werden prinzipiell auch Audio- und Videoübertragungen via Internet möglich.

Seit Mitte der 90er Jahre wurden neue Zugangstechnologien für fast alle technischen Infrastrukturen entwickelt. Schnelle Datenverbindungen wurden dabei über das TV-Kabel (Kabelmodems), Satellit (*Very Small Aperture Terminal*, VSAT), Telefon (DSL) und die Terrestrik („over the air", d.h. drahtlose Technologien, sog. Fixed Wireless- oder *Wireless Local Loop*-Systeme) möglich. Ihr Einsatz beschränkte sich jedoch zunächst auf den professionellen Bereich, wo sie zur Verbesserung der Unternehmenskommunikation (Datenbank-*Updates*, Vertriebsinformationen) eingesetzt wurden. Für den Bereich der privaten Mediennutzung kommen vor allem Kabelmodemsysteme und DSL-Anschlüsse in Frage, weil dazu keine größeren technischen Installationen in den Haushalten notwendig werden.

Allerdings gab es Mitte der 90er Jahre in Deutschland noch keine derartigen Angebote in Markt. Einzige Ausnahme war das Pilotprojekt „InfoCity" des Netzbetreibers o.tel.o, in welchem *Highspeed*-Internet über das BK-Netz getestet wurde und erstmals in größerem Umfang eingeführt werden sollte. Während zu den inhaltlichen und organisatorischen Aspekten von Breitband-Internet-Diensten zu diesem Zeitpunkt wenig Informationen vorlagen, waren die technischen Voraussetzungen ihrer Realisierung jedoch weitgehend bekannt. Beispielhaft für die Entwicklung von Breitband-Systemen sollen hier kurz die technischen Voraussetzungen für einen *Highspeed*-Internet-Zugang über das Fernsehkabelnetz dargestellt werden.

Dabei ist zunächst zu beachten, dass es sich bei diesem Netz nicht wie beim Telefonnetz um ein zusammenhängendes Netz handelt, sondern um viele hundert separate Netzinseln, die nicht miteinander verbunden sind. Die Netzinseln werden von den Kabelkopfstationen gespeist, die das Fernsehsignal mit einer Satellitenantenne abgreifen und in das Netz einspeisen. Dies bedeutet, dass das Netz nur in eine Richtung funktioniert, nämlich von der Kopfstation zu den Haushalten. Für interaktive Dienste ist allerdings eine Zwei-Wege-Kommunikation notwendig, d.h. das BK-Netz muss technisch so aufgerüstet werden, dass es rückkanalfähig wird. Erst dann können die Nutzer Daten aus dem Internet individuell anfordern und abrufen.

Idealerweise sollte die Struktur des BK-Netzes nach der Aufrüstung so aussehen, dass die Kopfstationen über einen Glasfaserring, einem so genannten Backbone miteinander verbunden sind und dass von einer Netzinsel mindestens 5.000 Haushalte versorgt werden können (vgl. Abb. 26). Die Internet-Anbindung über einen ISP kann schließlich an einer beliebigen Kopfstation erfolgen, weil die Daten innerhalb des *Backbones* mit hoher Geschwindigkeit weitertransportiert werden können.

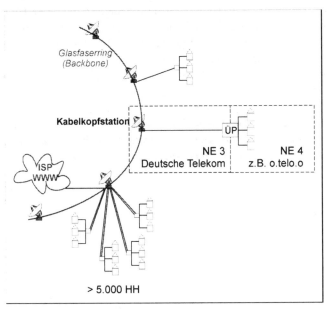

Abb. 26:   Ideale Netztopologie für Breitband-Internet über Kabel

Die technische Aufrüstung zu einem rückkanalfähigen Netzwerk betrifft sowohl die Netzebene 3 der Deutschen Telekom als auch die Netzebene 4 der privaten Netzbetreiber (vgl. Abschnitt 5.1.1). Ohne die technische Koordination mit der Netzebene 3 bleibt den NE4-Betreibern lediglich die Möglichkeit, Breitband-Internet in einzelnen Netzinseln anzubieten, wobei jeweils eigene Internet-Anbindungen an den lokalen Übergabepunkten (ÜP in Abb. 26) installiert werden müssen. Diese Möglichkeit ist aber äußerst kostenintensiv, weil die entsprechenden Hardwarekomponenten nicht zentral, sondern an vielen verschiedenen Punkten gleichzeitig installiert werden müssen.

Die Koordination mit der Netzebene 3 bezieht sich jedoch nicht nur auf die Rückkanalfähigkeit, sondern auch auf den generellen Ausbau des Frequenzspektrums und auf die Zuweisung von neuen Kanälen. Denn für die Übertragung von Daten müssen mindestens zwei zusätzliche Kanäle (Hin- und Rückkanal) geschaffen werden. Dies wäre für viele private Netzbetreiber unproblematisch gewesen, weil der größte Teil ihrer Netze bereits auf 862 MHz ausgebaut ist. Die Deutsche Telekom hatte jedoch seit Anfang der 90er Jahre kaum in die Modernisierung des BK-Netzes investiert und konnte in den meisten von ihr verwalteten

Netzinseln lediglich das Spektrum bis 450 MHz belegen.[52]

5.3.3 Video on Demand

Während die Einführung des digitalen Fernsehens von großer Unsicherheit geprägt war und nur schleppend voran kam und neue Zugangstechnologien für breitbandige Internet-Anbindungen nur wenig konkrete Konturen aufwiesen, waren es vor allem Video on Demand-Projekte, die Mitte der 90er Jahre - hauptsächlich von der Deutschen Telekom - vorangetrieben wurden.

Für die Realisierung von VoD-Systemen in den Pilotprojekten wurden meist Glasfaserstrecken benutzt, die in nachgelagerten Vermittlungsstellen (*Hubs*) in Glasfaser-*Overlay*-Netzen[53] mündeten und nur wenige huntert Meter vor den Haushalten auf das herkömmliche Koaxialkabel umgesetzt wurden. Die Umwandlung von optischen (Glasfaser) zu elektronischen (BK-Netz) Signalen erfolgte dabei in so genannten BONT (*Broadband Optical Network Termination*)-Stationen (vgl. Abb. 27).

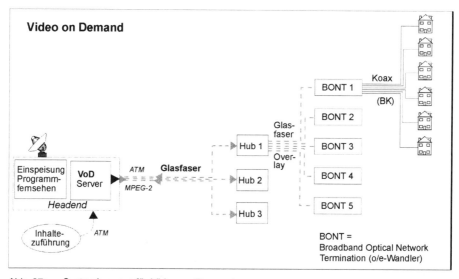

Abb. 27:   Systemkonzept für Video on Demand

---

52   Welches mit den vorhandenen TV-Programmen vollständig ausgelastet ist. Über den technischen Zustand des BK-Netzes der Deutschen Telekom gibt es widersprüchliche Informationen. Im Zusammenhang mit dem Verkauf des Telekom-Kabelnetzes wurde es entweder als „Koax-Schrott" (I 9923) oder als „Goldgrube" (Tenzer 1999) bezeichnet. Die Kosten für den rückkanalfähigen Ausbau der Telekom-Netze (NE 3 und 4) werden auf rd. 20 Mrd. DM geschätzt.

53   „Overlay" deshalb, weil die Glasfaserverkabelung den herkömmlichen Koax-Strecken folgte. In die dort vorhandenen Leerrohre wurden Glasfaserkabel eingezogen, die sich damit „über" das Koax-Netz legten.

Aber nicht nur das in dieser Weise modifizierte BK-Netz wurde als Zuführungsnetz für Video on Demand-Dienste eingesetzt. Im Rahmen von Pilotprojekten wurde auch das Telefonnetz mit Hilfe von DSL-Technologien lokal ausgebaut, um darüber Spielfilme abrufen und verschicken zu können. Die Deutsche Telekom hatte Mitte der 90er Jahre großes Interesse an Video on Demand und testete unterschiedliche Netze und Systeme in verschiedenen Pilotprojekten. Zusätzlich zu Video on Demand sollten in diesen Projekten auch interaktive TV-Dienste in Testhaushalten ausprobiert werden. Tab. 2 gibt einen Überblick über die verschiedenen Telekom-Projekte und die jeweils eingesetzten Technologien. Ziel dieser Pilotprojekte war es, neben Erkenntnissen über die technische Realisierbarkeit von Video on Demand Aussagen über die Akzeptanz der Nutzer und über die potenzielle Nachfrage machen zu können. Darüber hinaus waren sie als Demonstrationsprojekte gedacht, in denen die interaktive Medienzukunft gezeigt werden sollte.

Ort	Berlin	Stuttgart	Hamburg	Köln/ Bonn	Nürnberg	Leipzig
Teil-nehmer	50	2.500	100	100	100	100
Gebiet	Innenstadt	Großraum	Innenstadt	Netzinseln	Netzinseln	Netzinseln
Beginn	1/1995	1996	1996	1996	1996	1996
Dauer	> 1 Jahr	1,5 – 2 Jahre	1,5 – 2 Jahre	1,5 – 2 Jahre	1,5 – 2 Jahre	1,5 – 2 Jahre
Dienste-angebot	Video on Demand, Homeshopping, Telelearning, News on Demand, Services on Demand					Wie übrige Angebote, zusätzlich erweiterte Multimedia-Anwen-dungen
Verteil-technik	BK-Netz und Glas-faser	BK-Netz und Glasfaser	BK-Netz	BK-Netz und Glasfaser	ASDL, Telefonnetz	Glasfaser-netz
Rück-kanal-technik	Telefonnetz	BK-Netz	Telefonnetz	BK-Netz und Glasfaser	ASDL, Telefonnetz	Glasfaser/ Telefonnetz
Beteiligte Firmen	SEL Alcatel	Bosch, Telekom, SEL Alcatel, Hewlett-Packard	Philips	DEC, Fuba, Nokia	Apple, nCube, Oracle, Sequent, Philips	--

Tab. 2: Pilotprojekte der Deutschen Telekom zu Video on Demand und interaktivem Fernsehen Mitte der 90er Jahre (Quellen: Felsenberg/ Kind/ Schanze et al. 1995: 17-64 und Garling 1997: 129-131)

Die Deutsche Telekom war bei allen ihren Pilotprojekten verantwortlich für die technische Ausführung, das inhaltliche Angebot sowie für die Abrechnung und das Marketing (Teilnehmeraquisition). Für eine später mögliche kommerzielle Einführung von Video on Demand sollten Erfahrungen gesammelt werden, die sich auch auf die Koordination mit den Inhalteanbietern bezogen.

Letzlich konnte keines dieser Projekte die in sie gesetzten Erwartungen erfüllen. Zum Zeitpunkt der Entstehung von Info 2000 wurde aber davon ausgegangen, dass neue Medienformen wie Video on Demand oder Teleshopping in unmittelbarer Zukunft großflächig eingeführt werden könnten.

5.4   Problemkonstellation für die Medien- und Telekommunikations-Politik

Aus der medientechnischen Entwicklung ergaben sich spezifische Probleme für die Medien- und TK-Politik, die im Folgenden dargestellt werden. Die neuen Technolgien ermöglichten Anwendungen, die nicht mehr in den Rahmen des etablierten medien- bzw. telekommunikationsrechtlichen Regimes passten und deshalb Fragen hinsichtlich der Anpassung bzw. Neugestaltung dieses Rahmens aufwarfen. Die bestehenden rechtlichen Regelungen wurden dabei entweder als hemmende Faktoren der Multimedia-Entwicklung gesehen oder sie wurden von Medienunternehmen, die sich im Bereich des interaktiven Fernsehens engagieren wollten, als unzureichend für konkrete Planungen und sichere Investitionen betrachtet.

Grundsätzlich wurden im Vorlauf zu Info 2000 eine Reihe von weitreichenden Konsequenzen der medientechnischen Entwicklung für die Medien- und TK-Politik diskutiert. Hoffmann-Riem und Vesting stellten in ihrem 1994 erschienen Aufsatz fest, dass es zu dieser Zeit kaum noch eine medienpolitische Tagung gab, auf der nicht vor dem Hintergrund der Digitalisierung eine Neuordnung der dualen Rundfunkordnung angemahnt wurde. Und auf Kongressen wurde von den Medienexperten die Herausforderung für den Medienstandort Deutschland beschworen, der durch eine Liberalisierung des Rundfunkrechts begegnet werden müsse. Außerdem wurde vor allem von Juristen immer wieder eine generelle Neuregelung des Systems der elektronischen Medien verlangt (Hoffmann-Riem/ Vesting 1994: 382).

Neben eher grundsätzlichen Erwägungen zur Neuregelung des TK- und Mediensektors (vgl. Vesting 2000, Wössner 1998, Schulz/ Grünewald/ Jürgens, 1996, Bertelsmann Stiftung 1997, Hamm 1998, Bertelsmann Stiftung 1999) gab es aber auch eine Reihe konkreter Probleme und offene medienpolitische Fragen, die einer raschen Entwicklung des interaktiven Fernsehens in Deutschland entgegenstanden.

5.4.1   *Uneinheitlichkeit bei der Entwicklung und Regulierung der technischen Plattform für das digitale Fernsehen*

Die Uneinheitlichkeit bei der Entwicklung der Plattform für das digitale Fernsehen wurde bereits angesprochen (vgl. Abschnitt 5.3.1). Im Sinne der Verbraucher, die nicht dazu gezwungen werden sollten, sich verschiedene Set-top Boxen anzuschaffen und generell im Sinne eines fairen Wettbewerbs beim digitalen Fernsehen wurden deshalb Forderungen an die Politik laut, moderierend einzugreifen und die Abstimmung zwischen den Betreibern bei der Gestaltung der technischen Plattform zu forcieren. Auf der politischen Ebene bestand allerdings weitgehend Unklarheit darüber, wie dieses Ziel einer einheitlichen und diskriminierungsfreien Plattform für das digitale TV zu erreichen sei, ob die Länder- oder die Bundesebene dafür zuständig ist und welches Recht (Medienrecht oder Wettbewerbsrecht) anzuwenden sei.

Auch auf der konkreten Regulierungsebene stellten sich Fragen, die nicht mehr innerhalb des etablierten Regulierungsmodells geklärt werden konnten. So war z.B. offen, wie der Zugang zur digitalen TV-Plattform geregelt werden soll, welche Teile des Systems überhaupt einer gesetzlichen Regulierung bedürfen und wie eine marktbeherrschende Stellung eines Unternehmens in diesem Bereich verhindert werden kann.

Zuständig sind hier grundsätzlich die Landesmedienanstalten, die sich jedoch bis Mitte der 90er Jahre kaum mit technischen Aspekten beschäftigt hatten. Sie fühlten sich lediglich für inhaltliche und formale Aspekte bei der Lizensierung von Programmen und bei der Belegung der Kabel-TV-Netze zuständig. Hier fungierten sie als *Gatekeeper* der Medienvielfalt. Beim digitalen Fernsehen waren aber plötzlich technische Aspekte in den Vordergrund gerückt und die Entscheidung darüber, welche Programme ausgestrahlt werden und welche nicht, konnte nun direkt vom Betreiber der Plattform getroffen werden.

5.4.2   *Kanalbelegung beim Kabel und zukünftige Rolle der Medienanstalten*

Für das digitale Fernsehen hatten die Landesmedienanstalten acht Kanäle im Hyperband des BK-Netzes reserviert, die auf der Basis von Versuchsklauseln an die Kirch Gruppe zugewiesen worden waren. Innerhalb dieser Frequenzen konnten Premiere digital und DF1 mehr als 20 digitale Programme verbreiten, die sie nach wirtschaftlichen Erwägungen paketieren, vermarkten und abrechnen konnten.

Mit den veränderten Bedingungen bei der Zuteilung der Frequenzen im Kabel wurde auch die zukünftige Rolle der Landesmedienanstalten diskutiert. Denn bisher hatte sich die Kompetenz der Landesmedienanstalten bei der Zuteilung von Rundfunk-Frequenzen auf die Tatsache gegründet, dass analoge Übertragungskapazitäten im Kabel knapp sind und deshalb in Deutschland nur Programme verbreitet werden dürfen, die gewisse inhaltliche Qualitätsstandards erfüllen. Durch die bessere Ausnutzung des Frequenzspektrums beim digitalen Fernsehen erschien das Argument der Frequenzknappheit und damit die Grundlage für die inhaltliche Regulierung von TV-Programmen hinfällig.

Dagegen stellte sich nun für die Regulierer die Frage, wie in der heraufziehenden Ära des digitalen Fernsehens die Markt- und Meinungsmacht begrenzt und wie Anbieter- und Angebotsvielfalt gewährleistet werden kann. Es wurde deutlich, dass die Landesmedienanstalten vor einem grundlegenden Funktionswandel standen.

5.4.3   *Online-Kosten vor der Liberalisierung der Telekommunikation*

Während in den Vereinigten Staaten und den europäischen Nachbarländern Internet- und Online-Dienste immer größere Verbreitung fanden, erreichten diese neuen

Medien in Deutschland in den Jahren 1996 und ´97 erst einen kleinen Teil der Bevölkerung (vgl. Abschnitt 5.1). Als Gründe für die schleppende Verbreitung wurden neben fehlendem Interesse und mangelnder Kompetenz im Umgang mit Online-Medien vor allem die hohen Kosten für den Online-Zugang angeführt (siehe Wittke 1997, Mattke 1999 ARD/ZDF-Arbeitsgruppe Multimedia 1999).[54]

Insgesamt wurden die Preise für Telekommunikationsdienste in Deutschland als zu hoch und der Markt für neue Angebote als zu reglementiert eingestuft. Die deutsche Telekommunikationspolitik kam dabei insbesondere von Seiten der Europäischen Kommission unter Druck. Denn die Vorgaben für die Liberalisierung und Deregulierung des Telekommunikationssektors, die bereits Ende der 80er Jahre auf europäischer Ebene verabschiedet worden waren, mussten in nationales Recht umgesetzt werden.[55]

Viele alternative TK-Unternehmen, die bereits im Unternehmensbereich Telefondienste anboten, drängten Mitte der 90er Jahre auf den privaten Telefonmarkt, in dem allerdings das Netz- und Dienstemonopol der Deutschen Telekom nach wie vor Bestand hatte. Online-Anbieter forderten vor allem im Ortsnetzbereich Alternativen bei der Wahl des Betreibers und erhofften sich von einem Wettbewerb günstigere Zugangspreise.

Die Deutsche Telekom als Eigentümer und Betreiber sowohl des Telefon- als auch des Kabel-TV-Netzes berief sich dagegen auf seine Infrastrukturaufgabe und forderte eine behutsame und stufenweise Einführung von Wettbewerb. Von seiten des Unternehmens wurde argumentiert, dass der TK-Markt innovativ genug sei und größere Einschnitte bei der Unternehmensstruktur und der Entgeltregulierung nicht zu rechtfertigen wären. Mit der flächendeckenden Einführung von ISDN habe das Unternehmen bewiesen, dass es ein Interesse am Aufbau einer modernen Infrastruktur für die Informationsgesellschaft hat. Und mit verschiedenen Pilotprojekten zum interaktiven Fernsehen schien die Telekom auch im Kabel-TV-Bereich unter Beweis zu stellen, dass das Unternehmen zur Entwicklung neuer interaktiver Dienste in der Lage war.

5.4.4   Regulative Zuordnungsprobleme bei neuen Diensten zu Telekommunikation oder Rundfunk

Die klassische Unterscheidung zwischen Individual- und Massenkommunikation, d.h. zwischen Telekommunikationsdiensten und Rundfunk, auf der in Deutschland

---

54   Im internationalen Vergleich der Online-Kosten belegte Deutschland in der OECD-Studie von 1997 den 20. Platz, gefolgt nur noch von der Schweiz, Portugal, Österreich und Mexiko, vgl. OECD 1997.

55   Mit der Herausgabe des Grünbuches über die Entwicklung des gemeinsamen Marktes für Telekommunikationsdienstleistungen und Telekommunikationsgeräte vom 11. Juli 1987 (KOM/87/290) hatte die Europäische Kommission eine aktive Rolle bei der Gestaltung der Rahmenbedingungen für einen EU-einheitlichen TK-Markt übernommen. Hier wurde ein Modell für den Übergang des TK-Sektors aus dem Bereich der öffentlichen Verantwortung über eine schrittweise Liberalisierung und hin zur Beseitigung von Netz- und Telefondienstmonopol für 1998 festgeschrieben.

die Kompetenzverteilung zwischen Bund und Ländern basiert, greift nicht mehr bei neuen Diensten, die sowohl Rundfunk-, als auch Online-Merkmale aufweisen. Beispiele für solche Angebote sind Fernseh- und Radiosendungen, die über das Internet verbreitet werden, wie z.B. die ARD-Tagesschau (www.tagesschau.de) oder Video-Ausschnitte aus der Harald-Schmidt-Show (www.schmidt.de). Auch Video on Demand-Angebote können nicht mehr eindeutig dem Rundfunk oder der Telekommunikation zugeordnet werden. Zwar handelt es sich bei den verbreiteten Inhalten zweifellos um Rundfunkinhalte (Nachrichten, Shows, Spielfilme), die Art ihrer Nutzung, nämlich der individuelle Abruf, ist jedoch ein Kennzeichen für Telekommunikationsdienste.

In der deutschen Multimedia-Diskussion Mitte der 90er Jahre stand deshalb lange Zeit die Frage im Vordergrund, wie die neuen Dienste zu klassifizieren seien und inwiefern es sich beim Internet bzw. World Wide Web um ein Medium handelt, an das rundfunkrechtliche Maßstäbe angelegt werden müssen und das damit auf Länderebene reguliert werden müßte (vgl. Wallraf 1996, Recke 1998). Vor dem Hintergrund der Digitalisierung und der Möglichkeit neuer Kombinationen von Rundfunk- und TK-Diensten stellten sich Regulierungsfragen, die in Deutschland zum großen Teil in einer juristischen Diskussion um Zuständigkeiten, Zuordnungen und Abgrenzungsfragen neuer Dienste aufgingen (vgl. z.B. Kleinsteuber 1997, Held/ Schulz 1999, Tettenborn 1999).

Zunehmend setzte sich dabei die Erkenntnis durch, dass die traditionellen Regulierungsansätze und die klassische Trennung zwischen Infrastruktur einerseits und den darauf aufsetzenden Medien andererseits von der medientechnischen Entwicklung eingeholt worden waren (vgl. Paulweber 1999, 224-258). Denn die gleichen Inhalte konnten nun über verschiedene technische Infrastrukturen verbreitet werden; sie waren nicht mehr an einen speziellen Übertragungsweg wie z.B. das BK-Netz oder das Telefonnetz gebunden.

Dennoch wurde die so entstandene neue Wettbewerbssituation, in der sich die verschiedenen Netzbetreiber im digitalen Medienmarkt befanden, in der deutschen Diskussion nicht weiter thematisiert. Sie wurde vielmehr von Zuordnungsfragen und von Auseinandersetzungen über den Rundfunkbegriff überlagert. Das scheinbar „unauflösliche Zuständigkeitsknäuel" (Glotz/ Thomas 1996: 3) aus Medien- und Telekommunikationsrecht verstellte in gewisser Weise den Blick auf die infrastrukturellen Konsequenzen der Medienentwicklung.

Zur Lösung des Zuständigkeits-Problems wurde schließlich von verschiedener Seite vorgeschlagen, einen so genannten föderalen Kommunikationsrat einzurichten, der nach amerikanischem Vorbild sowohl für Telekommunikation als auch für Rundfunk zuständig sein sollte (z.B. Tabbara 1996, Holznagel 1998).

5.4.5 Nebeneinander verschiedener Pilotprojekte zum interaktiven Fernsehen

Bei den Pilotprojekten zum interaktiven Fernsehen, die Mitte der 90er Jahre unter der Regie der Deutschen Telekom durchgeführt wurden (vgl. Abschnitt 5.3.3), wurde kritisiert, dass sie sich an verschiedenen Orten mit den gleichen technischen Problemen beschäftigten (vgl. Felsenberg/ Kind/ Schanze et al. 1995). Obwohl eine

zentrale Koordination der Projekte bei der Generaldirektion der Telekom vorgesehen war, wurde immer deutlicher, dass eine solche Koordination nicht stattfand.
Die fehlende Abstimmung bei der technischen Entwicklung, der Betreuung der
Inhalteanbieter und der Vermarktung der Angebote ließ eine künftige Markt-
zersplitterung befürchten. Der Bund als damaliger Eigner der Deutschen Telekom
sah sich deshalb in der Pflicht, auf eine effizientere Koordination der Pilotprojekte
zu drängen.

Insgesamt stand die Medien- und Telekommunikationspolitik Mitte der 90er
Jahre unter starkem Anpassungsdruck, der seinen Ursprung in der medien-
technischen Entwicklung hatte. Aber auch die Vorgaben der Europäischen
Kommission für die Liberalisierung des Telekommunikationssektors können als
Ausgangspunkt für die deutsche Initiative genannt werden. Schließlich wurde der
Bundesregierung 1994 im so genannten Bangemann-Bericht die Dringlichkeit einer
Beschäftigung Europas mit den Chancen der informationstechnischen Entwicklung
vor Augen geführt (vgl. Europäischer Rat 1994). Der Nachholbedarf, den Deutsch-
land beim Einsatz neuer IuK-Technologien und insbesondere bei der privaten
Online-Nutzung hatte, sollte nun mit Hilfe des Aktionsprogramms Info 2000
wettgemacht werden.

6   *Top-Down*-Analyse des Aktionsprogramms „Info 2000: Deutschlands Weg in die Informationsgesellschaft"

Als Antwort der Politik auf die medientechnische Entwicklung und die Problemkonstellation im Medien- und Telekommunikationssektor wurde im Februar 1996 das Aktionsprogramm der Bundesregierung „Info 2000: Deutschlands Weg in die Informationsgesellschaft" gestartet. In diesem Kapitel geht es nach der Bestimmung der Maßnahmen, die für das interaktive Fernsehen relevant waren, um die Analyse der Umsetzung dieser Maßnahmen. Zur Strukturierung der Implementationsanalyse wird dabei das Kriterienraster von Sabatier verwendet, das in Kapitel 3 erarbeitet wurde.

6.1   Hintergrund der Initiative und Thematisierung des Bereichs interaktives Fernsehen

In Info 2000 beschäftigte sich die Bundesregierung zum ersten Mal in umfassender Weise mit dem Wandel der Volkswirtschaft zur Informationsgesellschaft und den sich daraus ergebenden Herausforderungen an den Staat. Dabei stützte sich die Analyse der Bundesregierung in weiten Teilen auf die Empfehlungen des „Rates für Forschung, Technologie und Innovation". Dieser Rat war im März 1995 von Kanzler Kohl mit dem Ziel eingesetzt worden, Anwendungs-, Problem- und Handlungsfelder zu identifizieren sowie Empfehlungen für die Politik zu erarbeiten. Der Rat war besetzt mit hochrangigen Experten aus Wissenschaft, Wirtschaft, Gewerkschaften und Politik und befaßte sich in den drei Arbeitsgruppen „Forschung, Technik, Anwendungen", „Rechtliche Rahmenbedingungen" und „Gesellschaftliche und kulturelle Herausforderungen" mit den Konsequenzen der medientechnischen Entwicklung für Politik und Gesellschaft (vgl. BMBF 1995).

Die erste der 41 Empfehlungen des Rates betrafen den Handlungsbedarf des Staates, der als „akut" und „vielfältig" (BMBF 1995: 21) eingestuft wurde, um das Potenzial der neuen Informations- und Kommunikationstechniken auszuschöpfen und die möglichen Gefahren der Entwicklung - genannt wurden hier „Ängste vor Informationsüberflutung", „Isolierung" und „Passivität" (BMBF 1995: 37-39) - zu vermeiden.

Wie vom Technologierat vorgeschlagen, startete die Bundesregierung unter Federführung des Wirtschafts- und Forschungsministeriums dann die „Initiative Informationsgesellschaft Deutschland". In diesem Rahmen entstand der 138-seitige Regierungsbericht „Info 2000: Deutschlands Weg in die Informationsgesellschaft" (BMWi 1996, vgl. Tab. 3), auf dem die folgende Analyse basiert. Von 1996 bis 1998 wurden im Rahmen von Info 2000 verschiedene Gesetzesänderungen mit sehr unterschiedlicher Reichweite angegangen. Der Aktionsplan sollte dabei der erste

Schritt einer weitreichenden Ausrichtung staatlicher Politik auf die Anforderungen der Informationsgesellschaft sein.

Initiative:	Info 2000: Deutschlands Weg in die Informationsgesellschaft
Start:	Februar 1996. Vorausgegangen waren die „Feststellungen und Empfehlungen des Rates für Forschung, Technologie und Innovation", die im Dezember 1995 dem Bundeskanzler vorgelegt wurden sowie der Aktionsplan der Europäischen Kommission „Europas Weg in die Informationsgesellschaft" vom Juli 1994.
Initiatoren:	Bundesregierung sowie Bundesministerium für Wirtschaft (BMWi) und Bundesministerium für Bildung, Wissenschaft und *Technologie* (BMBF)

Ziele:	1. Fortentwicklung der rechtlichen Rahmenbedingungen:
	    - Liberalisierung im Bereich der Telekommunikation
	    - Rechtliche Rahmenbedingungen für neue Informations- und Kommunikationsdienste
	    - Wettbewerbsordnung
	    - Datenschutz
	    - Arbeitsrecht
	    - Verbraucherschutz
	    - Jugendschutz
	    - Schutz des geistigen Eigentums
	    - Sicherheit in informationstechnischen Systemen
	2. Dialog mit Wirtschaft und anderen gesellschaftlichen Gruppen
	3. Förderung von Forschung und Entwicklung
	4. Normen und Standards
	5. Anwendungen im privaten Bereich (siehe „Aktionen")
	6. Internationale Zusammenarbeit der Regierungen
	7. Koordination auf nationaler Ebene

Aktionen:	Im Bereich der privaten Mediennutzung: „Um die Kommunikationsmöglichkeiten der Privathaushalte weiter auszubauen, setzt sich die Bundesregierung für die
	    - zügige Schaffung verbraucherfreundlicher Rahmenbedingungen,
	    - die Stärkung der allgemeinen Nutzerakzeptanz und
	    - die Einführung differenzierter und benutzerfreundlicher Telekommunikationstarife ein" (BMWi 1996: 101).
	weitere Aktionen:
	    - Bundesweite Koordinierung der Pilotprojekte zu interaktivem Fernsehen
	    - Telekommunikationsgesetz (TKG, 1996)
	    - IuKDG und Mediendienstestaatsvertrag (August 1997)
	    - Initiative Digitaler Rundfunk (ab 1997)

Struktur:	Verschiedene interministerielle Arbeitsgruppen wurden gebildet und das *Forum Info 2000* gegründet, das sich als Plattform für eine breite gesellschaftliche Diskussion verstand. Zur Regulierung des TK-Sektors wurde die RegTP gegründet. *Quellen:* BMWi 1996; BMWi 1997; www.bmwi-info2000.de; www.iid.de.

Tab. 3:   Kurzübersicht „Info 2000: Deutschlands Weg in die Informationsgesellschaft"

Für den Regierungsbericht, in dem die konkreten Maßnahmen vorgestellt wurden, waren die verschiedenen Ministerien aufgefordert worden, Aufgaben mit informationsgesellschaftlicher Bedeutung zu konkretisieren, Regulierungsvorgaben zu überprüfen und entsprechende Aktionen vorzuschlagen, mit denen eine adäquate Anpassung der Vorgaben vorgenommen werden sollte.

Insgesamt sollte mit dem Aktionsplan eine einheitliche, ressortübergreifende Strategie zur Ermöglichung von Multimedia formuliert und umgesetzt werden. Nicht alle, in diesem Programm vorgesehenen Maßnahmen können jedoch als relevant für die Entwicklung des interaktiven Fernsehens angesehen werden. Ein wichtiger Teil der Aktionen betraf z.B. den Bereich des Bildungswesens oder der öffentlichen Verwaltung. Und auch die Maßnahmen zur Förderung von neuen Medienanwendungen im privaten Bereich wurden nicht unter der Überschrift „Interaktives Fernsehen" abgehandelt. Maßnahmen, die für die Entwicklung des interaktiven Fernsehens von Bedeutung waren, müssen deshalb gewissermaßen im nachhinein zusammengefasst und „rekonstruiert" werden.

Entsprechende Absichtserklärungen und Vorschläge für diesen Bereich finden sich an unterschiedlichen Stellen in Info 2000. Dies ist zunächst nicht weiter erstaunlich, weil interaktives Fernsehen sowohl den Rundfunk-, als auch den TK-Bereich betrifft - Bereiche für die verschiedene Ressorts zuständig sind und die auf unterschiedlichen institutionellen Ebenen behandelt werden.

Das übergeordnete Ziel im Bereich neuer, multimedialer Angebote sollte laut Aktionsplan sein, „die Kommunikationsmöglichkeiten der Privathaushalte weiter auszubauen" (BMWi 1996: 101). Dazu würde sich die Bundesregierung für

- die zügige Schaffung verbraucherfreundlicher Rahmenbedingungen,
- die Stärkung der allgemeinen Nutzerakzeptanz und
- die Einführung differenzierter und benutzerfreundlicher Telekommunikationstarife einsetzen (vgl. BMWi 1996: 101).

Diese Absichtserklärung wird in Info 2000 in Kapitel 7.3 „Anwendungen im privaten Bereich" formuliert. Bezug genommen wird dabei aber auf Aktionsfelder, die ausführlicher an anderen Stellen im Aktionsplan abgehandelt werden. Trägt man diese Stellen zusammen, so ergeben sich fünf Bereiche, in denen sich Info 2000 direkt oder indirekt mit der Entwicklung des interaktiven Fernsehens beschäftigt:

1. Liberalisierung der Telekommunikation

Hier knüpften die Maßnahmen der Bundesregierung direkt an die Empfehlungen des Rates für Forschung, Technologie und Innovation an. Und bereits frühere nationale Kommissionen, insbesondere die Kommission zur Neuordnung des Fernmeldewesens, hatten sich mit Fragen der Neuordnung des TK-Sektors beschäftigt. In beiden Kommissionen wurde eine Liberalisierung entsprechend der Richtlinien der EU-Kommission von 1987 vorgeschlagen, die eine stufenweise Liberalisierung und Privatisierung der Telekommunikation in Deutschland empfohlen hatte und deren dritte und letzte Stufe für 1995/96 anstand (vgl. Kubicek 1999: 82). In Info 2000 wurde entsprechend darauf hingewiesen, dass der Entwurf der Bundesregierung für ein neues Telekommunikationsgesetz bereits im Januar 1996 beschlossen worden war (vgl. BMWi 1996: 45). Die Verabschiedung des TKG in Bundestag und Bundesrat war für den Sommer 1996 geplant.

Von Bedeutung für das interaktive Fernsehen ist die Liberalisierung der Telekommunikation deshalb, weil viele Anwendungen einen Rückkanal über das Telefonnetz benötigen. Von der Liberalisierung der Telekommunikation wurde erwartet, dass sie bereits mittelfrisitg zu niedrigeren Verbindungskosten führen würde.

2. Koordination mit den Bundesländern

Bei dieser Aktion ging es um die rechtlichen Rahmenbedingungen für neue Informations- und Kommunikationsdienste und um die begriffliche Abgrenzung bzw. Einordnung neuer Dienste in den Telekommunikations- bzw. Rundfunkbereich. Die Bundesregierung kündigte in Info 2000 an, dass sie zusammen mit den Bundesländern eine rechtliche Lösung für dieses Problem erarbeiten werde. Die Beratungen mit den Bundesländern sollten schließlich in ein Multimedia-Gesetz münden, in dem Bundes- und Länderkompetenzen für neue Dienste festgelegt werden sollten (vgl. BMWi 1996: 47). Ein solcher einheitlicher Rechtsrahmen wurde 1997 mit der zeitgleichen Verabschiedung des IuKDG des Bundes und des Mediendienstestaatsvertrags der Länder hergestellt. Die Rechtsunsicherheit, die bis dahin bei den neuen Diensten vorgeherrscht hatte, wurde als Grund dafür angesehen, dass wichtige Investitionen der Anbieter ausgeblieben waren.

3. Anpassung des rechtlichen Rahmens

Diese Aktion bezog sich vor allem auf die Überprüfung und Überarbeitung von inhaltlichen Regulierungsvorschriften, d.h. auf die Bestimmungen des Daten-, Verbraucher, -Jugend- und Urheberrechtsschutzes. Diese Bereiche sollten in den jeweiligen Ministerien auf ihre Anwendungsfähigkeit bei den digitalen Medien untersucht und entsprechend modifiziert werden (vgl. BMWi 1996: 53-56). Ausgangspunkt war hier die Vermutung, dass bestehende Regelungen in der digitalen Medienwelt nicht mehr greifen und so das Entstehen neuer Angebote verhindert wird.

4. Koordination der Video on Demand-Projekte der Deutschen Telekom

Unter der Überschrift „Pilotprojekte im Bereich multimedialer Dienste" erklärte der Bund seine Absicht, sich für die Koordinierung der Pilotprojekte der Deutschen Telekom einzusetzen. Eine gemeinsame Begleitforschung sollte dabei ermöglichen, die Erfahrungen und die Ergebnisse dieser Pilotprojekte „allgemein zugänglich zu machen, um auf diese Weise dazu beizutragen, zu möglichst bundesweit einführbaren Anwendungen zu gelangen" (BMWi 1996: 102).

5. „Initiative Digitaler Rundfunk", Einführung von digitalem Fernsehen bis 2010

Hinsichtlich der Einführung von digitalem Fernsehen gab es in Info 2000 keine konkreten Vorschläge. Jedoch kann die „Initiative Digitaler Rundfunk" (IDR), die im Dezember 1997 als Gemeinschaftsaktion von Bund und Ländern gestartet wurde, im weiteren Sinne zu Info 2000 gezählt werden. In der IDR sollte die Migration von analoger zu digitaler Fernsehtechnik koordiniert werden. Außerdem wurde ein so genannter analoger Switch-off für das Jahr 2010 beschlossen. Bis zum Jahr 2010 sollte die Umstellung auf digitale Fernsehtechnik abgeschlossen sein und die analogen Sender abgeschaltet werden können.

Insgesamt ging es in Info 2000 vor allem um die Anpassung des Regulierungs-rahmens und um die Beseitigung hemmender Rechtsvorschriften. Darüber hinaus wurde - zumindest auf der rhetorischen Ebene - aber auch die Notwendigkeit gesehen, Anreize für die Anbieter zu schaffen und neue Kooperationen über Branchengrenzen hinweg zu ermöglichen. Weiterhin sollten auch die Verbraucher zur Nutzung neuer Medien angehalten werden und zwar über flankierende Maß-nahmen im bildungspolitischen Bereich, die die Bevölkerung dazu befähigen sollten, die neuen Medien auch entsprechend anzuwenden.

Sowohl das Wirtschafts- als auch das Forschungsministerium überschrieben ihre jeweiligen Aktionen in der Folgezeit mit dem Slogan „Wir machen Multimedia möglich". Inwieweit dies tatsächlich zutraf, soll im weiteren Verlauf geklärt werden. Zunächst ist es allerdings notwendig, auf die Umsetzung der Maßnahmen einzu-gehen. Die Analyse der Umsetzung bleibt dabei zunächst innerhalb der Logik und Annahmen des Programms und unternimmt erst in einem zweiten Schritt den Versuch, diese Annahmen an der empirischen Wirklichkeit der Medienakteure zu überprüfen.

6.2   Klarheit und Konsistenz der Ziele

Nach Sabatiers (1996) Beobachtungen hängt der Umsetzungserfolg eines staatlichen Programms zunächst davon ab, inwiefern klare und konsistente Ziele formuliert wurden (vgl. Kapitel 3). Um die Klarheit und Konsistenz der Ziele von Info 2000 beurteilen zu können, müssen die Ziele, die innerhalb der einzelnen Maßnahmen-bereiche formuliert wurden, gegenübergestellt werden.

Deutlich im Vordergrund der Bemühungen der Bundesregierung, neue Infor-mations- und Kommunikationsdienste zu fördern und ihre Verbreitung zu unter-stützen, stand die Liberalisierung der Telekommunikation. Ziel war es hier, über die Zulassung von Wettbewerb und die teilweise Privatisierung der Deutschen Tele-kom, Innovationen im Dienstebereich sowie günstigere Telefonpreise für die Verbraucher zu erreichen.

Die Koordination mit den Bundesländern hatte vor allem zum Ziel, Rechts-sicherheit für die Anbieter neuer Dienste zu schaffen. Es sollte Klarheit darüber geschaffen werden, wie neue interaktive Dienste juristisch bewertet werden, d.h. ob sie als Rundfunk oder als Telekommunikationsdienste anzusehen sind. Von dieser Entscheidung hängt ab, ob ein neuer Dienst nach den telekommunikationsrechtlichen oder nach den weitaus strengeren medienrechtlichen Vorgaben reguliert werden muss.

Zur Schaffung eines einheitlichen rechtlichen Rahmens für neue Informations- und Kommunikationsdienste sollten des Weiteren eine Reihe von Gesetzen überarbeitet werden, die sich in der originären Zuständigkeit des Bundes befanden. Ziel war hier eine Anpassung der Vorgaben in den Bereichen Wettbewerbsrecht, Datenschutz, Verbraucherschutz, Jugendschutz und Schutz des geistigen Eigentums.

Wettbewerbsordnung: Nach dem Grundsatz: „So viel Marktöffnung wie möglich, so wenig Marktabschottung wie nötig" (BMWi 1996: 48) sollte in der 6. Novelle des Gesetzes gegen Wettbewerbsbeschränkungen (GWB) das nationale Wettbewerbsrecht in Übereinstimmung mit dem europäischen Wettbewerbsrecht gebracht werden.

Datenschutz: Im Bereich des Datenschutzes wurde eine Anpassung der allgemeinen Bestimmungen des Bundesdatenschutzgesetzes angekündigt, die sich z.B. auf die Speicherung, Nutzung und Weitergabe von personenbezogenen Daten beziehen, die bei der Nutzung von Multimedia-Diensten beim Betreiber anfallen.

Verbraucherschutz: Bestehende Verbraucherschutzbestimmungen sollten daraufhin untersucht werden, inwieweit sie sich auf das erweiterte Angebot neuer Dienste und Anwendungen beziehen lassen. Insbesondere Fragen der Vertragsgestaltung, z.B. bei Pay-TV hinsichtlich der Vertragslaufzeit des Abonnements, der Kündigungsbedingungen oder der Änderung des Programmangebots, standen hier im Vordergrund.

Jugendschutz: Auch die Jugendschutzgregelungen sollten daraufhin überprüft werden, ob sie geändert oder ergänzt werden müssen, um unerwünschte Inhalte bei neuen Medienangeboten von Kindern und Jugendlichen fernzuhalten. Als Vorbild diente hier das TV-Modell, wobei in Rechnung gestellt wurde, dass sich Inhalte, die über das Internet verbreitet werden, nicht effektiv von nationalen Behörden kontrolliert werden können.

Schutz des geistigen Eigentums: Autoren- und Verwertungsrechte in das digitale Zeitalter zu übertragen, wurde als Ziel der Maßnahmen in diesem Bereich formuliert, für den das Justizministerium verantwortlich zeichnete. Hier wurde ähnlich wie im Bereich des Jugendschutzes auf die grenzüberschreitende Natur neuer Medienanwendungen hingewiesen, der nur mit europäischen und internationalen Reglungen begegnet werden könne (BMWi 1996: 54).

Ziel dieser Anpassungen war es, den Weg frei zu machen für neue Dienste, bei denen bis dahin Unsicherheiten hinsichtlich der geltenden Gesetzeslage bestanden. Um multimediale Anwendungen im privaten Bereich zu fördern, war in Info 2000 weiterhin die bundesweite Koordinierung von Pilotprojekten zum interaktiven Fernsehen vorgesehen. Die Deutsche Telekom, die für diese Pilotprojekte insgesamt fast 200 Mio. DM aufwendete, sollte die Erfahrungen und Ergebnisse aus diesen Versuchen zugänglich machen, damit möglichst bundesweit einführbare Anwendungen konzipiert und umgesetzt werden könnten (vgl. BMWi 1996: 102).

Im Oktober 1997 hatten die Ministerpräsidenten der Länder die Wichtigkeit der Digitalisierung des Rundfunks betont und die Entwicklung eines einheitlichen

Einführungskonzepts verlangt (vgl. Berner 1998). Mit der daraufhin gestarteten „Initiative Digitaler Rundfunk" (IDR) sollte Deutschland Anschluß an die Entwicklungen im Ausland, beispielsweise in den USA, erhalten. Dort hatte die Regulierungsbehörde FCC bereits Anfang 1997 den landesweiten Umstieg auf die digitale (terrestrische) Fernsehverbreitung für das Jahr 2006 angekündigt.

Ziel der IDR war es, die Migration zum digitalen Fernsehen in Deutschland zu koordinieren. Dazu wurden Vertreter des Bundes, der Länder, der Netzbetreiber, der Sendeanstalten und der Gerätehersteller in einem Expertengremium zusammengebracht. Entschieden werden musste über die Gestaltung der so genannten Simulcast-Phase, d.h. der Übergangsphase, in der TV-Programme sowohl analog als auch digital übertragen werden sowie über den Zeitpunkt der endgültigen Abschaltung analoger Sender. Für neue interaktive Anwendungen (multimediale Informationsdienste, Zusatzdienste zum Rundfunkprogramm, Datendienste etc.) wurden dabei keine verbindlichen Frequenzzuweisungen vorgenommen. Zwar sollte es grundsätzlich möglich sein, in den, durch die Umstellung auf digitale Technik freigewordenen Frequenzen, auch neue Dienste zu übertragen. Zu einer Reservierung von bestimmten Übertragungsbereichen für interaktive Dienste kam es allerdings nicht. Stattdessen kamen die Akteure in der IDR überein, dass eine Zuweisung abhängig von der Bedarfssituation und der Marktentwicklung später einvernehmlich festgelegt werden soll (vgl. IDR 1998).

Betrachtet man die Ziele von Info 2000 im Überblick, so fällt auf, dass teilweise widersprüchliche Ziele formuliert wurden und dass in verschiedenen Bereichen keine konsequente Ausrichtung am selbstgesteckten, übergeordneten Ziel der Förderung neuer interaktiver Dienste erfolgte.

Das Ziel der Liberalisierung des Telekommunikationsmarktes mit der Teil-Privatisierung der Deutschen Telekom stand z.B. im Widerspruch mit dem Ziel, die Pilotprojekte der Deutschen Telekom zu koordinieren und die Ergebnisse öffentlich zugänglich zu machen: Einerseits sollte hier die Deutsche Telekom in die Marktwirtschaft entlassen werden und andererseits sollten potenzielle Konkurrenten von den Ergebnissen ihrer Projekte profitieren.

Hinichtlich des Ziels, einen einheitlichen rechtlichen Rahmen für neue Dienste zu schaffen, fällt auf, dass keine radikal neuen Ansätze, wie sie z.B. die Einrichtung eines förderalen Kommunikationsrates dargestellt hätte, verfolgt wurden. Stattdessen war vorgesehen, die Gesetze entlang der etablierten Zuständigkeitsgrenzen zu modifizieren. Und in der Initiative Digitaler Rundfunk wurde erst in zweiter Linie an neue interaktive Dienste gedacht. Im Vordergrund stand hier das Ziel, herkömmliches Programmfernsehen auf die digitale Plattform zu übertragen.

6.3   Annahmen über die Funktionslogik des Adressatenfeldes

Im Telekommunikationsbereich wurde davon ausgegangen, dass mit zunehmendem Wettbewerb das Niveau der Entgelte für Telekommunikationsdienstleistungen sinken würde und damit die Entwicklung und Nutzung moderner Informationstechniken gefördert wird (vgl. BMWi 1996: 45). Die Marktöffnung sollte allerdings nicht sofort und nicht in vollem Umfang durchgeführt werden, sondern schrittweise und zunächst unter Aussparung des Ortsnetzbereichs. Eine Ausgliederung des BK-Netzes aus dem Einflussbereich der Deutschen Telekom wurde nicht erwogen. Generell sollte das Unternehmen schlagkräftig und finanzstark genug bleiben, um weiterhin eine wichtige Rolle bei der Entwicklung neuer Dienste spielen können.

Die Abstimmung mit den Bundesländern für die Schaffung eines einheitlichen Rechtsrahmens wurde von der Überzeugung getragen, dass Rechtsunsicherheiten und Kompetenzzersplitterungen neue Angebote verhindern. Ebenso wie bei der Neufassung der Bundesgesetze zum Daten-, Verbraucher- und Jugendschutz wurde auch hier davon ausgegangen, dass eine geklärte Rechtslage nicht nur eine wichtige Voraussetzung für neue Dienste ist, sondern dass viele Investitionen in Deutschland nur deshalb bisher zurückgehalten wurden, weil die juristischen Konsequenzen nicht absehbar waren. Sobald ein einheitlicher Rechtsrahmen vorliegen würde, in dem die Zuständigkeiten geklärt wären, würden sich - so die Annahme - automatisch neue Dienste entwickeln. Damit hatte sich die Argumentation der großen Medienunternehmen in Deutschland durchgesetzt, die im Vorfeld der Initiative von der Bundesregierung Planungs- und Investititonssicherheit bei den neuen Diensten eingefordert hatten.

Vor allem hatten die Unternehmen davor gewarnt, auf die neuen Informations- und Kommunikationsdienste rundfunkrechtliche Regelungen anzuwenden. Dies würde den Marktzugang ungerechtfertigt einschränken und dadurch die Wettbewerbsfähigkeit der deutschen Wirtschaft erheblich beeinträchtigen.[56]

Bei der geplanten Koordinierung der Pilotprojekte zum interaktiven Fernsehen sollten Mehrfachentwicklungen verhindert und mehr Effizienz in die Projekte gebracht werden. Die Deutsche Telekom sah sich dabei dem Vorwurf ausgesetzt, ohne Koordination der verschiedenen Projekte eine potenzielle, großflächige Verbreitung neuer Dienste zu gefährden. Die Politik hatte in diesem Zusammenhang allerdings keine einheitliche Kausaltheorie, sie lavierte vielmehr zwischen der Einbindung des Unternehmens in staatliche Entwicklungspläne und der Idee der Deregulierung, in der die Deutsche Telekom als souveränes Unternehmen eigene Entscheidungen treffen sollte.

In der IDR ging man davon aus, dass nur eine „konzertierte Aktion" aller Beteiligten eine rasche und reibungsfreie Einführung des digitalen Fernsehens ermöglicht. In diesem Rahmen sollte es zu gegebener Zeit auch möglich werden, entsprechende Regelungen für das interaktive Fernsehen zu treffen.

Eine Bewertung der Annahmen über die Funktionslogik des Adressatenfeldes soll an dieser Stelle noch nicht vorgenommen werden. Sie kann erst auf der Basis

---

56   Beispielhaft kann in diesem Zusammenhang die Äußerung der Staatssekretärin im BMBF Yzer angeführt werden: „Ein florierender Markt für neue Informations- und Kommunikationsdienste entsteht nur dann, wenn die Anbieter sich nicht mit mehr als einem Dutzend Landesmedienanstalten koordinieren müssen. (...) Es ist sowohl für Investoren aus der Wirtschaft als auch für die öffentliche Akzeptanz und die rasche Nutzung von Multimedia-Anwendungen für den Arbeitsmarkt von großer Wichtigkeit, dass diese rechtliche Klarheit geschaffen wird" (Yzer 1996).

der Ergebnisse der anschließenden *Bottom-Up*-Analyse erfolgen, in der die Annahmen der staatlichen Akteure auf ihre Plausibilität hin überprüft werden.

6.4   Rechtliche und institutionelle Struktur des Implementationsprozesses

Dass die Liberalisierung des Telekommunikationssektors in Info 2000 eine zentrale
Rolle spielte, hängt vor allem mit der originären Zuständigkeit des Bundes für
diesen Bereich und mit den ordnungspolitischen Vorgaben der Europäischen
Kommission zusammen. Ausgehend von der Richtlinie der Europäischen
Kommission nach Art. 90 Abs. 3 EG-Vertrag über die vollständige Liberalisierung
der Telekommunikationsmärkte wurde in Deutschland schließlich mit dem
Telekommunikationsgesetz (TKG) 1996 die Marktöffnung und damit die Abschaffung der Monopolrechte der Deutschen Telekom zum 1. Januar 1998
beschlossen. Davor waren bereits die Märkte für Unternehmenskommunikation
(Corporate Networks), für den Mobilfunk und für private Kabelfernsehnetze
liberalisiert worden.

Zur Durchsetzung der Regulierungsziele wurde im Geschäftsbereich des
Bundesministeriums für Wirtschaft die Regulierungsbehörde für Telekommu-
nikation und Post (RegTP) gegründet. Der RegTP wurden Informations- und
Untersuchungsrechte sowie abgestufte Sanktionsmöglichkeiten zur Wahrung ihrer
Regulierungsaufgaben - insbesondere gegenüber dem marktbeherrschenden Ex-
Monopolisten - übertragen. Bei der Bonner Regulierungsbehörde handelte es sich
aber nicht um eine „sympathetic agency" im Sinne Sabatiers (1996), d.h. um eine
Behörde, die aktiv in den Umsetzungsprozess der Initiative hätte eingreifen können.
Nach ihrer Gründung war die RegTP zunächst vor allem mit internen Aufgaben und
mit der Regulierung herkömmlicher Telefondienste beschäftigt. Erst im Jahre 1998
entschied die Behörde in einem Verfahren, in dem es um die Konditionen des
Zugangs des Online-Betreibers AOL zum Netz der Deutschen Telekom ging, dass
sie nicht nur für Sprachdienste, sondern auch für die Regulierung von Datendiensten
zuständig ist. Erst seit diesem Zeitpunkt kann die RegTP als strategischer Akteur im
Bereich der Online-Kommunikation gelten.

Um die Koordination mit den Bundesländern bei der Frage der Zuständigkeit für
neue Dienste zu klären, wurde von der Kohl-Regierung bereits im Frühjahr 1995 die
Bund-Länder-Arbeitsgruppe „Multimedia" eingesetzt. Ihre Aufgabe war es, die im
Zusammenhang mit Multimedia stehenden Fragen aufzuarbeiten und erste ver-
fahrensmäßige Vorschläge zu entwickeln (BMWi 1996: 46). Diese Arbeitsgruppe
ging auf eine Anregung des so genannten Petersberg-Kreises zurück, einer
Gesprächsrunde aus Wirtschaft und Politik, die schon im September 1994 zum
ersten Mal zusammengekommen war. Unter der Leitung von BMWi, BMBF und
BMPT erarbeitete dieser „Gesprächskreis für wirtschaftlich-technologische Auswirkungen der Informationstechnik" Szenarien der Multimedia-Zukunft und leitete
Anforderungen an einen künftigen Regulierungsrahmen v.a. aus der Sicht der
wirtschaftlichen Akteure und der beteiligten Industrieverbände ab.

Als Resultat der Abstimmung zwischen Bund und Ländern innerhalb der Initiative Info 2000 wurden schließlich Ende 1996 das IuKDG und der Mediendienste-

Staatsvertrag verabschiedet. Beide Gesetze traten am 1. August 1997 in Kraft.

In diesen Gesetzen wurde festgelegt, dass die neuen Informations- und Kommunikationsdienste zunächst nicht rundfunkrechtlichen Regelungen unterworfen werden. Während im IuKDG elektronische Informations- und Kommunikationsdienste, die für eine *individuelle* Nutzung bestimmt sind (Teledienste) dem Regelungsbereich des Bundes zugeordnet wurden, wurden im Mediendienste-Staatsvertrag solche neuen Angebote dem Zuständigkeitsbereich der Länder zugeordnet, die sich in Text, Ton und Bild an die *Allgemeinheit* richten. Diese, als Mediendienste bezeichneten Multimedia-Dienste, sind seither ebenso wie die Teledienste zulassungs- und anmeldefrei (vgl. Geppert/ Roßnagel 1998). Nur in Bezug auf Mediendienste, die als „rundfunkähnliche Kommunikationsdienste" eingestuft werden können (z.b. Teleshopping), behielten sich die Länder vor, rundfunkrechtliche Regelungen anzuwenden.

Vor allem die Zulassungsfreiheit für Online-Dienste und andere Internet-Anwendungen, die im Gesetz unter dem Begriff „Teledienste" zusammengefasst wurden sowie die Feststellung, dass die Betreiber solcher Dienste nur eingeschränkt für die Internet-Inhalte verantwortlich sind, wurde von der Bundesregierung als Maßnahme angesehen, die sich positiv auf die weitere Entwicklung des Online-Sektors in Deutschland auswirken würde (vgl. BMWi 1997: 11).

Der Vorschlag, einen föderalen Kommunikationsrat zur Vereinheitlichung von TK- und Medienregulierung einzurichten, fand in den Verhandlungen zur Neuregelung der Kompetenzen allerdings keinen Zuspruch. Im Gegenteil: Bund und Länder bewachten eifersüchtig ihre jeweiligen Kompetenzen. Die beiden Regulierungstraditionen, die post-administrative der Telekommunikation und die ideell-gesamtgesellschaftlich gebundene der Medienaufsicht, liefen „sprachlos und unverbunden nebeneinander her" (Recke 1998: 82).[57]

Die in Info 2000 angekündigte Koordination der Telekom-Pilotprojekte zum interaktiven Fernsehen fand nicht statt. Bereits im Fortschrittsbericht der Bundesregierung zu Info 2000, der im Oktober 1997 erschien, tauchte dieser Punkt nicht mehr auf. Dies hing zum einen damit zusammen, dass einige der Pilotprojekte wegen technischer Schwierigkeiten inzwischen abgesagt worden waren und zum anderen damit, dass die Deutsche Telekom vor dem Hintergrund der bevorstehenden Privatisierung staatliche Eingriffe in ihre Geschäftsstrategie zunehmend ablehnte.

Nach einem Beschluß der Bundesregierung wurde im Dezember 1997 im BMWi eine Arbeitsgruppe eingesetzt, die aus Vertretern von Rundfunkveranstaltern, der Industrie, Bundesministerien, Staatskanzleien, Landesmedienanstalten sowie verschiedenen Verbänden bestand. Der Abschlußbericht der „Initiative Digitaler Rundfunk" wurde knapp ein Jahr später am 28. August 1998 von der Bundes-

---

57   Zwar betonte Forschungsminister Rüttgers, Bund und Länder müßten sich um ein „gemeinsames Verständnis von Multimedia" bemühen, gleichzeitig reklamierte er jedoch die alleinige Regelungskompetenz. Umgekehrt wollten die Länder an der Trennung von Bundes- und Landeskompetenzen festhalten (vgl. Recke 1998: 82f).

regierung gebilligt (IDR 1998). Der Bericht galt als erster Schritt auf dem Wege zur Digitalisierung des Rundfunks und der Erschließung von Frequenzressourcen für neue, insbesondere multimediale Anwendungen. Seine Kernaussage lautete, dass bis zum Jahr 2010 alle Fernsehübertragungen über das terrestrische Sendenetz von analoger auf digitale Technik umgestellt werden.[58]

Insgesamt kann bei der Analyse der rechtlichen und institutionellen Struktur des Implementationsprozesses aufgrund der unterschiedlichen Verfaßtheit der einzelnen Bereiche und der unterschiedlichen inhaltlichen Prioritätensetzung nur ein geringer Durchgriff der Programm-Macher festgestellt werden.

6.5 Kompetenz und Motivation der Implementationsstellen

Mit der Umsetzung der Maßnahmen der Initiative Info 2000 waren verschiedene Institutionen befaßt. Bei der Einschätzung der Kompetenz und Motivation, mit der die Implementationsstellen den Spielraum bei der Umsetzung der Maßnahmen „im Geiste" des Programms nutzten, muss deshalb differenziert werden.

So konnte z.B. die Regulierungsbehörde für Telekommunikation und Post aus naheliegenden Gründen nicht als kompetente Implementationsstelle in den Umsetzungsprozess mit einbezogen werden. Die Behörde wurde erst 1996 im Zuge der Liberalisierung des TK-Sektors gegründet und konnte im Unterschied z.B. zur amerikanischen FCC nicht auf Erfahrungen im Umgang mit Marktakteuren und der Regulierung von neuen Diensten zurückgreifen. Hinzu kam, dass sich das *Know-How* der RegTP fast ausschließlich auf den Bereich der klassischen Telefonie beschränkte. Die Mitarbeiter der Behörde kamen größtenteils aus dem ehemaligen Bundesministerium für Post und Telekommunikation, in dem die Ausrichtung an herkömmlichen Telekommunikationsdiensten vorherrschte. Im Online-Bereich und bei der strategischen bzw. Infrastrukturregulierung musste sich die RegTP entsprechende Kompetenzen erst aneignen.

Auch die Landesmedienanstalten kamen nicht als kompetente und motivierte Umsetzungsbehörden in Frage. Zwar verfügen diese Anstalten über medienrechtliches *Know-How* und Erfahrung im Umgang mit der inhaltlichen Regulierung von Fernsehprogrammen. Auf technisches *Know-How* für das digitale Fernsehen und insbesondere auf die Kompetenz im Bereich interaktiver Dienste konnten die Landesmedienanstalten aber nicht zurückgreifen. Zwar zeichnet sich hier seit 1998 eine Umorientierung und eine Ausweitung von Kompetenzen auf den Bereich der digitalen Medien ab, für die Umsetzung von Info 2000 konnten die Landesmedienanstalten allerdings keinen entscheidenden Beitrag leisten.

Dagegen konnte bei der Anpassung der Bundesgesetze im Rahmen des Teledienstegesetzes der Gesetzgeber in großem Umfang auf die Kompetenz von Experten zurückgreifen, die in Foren und Anhörungen um Stellungnahmen gebeten

---

58 Bis dahin sollen 95 Prozent der knapp 57 Mio. TV-Geräte digitale Programme empfangen können. Eine Überprüfung des Umstellungsprozesses ist für 2003 vorgesehen.

wurden (vgl. Ries 1998). Auch die vom Bundestag eingesetze Enquete-Kommission zur Zukunft der Medien, die im Januar 1996 ihre Arbeit aufgenommen hatte, war in diesen Konsultationsprozess mit eingebunden (vgl. Enquete Kommission 1997 und 1998). Entsprechende Kompetenz und Motivation war auch bei den Akteuren der Initiative Digitaler Rundfunk vorhanden. Allerdings fehlte hier eine direkte Anbindung an die Ziele von Info 2000. Der Expertenkreis in der IDR sah sich prinzipiell eher als *Clearing*-Stelle für Probleme bei der Einführung des digitalen Fernsehens denn als Implementationsstelle für die Initiative der Bundesregierung.

6.6   Unterstützung von Interessengruppen und staatlichen Stellen

Als letzten Punkt erfordert die effektive Umsetzung staatlicher Programme die anhaltende Unterstützung von Interessengruppen und staatlichen Stellen. Für Info 2000 kann festgestellt werden, dass die Unterstützung und das Interesse der politischen Spitze im Verlauf des Programms deutlich nachließ. Info 2000 zerfiel nach der Übertragung der Umsetzung auf die einzelnen Ministerien und Behörden zunehmend in seine Einzelbestandteile. Die Liberalisierung der Telekommunikation wurde anschließend ebenso separat behandelt wie die Abstimmung mit den Bundesländern bei der Definition des Rundfunkbegriffs und die Initiative Digitaler Rundfunk. Inhaltlich ist dies durchaus nachvollziehbar, weil Einzelmaßnahmen abgestimmt und Strategien der Umsetzung auf den unteren Ebenen entwickelt werden mussten.

Mit der Koordination der Maßnahmen auf nationaler Ebene war ein interministerieller Ausschuß auf Staatssekretärebene beauftragt. Im gehörten das Bundeskanzleramt, das BMWi, das BMBF, das Innenministerium, das Auswärtige Amt sowie eine Reihe weiter Bundesministerien an (vgl. BMWi 1996: 108). Die Führung dieses Ausschusses lag beim Bundeswirtschaftsministerium. Die Abstimmung mit den Ländern in Fragen des Medienrechts sollte im Bundeskanzleramt koordiniert werden. Die Regierungsspitze selbst beschäftigte sich nach dem Start von Info 2000 allerdings immer weniger mit konkreten Fragen der Gestaltung der Informationsgesellschaft. Andere Themen, vor allem die anhaltende Massenarbeitslosigkeit und der Aufbau Ost verdrängten zunehmend das Thema Informationsgesellschaft von der Agenda. Hinzu kam, dass die Kohl-Regierung von Anfang an wenig Glaubwürdigkeit bei der Behandlung informationstechnischer Fragen besaß.[59] Eine Identifikation der Regierungsspitze mit den neuen IuK-Technologien war schwerlich zu erkennen. Neue Leitbilder und symbolische

---

59   Legendär ist die Antwort Helmut Kohls auf eine Frage nach der Datenautobahn: „Die Autobahnen unterstehen dem Verkehrsminister" (vgl. Glaser 1995: 173). Glaser (1995) weist in diesem Zusammenhang darauf hin, dass die Männer, die in Deutschland über die technologischen Weichenstellungen entschieden, mit dem Röhrenradio aufgewachsen waren. Im September 1995 beklagte sich der Präsident des Bundesverbandes der Industrie Hans-Olaf Henkel in einem Zeitungsinterview: „Bisher kann ich nur Forschungsminister Rüttgers per Infonet erreichen." Henkel meinte das Internet (vgl. Glaser 1995: 173f).

Aktionen wurden zwar allerorten angemahnt, die politische Führungsspitze hielt sich hier aber weitgehend zurück.

Auch die Außendarstellung der Initiative konnte nicht zur Steigerung der Glaubwürdigkeit beitragen. Hier wurde versäumt, insgesamt die Überzeugung zu vermitteln, dass es sich bei Fragen der Informationsgesellschaft um Fragen mit hoher politischer und gesellschaftlicher Priorität handelt. Große Teile der Öffentlichkeitsarbeit für Info 2000 wurden vom Deutschen Zentrum für Luft- und Raumfahrt (DLR) abgewickelt. Dieses Vorgehen ist zwar typisch für Forschungsprojekte des BMBF, Info 2000 ging aber in der Anlage und dem Umfang weit über ein normales BMBF-Forschungsprojekt hinaus. 1997 wurde zwar zusätzlich das „Forum Info 2000" geschaffen, das zu ausgewählten Themen den Dialog mit der Fachöffentlichkeit suchen und Ergebnisse in die breitere Öffentlichkeit bringen sollte (siehe www.forum-informationsgesellschaft.de). Eine nachhaltige Unterstützung von Interessengruppen oder der Öffentlichkeit konnte allerdings auch dieses Forum nicht erreichen.

Weiterhin wichtig in diesem Zusammenhang ist die Feststellung, dass es zu diesem Zeitpunkt in Deutschland praktisch keine organisierten Multimedia-Interessengruppen wie z.B. alternative TK- und Online-Provider, Computerhersteller, Softwarehäuser oder auch Internet-Interessengruppen gab (vgl. Werle 1996). Die entscheidenden Interessengruppen waren nach wie vor die traditionellen Akteure der deutschen Medienlandschaft, d.h. Fernseh- und Medienunternehmen sowie die Deutsche Telekom und in gewisser Weise die Staatskanzleien der Länder. Ein originäres Interesse an neuen interaktiven Anwendungen kann diesen Akteuren nur in begrenztem Umfang unterstellt werden.

7 USA: Ausgangssituation und Problemkonstellation für die Medien- und Telekommunikations-Politik

Um zu zeigen, welche Entwicklungen und Probleme in welcher Form Eingang in das amerikanische Programm zur Gestaltung der Informationsgesellschaft gefunden haben, ist - analog zur Darstellung der Ausgangssituation in Deutschland in Kapitel 5 - zunächst eine Darstellung der Ausgangssituation im amerikanischen Rundfunk- und Telekommunikations-Bereich notwendig. Anschließend werden auch hier die medientechnischen Entwicklungen der 90er Jahre als Ursache für die spezifische Problemkonstellation in der Medien und TK-Politik analysiert.

Obwohl sich die medientechnischen Entwicklungen in beiden Ländern nicht grundsätzlich voneinander unterscheiden, wurden in den Vereinigten Staaten aufgrund der spezifischen Ausgangssituation andere Aspekte der technischen Entwicklung zum Problem. Diese besonderen Aspekte werden wieder in den Bereichen digitales Fernsehen, Breitband-Internet und Video on Demand aufgezeigt.

Die Beschreibung der Ausgangssituation bezieht sich dabei auf die Zeit zwischen 1993 und 1997, d.h. auf die Zeit unmittelbar vor dem Start der *National Information Infrastructure*-Initiative bis zur Migrationsentscheidung der FCC für das digitale Fernsehen im Jahre 1997. Damit wird ein Zeitraum abgedeckt, in dem die zentralen Maßnahmen der *NII* nicht nur formuliert, sondern auch durch verschiedene Gesetzesvorhaben wie z.B. den *Telecommunications Act* von 1996 konkretisiert wurden.

7.1 Ausgangssituation im Fernseh-Bereich

Die Fernsehlandschaft in den Vereinigten Staaten wird traditionell von den drei über Hausantenne frei empfangbaren kommerziellen Sendern ABC, NBC, CBS, den so genannten *Networks* dominiert. Ende der 80er Jahre kam als viertes überregionales Programm Fox hinzu. Die *Networks* bilden zusammen mit ihren lokalen Partnerstationen in jedem Sendegebiet, den *Local Affiliates,* das Rückgrat des terrestrischen Fernsehens in den USA. Die nationalen *Networks* stellen ca. 70 Prozent des Programms (Frühstücksfernsehen, *Soap Operas* am frühen Nachmittag, *Prime Time* von 20 bis 24 Uhr und den Großteil des Tagesprogramms am Wochenende) und verkaufen hauptsächlich nationale und überregionale Werbung. Die restlichen 30 Prozent des TV-Programms steuern die Lokalsender mit einer Mischung aus eigenproduzierten Lokalnachrichten und eingekauften Programmen bei, die mit Lokalwerbung finanziert werden. Wichtigste Programmquelle für die *Affiliates* sind die so genannten *Syndication Shows*, die unabhängig von den *Networks* produziert und vertrieben werden. Neben originären Programmen wie z.B. „Baywatch" oder

„Oprah", die ausschließlich für die *Syndication* gedreht werden, gehen auch viele erfolgreiche *Network*-Programme nach der Erst- und Zweitnutzung in die *Syndication*.

1967 entstand nach ähnlichem Muster wie beim Aufbau der *Networks* ein Netzwerk von öffentlich geförderten Sendern mit anspruchsvollem, werbefreiem Programm, das unter dem Namen Public Broadcasting Service (PBS) gesendet wird. Meist sind die lokalen Partnersender in Universitäten untergebracht. Damit wird ein professionelles Umfeld für die Ausbildung in Produktion und Sendebetrieb angeboten. Neben den öffentlichen Mitteln sind die PBS-Stationen auf Spenden von Zuschauern und Firmen angewiesen. Insgesamt stellt PBS einen sehr kleinen (Zuschaueranteil: 3 Prozent), aber aktiven Teil in der amerikanischen Fernsehlandschaft dar (vgl. Dean 1999).

Einen dritten Bereich des terrestrischen Fernsehens bilden die so genannten *Independents*, unabhängige Fernsehstationen, die sich vor allem in großen Städten mit entsprechendem Kundenpotenzial etabliert haben. Ihr Zuschaueranteil betrug bis 1987 ca. 20 Prozent und liegt heute bei etwa 10 Prozent. Dem australisch-amerikanischen Medienunternehmer Rupert Murdoch gelang es Ende der 80er Jahre, mit Fox das vierte nationale Fernsehnetz zu knüpfen, indem er vornehmlich *Independent Stations* aufkaufte.

Im Unterschied zum deutschen Fernsehen unterliegen amerikanische TV-Sender keiner inhaltlichen Kontrolle durch staatliche Institutionen. Werbezeitenregelungen gibt es auch in den Vereinigten Staaten, die FCC kontrolliert diese jedoch seit Mitte der 90er Jahre nicht mehr. Eine Ausnahme bildet der Jugendschutz. Die *Networks* müssen vor Beginn eines Spielfilms Warnhinweise einblenden, die darauf hinweisen, an welche Altersgruppe sich der Film wendet.

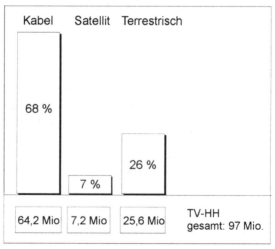

Abb. 28:   Fernsehempfangsarten in den USA (1997, Quelle: FCC 1997: B-1 und C-5)

Die technische Verbreitung der Fernsehprogramme geschieht in den Vereinigten Staaten zum größten Teil über das Kabelfernsehnetz: 68 Prozent aller amerikanischen Fernsehhaushalte haben Kabelfernsehen abonniert (FCC 1997: B-1, siehe Abb. 28). Die Kabelfernseh-Teilnehmer zahlen in den USA je nach Netzbetreiber und Programmpaket monatlich zwischen 20 und 40 Dollar.

Der Anteil der Haushalte, die nur über terrestrischen Empfang verfügen, ist in den letzten Jahren kontinuierlich zurückgegangen. Nur noch knapp 26 Prozent der amerikanischen TV-Haushalte empfingen 1997 ihr Programm ausschließlich über Hausantenne.

Satellitenfernsehen, das in den Vereinigten Staaten erst Anfang der 90er eingeführt wurde, erreichte im Jahr 1997 lediglich 7,2 Mio. Teilnehmer, d.h. 7 Prozent der gesamten Fernsehhaushalte. Satellitenfernsehen wird in den USA im Unterschied zu Deutschland als (verschlüsseltes) Pay-TV und nicht als Free-TV ausgestrahlt.

Insgesamt zeichnet sich der amerikanische Fernseh-Markt durch eine hohe Kommerzialisierung und einen starken Anteil von Pay-TV aus. Auffällig ist, dass der terrestrische Bereich, in dem lediglich fünf bis acht Programme ausgestrahlt werden, mit 26 Prozent noch deutlich größere Verbreitung findet als in Deutschland (13 Prozent, vgl. Abschnitt 5.1).

7.1.1   Das Kabelfernsehnetz

Der Kabel-TV-Bereich entwickelte sich in den Vereinigten Staaten bereits früh in Gebieten mit schlechtem Antennenempfang unter dem Namen „Community Antenna Television" (CATV). Als die FCC 1972 die Vorschriften für den Betrieb von Kabelsystemen lockerte und vorschrieb, dass neue Systeme mindestens für die Übertragung von 20 Kanälen auszulegen sind, entstand Platz für neue Programme, der von neuen Anbietern gefüllt wurde.

Als erster Programmanbieter ausschließlich für Kabelfernsehen entstand im selben Jahr *Home Box Office* (HBO). Das Konzept des Senders beruhte auf der Prämisse, dass Zuschauer bereit sind, zusätzlich für Programme zu bezahlen, die gar nicht oder erst zu einem späteren Zeitpunkt bei den *Networks* ausgestrahlt werden. Zunächst begann HBO diese Ära des Pay-TV, später auch „Premium Services" genannt, mit der Distribution von Videocassetten an beteiligte Kabelsysteme. Seit der Übertragung eines Boxkampfes zwischen Muhammed Ali und Joe Frazier im Jahre 1975 wird HBO per Satellit in fast jedes Kabelsystem eingespeist. HBO konnte sich innerhalb kurzer Zeit landesweit etablieren und ist heute mit über 20. Mio. Abonnenten der erfolgreichste Premiumsender im amerikanischen Fernsehmarkt (vgl. Straubhaar/ LaRose 1995: 237).

Das Handbuch der amerikanischen National Cable Television Association weist für 1997 64,2 Mio. „Basic Cable Subscribers" aus (NCTA 1999: 2). *Basic Cable* ist das Grundangebot der amerikanischen Kabelgesellschaften und beinhaltet je nach Ausbaugrad des jeweiligen regionalen Kabelnetzes zwischen 30 und 60 Fernsehprogramme. Die Abonnenten erhalten für eine monatliche Gebühr von durchschnittlich 27,81 Dollar (NCTA 1999: 3) die vier (auch terrestrisch verbreiteten) *Networks* CBS, NBC, ABC und Fox, eine Reihe lokaler und landesweiter Nachrichten-, Sport- und *Special Interest*-Kanäle sowie mindestens einen Premium Spielfilm-Kanal, wie z.B. HBO. Die Mehrheit der *Bascic Cable*-Abonnenten (72 Prozent) nimmt darüber hinaus das Zusatzangebot „Premium Cable" in Anspruch, das für weitere ca. 8 Dollar monatlich meist drei zusätzlich Spielfilm- oder Sport-Kanäle beinhaltet.

Auffällig bei den Zahlen zum Kabelempfang in den Vereinigten Staaten ist, dass technisch gesehen fast alle amerikanischen Haushalte, nämlich 92 Prozent, an das Kabel-TV-Netz angeschlossen werden könnten („Homes Passed", vgl. FCC 1997: B-1). Die 64,2 Mio. tatsächlichen Kabel-TV-Abonnenten (*Subscribers*) teilten sich 1997 auf mehr als 300 Kabelgesellschaften auf. Die größten Kabelnetzbetreiber sind TCI (heute AT&T Broadband and Internet), Time Warner Cable, MediaOne (heute AT&T Broadband and Internet), Comcast, Cox, Cablevision, Charter und Adelphia.

In den 90er Jahren setzte ein Konzentrationsprozess in der amerikanischen Kabelindustrie ein, der bis heute anhält. Seinen spektakulären Höhepunkt fand dieser Prozess, als die Telefongesellschaft AT&T im Frühjahr 1999 den zweitgrößten Kabelbetreiber TCI sowie mit MediaOne die drittgrößte Kabelgesellschaft übernahm. Diese Netze firmieren seither unter dem Namen „AT&T Broadband and Internet". Das Resultat des Konzentrationsprozesses in der Kabelindustrie ist, dass inzwischen über 70 Prozent der Kabelfernsehabonnenten von den zehn größten Kabelgesellschaften versorgt werden (siehe Tab. 4).

Kabelgesellschaft	Mio. Abonnenten (Basic Cable)
1. Time Warner Cable	12,6
2. TCI (seit 1999: AT&T Broadband and Internet)	10,7
3. MediaOne (seit 1999: AT&T Broadband and Internet)	4,9
4. Comcast Cable Communications	4,5
5. Cox Communications	3,7
6. Cablevision Systems	3,4
7. Charter Communications	2,3
8. Adelphia Communications	2,3
9. Century Communications	1,3
10. InterMedia Partners	1,3

Tab. 4:   Die 10 größten Kabelgesellschaften in den USA mit Abonnentenzahlen (Quelle: NCTA 1999: 13)

Im Zuge des Konzentrationsprozesses vergrößterten sich auch die Gebiete, die von den Netzbetreibern als zusammenhängende Kabelinseln versorgt werden können.

Unter den 50 größten zusammenhängenden Kabelgebieten gibt es inzwischen keine Märkte mehr mit weniger als 160.000 Abonnenten. Der größte Kabelmarkt ist New York mit über einer Million Abonnenten, gefolgt von Long Island mit 630.000 Abonnenten und Orlando mit mehr als einer halben Million Abonnenten (siehe Tab. 5).

Ort	Kabelgesellschaft	Basic Cable Abonnenten (in Mio)
1. New York, NY	Time Warner Cable	1,03
2. Long Island, NY	Cablevision Systems	0,63
3. Orlando, FL	Time Warner Cable	0,54
4. Bronx/ Brooklyn, NY	Cablevision Systems	0,50
5. Phoenix, AZ	Cox Communications	0,45
6. Puget Sound, WA	TCI (AT&T Broadband)	0,42
7. Pittsburgh, PA	TCI (AT&T Broadband)	0,41
8. Chicago Suburbs, IL	MediaOne (AT&T Broadband)	0,39
9. Denver, CO	TCI (AT&T Broadband)	0,37
10. San Diego, CA	Cox Communications	0,35

Tab. 5: Die zehn größten zusammenhängenden Kabelnetze in den USA und ihre Betreiber (Quelle: NCTA 1999: 14)

In einigen Ballungszentren, wie z.B. Los Angeles oder San Diego, gibt es unterschiedliche Kabelnetzbetreiber in verschiedenen Stadtgebieten, eine Konkurrenz *zwischen* den Gesellschaften gibt es - mit einer Ausnahme in Washington, D.C. - jedoch nicht.[60]

Das Geschäftsmodell der amerikanischen Kabelnetzbetreiber basiert auf der Zusammenstellung und Vermarktung von Fernseh-Programmen, die als *Basic* oder *Premium*-Pay-TV den Abonnenten angeboten werden (siehe Abb. 29). Im Unterschied zu den deutschen Netzbetreibern sind die amerikanischen Kabelgesellschaften auch Medienunternehmen, die eine Reihe eigener TV-Sender, die so

---

60   Dort hat der Energieversorger PepCo in einigen Stadtteilen neue Leitungen (Glasfaser und Koax) in die Wohnblöcke verlegt und bietet darüber Kabelfernsehen, *Highspeed*-Internet und Telefonie an. Das Angebot, das es seit Mitte 1999 gibt, wird unter dem Namen „Starpower" vermarktet (vgl. www.starpower.net). Starpower ist bisher das einzige Beispiel in den Vereinigten Staaten für Wettbewerb zwischen Kabel-TV-Betreibern im selben Gebiet. Ansonsten gilt Kabelfernsehen hier wie in Deutschland als natürliches Monopol, bei dem aufgrund der hohen Investitionskosten zur Bereitstellung der Infrastruktur nur *ein* Betreiber je Stadt oder Region als wirtschaftlich vertretbar angesehen wird (vgl. z.B. Kröger 1997: 15).

genannten Cable Networks, betreiben bzw. an diesen substanziell beteiligt sind. Ursprünglich dazu gedacht, das Kabelangebot attraktiver zu machen, werden die Fernsehprogramme der *Cable Networks* inzwischen auch über Satellit und teilweise weltweit vermarktet. Beispiele für *Cable Networks* sind der Discovery Channel, TBS, ESPN, CNN, TNN und der Weather Channel. Diese erreichen in den Vereinigten Staaten insgesamt ca. 70 Mio. Abonnenten (vgl. NCTA 1999: 16ff).

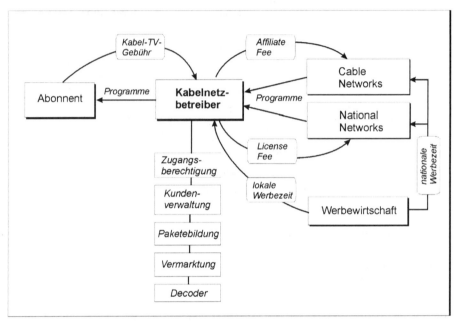

Abb. 29:   Das Marktmodell amerikanischer Kabelnetzbetreiber (Quellen: Bird 1998 und VPRT 1999: 128)

Die *Cable Networks* stellen der Werbewirtschaft nationale Werbezeiten zur Verfügung und verkaufen den Kabelnetzbetreibern das komplette Programm inklusive Werbung. Die meisten *Cable Networks* arbeiten hochprofitabel, 1998 betrugen ihre Werbeeinnahmen zusammen fast 7 Mrd. Dollar (NCTA 1999: 8)[61].

In das Programm der nationalen und lokalen *Networks* fügen die Netzbetreiber dagegen selbst die Werbung ein. Die Werbeunterbrechungen in diesen Programmen werden meist der lokalen Werbewirtschaft zur Verfügung gestellt. Die Einnahmen der Netzbetreiber aus dem Verkauf von Werbezeiten im Regionalprogramm betrugen 1998 ca. 2 Mrd. Dollar (NCTA 1999: 9). Im Gegenzug bezahlen die Netzbetreiber den *Networks* so genannte License Fees für die Bereitstellung ihrer Programme.

---

61   Hinzu kommen sog. Acillary Fees, Einnahmen aus dem Verkauf von Merchandising-Artikeln sowie aus dem Verkauf von Videos und CDs (vgl. Bird 1998: 30).

Die größte Einnahmequelle für die Kabelnetzbetreiber sind aber die Abonnenten-gebühren, die 1998 insgesamt rund 33,5 Mrd. Dollar betrugen.
Die Programme im amerikanischen Kabelfernsehen werden komplett verschlüsselt. Die Abonennten müssen deshalb einen Dekoder von ihrer lokalen Kabelgesellschaft mieten und das gewählte Programmpaket freischalten lassen, bevor sie Kabel-fernsehen empfangen können. Die Netzbetreiber sind für die Bereitstellung der Technik verantwortlich, d.h. sie entscheiden jeweils selbst, welche Systeme zur Ver-schlüsselung und welche Decodertechnik in ihren Netzen zum Einsatz kommen.
Im Rahmen des so genannten Franchise Systems vergeben die lokalen Behörden Lizenzen für die verschiedenen Kabelsysteme. Für eine Monopollizenz, die alle sieben bis zehn Jahre neu vergeben wird, zahlen die Kabelnetzbetreiber der Gemeinde eine Gebühr von bis zu 8 Prozent des jährlichen Umsatzes.

7.1.2   Der Satellitendirektempfang

Über viele Jahre hinweg konkurrenzlos, sieht sich die Kabelindustrie seit 1994 der zunehmenden Konkurrenz von DBS (Direct Broadcasting Satellite)-Fernsehen ausgesetzt. Die beiden großen Satelliten-Betreiber DirecTV und Echostar verfügten im Jahr 1997 mit ihren ausschließlich digital übertragenen Pay-TV-Angeboten über einen Marktanteil von gut sieben Prozent. Dies entspricht ca. 7,2 Mio. Abonnenten, welche die beiden Firmen in nur drei Jahren gewinnen konnten. Im digitalen Satellitenfernsehen werden bis zu 150 Kanäle ausgestrahlt, wobei die Kapazitäts-grenze mit 500 angegeben wird (vgl. www.dishnetwork.com, www.directv.com).
Die verschiedenen Pakete kosten zwischen 30 und 80 Dollar im Monat, wobei eine ähnliche Angebotsstruktur wie beim Kabelfernsehen vorherrscht. Teilweise sind die Kabelnetzbetreiber selbst finanziell an den Satelitenunternehmen beteiligt. (vgl. ausführlich Kröger 1997 sowie Kubicek/ Beckert/ Williams et al. 2000: 34ff). In einer Umfrage im Juni 1997 gaben die Abonnenten von DBS-Angeboten an, dass sie vor allem die gute Bild- (MPEG-2 in PAL-Auflösung) und Tonqualität (CD-Qualität) sowie das im Vergleich zum Kabelfernsehen größere Angebot, das in einer Vielzahl von Paketen individuell zusammengestellt werden kann, schätzen (vgl. Levin 1997).
Für den Satellitendirektempfang gibt es keine inhaltlichen Regulierungsauflagen und keine Markbeschränkungen. Die amerikanischen Regulierungsbehörde FCC wies in ihrem Bericht über die Situation der Fernsehverbreitungsarten darauf hin, dass die Marktsituation bisher keine staatlichen Eingriffe erlaube (FCC, 1997: 44).

7.1.3   Der terrestrische Empfang

Nach dem Kabelfernsehen ist der terrestrische Empfang der zweitwichtigste Fernsehverbreitungsweg in den Vereinigten Staaten. 25,6 Mio., d.h. 26 Prozent aller TV-Haushalte empfingen 1997 die fünf bis acht Fernsehprogramme, die für den Empfang durch Hausantennen ausgestrahlt werden (siehe Abschnitt 7.1).
Terrestrisches Fernsehen wird, wie übrigens Kabelfernsehen auch, im NTSC-Standard ausgestrahlt. Dieser, scherzhaft als „Never The Same Color" bezeichnete

Farbfernsehstandard zeichnet sich durch eine im Vergleich zum europäischen PAL-Standard deutlich schlechtere Bildqualität und eine Anfälligkeit für Farbverfälschungen aus.

In den Vereinigten Staaten vollzieht sich die Regulierung des Rundfunkbereichs hauptsächlich über Zulassungs- und konzentrationspolitische Vorgaben (vgl. Smith/ Wright/ Ostroff 1998: 392ff). Die Sendefrequenzen - *public airwaves* - gelten in den USA als öffentliches Gut, die privaten Anbietern auf Zeit zur kommerziellen Nutzung überlassen werden. Die Bestimmungen zur Vergabe der Sendelizenzen sind detailliert und sollen insbesondere verhindern, dass ausländische Betreiber TV-Lizenzen erhalten.

Weitere Bestimmungen beziehen sich auf die Sicherung der Meinungsvielfalt. So schreiben die Bestimmungen vor, dass kein einzelner Eigner mehr als 12 TV-Stationen besitzen darf. Außerdem darf kein einzelnes Unternehmen mit seinen TV-Stationen mehr als 25 Prozent der Bevölkerung erreichen. Diese Regelung soll vor allem sicherstellen, dass keines der großen *Networks* größere Teile des terrestrischen Sendenetzes kontrollieren kann.

Die *Networks* als Programmproduzenten unterstehen keiner unmittelbarer Regulierung, sie verfügen jedoch alle über eigene TV-Stationen knapp unterhalb des angegebenen Limits, so dass sie faktisch indirekt beaufsichtigt werden (vgl. Kleinsteuber 1996: 34ff).

7.2   Ausgangssituation im Online-Bereich

Während es sich beim TV-Bereich um einen Bereich mit institutionalisierten Strukturen, festen Logistikketten und einem bewährten Geschäftsmodell handelt, hat sich der Online-Bereich erst in den letzten zehn Jahren entwickelt. Dies allerdings mit einer enormen Geschwindigkeit. Während 1997 lediglich 17 Prozent der amerikanischen Bevölkerung zu den Online-Nutzern gezählt wurden (FIND/SVP April 1997), waren es Mitte 2000 schon mehr als die Hälfte (NielsenNetRatings Sept. 2000).[62]

Die demographische Zusammensetzung der Internet-Nutzer ist heute dabei, sich dem Profil der US-Bevölkerung anzunähern. Das Medium wird zwar zum großen Teil immer noch von Männern mit überdurchschnittlichem Einkommen dominiert. Seit Ende der 90er Jahre ist allerdings ein starker Aufholprozess bei den bisher unterrepräsentierten Gruppen (z.B. bei Kindern und bei Erwachsenen über 50 Jahre) zu beobachten. Gruppen ohne Highschool-Abschluß und Minderheiten werden aber auch weiterhin relativ wenig Internet-Zugang haben (vgl. Stipp 2000: 130) .

Beigetragen zum Erfolg des Internets bei der privaten Nutzung haben in den Vereinigten Staaten insbesondere Online-Dienste wie America Online (AOL), Prodigy oder CompuServe. AOL war dabei immer der Marktführer bei den Online-Diensten und besitzt derzeit über 17 Mio. Abonneten in den Vereinigten Staaten. Die monatliche Abo-Gebühr für den Dienst beträgt pauschal ca. 10 Dollar (vgl.

---

62   Für beide Angaben siehe www.nua.com/surveys/how_many_online/index.html.

Bayers 1999). AOL sieht es dabei als seine Mission, „to build a medium as central to people´s lives as the telephone or the television - and even more valuable" (Steve Case, zitiert in Swisher 1998: 65).

Auch der direkte Zugang ins Internet über lokale ISPs findet in den Vereinigten Staaten große Verbreitung. Angeboten werden Internet-Dienste vor allem von den lokalen Telefongesellschaften (z.b. Pacific Bell, Bell South), den *Regional Bell Operation Companies* (RBOCs) aber auch von unabhängigen ISPs, wie z.b. UUnet, die über keine eigenen Teilnehmeranschlüsse verfügen, dafür aber eigene und geleaste Backbones einsetzen, über die sie ihre Daten-Fernverbindungen abwickeln.

7.2.1 Dial-up-*Verbindungen über das Telefonnetz*

Bereits ab 1992 wurden in den Vereinigten Staaten PCs standardmäßig mit Modems zur Einwahl in Online-Systeme verkauft. Die Kombination PC/ Modem und Einwahl in ein *Provider*-System über das Telefonnetz stellt seit der frühen Entwicklungsphase den technischen Standard für die Online-Nutzung dar.

Inzwischen gibt es Alternativen zu dieser Form der Online-Nutzung, wie z.B. TV-basierte Online-Dienste oder PC-gestützte Online-Angebote über das Kabel-TV-Netz. Diese Varianten waren bereits Mitte der 90er Jahre technisch machbar und in vielen Prognosen wurde das interaktiven Fernsehen als die massenattraktive Erweiterung der Online-Welt gesehen (vgl. z.B. Auletta 1997).

Beigetragen zum Erfolg von Online-Diensten und des Internets hat die amerikanische Besonderheit der so genannten *Flat-rates* im Ortsnetzbereich: Für Ortsgespräche bezahlen die meisten amerikanischen Haushalte eine pauschale monatliche Gebühr von ca. 20 Dollar, mit der sämtliche Verbindungskosten abgegolten sind. Da es sich bei den Online-Verbindungen um Telefonverbindungen im Ortsnetz handelt, entstehen keine weiteren Leitungsgebühren. Gebühren fallen lediglich für den abonnierten Online-Dienst oder den lokalen *Internet Service Provider* an. Bei diesen Gebühren handelt es sich meist auch um pauschale Monatsgebühren, d.h. sie sind unabhängig von der tatsächlichen Nutzungsdauer oder -intensität.

Bei diesen Einwahlverbindungen (*dial-up*) handelt es sich um schmalbandige Verbindungen, bei denen eine maximale Datenübertragungsrate von 14,4 bis 56 Kbit/s, je nach verwendetem Modem, erreicht wird. Diese Datenrate ist meist ausreichend für textbasierte Internet-Dienste wie E-Mail oder Chat und für die Übertragung einfacher World-Wide-Web-Seiten. Für Webseiten mit umfangreichen Grafiken und anspruchsvollem Layout allerdings stellt die begrenzte Übertragungsgeschwindigkeit ein Problem dar. Der Aufbau der Seiten ist zu langsam, was vor allem von unterhaltungsorientierten Privatnutzern als störend empfunden wird.

Online-Medien werden in den Vereinigten Staaten als Telekommunikationsdienste reguliert, d.h. es erfolgt keine inhaltliche Regulierung, wohl aber eine Regulierung, die auf den Grundsätzen von *Common Carrier*- und *Universal-Access*-Bestimmungen basiert. Die FCC hatte sich bereits früh mit der digitalen Datenkommunikation über Telefonnetze beschäftigt und in verschiedenen Bestimmungen geregelt, dass im Ortsnetzbereich Wettbewerb bei den Datendiensten eingeführt wurde. Danach sind die marktbeherrschenden Telekommunikationsnetzbetreiber vor allem im Ortsnetzbereich verpflichtet, ihre Leitungen konkurrierenden Service Providern zu fairen Preisen zur Verfügung zu stellen. Es gelten dabei verschiedene Vorschriften für die Weiterschaltung (*Interconnection*), den entbündelten Zugang (*Unbundling Obligation*), die Installation von technischen Komponenten in den Vermittlungsstellen (*Co-location*) und für die Preisgestaltung (*Wholsale Prices*) (vgl. z.B. OECD 1999).

7.3   Medientechnische Entwicklung

7.3.1   Digitales Fernsehen als Basis für interaktive TV-Angebote

Während digitales Fernsehen in Deutschland in der öffentlichen Wahrnehmung lange Zeit gleichbedeutend mit Pay-TV war, war digitales Fernsehen in den Vereinigten Staaaten lange Zeit ein Synonym für hochauflösendes Fernsehen (*High Definition Digital Television*, HDTV).

Hintergrund ist der technologische Wettbewerb, der Anfang der 90er Jahre um die Zukunft des Fernsehens zwischen Europa, Japan und den USA ausgebrochen war. In den Forschungslabors der Elektronikhersteller waren neue, hochauflösende Fernsehgeräte entwickelt worden, die eine deutlich bessere Bildqualität und ein kinoähnliches Seitenverhältnis von 16:9 (Breitbildformat) ermöglichten.[63] Das neue hochauflösende Fernsehen sollte mit jeweils eigenen, neuen TV-Standards eingeführt werden: In Europa mit der D2-MAC-Norm, in Japan mit dem MUSE-System der nationalen Senders NHK und in den USA mit einem vom Advisory Committee on Advanced Television Services (ACATS) entwickelten Standard. Nur der amerikanische Standard basierte dabei bereits auf digitaler Technik (vgl. Kleinsteuber 1995).

Die Amerikaner wollten ihren Entwicklungsvorsprung bei der digitalen Fernsehtechnik nutzen und den neuen Standard, der im Rahmen einer Kooperation der großen nationalen Unterhaltungselektronikfirmen entwickelt wurde, möglichst schnell einführen (vgl. Brinkley 1997). Während die Einführung von D2-MAC in Europa an den unterschiedlichen Interessen der verschiedenen Sendehäuser und der zersplitterten Fernsehlandschaft gescheitert waren, schienen die Voraussetzungen in den Vereinigten Staaten gut, den neuen Standard innerhalb kurzer Zeit sowohl bei den *Networks* als auch bei den Konsumenten durchzusetzen.

Die FCC unterstütze den Einführungsprozess nicht nur durch die Moderation des Abstimmungsprozesses zwischen den Geräteherstellern, sondern stellte auch den *Networks* jeweils eine zweite, kostenlose Frequenz in Aussicht, über die sie digitale, hochauflösende Programme senden sollten.[64] Mitte der 90er Jahre stellte sich jedoch heraus, dass der anfangs angenommene Preisverfall bei den elektronischen Bauteilen sich nicht gravierend auf die Kosten der Endgeräte ausgewirkt hatte und die

---

63   Herkömmliche TV-Geräte haben ein Seitenverhältnis von 4:3.
64   Nach Schätzungen der FCC lag der Wert der nicht versteigerten Frequenzen zwischen 10 und 70 Mrd. Dollar. Vgl. Kubicek/ Beckert/ Sarkar 1999: A-5.

neuen Fernsehgeräte auch in den nächsten Jahre noch mehrere Tausend Dollar kosten würden. An eine schnelle Verbreitung bei den Konsumenten war unter diesen Umständen nicht zu denken.

Außerdem wurde deutlich, dass die *Networks* kein Interesse an HDTV hatten, sondern die zusätzliche Frequenz für neue, zielgruppenspezifische Programme nutzen wollten. Statt der Übertragung eines einzigen neuen HDTV-Programms favorisierten die *Networks* eine Belegung des neuen, kostenlosen Kanals mit mehreren digitalen Programmen mit geringerer Auflösung und im herkömmlichen Seitenverhältnis.

Hinzu kam ein langwieriger Streit mit Computerherstellern und der Software-industrie über den Standard bei Auflösung und Abtastverfahren. Die FCC hatte es den Sendern freigestellt, welchen Standard sie aus der ACATS-Normfamilie verwenden wollten. Dabei standen vier verschiedene Auflösungsstufen (von 720 x 480 bis 1.920 x 1.080 dpi) sowie die beiden Abtastverfahren „Interlace" und „Progressive Scan" zur Auswahl. Das Halbbildverfahren (*Interlace*) wird von herkömmlichen Fernsehgeräten genutzt, *Progressive Scan* ist dagegen typisch für Computermonitore.[65]

Tatsächlich verwenden aber CBS und NBC seit 1998 *Progressive Scan* bei der terrestrischen Übertragung ihrer digitalen Programme. FOX und ABC senden dagegen mit geringerer Auflösung und im *Interlace*-Modus. Zum Empfang der digitalen Programme der *Networks* müssen sich die Konsumenten in den Ver-einigten Staaten neue, entsprechend teuere Fernsehgeräte anschaffen.

Auch wenn es sich bei den neuen Fernsehgeräten in den USA um digitale Geräte handelt, für die keine Analog-Umwendlung mehr notwendig ist, heißt dies nicht, dass diese Geräte bereits ohne zusätzliche Set-top Box auskommen. Nicht integriert in die TV-Geräte sind nämlich bisher das Empfangsteil, das Betriebssystem (API) und das Verschlüsselungsmodul (vgl. dazu Abschnitt 5.3.1 und dort insbesondere Abb. 25). Um die digitalen Dienste der verschiedenen Anbieter zu nutzen, müssen die Konsumenten in den Vereinigten Staaten genauso wie bisher in Deutschland verschiedene Set-top Boxen kaufen oder mieten. In den USA stellt sich dieses Problem in gewisser Weise entschärft dar, weil alle *Networks* über eine einzige Box terrestrisch empfangen werden können und es sich beim Kabel- und Satelliten-fernsehen um abgeschlossene Märkte handelt, in denen die jeweiligen Betreiber selbständig über die Technik und die Dienste entscheiden können.

Prinzipiell hängt aber auch in den Vereinigten Staaten von der technischen Gestaltung der Set-top Box ab, welche interaktiven Dienste künftig angeboten

---

65 Im Halbbildverfahren werden gerade und ungerade Zeilen um Zehntelsekunden verzögert übertragen und auf den Bildschirm projiziert. Dies spart Übertragungs-kapazität und wird vom menschlichen Auge kaum wahrgenommen. Je nach Bild-wiederholfrequenz kann das „Flimmern" größer oder kleiner sein. Im *Progressive Scan*-Modus wird dagegen jedes Bild komplett übertragen und auf einmal auf den Bildschirm projiziert. Dies hat höhere technische Anforderungen an den Monitor zur Folge.

werden können. Hier konkurrieren mehrere Softwarefirmen (z.B. Microsoft, OpenTV, DIVA, Wink) um die Verwendung ihres Betriebssystems und ihrer Programm-Plattform in den verschiedenen Decodern.

Dabei ist bisher erst in Ansätzen zu erkennen, wie interaktive Fernseh-Dienste auf der digitalen TV-Plattform aussehen können, wie das Verhältnis programm-bezogener und programmunabhängiger Datendienste beschaffen sein soll und welche *Features* z.B. Online-Kanäle haben sollen. AOL entwickelt seit Ende 1999 in Kooperation mit dem Satellitendienst DirecTV das so genannte AOLTV, in dem Online-Inhalte für die DirecTV-Abonnenten angeboten werden (vgl. Tedesco/ Price 1999). Darüber hinaus gibt es viele Aktivitäten und technische Versuche im Bereich der digitalen interaktiven TV-Dienste, bisher sind daraus aber nur wenig konkrete Angebote entstanden.

Während die Entwicklung von interaktiven Diensten auf der digitalen Fernseh-plattform in den Vereinigten Staaten nur langsam vorankommt, haben sich einige Anbieter auf die Entwicklung neuer Dienste für herkömmliche, analoge TV-Geräte spezialisiert. Insbesondere Microsofts WebTV, ein Online-Dienst für den Fernseher, der über die Fernbedienung genutzt werden kann und der das Telefon als Rückkanal benutzt, ist in diesem Zusammenhang zu nennen. WebTV ist im Zusammenhang mit Microsofts langfristiger Strategie zu sehen, in der analogen TV-Welt zu demon-strieren, welche interaktiven Anwendungen möglich sind, um diese Erfahrungen später auf die digitale Plattform zu übertragen.

Zu den technischen Herausforderungen von WebTV gehört z.B. die Darstellung von Internet-Seiten auf dem Fernseher. Da Internet-Seiten in der Regel für hoch-auflösende Computer-Monitore gestaltet wurden und in der PC-Welt zudem eine Maus zum Navigieren zur Verfügung steht, müssen Online-Inhalte optisch und bedientechnisch modifiziert werden, ehe sie fernsehtauglich sind. Dazu müssen die Seiten horizontal komprimiert, die Farben entsättigt und die Schrift auf mindestens 18 Punkt vergrößert werden (siehe Abb. 30).

Die Farb- und Format-Anpassung geschieht bei WebTV über zentrale Server, die alle abgerufenen Internet-Seiten so bearbeiten, dass sie auf einem Fernsehschirm ein gutes Bild abgeben. Alle Bildformate der verschiedenen Internet-Seiten werden gleichermaßen umgewandelt. In der Zentrale von WebTV Networks in Mountain View wurde ein entsprechender Serverpark installiert, über den jede Seite geht, die die WebTV-Abonnenten abrufen.[66]

---

66   Dieser Umweg ist vor allem dadurch bedingt, dass amerikanische TV-Geräte nur über einen Antenneneingang und nicht über einen RGB-Eingang verfügen, wie er z.B. bei europäischen Geräten über den Scart-Anschluß standardisiert ist. In Europa kann des-halb die Umsetzung der Internet-Seiten direkt in der Box erfolgen, wenn diese über die entsprechende Ausstattung verfügt (vgl. Bücken 1999).

useit.com • Alertbox • Oct. 1996 Disabled access

Jakob Nielsen's Alertbox for October 1996:

Accessible Design for Users With Disabilities

Making the Web more accessible for users with various disabilities is to a great extent a matter of using HTML the way it was intended: to encode *meaning* rather than *appearance*. As long as a page is coded for meaning, it is possible for alternative browsers to present that meaning in ways that are optimized for the abilities of individual users and thus facilitate the use of the Web by disabled users.

Before discussing the difficulties disabled users may have in accessing Web information, we should note that online information provides many benefits compared with printed information: it is easy for people with poor eyesight to increase the font size, and text-to-speech conversion for blind users works much better for online text than for print. Indeed, many disabled users are

Disabled Users and the Web (Jakob

Abb. 30:   Darstellung einer Webseite auf dem Fernsehbildschirm (links) und auf den Computermonitor (rechts) (Quelle: Nielsen 1997: 3)

Eine eins-zu-eins-Übertragung der Online-Welt auf die Fernseh-Umgebung funktioniert aber auch auf der inhaltlichen Ebene nicht ohne weiteres. Fernsehzuschauer können offenbar weniger mit statischen Internet-Seiten anfangen als PC-Nutzer. Deshalb müssen neue Formate entwickelt werden, die den Interessen und Nutzungsmustern der Fernsehzuschauer besser entsprechen (ausführlicher dazu siehe Fallstudie WebTV, Abschnitt 12.3)

7.3.2   Breitband-Internet

Der Aufstieg des Internets zu einem Medium mit bewegten Bildern und damit in die Kategorie des interaktiven Fernsehens im weitesten Sinne, basiert neben der Entwicklung von neuen Kompressionstechnologien für *Streaming Media*, vor allem auf der Entwicklung und Verbreitung neuer, breibandiger Zugangstechnologien.

High-Speed-Internet-Verbindungen über Kabelmodems, DSL-Technologien oder andere, z.B. drahtlose Zugangssysteme, ermöglichen seit Mitte der 90er Jahre eine weitergehende Integration von Fernseh-Inhalten in die Online-Welt: Musikvideo-Clips, Film-Trailer, Nachrichtenbeiträge, Sporthighlights etc. finden als Bestandteile von Breitband-Internet-Angeboten zunehmend Eingang in die Online-Nutzung. Der Computermonitor wird so in gewisser Weise zum Fernsehschirm. Bei herkömmlichen *Dial-Up*-Verbindungen reicht die Übertragungskapazität für solche Inhalte nicht aus (vgl. Abschnitt 7.2.1).

Für ADSL-Angebote gilt prinzipiell die Einschränkung, dass die Nutzer in einer gewissen Nähe zur nächsten Telefonvermittlungsstelle wohnen müssen, denn nach ca. 500 Metern verliert sich das Signal. In Amerika schließt diese technische Eigenschaft die Hälfte der Bevölkerung aus (vgl. o.V. 1999a). Dies hat zur Konsequenz, dass ADSL-Anschlüsse vor allem in dicht besiedelten Ballungsgebieten angeboten werden. Die Telefongesellschaften müssen zur Realisierung breitbandiger Anschlüsse ihre Netze aufrüsten, d.h. mit speziellen DSL-Komponenten in den jeweiligen Vermittlungsstellen ausstattten und diese per Glasfaserleitung mit der nächst höheren Ebene verbinden. Über ADSL-Verbindungen kann prinzipiell eine Datenübertragungsrate von bis zu 1 Mbit/s erreicht werden.

Ähnlich hohe Übertragungsraten werden auch in Kabelmodemsystemen erreicht, die seit 1998 von vielen amerikanischen Kabel-TV-Gesellschaften in Zusammenarbeit mit so genannten Breitband Internet Providern angeboten werden. Dazu müssen die jeweiligen Kabel-TV-Netze allerdings zunächst technisch so aufgerüstet werden, dass sie rückkanalfähig sind und jeder Teilnehmer einzeln adressiert werden kann. Bisher war das Kabel-TV-Netz auch in den Vereinigten Staaten ein reines Verteilnetz, d.h. eine technische Einbahnstraße, in der ausschließlich Daten vom Sender zu den Empfängern verteilt wurden. In die technische Aufrüstung ihrer Kabel-TV-Systeme haben die amerikanischen Kabelgesellschaften seit Mitte der 90er Jahre mehr als 20 Mrd. Dollar investiert.[67]

Die technischen Grundlagen für Kabelmodemsysteme sollen im Folgenden näher beschrieben werden. Denn von der technischen Gestaltung hängen die inhaltlichen Optionen ab, die den jeweiligen Betreibern schließlich zur Verfügung stehen. Die Beschreibung bildet die Grundlage für die Darstellung der Kabelmodem-Angebote von Excite@Home und InfoCity NRW in den Fallstudien (Abschnitte 11.2 und 12.2).

Bei Kabelmodemsystemen handelt es sich um so genannte Shared-Access-Systeme, d.h. die Teilnehmer bekommen keine feste Leitung mit einer definierten Bandbreite zugeteilt, sondern es werden die verfügbaren Bandbreiten nach Bedarf unter den Nutzern aufgeteilt. Dies ist bei Online-Anwendungen deshalb kein Problem, weil nicht alle *User* zur selben Zeit auf große Mengen von Daten zugreifen und die Übertragung nicht zeitkritisch ist.[68] Nach dem Anklicken einer Webseite und der Übertragung der Informationen folgt eine Phase der Nicht-Aktivität des Nutzers, in der die Seite gelesen bzw. betrachtet wird. Während dieser Zeit gibt das Netz Bandbreiten für andere Nutzer frei, die wiederum für kurze Zeit über die volle Bandbreite verfügen können (vgl. CableLabs 1997).

---

67   Dabei stand zunächst die Verbesserung der TV-Empfangsqualität und die Ausweitung des Frequenzspektrums für neue Programme im Vordergrund. Allerdings wurden gleichzeitig technische Komponenten installiert, die das Netz rückkanaltauglich machten.

68   Im Unterschied z.B. zu Video on Demand, wofür garantierte Bandbreiten von mindestens 2 Mbit/s zugeteilt werden müssen. Auch *Streaming Media*-Anwendungen sind zeitkritisch, d.h. sie benötigen eine ununterbrochene Datenverbindung. Allerdings können durch den Einsatz effizienterer Netzwerktechnologien und intelligenter *Caching*-Systeme die Nachteile der IP-Technologie inzwischen weitgehend ausgeglichen werden (vgl. Abschnitt 4.1).

Kabelmodemsysteme basieren auf modernen HFC-Netzen (Hybrid Fiber-Coax), in denen Kanäle für den *Upstream*, d.h. für die Datenanforderung der Nutzer und für den *Downstream*, d.h. für die Übertragung der Inhalte an die Nutzer reserviert werden. Hybrid sind diese Netze deshalb, weil in ihnen das Signal am ersten Verteilerpunkt nach dem Wohnungesanschluß von Koax- auf Glasfaserleitungen umgesetzt wird.

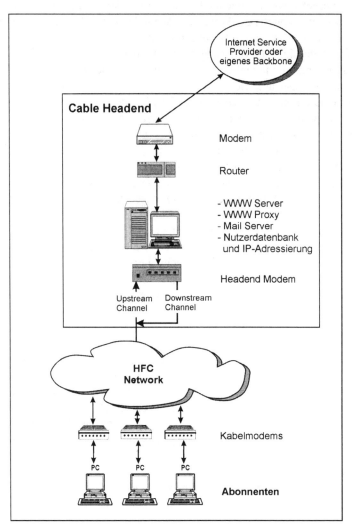

Abb. 31:   Kabelmodemsysteme als *Shared Access*-Systeme (Basis: Teleste 1999)

Die Kabelkopfstationen, von denen die Netzinseln gespeist werden, müssen mit einem Zugang zum Internet ausgerüstet werden. Im Idealfall verfügt der Netzbetreiber über ein eigenes *Backbone*, das die verschiedenen *Headends* untereinander verbindet (vgl. Abb. 31). Dann können viele Daten-Anforderungen innerhalb des eigenen Systems abgewickelt werden, was Geschwindigkeitsvorteile für die Nutzer mit sich bringt.

Das Internet selbst besteht bekanntlich aus vielen verschiedenen Teilnetzen mit unterschiedlichen Netztopologien, wobei Übertragungsengpässe an vielen Stellen auftreten können. Über ein eigenes, landesweites Backbone - gewissermaßen ein paralleles Internet - das entsprechend optimiert werden kann, sind eigenproduzierte Inhalte und häufig abgefragte Webseiten schneller beim Abonnenten und müssen nicht über die weitverzweigte Internet-Architektur abgerufen werden.

Hierfür ist der Einsatz von so genannten Proxy-Servern notwendig, die dazu dienen, häufig abgerufene Online-Inhalte in der Nähe der Abonnenten vorzuhalten: Wird eine Seite abgefragt, die bereits zuvor von einem anderen Nutzer abgerufen wurde, wird sie direkt vom *Proxy*-Server im *Headend*, anstatt vom möglicherweise weit entfernten ursprünglichen Web-Server an den Nutzer verschickt. Ganze Verbände von *Proxy*-Servern, die über das *Backbone*-Netz zusammengeschaltet werden können, erlauben eine schnelle Abfrage, ob sich der gewünschte Inhalt bereits irgendwo innerhalb des Systems befindet. Nur wenn dies nicht der Fall ist, wird eine Verzweigung ins Internet notwendig (vgl. Rudolph 1997).

In einem derartig konzipierten System ist es für die Netzbetreiber weiterhin möglich, eigene Inhalte oder Inhalte von *Content*-Partnern von zentraler Stelle aus einzuspeisen und sie damit allen Abonnenten mit entsprechender Geschwindigkeit zur Verfügung zu stellen. Diese Inhalte sind für die Nutzer entsprechend attraktiver und werden häufiger genutzt, weil sie schneller verfügbar sind. Für die Inhalte-Provider bedeutet dies einen Anreiz, speziell für das Kabelmodemsystem zu produzieren bzw. breitbandige Inhalte aus ihrem Angebot exklusiv für den Netzbetreiber zur Verfügung zu stellen.

7.3.3   Video on Demand

Seit den ersten Erfolgen mit der Übertragung digital komprimierter Fernsehprogramme in den Versuchslabors der Jahren 1992 und 1993 befand sich die amerikanische Medienindustrie in einer Aufbruchstimmung. Mit der technischen Verschmelzung von TV, Computer und Telekommunikation schien plötzlich alles möglich. Vor allem die Telefongesellschaften sahen in der Kombination von Telekommunikation und Video eine Möglichkeit, ihr Geschäftsfeld zu erweitern und langfristig zu wichtigen Medienakteuren aufzusteigen und setzten eine ganze Welle von Versuchen mit Video on Demand über die neue ADSL-Technik in Gang.

Die prominentesten Projekte zu Video on Demand großer Telefonfirmen sind „Stargazer" von Bell Atlantic und das *Video Dial Tone*-Projekt von Sprint (siehe Tab. 6).

Ähnliche neue Angebote wollten auch die amerikanischen Kabelnetzbetreiber einführen. Nach der Aufrüstung ihrer Netze für die interaktiven Dienste sollten den Kabel-Abonnenten außerdem klassische Telefondienste angeboten werden (Kabeltelefonie). Langfristig sollten die Kabelgesellschaften zu ernsthaften Konkurrenten für die Telefonfirmen auf ihrem angestammten Markt werden.

Firma	Ort	Set-top Box	Dienste	Netze	Beginn/ Ende	Teil- nehmer (geplant)
Time Warner (Full Service Network)	Orlando, FL.	Scientific Atlanta	VoD, Video- spiele, Teleshopping	Kabelnetz	Okt. 1995- 1998	4.000
TCI	Hartford, CN.	General Instruments	digitales PPV und VoD	Kabelnetz	Okt. 1996	k.A.
TCI/ Microsoft	Redmond, WA.	General Instruments, HP, NEC	VoD, Video- spiele, Information Services	Kabelnetz	Dez. 1994	200- 2.000
Viacom Cable	Castro Valley, CA.	Scientific Atlanta	VoD, Video- spiele, Information Services	Kabelnetz	Nov. 1994	500- 4.000
Bell South (Inter- active Ser- vices)	Atlanta, GA	Scientific Atlanta	digitales PPV, VoD, Breit- band-Internet	Kabelnetz, das Bell South in Atlanta besitzt	Feb. 1996- Jun. 1997	k.A.
Bell Atlantic (Star- gazer)	Fairfax, VA.	Stellar One	VoD, Breit- band-Internet	Telefonnetz, ADSL	März 1995- Dez. 1996	1.000
SBC	Little Richadrson, TX.	k.A.	VoD, Video- spiele, Teleshopping	Glasfaser (Fiber to the curb)	Jan 1996- Dez. 1996	1.800
Sprint (VDT Trial)	Wake Forest, NC.	k.A.	VoD, video- spiele, Information Services	Telefonnetz, ADSL	Okt. 1995- Aug 1997	650- 1.000

Tab. 6:   Video on Demand-Pilotprojekte Mitte der 90er Jahre in den USA (Quellen: Höing/ Treplin 1994, Churchill 1996, Ziemer 1997: 381-383)

Bei den frühen Versuchen wurde allerdings deutlich, dass ein funktionsfähiges End-to-End-System technisch äußerst anspruchsvoll und schwierig zu realisieren ist. Dennoch wurde darauf vertraut, dass sich innerhalb kurzer Zeit Lösungen für die technischen Schwierigkeiten finden würden (vgl. Kubicek/ Beckert/ Sarkar 1998: 139ff).

Die technischen Herausforderungen bestanden vor allem darin, die Einzel-komponenten, zu einem funktionierenden Gesamtsystem zusammenzufügen. Abb. 32 zeigt die einzelnen Systemkomponenten, die z.B. für das Full Service Network des Kabelbetreibers Time Warner entwickelt und integriert werden mussten. Zu Beginn der medientechnischen Entwicklung stellte diese Aufgabe viele Unter-nehmen vor unlösbare Aufgaben, vor allem, weil sie sich zu diesem Zeitpunkt nicht auf ihre Techniklieferanten verlassen konnten, die ebenfalls noch keine Erfahrungen mit der digitalen Technik hatten (vgl. ausführlich die Fallstudie zum Full Service Network in Abschnitt 12.1)

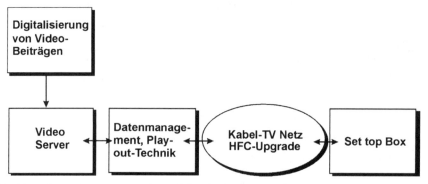

Abb. 32:   Systemkomponenten des Full Service Networks in Orlando

Insgesamt hat die medientechnische Entwicklung in den 90er Jahren sowohl in Deutschland als auch in den Vereinigten Staaten dazu geführt, dass klassische Verteilmedien (Rundfunk) und klassische Abrufmedien (Online) nicht mehr an ihre jeweils ursprüngliche Infrastruktur gebunden sind. Netze, Dienste und Inhalte haben sich zunehmend entkoppelt und können in neuen Kombinationen von verschiedenen Betreibern angeboten werden. So kann inzwischen z.B. ein Video on Demand-Dienst von einer Telefongesellschaft angeboten werden und ein Online-Dienst von einem Kabelnetzbetreiber.

7.4   Problemkonstellation für die Medien- und Telekommunikations-Politik

Aus der medientechnischen Entwicklung ergaben sich auch in den Vereinigten Staaten eine Reihe von Anpassungsproblemen für die nationale Telekommunikations- und Medienpolitik. Fragen der medien- und telekommunikationsrechtlichen Gestaltung neuer Dienste haben dabei in unterschiedlichem Maße Eingang in die *NII*-Initiative der Clinton/ Gore-Regierung gefunden.

Auf einer institutionellen Ebene wurde auch in den Vereinigten Staaten darüber diskutiert, inwiefern die Konvergenz von Telekommunikation, Medien und Computertechnik eine Konvergenz der Regulierung nach sich ziehen sollte (vgl. Marsden 1997 und Cowie/ Marsden 1998). Die amerikanische Regulierungsbehörde FCC ist zwar sowohl für die Regulierung des TK-Sektors als auch für die Aufsicht über den Rundfunksektor zuständig. Innerhalb der FCC bilden diese Bereiche allerdings klar abgegrenzte Zuständigkeitsbereiche, für die unterschiedliche Regulierungtraditionen und Gesetzesgrundlagen gelten. Personelle und organisatorische Überschneidungen finden praktisch nicht statt.

Insgesamt aber wurde das Problem, dass die alten institutionellen Strukturen mit ihren traditionellen Abgrenzungen nicht mehr auf die Gegebenheiten einer konvergierenden Medienwelt passen, in den Vereinigten Staaten mit weit weniger Nachdruck diskutiert als in Deutschland. Erst ab Ende 1999 wurden innerhalb der FCC Vorschläge zur Neustrukturierung der Behörde entlang neuer Zuständigkeitsbereiche gemacht. Diese Neustrukturierung stand allerdings hauptsächlich im Zeichen von Budgetkürzungen und sollte insgesamt effektivere Verwaltungsprozesse ermöglichen. Sie hatte keinen grundsätzlichen Charakter und kann deshalb nicht mit der deutschen Diskussion um der Einrichtung eines förderalen Kommunikationsrates verglichen werden.

7.4.1 Gestaltung und Durchsetzung eines einheitlichen Standards für das digitale Fernsehen

Die Entwicklung des digitalen Fernsehens stand in den Vereinigten Staaten prinzipiell vor den gleichen Problemen wie in Deutschland. Große Unsicherheiten gab es vor allem hinsichtlich der zu verwendenden Set-top Boxen und ihrer Kompatibilität für Dienste verschiedener Anbieter. Hinzu kam, dass die FCC offen gelassen hatte, welchen Übertragungsstandard die *Networks* bei der Ausstrahlung ihrer digitalen Programme einsetzen sollen. Die Regulierungsbehörde wollte diesen Punkt nicht abschließend festlegen, weil ihr die Entwicklungen auf dem digitalen Gerätemarkt (HDTV-Geräte und Set-top Boxen) und insgesamt im digitalen Fernsehmarkt zu dynamisch erschien.

Von den *Networks* selbst wurde die Forderung an die Politik herangetragen, ihr über regulative Zugeständnisse das Überleben in der digitalen Ära zu ermöglichen. Sie hatten im Zuge der Angebotsvervielfältigung im TV-Bereich durch das Kabelfernsehen und das digitale Satellitenfernsehen während der 90er Jahre zunehmend an Zuschauerzahlen verloren. Bei der Einführung des digitalen terrestrischen Fernsehens drängten sie deshalb darauf, von der Regulierungsbehörde kostenlos zusätzliches Spektrum zu erhalten, um im Konversionsprozess auf die digitale Technik nicht endgültig vom Kabel- und Satellitenfernsehen abgehängt zu werden (vgl. Platt 1997, Schreiber 1998).

Außerdem wollten sie sich nicht von der FCC auf die Übertragung von HDTV festlegen lassen, sondern sich selbst im Bereich des digitalen Vielkanalfernsehens engagieren. Die *Networks* stellten darüber die Entwicklung von zusätzlichen interaktiven Diensten in Aussicht, mit denen sie die Zuschauerbindung erhöhen wollten.

7.4.2 Betätigungsbeschränkungen für Telefon- und Kabel-TV-Anbieter (Cross-Ownership-*Vorschriften*)

Der technische Wandel im Telekommunikationsbereich und die damit verbundenen günstigeren Kostenstrukturen, z.B. durch den zunehmenden Einsatz von Nachrichtensatelliten und leistungsfähigen Glasfaserleitungen, führte Anfang der 90er Jahre dazu, dass viele Unternehmen in der Telekommunikation ein lukratives Geschäftsfeld sahen. Dieser Umstand bewirkte zunächst das Aufkommen neuer

Wettbewerber im Telefon-Ferngesprächsmarkt, in dem heute mehrere Hundert *Long-Distance-Provider* mit AT&T um Kunden konkurrieren. Aber auch auf den lokalen Telefonmärkten der Vereinigten Staaten begannen sich potenzielle Konkurrenten zu etablieren. So genannte *Competitive Access Provider* (CAPs) begannen Mitte der 90er Jahre in größeren Städten mit der Glasfaserverkabelung einzelner Gebäudezüge und knüpften Verbindungen mit Fernverbindungsanbietern. Die Größe ihrer Glasfasernetze wuchs allein in den Jahren von 1987 bis 1991 um das Zwanzigfache auf insgesamt über 2.000 Meilen (vgl. Rosenbaum 1996: 39). Die CAPs traten damit in direkten Wettbewerb mit den *Regional Bell Operating Companies (RBOCs)*, die bis dahin das regionale Telefon-Monopol inne hatten.

Die Existenz von Kommunikationsnetzen verschiedener Anbieter auf verschiedenen Ebenen und die technische Möglichkeit, diese Netze miteinander zu verknüpfen, begründete die Forderung der Betreiber, in den jeweils anderen Netzen aktiv werden zu dürfen. AT&T als einstigem Monopolanbieter war es nach der Zerschlagung des Konzerns in den 80er Jahren verboten worden, sich im lokalen Telefonmarkt zu engagieren. Und umgekehrt durften die RBOCs nicht auf dem Ferngesprächsmarkt tätig werden.

Wichtig im Zusammenhang mit der Entstehung interaktiver Dienste war allerdings die Forderung der regionalen Telefongesellschaften, auch Fernsehdienste anbieten zu dürfen. Durch die Digitalisierung von Fernsehsignalen und der Entwicklung breitbandiger Zugangstechnologien über das Telefonnetz (ADSL) war es für die regionalen Telefonfirmen technisch möglich geworden, Fernsehen in Form von Video on Demand sowie interaktive TV-Dienste anzubieten. Nach dem *Cable Act* von 1984, der die Kabelnetzbetreiber vor Konkurrenz schützen sollte, war es den Telefongesellschaften aber prinzipiell nicht gestattet, Fernsehen zu übertragen.

Dennoch setzte die regionale Telefonfirma Bell Atlantic Mitte 1993 auf dem Gerichtsweg durch, dass sie in bestimmten Regionen Versuche zu Video on Demand durchführen konnte. Ziel der Telefonfirma war es, im Bereich der TV-Dienste zu einem wichtigen Konkurrenten der Kabel-TV-Betreiber zu werden und über ihre eigene technische Infrastruktur neue Dienste anzubieten, die bisher nur über die traditionellen Fernsehübertragungswege realisiert werden konnten.

Auf der anderen Seite waren die Kabel-TV-Unternehmen der Überzeugung, dass sie aufgrund der technischen Entwicklung und nach einer Aufrüstung ihrer Netze zu modernen Glasfaser-Koax-Netzen in der Lage sein würden, neben interaktiven TV-Diensten künftig auch Sprachdienste anbieten zu können. Sie würden damit in direkte Konkurrenz zu den regionalen Telefonunternehmen treten, was ihnen allerdings aufgrund von Regulierungsvorschriften im Ortsnetzbereich bis dahin verwehrt war. Sie forderten deshalb konkrete Bestimmungen, die die Zusammenschaltung ihrer interaktiven Kabelnetze mit dem Telefonnetz der RBOCs zu fairen Konditionen ermöglichen sollten.

Insgesamt erschienen durch die technische Entwicklung die, als *Cross-Ownership*-Regelungen bezeichneten, Betätigungsverbote als gravierendes Hindernis für die Entwicklung neuer Dienste sowie für die Bereitstellung herkömmlicher Dienste über unterschiedliche Infrastrukturen.[69]

7.4.3 Zukunft der Gebührenkontrolle beim Kabelfernsehen

Ein wichtiger Einzelpunkt, der von den Kabel-TV-Gesellschaften zur Zeit der Entstehung der *NII* immer wieder vorgebracht wurde, betraf die staatliche Gebührenkontrolle für Kabelfernsehen. Seit dem *Cable Act* von 1992 unterlag die Kabelindustrie einer staatlichen Entgeltregulierung. Hintergrund für diese Entgeltregulierung waren übermäßige Erhöhungen der Kabelgebühren, die die Firmen in den 80er Jahren aufgrund ihrer Monopolstellung durchsetzen konnten. Der *Cable Act* von 1992 ordnete deshalb eine Gebührenkontrolle an und ließ unter bestimmten Umständen Konkurrenz innerhalb eines *Franchise*-Gebietes zu (vgl. Straubhaar/ LaRose 1995: 240ff und Auletta 1997: 198).

Von den Unternehmen wurde die Regierung aufgefordert, diese Gebührenkontrolle wieder aufzuheben. Ihr Argument war, dass ohne die Möglichkeit einer freien Preisgestaltung keine Investitionen in die Technik getätigt werden. Dabei wurden insbesondere neue interaktive Dienste, wie sie im Zuge der Digitalisierung möglich wurden, als Argument gegen die Gebührenkontrolle angeführt, da gerade hier enorme Investitionen nötig wurden.

---

69   Ausführlich dazu siehe Veraldi 1996, Dutton 1999, OECD 1998 und MacLeod 1996.

8   *Top-Down*-Analyse der *National Information Infra-structure*-Initiative

8.1   Hintergrund der Initiative und Thematisierung des Bereichs interaktives Fernsehen

Im September 1993 startete die neugewählte Clinton/ Gore-Adminstration die *National Information Infrastructure Structure*-Initiative. Das amerikanische Aktionsprogramm gilt als Vorreiter für die weltweiten Versuche, die Informationsgesellschaft politisch zu gestalten.

Die Vision eines neuen Aufbruchs durch Telekommunikationsnetze und insbesondere durch das Internet wurden von Präsident Bill Clinton und Vizepräsident Al Gore schon in ihrem Wahlkampf 1992 engagiert vertreten (vgl. Schneider 1997: 345f, Kubicek 1999: 64). Zwar spielte die Telekommunikation eine zentrale Rolle, es sollte jedoch deutlich gemacht werden, dass es um mehr ging. Im Gegensatz zu den Republikanern betonten sie die Notwendigkeit staatlicher Anstöße und flankierender Maßnahmen.[70] Schon wenige Monate nach der Regierungsübernahme wurde eine Arbeitsgruppe aus hochrangigen Vertretern verschiedener Ministerien gebildet, die so genannte Information Infrastructure Task Force (IITF), die vom damaligen Wirtschaftsminister Ronald H. Brown geleitet wurde. Zusätzlich wurde ein Beirat - das *Advisory Council* - mit renommierten Vertretern der Wirtschaft, Wissenschaft und gesellschaftlicher Gruppen einberufen. In den Berichten des *Advisory Councils* „Technologies for America´s Economic Growth" und „Vision for a 21st Century" des ebenfalls neu eingerichteten *Councils for Competitiveness* wurde die Wichtigkeit einer modernen nationalen IuK-Infrastruktur hervorgehoben und die Rolle des Staates beim Aufbau einer solchen Infrastruktur betont.

Im September 1993 legte die IITF schließlich das 26-seitige Handlungsprogramm „Agenda for Action" (IITF 1993) vor, das den Ausgangspunkt für diese Analyse bildet. Die *Agenda for Action* beginnt mit einem Szenario der zukünftigen Mediennutzung:

> Imagine you had a device that combined a telephone, a TV, a camcorder, and a personal computer. No matter where you went or what time it was, your child could see you and talk to you, you could watch and replay your team´s last game, you could browse the latest additions to the library, or you could find the best prices in town on groceries, furniture, clothes - whatever you needed (IITF 1993: 5).

---

70   In der Technologiepolitik ist dies seit Kennedys Weltraum-Programm ein Kennzeichen der Politik der Demokratischen Partei, vgl. Chapman 2000.

Initiative:	The National Information Infrastructure. Agenda for Action.
	Vorausgegangen waren der Initiative eine Themenzentrierung auf Infrastrukturfragen im Clinton/ Gore-Wahlkampf von 1992, der Bericht „Technology for America´s Economic Growth" und der Bericht des *Councils for Competitiveness* „Vision for a 21st Century" im Mai 1993.
Start:	September 1993
Initiatoren:	Clinton/ Gore-Administration, Department of Commerce (DoC)
Ziele:	1. Ermutigung von Investitionen des privaten Sektors („Promoting Private Sector Investment"),
	2. Ausweitung des "Universal Service"-Konzepts zur Sicherstellung von Informationsmöglichkeiten für alle zu bezahlbaren Preisen,
	3. Unterstützung von technologischen Innovationen und neuen Anwendungen,
	4. Förderung des Aufbaus eines nahtlosen, interaktiven und anwendungsorientierten Netzes,
	5. Sicherheit in und Verläßlichkeit von informationstechnischen Systemen,
	6. Verbesserung des Managements der Frequenzvergabe („Management of Radio Frequency Spectrum"),
	7. Schutz des geistigen Eigentums,
	8. Koordination mit den anderen staatlichen Ebenen und internationale Zusammenarbeit,
	9. Zugang der Bürger zu Regierungsinformationen und Verbesserung der Verwaltungsorganisation.
Aktionen:	- Anpassung des rechtlichen Rahmens: „Review and reform government regulations that impede development of interactive services and applications. The Administration will work closely with the private sector, as well as state and local governments, to identify government policies and regulations that may hinder the growth of interactive services and applications" (IITF 1993: 9),
	- „Passage is expected for a bill that will make better services, at lower prices, available to all Americans (...)" (Information Infrastructure Taskforce 1994: i),
	- TCA 1996, Wettbewerb im Ortsnetzbereich und Förderung von Breitband-Internet,
	- Migrationsentscheidung der FCC zu digitalem Fernsehen 1997.
Struktur:	Die Information Infrastructure Task Force (IITF) im Department of Commerce (DoC) und der Telecommunications Policy Roundtable (TRT) wurde gebildet, um konkrete Schritte und Projekte zu planen.
	Quellen: IITF 1993; IITF 1994; www.iitf.nist.gov/index.html; http://sunsite.unc.edu/nii/toc.html.

Tab. 7:   Kurzübersicht der *National Information Infrastructure*-Initiative

Grundlage für diese Anwendungen sollte die *National Information Infrastructure* sein, ein nahtloses Netz („seamless web") aus Telekommunikationsnetzen, Computern, Datenbanken und Unterhaltungselektronik, das jedem Amerikaner riesige Mengen von Informationen auf Knopfdruck zur Verfügung stellt. Die Informationsrevolution sollte nachhaltige Veränderungen in der Art und Weise auslösen, wie die Menschen leben, arbeiten und miteinander interagieren (vgl. IITF 1993: 1).

Die erwarteten übiquitären Auswirkungen der informationstechnischen Vernetzung und die Versprechungen des Informationszeitalters, die Vizepräsident Gore in zwei großen Reden im Dezember 1993 vor dem Nationalen Presseklub in Washington, D.C. und im Januar 1994 auf dem „Mediengipfel" in Los Angeles darlegte, weckten in Amerika das Interesse für die Telekommunikationspolitik. Robinson (1995) stellt in seiner Analyse der Telekommunikationspolitik der ersten Jahre der Clinton-Administration fest, dass die Vision eines nationalen Information-Superhighways einen politischen Klimawechsel in Washington und im ganzen Land bewirkt hatte. Traditionell hat die Telekommunikationspolitik nur selten die Aufmerksamkeit der Öffentlichkeit oder der meisten US-Politiker erregt. Dieses Thema wurde bis dahin als zu kompliziert oder zu technisch für die Allgemeinheit betrachtet. (vgl. Robinson 1995: 36.)

In der *Agenda for Action* wurden insgesamt neun Ziele formuliert (siehe Tab. 7), wobei hier ähnlich wie später bei der deutschen Initiative bereits bestehende Aktivitäten von Ministerien und Regulierungsbehörden aufgenommen wurden. Alle staatlichen Aktivitäten mit informationsgesellschaftlicher Bedeutung sollten unter dem Dach der *NII* gebündelt und koordiniert werden.

Bemerkenswert an der *Agena for Action* ist die zentrale Rolle, die der Politik im Prozess der Schaffung der *NII* zugewiesen wird (vgl. Willke 1997: 244f). Zwar wurde betont, dass die privaten Unternehmen für den Aufbau des Information Superhighways verantwortlich sind. Deren Rolle sollte aber durch eine aktive Politik und durch zielorientierte Regulierungsvorgaben gestärkt werden. Außerdem wollte der Staat eine Reihe von Aufgaben in Eigenregie übernehmen, um dem privatwirtschaftlichen Sektor zu helfen, die Technologien, die für die *NII* benötigt werden, zu entwickeln und zu demonstrieren sowie um Anwendungen zu entwickeln, die für die Nutzer von Wert sind (siehe Ziel Nr. 3 in Tab. 7).

Der Staat sollte ein Katalysator für technische Innovation und neue Anwendungen sein, wofür nicht nur eine thematische Ausrichtung von Forschungs- und Förderungsprogrammen auf die *NII* angekündigt wurde, sondern auch konkrete Vorschläge hinsichtlich des Einsatzes von IuK-Technologien in der öffentlichen Verwaltung und im Gesundheitswesen gemacht wurden (vgl. ITTF 1996: 14-18).

Welche Teile des Aktionsprogramms lassen sich nun speziell auf die Entwicklung des interaktiven Fernsehens beziehen?

1. Förderung des Aufbaus eines nahtlosen, interaktiven und anwendungsorientierten Netzes

Im Zentrum der Initiative stand wie erwähnt die Förderung des Aufbaus ein nationalen Informationsinfrastruktur. Die Informationsinfrastruktur sollte sich dabei nicht nur auf Telekommunikationsnetze und ihre Verknüpfung zu einem einheitlichen, interaktiven Netz beziehen, sondern auch das Fernsehen bzw. Fernsehübertragungsnetze mit einschließen. Dabei stand die Interoperabilität und die Offenheit der Netze für neue Anwendungen im Vordergrund. Diese sollte durch die Standardisierung von Schnittstellen und die Förderung der Kooperation zwischen den verschiednen Netzbetreibern erreicht werden (IITF 1993: 9).

Obwohl die Verwendung des Begriffs „Infrastruktur" eine Ausrichtung vor allem auf technische Kommunikationsnetze nahelegt, sollten es tatsächlich die konkreten Anwendungen und die Nutzer sein, die den Aufbau der *NII* bestimmten. Das Netz der Netze sollte ausdrücklich „user-driven" sein und sinnvolle Anwendungen ermöglichen, mit denen die Informations- und Kommunikationsmöglichkeiten der Bevölkerung entsprechend ausgeweitet werden sollten.

2. Weitere Liberalisierung der Telekommunikation

Im Hinblick auf die Ermöglichung neuer Anwendungen, insbesondere im Bereich der Online-Kommunikation, sollte die Liberalisierung der Telekommunikation weiter vorangetrieben werden. Vor allem im Ortsnetzbereich sollte dazu mehr Wettbewerb eingeführt werden. Grundüberzeugung der *NII* war es dabei, dass ein freier und fairer Wettbewerb auf allen Ebenen innovative Dienste hervorbringen würde und die Kosten für die Nutzer senken würde.

Obwohl in der *Agenda for Action* neue Zugangstechnologien wie ADSL oder Kabelmodems nicht explizit angesprochen werden, sind dies ebenfalls neue Dienste, die von der regulativen Gestaltung der „letzten Meile" und damit direkt von der Wettbewerbsgestaltung im Ortsnetzbereich abhängig sind.

3. Anpassung des rechtlichen Rahmens

Ähnlich wie im deutschen Programm sollten auch im Rahmen der *NII* die bestehenden rechtlichen Regelungen daraufhin überprüft werden, inwieweit sie der Entwicklung neuer Angebote im Wege stehen. Inhaltlich können in diesem Bereich allerdings große Unterschiede festgestellt werden, auf die später im einzelnen eingegangen wird.

Als wesentliche Handlungsfelder wurden in der amerikanischen Initiative die Anpassung des *Universal Service*-Konzepts auf neue Dienste, die Gewährleistung von Sicherheit in informationstechnischen Systemen, das staatliche Management der Frequenzvergabe und die Anpassung von *Copyright*-Regelungen auf digitale Medien identifiziert.

Bemerkenswert ist dabei die Absicht der Programm-Macher, die Anpassung des *Universal Service*-Konzepts an die Erfordernisse der Online-Ära dazu zu nutzen, in Schulen, Bibliotheken und andere öffentlichen Einrichtungen Internet-Zugänge einzurichten, die von allen Bürgern genutzt werden können.

Diese Maßnahme sollte dazu dienen, die Hemmschwelle für die neuen Medien abzubauen, die private Nutzung von Online-Medien zu fördern und langfristig die Spaltung der Gesellschaft in Nutzer und Nicht-Nutzer zu verhindern (IITF 1993: 11).

Über diese bundesstaatlichen Aktionen hinaus sollten in Konsultationen mit den Einzelstaaten (*states*) und den kommunalen Behörden sowie mit Vertretern von

Unternehmen im Laufe des Programms weitere Hürden für die Entwicklung interaktiver Dienste und Anwendungen ausgemacht und beseitigt werden (IITF 1993: 9).

4. *Migrationsentscheidung: Einführung des digitalen Fernsehens bis 2006*

Eine weitere Maßnahme mit Auswirkungen auf die Entwicklung des interaktiven Fernsehens war die Migrationsentscheidung für das digitale Fernsehen. Die Entscheidung der FCC, ab dem Jahr 2006 nur noch digitale Fernsehübertragungen zu erlauben und die analogen Frequenzen einzuziehen, wurde zwar noch nicht in der *Agena for Action* angekündigt, sie läßt sich aber indirekt zu den Maßnahmen der Initiative zählen, weil hier Fragen angesprochen wurden, die sich direkt auf die Gestaltung der angestrebten Informationsinfrastruktur beziehen.

Insgesamt weist die *National Information Infrastructure*-Initiative der Clinton/Gore-Administration eine starke inhaltliche Zentrierung auf Netzinfrastrukturen und neue interaktive Anwendungen auf, die vor allem über die Gestaltung von Wettbewerbsbedingungen sowie über die Anpassung von bestehenden rechtlichen Vorgaben ermöglicht und gefördert werden sollten. Festzuhalten ist, dass sich die *NII* insbesondere von der adäquaten Gestaltung des ordnungspolitischen Rahmens einen Effekt auf die Entwicklung von neuen Anwendungen im privaten Bereich erhoffte. Konkrete Medienentwicklungsprojekte oder gar staatlich subventionierte Pilotprojekte waren nicht vorgesehen und wären prinzipiell als ungerechtfertigte Eingriffe in den Markt interpretiert worden.

Zwar sollte der Staat eine Schrittmacherfunktion bei der Anwendung neuer Technologien übernehmen. Dies schlug sich aber nur in den Bereichen öffentliche Verwaltung, Schulen und im Gesundheitswesen in konkreten (Anwendungs-) Projekten nieder. Bei der privaten Mediennutzung bezog sich die staatliche Initiative dagegen hauptsächlich auf die telekommunikations- und medienrechtliche Regulierung und die Schaffung günstiger Ausgangsbedingungen für neue Anbieter. Als flankierende Maßnahmen können indes die Vorschläge bezeichnet werden, die im Rahmen der Ausweitung des *Universal Service*-Konzepts auf die Online-Medien gemacht wurden. Über die Einrichtung öffentlicher Zugangsmöglichkeiten zum Internet in Schulen, Bibliotheken und kommunalen Behörden sollten die Nutzer das neue Medium kennenlernen können und erste Erfahrungen damit machen können.

8.2   Klarheit und Konsistenz der Ziele

In welchem Verhältnis stehen nun die in der *NII* formulierten Ziele zueinander? Zunächst kann dazu festgestellt werden, dass mit dem Begriff der *National Information Infrastructure*, der auch als „Information-Superhighway" oder „Data-Highway" bezeichnet wurde (vgl. Kleinsteuber 1996), eine Vision bzw. ein übergeordnetes Ziel formuliert wurde, unter dem sich alle Teil-Ziele und die damit verbundenen konkreten Maßnahmen subsumieren ließen.

Al Gore hatte in seiner erwähnten Rede auf dem „Mediengipfel" in Los Angeles die Metapher des *Information-Superhighway* in Anlehnung an die das nationale Straßensystem entwickelt, um das die Welt Amerika beneide. Ähnlich große

Aufgaben würden nun im heranbrechenden Zeitalter der digitalen Kommunikation bevorstehen, so Gore (Gore 1994, Brinkley 1997: 289).

Die Leitlinien der Entwicklung des *Information Superhighways* bestanden dabei aus drei Punkten: Erstens sollte eine ausreichende Leitungskapazität in einer Breitbandinfrastruktur („Backbone") geschaffen werden, zweitens sollte der Zugang zu diesem *Backbone* für alle Bürger sichergestellt werden (so genannte On-ramps, „Aufahrtsrampen" zum Datenhighway) und drittens sollte die Entwicklung von Applikationen gefördert werden, die auf dieser Infrastruktur zum Einsatz kommen sollten (vgl. Willke 1997: 245f).

Im Rahmen der weiteren Liberalisierung des Telekommunikationssektors stand das Ziel im Vordergrund, „better services, at lower prices, available to all Americans" zur Verfügung zu stellen (vgl. ITTF 1994: i).[71] Der TK-Sektor sollte vor allem im Ortsnetzbereich weiter von staatlichen Auflagen befreit werden, d.h. es sollte mehr Wettbewerb möglich werden. Seit der Zerschlagung des AT&T-Monopols in den 80er Jahren hatte sich auf dem amerikanischen Telefonmarkt Wettbewerb hauptsächlich im Ferngesprächs-Markt (*long distance*) entwickelt. Der Ortsnetzbereich war jedoch nach wie vor von den lokalen Monopolen der *Baby Bells* geprägt. Deshalb wurde ein neues Telekommunikationsgesetz angekündigt, das den *Communications Act* von 1934 ersetzen sollte.

Als weiteres Ziel im Zusammenhang mit der Regulierung des Telekommunikationssektors wurde die organisatorische und personelle Stärkung der FCC genannt. Die Regulierungsbehörde sollte in die Lage versetzt werden, die vielen neuen und schwierigen Regulierungsaufgaben kompetent erfüllen zu können.

Die Anpassung des rechtlichen Rahmens sollte unter der übergeordneten Maßgabe vollzogen werden, dass alle Vorschriften zu beseitigen sind, „that may hinder the growth of interactive services and applications" (IITF 1993: 9). Obwohl in der deutschen Initiative auf den ersten Blick ganz ähnlich verfahren wurde, weisen die Ziele, die hinsichtlich der Anpassung des rechtlichen Rahmens formuliert wurden, in der *NII* eine andere thematische Richtung auf. Sie sind weniger von dem Bemühen um einen einheitlichen rechtlichen Rahmen aus einem Guß geprägt, als vielmehr von der Absicht, die bestehenden Regelungen in den verschiedenen staatlichen Handlungsfeldern so zu überarbeiten, dass sich daraus ein substanzieller Beitrag zum Aufbau des *Information-Superhighways* ergibt.

Das Ziel einer so gearteten Anpassung der rechtlichen Vorgaben wurde vor allem in drei Bereichen verfolgt:

Ausweitung des Universal Service-Konzepts auf die neuen Informations- und Kommunikationstechniken. Sicherstellung von Informationsmöglichkeiten für alle zu bezahlbaren Preisen: Hintergrund für dieses Aktionsfeld war die Befürchtung, dass sich die aufkommende Informationsgesellschaft in „information-haves" und „information have-nots" aufspalten könnte (vgl. DoC 1995). Das *Universal-Service*-Konzept, das in den Vereinigten Staaten seit 1934 allen Telefonanbietern Universal-

---

71   Dies sollte im Übrigen dazu beitragen, die Führungsrolle der USA in der weltweiten Informationsrevolution sicherzustellen, vgl. IITF 1994: i.

dienst-Prinzipien für „basic communications services" auferlegt hatte, sollte daher erweitert werden auf den Bereich der „advanced communications services". Damit sollte sichergestellt werden, dass die Bevölkerung einfachen und bezahlbaren Zugang zu neuen, „fortschrittlichen" (*advanced*) Diensten und Angeboten hat. Der Zugang zu diesen Diensten sollte dabei unabhängig vom Haushaltseinkommen, vom Wohnort oder von Behinderungen möglich sein (ITTF 1993: 8). Was genau unter „advanced communications and information services" verstanden werden sollte, wurde allerdings offen gelassen.[72] Im Vorlauf zur Neuregelung des *Universal Service*-Konzepts sollte allerdings allen relevanten gesellschaftlichen Gruppen die Möglichkeit gegeben werden, Stellung zu beziehen. Außerdem sollten die Regulierungsbehörden auf einzelstaatlicher und kommunaler Ebene in den Konsultationsprozess mit einbezogen werden.

Verbesserung von Sicherheit und Verläßlichkeit von informationstechnischen Systemen: Unter der Verbesserung der Sicherheit und Verläßlichkeit informationstechnischer Systeme wurde in der *Agena for Action* eine Überprüfung von bestehenden Datenschutzvorschriften sowie die Entwicklung von Verschlüsselungshardware und -software in Kooperation mit privaten Firmen verstanden. Darüber hinaus sollten Maßnahmen erarbeitet werden, um die elektronische Infrastruktur vor Ausfall und Sabotage zu schützen.

Verbesserung des Managements der Frequenzvergabe: Um drahtlose Multimedia-Anwendungen zu fördern, sah die Clinton-Regierung in der *Agenda for Action* vor, die Belegung von Frequenzen durch die Regierungsbehörden überprüfen zu lassen. Dabei sollte herausgefunden werden, welche Frequenzen z.B. vom Militär belegt waren und dort nicht mehr gebraucht wurden. Brachliegende Ressourcen sollten grundsätzlich zur Verwendung privater Unternehmen freigegeben werden. Darüber hinaus sollten Marktprinzipien bei der Vergabe der knappen Frequenzen eingeführt werden. Die so genannten *Wireless Services* wurden als Teil der *NII* gesehen und sollten deshalb unter Wettbewerbsbedingungen möglichst effizient zugeteilt und genutzt werden können. Unter *Wireless Services* wurden dabei sowohl Mobilfunkdienste als auch breibandige Richtfunkdienste (LMDS, MMDS) sowie digitale TV-Dienste verstanden.

Anpassung der gesetzlichen Vorschriften zum Schutz des geistigen Eigentums im Zeitalter der digitalen Medien: Mit einer Anpassung der *Copyright*-Bestimmungen sollte das kreative Potenzial des *Information-Superhighways* gesichert werden. Der angemessene Schutz von Eigentumsrechten wurde als zentraler Faktor für neue Angebote angesehen, die künftig auf der *Information Infrastructure* realisiert werden sollten. Die Schutzbestimmungen sollten deshalb auf alle Arten der digitalen Medien ausgeweitet werden, „whether in the form of text, images, computer programs, databases, video or sound recordings, or multimedia formats" (IITF 1993: 10). Außerdem sollten Möglichkeiten erkundet werden, wie Produzenten ihre

---

72 Dies eröffnete einen Interpretationsspielraum, den die FCC später bei der Umsetzung nutzte, um die neu aufkommenden breitbandigen Zugangsmöglichkeiten zum Internet als „advanced communication services" zu definieren, vgl. Abschnitt 8.5.

Werke vor unerlaubter Vervielfältigung schützen können und wie Gebühren für die digitale Verbreitung geltend gemacht und eingezogen werden können.

Ein weiteres Ziel im Rahmen des Aufbaus der *NII* war die im Jahre 1997 von der FCC beschlossene Einführung des digitalen Fernsehens bis Ende 2006. Hintergrund dieser Entscheidung war unter anderem der internationale Wettbewerb um den Standard und die Absicht, durch die konkrete Gestaltung der digitalen Fernsehzukunft einen Vorsprung zu erzielen (vgl. Abschnitt 7.3.1).

Insgesamt erscheinen die Ziele der *NII* klarer und besser aufeinander abgestimmt als die von Info 2000. Auch wenn sich beide Programme hinsichtlich des Konkretisierungsgrades ihrer Ziele nicht wesentlich unterscheiden - beide Programme formulieren keine „harten" Zielvorgaben, wie z.B. die Anzahl von Internet-Anschlüssen, die zu einem gewissen Zeitpunkt erreicht werden sollen - erscheint das amerikanische Programm stärker focussiert und deutlicher ausgerichtet an dem übergeordneten Ziel, die Entwicklung interaktiver Medien zu fördern.

8.3   Annahmen über die Funktionslogik des Adressatenfeldes

Für den amerikanischen Politikansatz der frühen 90er Jahre eher untypisch, für das staatliche Programm zum Aufbau einer informationstechnischen Infrastruktur aber von entscheidender Bedeutung, war die Überzeugung der Clinton/ Gore-Administration, dass es die Aufgabe des Staates sei, sich bei der Entwicklung im Bereich der so genannten „Critical Technologies" zu engagieren. Chapman (2000) bezeichnet diese Strategie der Clinton/ Gore-Regierung etwas unorthodox als „technology pull": „meaning that the goal of accomplishing something grand, in scientific or technological terms, pulls the technology toward the goal. Examples include the Apollo space program in the 1960s and the goal of halting global warming" (Chapman 2000). Mitte der 90er Jahre verfolgte die amerikanischen Regierung mit Nachdruck das Ziel, alle gesellschaftlichen Aktivitäten auf den *Information-Superhighway* zu konzentrieren.

Wie wichtig der Clinton/ Gore-Administration der Aufbau des *Information-Superhighways* war, zeigt schon der Umfang der konkreten Aktionen, die in diesem Bereich im Anschluß an die *Agenda for Action* konzipiert wurden. Während sich im Fortschrittsbericht zur *NII* (ITTF 1994) zum Thema „Anpassung der rechtlichen Rahmenbedingungen" lediglich ein Abschnitt findet (nämlich der Hinweis auf den neuen *Telecommunications Act*), weist der Bericht allein sieben Punkte zum Thema „Promote Seamless, Interactive, User-driven Operation" aus (vgl. ITTF 1994: 11-13 und Robinson 1995).

Unterstellt wurde dabei, dass ein „network of networks" nur dann entstehen kann, wenn die Interoperabilität sichergestellt ist, d.h., wenn die Netze untereinander kompatibel sind und sich Informationen einfach und effizient von einem Netz ins andere übertragen lassen. Dazu sollten Maßnahmen erarbeitet werden, die offene Schnittstellen bei allen Übergabepunkten gewährleisten.

Im Bereich der Liberalisierung der Telekommunikation wurde davon ausgegangen, dass nur ein vollständiger Wettbewerb zwischen den Netzanbietern neue Angeobte und günstigere Preise bewirken könnte. Den lokalen Telefongesellschaften als letzten Monopolanbietern im amerikanischen Telefonmarkt wurde deshalb auferlegt, ihre Netze für Konkurrenten zu öffnen. Im Gegenzug sollte den regionalen *Bells* erlaubt werden, sich im lukrativen Ferngesprächsmarkt zu engagieren. Bei der späteren Konkretisierung dieser Maßnahme im TCA wurde dieser „Handel" an das tatsächliche Wettbewerbsverhalten der *Baby Bells* gekoppelt: Nur wenn diese tatsächlich mit den Konkurrenten kooperierten, sollte ihnen die Erlaubnis für den *long distance*-Bereich erteilt werden. Der FCC kam dabei die Aufgabe zu, das Wettbewerbverhalten der Unternehmen genau zu beobachten.

Bei der Anpassung des rechtlichen Rahmens wurde unterstellt, dass vorhandene Regelungen vor dem Hintergrund der medientechnischen Entwicklungen nicht grundsätzlich überdacht werden müssen, sondern dass sie in spezifischer Weise an die neuen Erfordernisse angepasst werden müssen. Von den Anpassungen wurden dabei weitreichende Konsequenzen auf die Medienentwicklung erwartet. Bei der Anpassung des *Universal Service*-Konzepts wurde beispielsweise davon ausgegangen, dass viele Menschen nur deshalb keine Online-Medien nutzen, weil sie bisher noch keine Möglichkeit gehabt hatten, dieses Medium für sich zu entdecken. Mit Internet-Terminals an öffentlich zugänglichen Plätzen sollte den Bürgern deshalb die Möglichkeit gegeben werden, die neuen Medien für sich zu erschließen. Die Online-Gebühren für diese Anschlüsse sollten dabei die Netzbetreiber übernehmen.

Die Kausaltheorie der staatlichen Akteure beim digitalen Fernsehen gründete schließlich auf der Annahme, dass die *Networks* nur dann die Migration zum digitalen TV vollziehen, wenn entsprechende Anreize vorhanden sind. Eine kostenlose zweite Frequenz ausschließlich für die digitale Ausstrahlung sollte einen derartigen Anreiz darstellen.

Inwiefern die Annahmen der Regierungsstellen über die Funktionslogik des Adressatenfeldes tatsächlich zutrafen, soll auch hier nicht abschließend bewertet werden. Erst die *Bottom-Up*-Analyse des konkreten Medienentwicklungskontextes in den Bereichen interaktive TV-Dienste, Breitband-Internet und Video on Demand wird zeigen, in welchem Umfang die staatlichen Maßnahmen tatsächlich Anknüpfungspunkte bei den Handlungslogiken der Akteure fanden.

8.4　　Rechtliche und institutionelle Struktur des Implementationsprozesses

Mit der konkreten Umsetzung der Maßnahmen der *Agena for Action* war zum großen Teil die *Information Infrastructure Task Force* (IITF) beauftragt worden. Damit war die selbe *Task Force* mit der Umsetzung beschäftigt, die zuvor auch maßgeblich an der Formulierung und der Ausarbeitung der Maßnahmen beteiligt gewesen war. Dieser interministeriellen Arbeitsgruppe gehörten die Spitzen der jeweiligen Ressorts an (vgl. Abb. 33).

Angesiedelt war die IITF beim Department of Commerce (DoC) und wurde dort von der Abteilung „National Telecommunications and Information Administration" (NTIA) koordiniert. Die NTIA wurde speziell für die Umsetzung der *NII* reaktiviert. Als Expertengruppe für Telekommunikationsfragen war sie unter Präsident Roosevelt gegründet worden und wurde seither von den verschiedenen Administrationen in unterschiedlichem Ausmaß in Anspruch genommen. Unter den Präsidenten Reagan und Bush spielte die NTIA praktisch keine Rolle, erst durch die Clinton/Gore-Regierung wurde sie wieder organisatorisch aufgewertet sowie personell stark erweitert (vgl. DoC 1997). Die NTIA diente als zentrale Implementationsstelle für die Aktionen der *NII* und schlug Maßnahmen und Strategien für die Umsetzung der Ziele in den Bereichen rechtliche Rahmenbedingungen für neue Dienste, Telekommunikations- und Technologiepolitik vor.

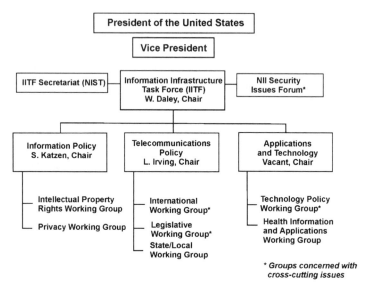

Abb. 33: Die IITF als Implementationsstelle für die *NII* (Quelle: www.iitf.nist.gov)

Eine der wichtigsten Aktivitäten der IITF und des Weißen Hauses betrafen den Bereich der De- und Reregulierung. Im Zentrum stand die Reform des Telekommunikationsgesetzes, die 1995 vor den Wahlen zum Kongreß an Auffassungsunterschieden gescheitert war und die 1996 in einem erneuten Anlauf vollzogen wurde (vgl. Kubicek 1999: 70). Resultat war der *Telecommunications Act* von 1996.

Im neuen Telekommunikationsgesetz fanden auch breitbandige Zugangstechnologien Erwähnung. Der Gesetzestext spricht von „advanced telecommunications capability" (TCA, Section 706(b)) und definiert sie als „high-speed, switched, broadband telecommunications capability that enables users to originate and receive high-quality voice, data, graphics, and video communications using any technology" (FCC 1999: 9).

Auch im Bereich der neuen Zugangstechnologien sollte dabei der Grundsatz des freien Wettbewerbs gelten. Dort, wo neue Zugangstechnologien aus einer marktbeherrschende Stellung heraus angeboten würden, sollte die FCC regulierend eingreifen. Für den DSL-Bereich bedeutet dies, dass die regionalen Telefongesellschaften, die ihre Netze aufgerüstet hatten, um DSL-Dienste anzubieten, diese Infrastruktur auch konkurrierenden TK-Unternehmen zur Verfügung stellen mussten (vgl. Greenberg 1998, Scoblionkov 1998, McCullagh 1999, Hearn 1999). Obwohl High-Speed-Datendienste auch über das Kabel-TV-Netz angeboten werden, gelten für diesen Bereich nicht die gleichen Bestimmungen (vgl. Abschnitt 7.4.2). Für Kabel-TV-Firmen gibt es auch nach dem TCA von 1996 keine *Un-bundling Obligations*, d.h. keine Verpflichtung, fremden Anbietern Zugang zu ihren Netzen zu gewährleisten, wie dies bei den Telefonnetzen der Fall ist. Dennoch hat die FCC im Zuge ihrer Auslegung des TCA Vorkehrungen für eine einheitliche Regulierung getroffen und verfolgt eine Politik, in deren Mittelpunkt die möglichst umfassende Versorgung mit Breitband-Anschlüssen steht (vgl. Rosenberg 1998).

Diese Politik hat in den Vereinigten Staaten eine umfangreiche Diskussion ausgelöst, die unter der Überschrift „Infrastrukturwettbewerb" geführt wird. Unter Infrastrukturwettbewerb versteht man die Konkurrenz verschiedener Infrastrukturbetreiber (Telefongesellschaften, Kabel-TV-Betreiber, Mobilfunkbetrieber und Anbieter anderer drahtloser Zugangstechniken sowie Satellitenbetreiber) bei der Erbringung breitbandiger Online-Angebote und anderer interaktiver Dienste. Sofern Wettbewerb *zwischen* den verschiedenen Infrastrukturanbietern sichergestellt ist, so der Ansatz der FCC, können unterschiedliche Regulierungen *innerhalb* der Bereiche durchaus gerechtfertigt sein (vgl. Tristani 1999). Deutlich kommt in diesem Ansatz die Leitlinie des TCA zum Ausdruck, die im Wettbewerb *bei allen* Angeboten und Diensten, inklusive der breitbandigen Angebote, besteht (vgl. FCC 1999: 3, Pattay 1994).

Unter dieser Leitlinie stand auch die Deregulierung des Rundfunksektors, die ebenfalls im TCA vorangebracht werden sollte. In Abschnitt IV des TCA wurden neue Bestimmungen für den Fernseh- und Kabelfernsehmarktmarkt formuliert, wobei die wesentliche Neuerung darin bestand, dass *Cross-Ownership*-Verbote, d.h. Beteiligungsverbote von Kabel-TV-Gesellschaften am Telefongesellschaften aufgehoben wurden. Der Effekt der Streichung von *Cross-Ownership*-Verboten war, dass nunmehr die Betätigungsverbote zwischen regionalen bzw. überregionalen Telefongesellschaften und den Kabel-TV-Konzernen sowie zwischen den *Networks* und den Kabelfirmen aufgehoben waren.

Speziell im Fernsehbereich erlaubte der TCA außerdem, dass Fernsehveranstalter, deren Eigentum an TV-Stationen zuvor auf ein Verbreitungsvolumen von 25 Prozent der Fernsehhaushalte begrenzt war, nun bis zu 35 Prozent der amerikanischen Bildschirme beherrschen dürfen (Everschor 2000: 12). Außerdem wurde die staatliche Kontrolle der Empfangsgebühren für das Kabelfernsehen abgeschafft.

Um einen offenen Markt für digitale Decoderboxen zu schaffen, entschied die FCC im Juni 1998, dass Kabelnetzbetreiber diese Boxen künftig nicht mehr vermieten dürfen, sondern, dass sie über den Handel zum Kauf angeboten werden müssen. Dies bedeutet für die Kabelnetzbetreiber, dass sie ihr Programm- und Diensteangebot nicht mehr an die verwendetete Technik koppeln dürfen. Bei den herkömmlichen analogen Programmen ist das Verschlüsselungssystem in die Decoderbox eingebaut: Box, Verschlüsselung und Dienste bilden eine Einheit. Die Einführung des digitalen Fernsehens wollte die FCC dazu nutzen, diese Einheit aufzubrechen, indem sie die Verwendung der *Common Interface*-Technik für Set-top Boxen vorschrieb (vgl. Abschnitt 7.3.1 und Bicknell/ Sullivan 1998, Roth 1998, Mahnke 1999).

8.5   Kompetenz und Motivation der Implementationsstellen

Neben der IITF und der NTIA erwies sich die FCC als wichtigste Implementations-stelle der amerikanischen Initiative. Speziell bei der Umsetzung der Maßnahmen im Bereich des interaktiven Fernsehens nutzte die FCC dabei ihren Interpretations-spielraum, den die Maßnahmen und Gesetzestexte, und hier insbesondere der TCA, offen gelassen hattten, „im Geiste" des Programms, d.h. im Sinne der Programm-Macher.

Dabei kann der FCC eine hohe Kompetenz und eine hohe Motivation be-scheinigt werden, zum Erfolg des politischen Programms beizutragen.

Die Affinität der Führungsspitze der FCC mit den Zielen des Programms ging sogar soweit, dass ihr damaliger Präsident William E. Kennard die Förderung von Breitband-Technologien zeitweise zur obersten Priorität der Arbeit der Regu-lierungsbehörde erklärte (FCC 1998).[73] Dazu konnte die FCC auf einen quali-fizierten Mitarbeiterstab und die langjährige Erfahrung der Behörde mit der Regulierung von Telekommunikationsdiensten zurückgreifen. *Highspeed*-Internet und andere breitbandige Online-Anwendungen wurden von der FCC als konsequente Weiterentwicklung des *Information-Superhighway* betrachtet, für die es galt und weiterhin gilt, entsprechende Wettbewerbsvorkehrungen zu treffen. Der TCA verlangt von der FCC, dem amerikanischen Kongreß einen jährlichen Bericht vorzulegen, in dem die Fortschritte und Probleme bei der Implementation von „advanced telecommunications capablility" aufgezeigt werden (siehe FCC 1998, FCC 1999, FCC 2000).

Hinzu kam, dass der Bereich, der sich mit der Internet-Regulierung und neuen Breitband-Technologien beschäftigte, im Zuge der *NII* organisatorisch aufgewertet wurde finanziell besser ausgestattet wurde (vgl. Werbach 1997, Werbach 1999). Die FCC kann im Zusammenhang mit der Umsetzung der Maßnahmen der *NII* deshalb als „sympathetic agency" im Sinne Sabatiers (1996) bezeichnet werden.

Auch im Rundfunkbereich, d.h. bei der Entwicklung eines Standards für das digitale Fernsehen und anschließend bei der Umsetzung von Einführungsstrategien erwies sich die FCC als kompetente Regulierungsstelle. Hier konnte sie von dem großen Mitarbeiterstab profitieren, der sich sprziell mit den technischen Ent-wicklungen im Rundfunkbereich und ihren jeweiligen Auswirkungen auf die Angebots- und Wettbewerbssituation beschäftigte.

8.6   Unterstützung von Interessengruppen und staatlichen Stellen

Die Unterstützung der politischen Spitze hielt auch während des Verlaufs der Initiative an. In vielen Reden und Interviews machten Clinton und Gore deutlich,

---

73   Mitarbeiter der FCC mussmaßten gar, dass Kennard als „Mister Broadband" in die Geschichte eingehen wollte, vgl. I 943.

dass sie in der Verwirklichung der *Information Infrastructure* eine zentrale politische und gesellschaftliche Aufgabe sahen. Auch die Einrichtung von E-Mail-Adressen im Weißen Haus und die Ausrüstung der Bundesverwaltung mit Computern und moderner Netzwerktechnik sollte die Bedeutung unterstreichen, die die Regierung den neuen Technologien zuwies (vgl. Kahin 1996). Ein Instrument der Öffentlichkeitsarbeit sollte darüber hinaus die Web-Seite der IITF sein, auf der viele Dokumente der *NII*, insbesondere Protokolle und Zwischenberichte der Task Force öffentlich zugänglich gemacht wurden. Die *NII*-Verantwortlichen wollten so mit gutem Beispiel vorangehen (vgl. die *NII Virtual Library* unter http://nii.nist.gov sowie www.ntia.doc.gov).

Die Priorität, mit der die politische Führung Fragen der informationstechnischen Vernetzung und der neuen Medien behandelte, setzte sich auf den nachgelagerten staatlichen Ebenen, insbesondere bei der FCC durch, die sich im Laufe der Umsetzung der *NII* als wichtiger Verbündeter der Regierung erwies (vgl. Abschnitt 8.5)[74]

Durch die anhaltende Thematisierung, die auch durch die Reform des Telekommunikationsgesetzes aufrecht erhalten wurde, waren darüber hinaus die relevanten Interessengruppen gezwungen, sich mit den Maßnahmen der Regierung und der Vision eines nationalen *Information-Superhighways* auseinanderzusetzen. Die Umsetzung der *NII* war insgesamt als offener Prozess konzipiert worden, der an vielen Stellen die Beteiligung von Unternehmen, Interessengruppen, Experten und Behörden vorsah. Die Berücksichtigung und Koordination von Interessen der verschiedenenen Akteure wurde als zentral für die adäquate Umsetzung der Maßnahmen angesehen (vgl. z.B. Computer Science and Telecommunications Board 1996). Inwiefern es den Interessengruppen und insbesondere den großen TK- und Medienunternehmen dabei gelang, ihre eigenen Positionen und Interessen durchzusetzen, und die *NII* damit in eine bestimmte Richtung zu lenken, darauf wird später genauer eingegangen (siehe Kapitel 13).

---

74 Obwohl sie, genauso wie die RegTP in Deutschland, formal unabhängig von politischen Einflüssen ist. Die vier Direktoren der FCC (*Commissioners*) werden vom jeweiligen Präsidenten für eine Amtsperiode von 5 Jahren berufen. Dabei hat sich in den Vereinigten Staaten ähnlich wie in Deutschland eine gewisse Orientierung am Parteienproporz durchgesetzt (vgl. Kleinsteuber 1996).

9 Ergebnisse der *Top-Down*-Analysen im Vergleich

Obwohl sich die Ziele und die konzipierten Maßnahmen von *NII* und Info 2000 auf den ersten Blick nicht wesentlich voneinander unterscheiden, hat die Analyse der Umsetzung gezeigt, dass die konkrete Förderung neuer Medientechnologien in beiden Ländern ganz unterschiedlich angegangen wurde.

Insbesondere bei der Umsetzung der Reform des Telekommunikationssektors konnten große Unterschiede festgestellt werden. Während man in Deutschland von einer halbherzigen Reform sprechen kann, bei der den Interessen der Deutschen Telekom auf vielen Gebieten entgegengekommen wurde, stellt sich die Liberalisierung der Telekommunikation im Rahmen der *NII* als konsequenter Schritt in Richtung Infrastrukturwettbewerb zwischen den verschiedenen Netzbetreibern dar.

Darüber hinaus wurde in den Vereinigten Staaten über flankierende Maßnahmen, die professionelle Inszenierung und die Einbindung der Implementationsstellen sichergestellt, dass die Umsetzung der Maßnahmen „im Geiste" des Programms erfolgte.

Bei der Diskussion der rechtlichen Rahmenbedingungen fällt auf, dass die Amerikaner insgesamt einen pragmatischeren Ansatz verfolgten. Während man in Deutschland einen neuen, einheitlichen Rechtsrahmen für die Regulierung von neuen Diensten verfolgte, in dem sämtliche Kompetenzen und Aufsichtsbefugnisse geregelt werden sollten, wurde in den Vereinigten Staaten davon ausgegangen, dass die adäquate Anpassung bestehender Regelungen ausreicht und insgesamt die Priorität bei jenen Maßnahmen gesehen, die im Rahmen der medien- und telekommunikationsrechtlichen Regulierung für entsprechende Wettbewerbsstrukturen sorgt.

In den Tabellen 8 und 9 werden die Ergebnisse der beiden *Top-Down*-Analysen noch einmal zusammengefasst, bevor die Überprüfung des Umsetzungserfolgs der Programme anhand von Fallstudien in den einzelnen Medienbereichen erfolgt.

	Deutschland (Info 2000)
1 Klarheit und Konsistenz der Ziele	Liberalisierung der Telekommunikation: Öffnung des TK-Marktes für den Wettbewerb und Teil-Privatisierung der Deutschen Telekom.
	Koordination mit den Bundesländern und Anpassung von Bundesgesetzen: Weg frei machen für neue Dienste. Rechtssicherheit für Anbieter schaffen.
	Pilotprojekte zu interaktivem Fernsehen: Möglichst einheitliche Einführungen ermöglichen.
	Initiative Digitales Fernsehen: Konzertierte Aktion zur Einführung des digitalen Fernsehens.
	Teilweise widersprüchlich:
	- Privatisierung der Deutschen Telekom steht Koordinationserfordernissen bei Pilotprojekten entgegen.
	Nicht konsequent:
	- Bundes- und Ländergesetze beschränken sich auf angestammte Zuständigkeiten (TK und Medien).
	- Initiative Digitaler Rundfunk ohne verbindliche Vorgaben für neue interaktive Dienste.
2 Annahmen über die Funktionslogik des Adressantenfeldes (Kausaltheorie)	Liberalisierung der Telekommunikation: Keine totale Öffnung für Wettbewerb sondern schrittweise, d.h. faktische Beibehaltung von Ortsnetzmonopol und BK-Netz-Beteiligung.
	Koordination mit den Bundesländern: Rechtsunsicherheit und Kompetenzzersplitterung verhindert neue Angebote. Wichtig ist ein einheitlicher Rechtsrahmen für neue Dienste und eine eindeutige Kompetenzverteilung zwischen Bund (TK) und Ländern (TV).
	Anpassung von Bundesgesetzen: Veraltete Gesetze müssen den neuen Gegebenheiten angepasst werden, um neue Dienste zu ermöglichen.
	Pilotprojekte zu interaktivem Fernsehen: Lavierend zwischen aktiver Medienpolitik und Deregulierung.
	Initiative Digitales Fernsehen: Koordination von Netzbetreibern, Sendern und politischen Ebenen führt zur raschen Einführung von digitalem TV, interaktive Dienste folgen automatisch.

3	**Rechtliche und institutionelle Struktur des Implementationsprozesses**	Liberalisierung der Telekommunikation: TKG und Gründung der RegTP. Koordination mit den Bundesländern: IuKDG und Mediendienste-Staatsvertrag. Anpassung von Bundesgesetzen: Teledienstegesetz. Pilotprojekte zu interaktivem Fernsehen: Findet nicht statt. Initiative Digitales Fernsehen: Expertengremium mit Auftrag des BMWi. *Geringer Durchgriff der Programmmacher:* - keine eigene Umsetzungsbehörde, stattdessen interministerielle Arbeitsgruppen, RegTP als Neugründung mit Anfangsschwierigkeiten. - Koordination mit Bundesländern gelingt nur teilweise. Abstimmung mit den Bundesländern für einheitlichen Rechtsrahmen endet in Kompromissformel.
4	**Kompetenz und Motivation der Implementationsstellen**	Liberalisierung der Telekommunikation: Konzentration auf Telefonie, RegTP anfangs ohne Kenntnis und Zuständigkeit für Online. Koordination mit den Bundesländern: Landesmedienanstalten haben wenig technische und dienstebezogene, dafür aber juristisches *Know-How.* Anpassung von Bundesgesetzen: Rechtliche Kompetenz ist vorhanden. Initiative Digitales Fernsehen: Expertengremium mit Kompetenz aber ohne Anbindung an die Ziele von Info 2000.
5	**Unterstützung von Interessengruppen und staatlichen Stellen**	Liberalisierung der Telekommunikation: Telekom als größte Interessengruppe, sonst kaum Aktivitäten Koordination mit den Bundesländern: Wollen ihre eigene Kompetenz behalten und sind eher skeptisch bzw. fürchten Eingriffe des Bundes. *Wenig Unterstützung der politischen Spitze:* - geringe Glaubwürdigkeit (Identifikation und *Know-How*). - Interessengruppen praktisch nicht existent.

Tab. 8: Zusammenfassung der *Top-Down*-Analyse von Info 2000

	USA (*NII*)
1 Klarheit und Konsistenz der Ziele	Aufbau eines *Information-Superhighways* als übergeordnetes Ziel, auf das alle Aktionen ausgerichtet werden sollen. Neue Medientechnologien und Anwendungen sollen aktiv gefördert werden. Liberalisierung der Telekommunikation: Wettbewerb auf allen TK-Teilmärkten (Ferngesprächs- und Ortsnetz), fairer Wettbewerbsrahmen soll Benachteiligungen verhindern und Marktdynamik entfalten. Infrastrukturwettbewerb soll neue Dienste ermöglichen. Anpassung des rechtlichen Rahmens: Bestehende Regelungen sollen überarbeitet werden und an die Medienentwicklung angepasst werden. Einführung des digitalen Fernsehens bis 2006: Digitales Fernsehen soll Schub für neue interaktive Dienste geben. *Ziele weitgehend klar und konsistent und besser in Beziehung zueinander gesetzt.*
2 Annahmen über die Funktions- logik des Adressanten- feldes (Kausaltheorie)	Aufbau eines *Information-Highways*: Ein nahtloses, interaktives anwendungsorientiertes Netz soll durch Marktakteure bewerkstelligt werden und nicht als staatliche Infrastrukturleistung. Liberalisierung der Telekommunikation: Wettbewerb senkt Preise und bringt neue Produkte und Technologien hervor. Wettbewerbsbeschränkungen behindern Investitionen und den Einsatz neuer Technologien. Freigabe des Wettbewerbs innerhalb und zwischen Teilmärkten sowie Wettbewerb der Infrastrukturen (Telefon, Kabel-TV, Satellit, Terrestrisch) wird als entscheidend angesehen, *Cross-Ownership*-Verbote verhindern Entfaltung neuer Anwendungen. Anpassung des rechtlichen Rahmens: Plurales, offenes Umfeld soll Aktivitäten freisetzen, politische Vision wird als Schrittmacher gesehen. Einführung des digitalen Fernsehens bis 2006: Anreize durch kostenlose zweite Frequenz und forcierten Standardisierungsprozess kann die Entwicklung beschleunigen.

3	Rechtliche und institutionelle Struktur des Implementationsprozesses	Aufbau eines *Information-Highways*: IITF als Umsetzungs-behörde. Ausrichtung von Bildungs- und Technologiepolitik an der *NII* sowie Verwaltungsmodernisierung als Signal.
		Liberalisierung der Telekommunikation: TCA, Interpretationsspielraum der FCC bei der Umsetzung des TCA „im Geiste" der Initiative und als „sympathetic agency".
		Anpassung des rechtlichen Rahmens: Einzelgesetze in den verschiedenen Bereichen. Impulse von Marktakteuren werden in vielfältigen Foren aufgenommen.
		Einführung des digitalen Fernsehens bis 2006: Migrationsentscheidung der FCC und zweite kostenlose Frequenz für die *Networks*
		Höherer Durchgriff der Programm-Macher durch Einbindung kompetenter Implementationsstellen.
4	Kompetenz und Motivation der Implementationsstellen	Aufbau eines *Information-Highways*: IITF sowohl bei der Konzeption als auch bei der Umsetzung beteiligt. Führungsspitzen der Behörden als Promotoren der *NII*, hohe Priorität bei der politischen Spitze.
		Liberalisierung der Telekommunikation: Hohe Kompetenz und Motivation bei der FCC sowohl bei Online als auch bei digitalem TV (aktiver Aufbau von *Know-How* im Bereich interaktiver Medien). Affinität der FCC-Führungsspitze mit der *NII*.
		Einführung des digitalen Fernsehens bis 2006: Hohe Motivation und Kompetenz der FCC durch Erfahrungen aus dem Standardisierungsprozess. Technische Kompetenz und Kenntnis des Markts.
5	Unterstützung von Interessengruppen und staatlichen Stellen	Aufbau eines *Information-Highways*: Hohe Glaubwürdigkeit durch Demonstration und Kommunikation des Nutzens interaktiver Medien (Leitbilder). Priorität in der Agenda der Administration.
		Liberalisierung der Telekommunikation und Anpassung des rechtlichen Rahmens: Einbindung von Interessengruppen und Unternehmen. Diese setzen sich mit dem Programm auseinander (und werden zu „intelligenten Mitspielern", wenn es um eigene Interessen geht).
		Einführung des digitalen Fernsehens: Unterstützung durch FCC und die politische Spitze.

Tab. 9: Zusammenfassung der *Top-Down*-Analyse der *NII*

10 *Bottom-Up*-Analyse der Entwicklung interaktiver TV-Angebote

Nach der Untersuchung des Implementationszusammenhangs der staatlichen Aktionspläne soll nun in einem zweiten Schritt untersucht werden, inwieweit die Maßnahmen zur Förderung neuer Anwendungen im Bereich des interaktiven Fernsehens von Bedeutung für die Akteure vor Ort waren. Das heißt, es soll gefragt werden, inwieweit die staatlichen Maßnahmen auf der lokalen Ebene des konkreten Medienentwicklungskontextes letzlich ankamen und welche Auswirkungen sie auf die konkreten Handlungsoptionen der Anbieter hatten.

Das übergeordnete Ziel beider Initiativen war es, neue Angebote in diesem Bereich zu ermöglichen und zu fördern. Ob die in diesem Zusammenhang angekündigten und jeweils spezifisch umgesetzten Maßnahmen allerdings auch geeignet waren, dieses Ziel zu erreichen, soll anhand einer detaillierten Untersuchung des lokalen Handlungskontextes herausgefunden werden (*Bottom-Up*).

In diesem Kapitel soll zunächst dargestellt werden, von welchen allgemeinen Faktoren die Entwicklung und der Erfolg neuer interaktiver TV-Angebote abhängen. Dazu wird das Medienmodell, das Kubicek und Schmid (1996) im Zusammenhang mit der Etablierung neuer Mediensysteme entwickelt haben, auf den Bereich des interaktiven Fernsehens übertragen. Anschließend wird der Versuch unternommen, diese Einflussvariablen zu strukturieren und sie nach solchen Faktoren zu unterscheiden, die von den Anbietern im lokalen Kontext beeinflusst werden können und solchen, die als Rahmenbedingungen außerhalb des Einflussbereiches der Anbieter liegen.

Die Unterscheidung von lokalem Handlungskontext und Rahmenbedingungen ist für die Analyse der Reichweite der staatlichen Programme deshalb wichtig, weil der Staat keinen Einfluss auf das *Know-How* der Betreiber und die Entwicklungen vor Ort hat, wohl aber auf einen Teil der Rahmenbedingungen. In den anschließenden Fallstudien soll schließlich geklärt werden, wie sich die Veränderungen der Rahmenbedingungen im konkreten Verlauf von sechs ausgewählten Angeboten ausgewirkt haben.

10.1 Das Medienmodell von Kubicek und Schmid (1996)

Das Medienmodell, das Kubicek und Schmid (1996) in ihrem Aufsatz „Alltagsorientierte Informationssysteme als Medieninnovation" entwickelten, entstand auf der Basis von konzeptionellen Überlegungen zur Erklärung der Schwierigkeiten, „Neue Medien" und „Multimedia" zu etablieren. Ausgangspunkt war die Beobachtung, dass sich neue Medientechnologien, in die schon während der 70er und 80er Jahre große Hoffnungen gesetzt wurden (z.B. BTX, Zweiweg-Kabelfernsehen, elektronische Bürgerinformationen) entweder nicht wie geplant realisiert werden konnten oder letztlich ganz eingestellt wurden. Als Grund für das Scheitern machen die Autoren die mangelnde Einbettung der neuen Technik in vorhandene Anbieter- und Nutzerstrukturen verantwortlich. Die Einführungsversuche basierten demnach auf einem technikzentrierten Verständnis neuer Medien und versäumten es, entsprechende „Infrastrukturen" auf der Anbieter- und Nutzerseite aufzubauen. Um diesen Sachverhalt zu illustrieren, führen sie die Unterscheidung zwischen Medien erster und Medien zweiter Ordnung ein.

Grundlage dieser Unterscheidung ist ein Kommunikationsmodell, das aus den Ebenen „Technik" und „Inhalte" besteht und das den Verlauf der Kommunikation vom Absender zum Adressaten nachzeichnet. Technik und Inhalte sind dabei relativ unabhängige, sich „jedoch wechselseitig bedingende Dimensionen technik-vermittelter Kommunikationsprozesse" (Kubicek/ Schmid 1996: 31). So erfordert etwa der Buchdruck ein komplexes technisches Instrumentarium (Papier, Farbe, Maschinen etc.) und besondere handwerkliche Kenntnisse. Doch die Fähigkeit, auf dieser technischen Basis gedruckte Mitteilungen herzustellen, bedeutet selbst-verständlich nicht, dass dadurch auch ein sozialer Kommunikationsprozess er-möglicht würde. Hierfür sind weitere soziale Mechanismen, z.B. hinsichtlich des Vertriebs, erforderlich. Vor allem jedoch braucht es Regeln, die eine sozial ver-bindliche Einordnung und Interpretation einer gedruckten Mitteilung erst ermög-lichen (etwa als Urkunde oder als Flugblatt).

Die bisherigen Massenmedien Presse und Runfunk zeichnen sich dadurch aus, dass sie zwar auf der Grundlage einer bestimmten Technik entstanden sind, heute aber über einen hochprofessionalisierten und arbeitsteilig organisierten Apparat für die inhaltliche Informationsbeschaffung, -aufbereitung und -vermittlung verfügen: „Wenn wir Presse sagen", so Kubicek und Schmid (1996), „dann meinen wir nicht die Druckerpresse, sondern das sozioökonomische System aus Korrespondenten, Presseagenturen, Redaktionen, Anzeigenannahmestellen und Kiosken. Um den technischen Kern herum sind Institutionen geschaffen worden." (Kubicek/ Schmid 1996: 21).

Medien erster Ordnung sind demnach technische Systeme mit bestimmten Potenzialen für die Verbreitung von Informationen. Bei Medien zweiter Ordnung handelt es sich dagegen um „soziokulturelle Institutionen zur Produktion von Verständigung bei der Verbreitung von Informationen mit Hilfe von Medien erster Ordnung" (Kubicek 1997: 220). Erst wenn sich ein kollektives Verständnis darüber entwickelt, wie und wofür ein technisches Medium funktional und inhaltlich verwendet werden soll, läßt sich demnach von einem Medium zweiter Ordnung sprechen.

Weiterhin stellt Kubicek in Anknüpfung an eigene Untersuchungen von elektro-nischen Bürgerinformationssystemen (Kubicek/ Schmid/ Wagner 1999) fest, dass bei der Entwicklung solcher Mediensysteme Abstimmungsprozesse zwischen den Produzenten und Nutzern eines Medienangebots eine wichtige Rolle spielen. Denn es müssen sich sowohl wechselseitige Erwartungen (*Images*) als auch Regelsysteme für das medienbezogenes Verhalten und Handeln der Akteure etablieren (siehe Abb. 34). Dabei werden sich unter Umständen differenzierte Produktions-, Organisations-

und Gewährleistungsapparate, aber auch unterstützende Infrastrukturen für Abrechnung, Vertrieb, Ausbildung, Werbung, komplementäre Medien etc. herausbilden (vgl. auch Kubicek/ Beckert/ Breiter et. al 2001: 46ff).

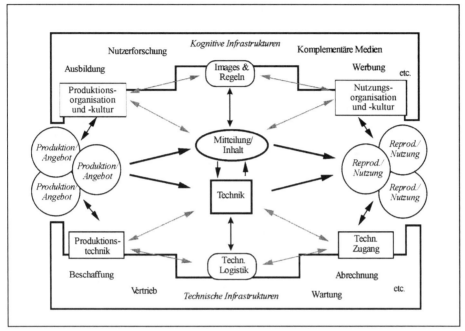

Abb. 34:   Medienmodell von Kubicek und Schmid (Quelle: Kubicek/ Schmid 1996: 35)

Auf die Einzelheiten dieses Medienmodells kann an dieser Stelle nicht eingegangen werden. Aus dem Ansatz von Kubicek und Schmid (1996) soll aber die grundsätzliche Erkenntnis übernommen werden, dass neue Medien in einem komplexen Zusammenspiel aus Produktion und Nutzung und aus einem Ineinandergreifen von Technik und Inhalten entstehen. Der zentrale Punkt ist hier, dass neue Medien *eingebettet* werden müssen in spezifische Produktions- und Reproduktionskontexte und dass Koordinationsleistungen auf allen Ebenen erfolgen müssen, damit sich ein neues Medium im alltäglichen Verhalten der Nutzer etablieren kann.

10.2   Einflussfaktoren für die Entwicklung von Angeboten im Bereich des interaktiven Fernsehens

Überträgt man das Medienmodell von Kubicek und Schmid (1996) auf den Bereich des interaktiven Fernsehens und konkretisiert die einzelnen Elemente, so ergeben sich eine Reihe von Faktoren, die bei der Realisierung solcher Angebote beachtet werden müssen (vgl. Abb. 35).

Das Faktorenmodell für interaktives Fernsehen besteht zunächst wie das Medienmodell von Kubicek und Schmid aus den beiden Achsen „Anbieter-Nutzer" und „Inhalte-Technik". Das neue Medienangebot entsteht im Kontext verschiedener

Produktions- und Nutzungskulturen und stellt das Ergebnis der Koordination von Technik und Inhalten dar.

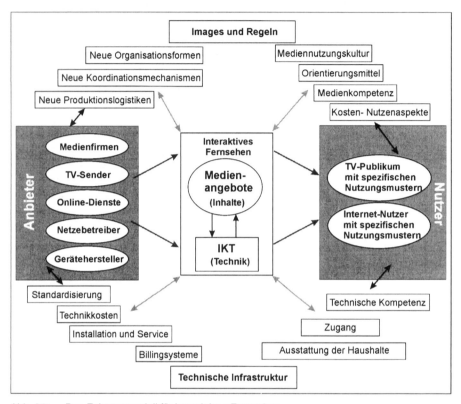

Abb. 35:   Das Faktorenmodell für interaktives Fernsehen

Bei den Anbietern von interaktiven Medienangeboten handelt es sich um Fernseh-sender, Online-Dienste, Gerätehersteller, Netzebetreiber und Medienfirmen. Diese Akteure müssen in einem komplexen Abstimmungsprozess, der generell als Koordi-nation von Technik und Inhalten beschrieben werden kann, ein neues Angebot schaffen, das einen entsprechenden Mehrwert für die Nutzer realisiert.

Bei den Nutzern handelt es sich zum einem um das klassische Fernsehpublikum und zum anderen um Online- bzw. Internet-Nutzer. Dabei ist zu beachten, dass es für interaktive TV-Angebote noch kein typisches Publikum gibt. Die Zielgruppe ist vielmehr eine Schnittmenge aus diesen Zuschauer- bzw. Nutzergruppen. Erschwert wird die Definition der Zielgruppe dadurch, dass es *den* TV-Zuschauer und *den* Online-Nutzer in Wirklichkeit nicht gibt. Beide Medien werden von verschiedenen Personen zu ganz unterschiedlichen Zwecken verwendet und haben einen unter-schiedlichen Stellenwert im individuellen Medienverhalten.

10.2.1 Medieninhalte

Images und Regeln

Auf der inhaltlichen Seite eines neuen Angebots sind *Images* und Regeln von Bedeutung. „Image" meint in diesem Zusammenhang, dass Anbieter und Nutzer eine gemeinsame Vorstellung davon haben müssen, was das neue Angebot darstellen soll, d.h. welcher spezifische Gebrauch mit dem Dienst assoziiert wird: Handelt es sich um „Unterhaltung" oder um „Information" oder um „Kommunikation"? Die Verständigung auf ein einheiliches *Image*, in dem sich sowohl in den Marktingaktivitäten der Anbieter als auch die Erwartungshaltungen der Nutzer widerspiegeln, ist bei interaktiven TV-Diensten selten trivial. Oft gibt es keine klaren Marketingkonzepte, weil interaktive TV-Dienste Anwendungen darstellen, die mit vertrauten Mustern brechen.

Neue Produktionslogistiken

Für die meisten Unternehmen ist das Geschäftsfeld „Interaktive Medien" ein Bereich, der neu aufgebaut werden muss. Dazu müssen in der Regel neue Produktionslogistiken aufgebaut bzw. bestehende Produktionsabläufe entsprechend umgestaltet werden. Im Unternehmen muss dazu ein stabiles Gerüst für die Koordination mit den Bereichen Medienproduktion, Marketing, Vertrieb, FuE etc. geschaffen werden. Hier kommt es darauf an, die Produktionsprozesse mit den bestehenden Resourcen und Abläufen zu verzahnen. Diese Umgestaltung muss dauerhaft sein und die wesentlichen Akteure, die an der Erstellung des Angebots beteiligt sind, integrieren können.

Neue Koordinationsmechanismen

Oftmals ist es dazu erforderlich, neue zwischenbetriebliche Koordinationsmechanismen und -instrumente zu entwickeln und einzusetzen. Die Beziehung zwischen Anbieter und Lieferant ist bei neuen interaktiven Diensten oftmals keine hierarchische oder ausschließlich vertragsgebundene: Um das kreative Potenzial der verschiedenen Unternehmen zu nutzen, müssen neue Formate, Inhalte und Dienste oft durch flexible Zusammenarbeit mit den Inhaltelieferanten entwickelt werden.

Neue Organisationsformen

Innerbetrieblich stehen die Unternehmen vor der Herausforderung, die vorhandenen Ressourcen und das bestehende *Know-Hown* neu zu strukturieren und an die neuen technischen Möglichkeiten und Erfordernisse anzupassen. Dazu sind umfangreiche Umstrukturierungen erforderlich sowie die organisatorische Ausrichtung auf die Produktionserfordernisse des neuen Angebots.

Mediennutzungskultur

Das Medienverhalten und die Präferenzen des Publikums für bestimmte Arten von Medien und Formaten spielt eine wichtige Rolle für die Akzeptanz eines neuen Angebots. Wichtig ist, dass das neue Angebot Anschlußpunkte an das etablierte Mediennutzungsverhalten finden kann. Von einer grundlegenden Verhaltensänderung sollte dabei nicht ausgegangen werden. Vielmehr spricht einiges dafür, dass jene Angebote eine bessere Aussicht auf Nutzerakzeptanz haben, die kompatibel zu eingespielten Verhaltensweisen und in der Lage sind, diese spezifisch zu erweitern.

Orientierungsmittel

Für eine Orientierung der Nutzer im Online-Bereich werden Portale, Suchmaschinen und redaktionell erstellte Rubrikensysteme eingesetzt, beim digitalen Fernsehen erüllt diese Rolle der Elektronische Programmführer. Für interaktive TV-Angebote ist eine Kombination dieser Elemente möglich, die bereits auf unterschiedlichste Weise realisiert wurde. Dabei wurde deutlich, dass es nicht ausreicht, eine unstrukturierte Vielzahl von Inhalten anzubieten. Den Nutzern muss eine intuitive Orientierungshilfe zur Verfügung gestellt werden, die entsprechend entwickelt und gepflegt werden muss.

Medienkompetenz

Der Umgang mit interaktiven Medien ist voraussetzungsvoll und bedarf einer gewissen Medienkompetenz, die sich auf die Recherche, die Beurteilung der Glaubwürdigkeit der Quellen, die Orientierungsfähigkeit in einem umfangreichen Angebot und die Entwicklung von Suchstrategien bezieht. Medienkompetenz kann nur in unmittelbarer Auseinandersetzung mit dem neuen Medium erworben werden.

Kosten- Nutzenaspekte

Für die Akzeptanz neuer Dienste bei den Nutzern ist es von entscheidender Bedeutung, ob ein entsprechender Mehrwert realisiert werden kann oder nicht. Dabei spielen Kosten-Nutzenaspekte eine wichtige Rolle. Allerdings handelt es sich nicht nur um materielle Kosten-Nutzen-Erwägungen, sondern auch um immaterielle. Bei dem Nutzen, den jemand aus einem neuen Medienangebot zieht, kann es sich auch um Differenzierungs- oder Imagegewinne handeln.

10.2.2 Medientechnik

Betrachtet man die technische Seite der Erstellung und Etablierung neuer, interaktiver Dienste, so ist die vorhandene technische Infrastruktur der Oberbegriff für eine ganze Reihe von Einflussfaktoren, die sowohl auf der Anbieter- als auch auf der Nutzerseite wichtig sind. Im Einzelnen handelt es sich dabei folgende Faktoren:

Standardisierung

Die technische Standardisierung ist für die Anbieter eine wichtige Voraussetzung und ermöglicht den Aufbau einer kostengünstigen und zukunftssicheren Plattform. Ohne verbindliche Standards ist die Gefahr groß, dass eigenentwickelte Komponenten oder Systeme Insellösungen bleiben, die keine Nachahmer finden und deshalb in der Produktion zu teuer sind. Schließlich müssen Gerätehersteller und Technikprovider dazu bewegt werden, neue Geräte zu entwickeln und zu produzieren.

Technikkosten

In diesem Zusammenhang sind auch die Technikkosten selbst von Bedeutung. Übersteigen die Anforderungen, die im Rahmen eines Projektes an die Hardware gestellt werden z.b. die Möglichkeiten von verfügbaren Technologien, ist eine aufwändige und kostenintensive Eigenentwicklung notwendig.

Installation und Service

Der Betreiber eines neuen Angebots muss Vorkehrungen treffen, um den Kunden Installations- und Beratungs-Dienstleistungen in ausreichendem Maße zur Verfügung stellen zu können. Oftmals ist ein Installationsteam notwendig, das zur Inbetriebnahme der technischen Geräte vor Ort sein muss. Kabelmodemdienste z.b. erfordern oft den Austausch der vorhadenen Kabelbuchse und die Installation eines Splitters in der Wohnung des Kunden. Bei Störungen oder bei Fragen zur Bedienung muss außerdem ein geschultes Serviceteam zur Verfügung stehen, das entsprechende Beratung und Hilfestellung leisten kann.

Billingssysteme

Neue Angebote sollen vor allem durch bequemere Bestell- und Abrechnungsverfahren neue Kunden gewinnen. So ist beispielsweise beim Teleshopping die Bestellung eines Produkts, z.B. eines Artikels aus einem virtuellen Versandhauskatalog, über die Fernbedienung möglich. Der Kunde gibt dazu lediglich seine PIN-Nummer ein. Auch für die Bezahlung von Medieninhalten, wie z.B. Premium-TV-Sendungen oder Online-Inhalten, sind entsprechende *Billing*-Systeme notwendig. Diese setzen eine technische- und organisatorische Infrastruktur voraus, die der Anbieter zunächst entwickeln und aufbauen muss.

Technische Kompetenz

Um das neue Angebot für die eigenen Informations- oder Unterhaltungsbedürfnisse einsetzen zu können, müssen die Nutzer über eine gewisse technische Kompetenz und das Wissen über den adäquaten Umgang mit der Technik verfügen. Sie müssen sich über die Möglichkeiten und Beschränkungen des Systems zumindest prinzipiell im Klaren sein. Außerdem müssen sie in der Lage sein, die Geräte eventuell selbst anzuschließen und zu zu warten (Software-*Updates*).

Zugang

Voraussetzung für die Nutzung eines neuen Angebots ist prinzipiell, dass die Haushalte über einen entsprechenden Anschluß an das verwendete Netz verfügen. Dabei kann es sich um das terrestrische Fernsehnetz, das Kabel-TV-Netz, das Telefonnetz oder das Satelliten-„Netz" handeln. Meist ist für interaktive Angebote eine technische Aufrüstung dieser Netze erforderlich. Für die Haushalte hängt die Nutzungsmöglichkeit davon ab, ob sie im Versorgungsgebiet dieser neuen Infrastruktur liegen oder nicht.

Technische Ausstattung der Haushalte

Welche technischen Geräte in den Haushalten bereits vorhanden sind, ist von entscheidender Bedeutung für die Verbreitung neuer Dienste. Neue Angebote setzen meist auf die vorhandenen Geräte auf, indem sie diese erweitern oder in ihrer Funktionalität ergänzen. Oft sind aber Zusatzgeräte, wie z.B. Kabelmodems oder Set-top Boxen notwendig. Auch der technische Stand und das Alter der vorhandenen Geräte ist von Bedeutung, da nicht alle Geräte für eine entsprechende Kopplung mit den neuen Zusatzgeräten geeignet sind (vgl. Kubicek/ Beckert/ Breiter et al. 2001: 248-251).

10.3 Das Faktorenmodell aus lokalem Handlungskontext und Rahmenbedingungen

Ordnet man diese allgemeinen Einflussfaktoren für die Entwicklung interaktiver TV-Angebote in Bereiche, die von den jeweiligen Betreibern selbst beeinflusst werden können und in solche, auf die sie keinen direkten Einfluss haben, so ergibt sich ein Faktorenmodell, das zwischen lokalem Handlungskontext und Rahmenbedingungen unterscheidet (vgl. Abb. 36).

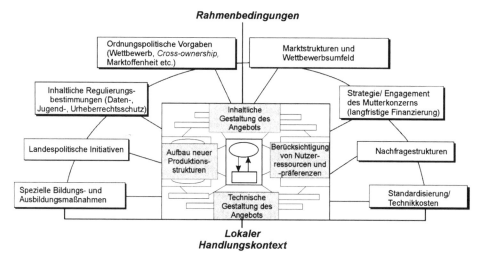

Abb. 36:   Rahmenbedingungen und lokaler Handlungskontext für die Entwicklung interaktiver TV-Angebote

10.3.1 Lokaler Handlungskontext

Im lokalen Handlungskontext geht es im weitesten Sinne um die Koordination und die Gestaltung der inhaltlichen und der technischen Seite eines neuen Angebots. Hinzu kommen die Aspekte, die beim Aufbau neuer Produktionsstrukturen auf der Anbieterseite beachtet werden müssen sowie die Berücksichtigung von bestehenden Nutzerressourcen und -präferenzen. Hierunter fallen die meisten der in Abschnitt 10.2.2 und 10.2.3 genannten Punkte.

10.3.2 Rahmenbedingungen

Die Entwicklung interaktiver TV-Angebote vollzieht sich allerdings nicht unbeschadet von Einflüssen, auf die die jeweiligen Anbieter keinen oder nur begrenzten Einfluss haben. Bei diesen Einflüssen handelt es sich zum einen um wirtschaftlich-technische und zum anderen um staatlich-regulative Faktoren. Als wirtschaftlich-technischen Rahmenbedingungen können folgende Faktoren identifiziert werden:

Marktstrukturen und Wettbewerbsumfeld

Die Marktstrukturen bilden die Grundlage für die Handlungsoptionen, die den Anbietern von interaktiven Diensten grundsätzlich offen stehen. Sie sind prinzipiell ausschlaggebend für die Entscheidung der Anbieter, sich in diesem Bereich zu engagieren. Eng damit zusammen hängt die direkte Wettbewerbssituation, in der sich ein Anbieter befindet und die Frage, ob es bereits andere Anbieter gibt, die beispielsweise auf anderen Netzen die gleichen Dienste anbieten. Das konkrete Wettbewerbsumfeld kann in diesem Sinne Auslöser für ein entsprechendes Engagement sein, das in der Regel risikobehaftet ist und über den angestammten Geschäftsbereich hinausgeht. Oder es kann verhindern, dass sich neue Dienste entwickeln, weil die Anreize entsprechend gering sind oder die Anbieter bei den bestehenden Marktstrukturen keine Möglichkeit sehen, über ihr angestammtes Geschaftsfeld hinaus tätig zu werden.

Strategie und Engagement des Mutterkonzerns

Große Medienunternehmen oder Netzbetreiber gründen für die Entwicklung und Einführung neuer Dienste meist Tochter- oder Projektgesellschaften. Diese bleiben aber finanziell weitgehend abhängig von der Muttergesellschaft. Die Unterstützung und Finanzierung eines neuen Angebots hängt direkt mit dem strategischen Gewicht zusammen, das der Mutterkonzern dem Projekt beimisst. Oft ist ein langer Atem notwendig, weil sich die neuen Angebote nicht so schnell rechnen, wie dies wünschenswert wäre. Durch die hohen Einführungskosten und ungewisse Erfolgsaussichten müssen die Betreiber oftmals hohe finanzielle Vorleistungen erbringen. Läßt das Interesse der Muttergesellschaft an dem jeweiligen Projekt z.B. durch eine strategische Neuorientierung oder gar den Verkauf an eine andere Firma nach, wirkt sich dies unmittelbar auf den Verlauf des Projekts aus, ohne dass die Projektbetreiber selbst darauf Einfluss nehmen können.

Standardisierung und Technikkosten

Projektbetreiber, die versuchen, interaktive Medienangebote einzuführen, die auf noch nicht standardisierter Technik basieren, haben ein Interesse daran, dass die Entwicklungen aus dem eigenen Projekt schließlich in Standards münden, die für die ganze Industrie gelten. Entsprechend ist ein Engagement in den nationalen und internationalen Standardisierungsgremien notwendig. Standardisierungsgremien ihrerseits beeinflussen die Entwicklung neuer Medien, indem sie verbindliche Spezifikationen für die technischen Plattformen und die Endgeräte erlassen. Die Technikkosten sind ebenfalls ein wichtiger Faktor für die Entwicklungschancen interaktiver Medienangebote. So ist z.B. der Preisverfall in der Mikroelektronik und bei verwandten Komponenten eine wichtige Voraussetzung dafür, dass inzwischen Dienste mit hohen Anforderungen an Prozessor- und Speicherkapazität angeboten werden können, die vor wenigen Jahren noch zu teuer gewesen wären.

Nachfragestrukturen

Auf die Nachfragestrukturen haben die Dienstebetreiber nur einen begrenzten Einfluss. Sie können zwar versuchen, das Interesse an ihren interaktiven Angeboten mit Marketingmaßnahmen bei den Kunden zu wecken und den Nutzen des Angebots beispielsweise in *Showrooms* oder *Roadshows* zu demonstrieren, eine grundsätzliche Änderung des Informations- und Kommunikationsverhaltens sollte kurzfristig allerdings nicht erwartet werden. Eine zentrale Voraussetzung für den Erfolg eines neuen Angebots ist darüber hinaus die technische Ausstattung der Haushalte. Ein breitbandiger Online-Dienst kann z.B. nicht ohne bereits vorhandene PCs in den entsprechenden Haushalten genutzt werden. Ein Indikator für die Neigung der Konsumenten, interaktive TV-Dienste zu nutzen, kann dabei die Verbreitung des Internets und die Nutzung digitaler TV-Angebote sein. Bei beiden Anwendungen sammeln die Nutzer Erfahrungen mit Interaktivität bzw. mit der „Navigation" in einem umfangreichen inhaltlichen Angebot.

Bei den staatlich-administrativen Rahmenbedingungen handelt es sich um folgende Vorgaben:

Ordnungspolitische Vorgaben

Unter ordnungspolitischen Vorgaben für die neuen Dienste werden die Wettbewerbsbestimmungen für Telefon- und Kabel-TV-Betreiber sowie für die Medienfirmen verstanden. Dabei spielt der Grad der Liberalisierung des TK-Sektors eine wichtige Rolle. Wie offen ein Netzbereich für neue Anbieter ist und welche Möglichkeiten der gegenseitigen Beteiligung gegeben sind (*Cross-Ownership*), entscheidet letzlich über die konkreten Handlungsoptionen der Anbieter vor Ort. Die ordnungspolitischen Vorgaben korrespondieren deshalb direkt mit dem Punkt „Marktstrukturen und Wettbewerbsumfeld". Aber auch entsprechende medienpolitische Vorgaben, wie z.B. die Regulierung von Markt- und Meinungsmacht im Medienbereich sowie konkrete Vorgaben hinsichtlich der Gestaltung der technischen Plattform für das digitale Fernsehen fallen unter diesen Punkt.

Landespolitische Initiativen in Deutschland

In Deutschland treten die jeweiligen Landesregierungen oft als Initiatoren oder Förderer von innovativen Medienprojekten auf. Durch den Standortwettbewerb um die Ansiedelung neuer Unternehmen, in dem sich die Bundesländer befinden, kommt dem Instrument der Medienförderung große Bedeutung zu. Dabei können unterschiedliche Instrumente eingesetzt werden, die von landespolitischen Initiativen und Projektanstößten über die finanzielle Unterstützung von Medienprojekten oder innovativen Firmen bis zur Erteilung von Sondergenehmigungen und Versuchslizenzen reichen. In den Vereinigten Staaten gibt es dagegen mit wenigen

Ausnahmen keine medienspezifischen Unterstützungsleistungen auf der Ebene der Einzelstaaten.[75]

Inhaltliche Regulierungsbestimmungen

Inhaltliche Regulierungsbestimmungen, die sich beispielsweise auf den Jugend-, Daten-, Urheberrechts- und Verbraucherschutz beziehen, können das Spektrum einschränken, in dem Unternehmen im Bereich der interaktiven Dienste tätig werden können. Regelungen über die Verantwortung von Inhalten aus dem Internet wurde insbesondere in Deutschland im Rahmen der Zuständigkeitsdiskussion von Bund und Ländern bei neuen Diensten erörtert. Dabei wurde festgestellt, dass fehlende Rechtssicherheit die Entwicklung solcher Dienste stark behindert. Aber auch bestehende Regelungen können den Handlungsspielraum der Anbieter beschränken, wenn es z.B. darum geht, Kundendaten weiterzuverkaufen oder Nutzerprofile zu Werbezwecken zu verwenden.

Spezielle Bildungs- und Ausbildungsmaßnahmen

Spezielle Bildungs- und Ausbildungsmaßnahmen des Staates können ebenfalls von Bedeutung für die Entstehung neuer Dienste sein. Sie können dazu beitragen, dass sich die Bürger im Rahmen von Qualifizierungsmöglichkeiten mit interaktiven Medien auseinandersetzen und sich so jene Medienkompetenz erarbeiten, die zur sinnvollen Nutzung interaktiver Medien notwendig ist. Vor allem die Schulen und die Ausbildungseinrichtungen spielen bei der Vermittlung von Fähigkeiten und Kenntnisse im Bereich der computervermittelten Kommunikation eine wichtige Rolle. Langfrisitg kann dies über eine Veränderung des Medienverhaltens führen und damit auch die Nachfragestrukturen betreffen, auf die die Anbieter neuer Dienste aufsetzen können (siehe Punkt „Nachfragestrukturen").

In den anschließenden Fallstudien gilt es nun, den Entwicklungskontext auf der lokalen Ebene der Akteure nachzuzeichnen und darüber hinaus herauszufinden, welche Faktoren auf der Ebene der Rahmenbedingungen sich auf den Verlauf und den Erfolg des Projekts ausgewirkt haben. Erst nach der Feststellung der kritischen Stellgrößen soll dann gefragt werden, inwiefern die Veränderungen, die im Rahmen der staatlichen Initiativen für die Informationsgesellschaft durchgeführt wurden, Auswirkungen auf den Verlauf der konkreten Projekte bzw. Markteinführungen hatten.

Bei den untersuchten deutschen Angeboten handelt es sich um das Pilotprojekt „Interactive Video Services Stuttgart" (IVSS) der Deutschen Telekom, das Kabel-

---

75 Eine Ausnahme ist z.B. das sogenannte Iowa Communications Network, ein Glasfasernetz, das zum großen Teil aus Mitteln des Staates Iowa finanziert wurde und Anbietern von innovatioven Diensten zu besonderen Konditionen zur Verfügung gestellt wird. Hintergrund ist hier eine Initiative des Gouverneurs von Iowa, aber auch eine spezielle Situation im lokalen Infrastrukturbereich dieses Staates, vgl. Caristi 1998. Eine allgemeine Standortpolitik, vor allem auf kommunaler Ebene, die über Steuererleichterungen und andere Anreize Unternehmen zur Ansiedlung bewegen wollen, gibt es dagegen auch in den Vereinigten Staaten.

modemangebot „InfoCity" von o.tel.o und das Projekt „DVB Multimedia Bayern". In den Vereinigten Staaten wird das Full Service Network (FSN) von Time Warner, das Kabelmodemangebot von Excite@Home und das Angebot „WebTV" von Microsoft untersucht. Die ausgewählten Entwicklungsprojekte stehen dabei stellvertretend für die drei Anwendungsbereiche des interaktiven Fernsehens „Video on Demand", „Breitband-Internet" und „interaktive TV-Dienste".

11   Fallstudien Deutschland

11.1   Interactive Video Services Stuttgart (IVSS)

11.1.1   Projektbeschreibung Grunddaten

Das Pilotprojekt „Interactive Video Services Stuttgart" (IVSS) war ein Projekt der
Deutschen Telekom zur Erkundung der interaktiven Fernsehzukunft, das von 1994
bis 1996 durchgeführt wurde. Es kam auf Initiative des damaligen Wirtschaftsministers von Baden-Württemberg, Dieter Spöri, zustande, der das Land zu einem
„Pilotland für eine so genannte Datenautobahn" (o.V. 1994) machen wollte, auf der
private Haushalte und gewerbliche Anbieter über Computer, Telefone und Fernsehgeräte miteinander kommunizieren und Informationen austauschen sollten.

Ziel des Pilotprojekts war es, auf der Basis des aufgerüsteten Kabel-TV-Netzes
der Deutschen Telekom Video on Demand und interaktive TV-Dienste für Privathaushalte zu testen. Aber auch betriebliche Anwendungen wie Telearbeit, Tele-
Wartung und Tele-Learning sollten entwickelt und umgesetzt werden. Das Spektrum
der geplanten Anwendungen zeigt Abb. 37.

1. Zusätzliche Verteildienste	Pay-per-View	- Feststehende Filmverteilung - Gebühren nur für den tatsächlich gesehenen Film
	Near Video on Demand (NVoD)	- Filmwiederholungen in kurzen Zeit-abständen auf verschiedenen Kanälen - Gebühren nur für den gesehenen Film
2. Interaktive Verteildienste	Interaktives Video on Demand (IVoD)	- Individuelle Auswahl von Filmen über Rückkanal nach Wunsch - Abrechnung nach Nutzung
	Teleshopping	- Kaufangebote und Bestellung über Rückkanal
	Informationsdienste	- Spezifische Angebote aus den unterschiedlichsten Branchen
	Lernprogramme (Telelearning)	- Bildungsprogramme, Kurse, Schul-filme usw. nach Wunsch
3. Interaktive Real-time-Dienste	Telespiele	- Echtzeit-Interaktionen mit Hilfe von Spiele-Software
4. Daten-kommunikation	Betriebliche Telecooperation	- PC-Verbindung mit dem Server oder Punkt-zu-Punkt

Abb. 37:   Spektrum der geplanten Anwendungen im Stuttgarter Pilotprojekt

Für das Pilotprojekt konnte die Landesregierung eine Reihe namhafter Technik-firmen gewinnen, die ihren Sitz in Baden-Württemberg haben, darunter Hewlett-Packard, IBM, Alcatel und Bosch Telecom. Auf der Inhalteseite erklärten sich zu Beginn des Projekts mehr als 60 regionale und überregionale Firmen bereit, Anwendungen für das Pilotprojekt zu entwickeln und Inhalte beizusteuern. Darunter waren z.b. der Süddeutsche Rundfunk, das ZDF, Bertelsmann, Premiere, die Holzbrinck-Gruppe, die Stuttgarter Zeitung, der Klett Verlag sowie der Quelle-Versand, die Kaufhof AG und Hetzel Reisen.

Zunächst war geplant, 4.000 Haushalte an das neue System anzuschließen. Später wurden 2.500 Testhaushalte als ausreichend für einen Akzeptanztest betrachtet.

Obwohl es sich um ein Projekt der Landesregierung handelte, für welches das Land insgesamt 20 Mio. DM an Fördergeldern bereitstellen wollte, wurde die Projektleitung einem Firmenkonsortium unter Führung der Deutschen Telekom übertragen. Das Wirtschaftsministerium sollte nach dem Start des Projekts lediglich für die Moderation und die Außendarstellung des Pilotprojekts sowie für die Koordination der wissenschaftlichen Begleitforschung verantwortlich sein.

Die Entwicklung der Technik und insbesondere der Set-top Box zum Empfang der interaktiven TV-Dienste erwies sich im Verlauf des Projekts als problematisch. Auch die Aufrüstung der Netzinfrastruktur zu einem rückkanalfähigen Glasfaser-Koax-Netz konnte nicht im vorgesehenen Zeitrahmen erledigt werden. Die technischen Probleme führten immer wieder zu Verzögerungen des Projektstarts. Immer deutlicher wurde außerdem, dass die Deutsche Telekom kein Interesse daran hatte, den Diensteanbietern die Spezifikationen für die Software, die in ihrem Auftrag entwickelt wurde, weiterzugeben. Stattdessen sollte das erworbene technische *Know-How* für die Entwicklung *eigener* zukünftiger Geschäftsfelder genutzt werden. Strategische Überlegungen innerhalb des Unternehmens liefen darauf hinaus, im kommenden Multimedia-Markt sowohl als Infrastrukturanbieter als auch als *Content Provider* zu agieren.

Viele Diensteanbieter im Pilotprojekt fühlten sich von der Telekom hingehalten und verabschiedeten sich nach und nach aus dem Projekt oder reduzierten ihre eigenen Beiträge auf ein Minimum. Tatsächlich war vielen Diensteanbietern von Anfang an nicht klar, für welche Dienste sich die technische Plattform eigenen würde und welche Anwendungen mit welchen Spezifikationen möglich sind.

Parallel zum nachlassenden Engagement im Stuttgarter Pilotprojekt verstärkten viele Diensteanbieter ihre Aktivitäten im Internet-Bereich. So hatte z.B. der Quelle-Versand ursprünglich geplant, Teile seines Warensortiments über interaktives Teleshopping im Stuttgarter Pilotprojekt anzubieten. Weil die technische Umsetzung auf sich warten ließ, konzentrierte sich das Unternehmen stattdessen auf den Aufbau einer *E-Commerce*-Plattform im Internet.

Auch die Aussicht, dass sich die Angebote eines Tages rechnen würden, wurde im Verlauf des Projektes immer schlechter. Die Telekom verlangte für die Nutzung der technischen Plattform von den Diensteanbietern sehr hohe Preise. Denn die Kosten für die Netztechnik und die Set-top Box hatten sich am Ende auf über

20.000 DM pro Teilnehmeranschluß summiert (vgl. o.V. 1995).

Hinzu kam, dass die Unterstützung des Pilotprojekts durch die Landesregierung nachließ. Im Frühjahr 1996 wurde ein neuer Landtag gewählt und die große Koalition aus SPD und CDU wurde durch eine CDU-FDP-Regierung ersetzt. Walter Döring (FDP), der sich in der Oppositionszeit als Kritiker des Pilotprojekts hervorgetan hatte, wurde neuer Wirtschaftsminister. Obwohl sich die neue Regierung an die Zusagen des Ex-Wirtschaftsministers Spöri hielt, fehlte es fortan an politischer Unterstützung. Die neue Regierung stand zwar nach außen zu dem Projekt, zeigte sich aber erleichtert, als die „Hängepartie" vorbei war und das Projekt im Oktober 1996 schließlich eingestellt wurde. Zu wenig hatten sich die Ergebnisse des Projekts für politische Erfolgsmeldungen geeignet (vgl. Koch/ Fuchs 2000).

Auf der anderen Seite war auch Spöri nicht die politische Motivations- und Integrationsfigur, die das Projekt hätte entscheidend voranbringen können. Bei der Außendarstellung des Projekts war es immer wieder zu Missverständnissen hinsichtlich der verfolgten Anwendungen (z.B. private oder geschäftliche Anwendungen, Datenautobahn oder Video on Demand) gekommen.

Zwei Jahre nach Beginn der Planungen und kurz vor seinem endgültigen Start im November 1996 wurde das Stuttgarter Pilotprojekt schließlich am 31. Oktober 1996 von Walter Döring als gescheitert erklärt. Kein einziger Testhaushalt hatte bis dahin die neuen Anwendungen testen können.

Grund für die Einstellung des Projekts war die Weigerung der Telekom, die Set-top Box abzunehmen, die von Alcatel, Sony und Microware entwickelt worden war. Trotz der in Aussicht gestellten technischen Nachbesserungen wollte sich die Telekom nicht auf eine Verlängerung des Projekts einlassen. Längst war auf strategischer Ebene des Telefonkonzerns die Entscheidung gefallen, das kostspielige Projekt mit der ungewissen Zukunft einzustellen und stattdessen auf aktuelle Entwicklungen wie das Internet und das digitale Fernsehen zu setzen.

Im Zuge der Vorbereitungen auf den Börsengang mit seinen zahlreichen organisatorischen und strategischen Neuausrichtungen war das Pilotprojekt für die Deutsche Telekom zunehmend zu einem „ungeliebten Projekt" (Pfeil 1996) geworden, das viel Geld kostete und wenig Zukunftsweisendes erbrachte (vgl. ausführlich Beckert 1996).

11.1.2   Lokaler Handlungskontext

11.1.2.1   Koordination von Technik und Inhalten

Nach den Vorgaben des Wirtschaftsministeriums sollte das Pilotprojekt von der Deutschen Telekom und einem Firmenkonsortium von ortsansässigen Unternehmen der Telekommunikations- und Computerbranche durchgeführt werden. Vertraglich hatte das Wirtschaftsministerium nur die Telekom mit der Realisierung des Versuchs beauftragt. Die Telekom wiederum sollte Unteraufträge an die vom Wirtschaftsministerium zusammengeführten Firmen vergeben, die die unterschiedlichen Komponenten realisieren sollten. Auch die Anwerbung interessierter Nutzer, die Vermarktung der neuen multimedialen Dienste und das zentrale Kundenmanagement sollte die Telekom übernehmen (siehe Abb. 38).

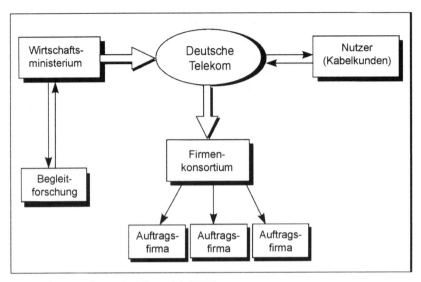

Abb. 38: Auftragsstrukturen im Pilotprojekt IVSS

Mit der Durchführung der wissenschaftlichen Begleitforschung wurde die Akademie für Technikfolgenabschätzung in Baden-Württemberg (AfTA) beauftragt. Für
die Durchführung von Akzeptanzstudien sowie für Untersuchungen über die Auswirkungen der Multimediaentwicklung für die Region wurden insgesamt 2 Mio.
DM bewilligt.

Technik: Umfangreiche und langwierige Eigenentwicklungen

Das technische Konzept für das Pilotprojekt wurde von der Deutschen Telekom
entwickelt. In Stuttgart sollte eine HFC-Netzarchitektur getestet werden und ein
zentraler Video-Server im Telekom-*Headend* in Stuttgart-Feuerbach installiert
werden, von dem aus die Beiträge der Inhalteanbieter (Spielfilme, Ratgebersendungen, Nachrichten etc.) abgerufen werden sollten.[76]

Die Testteilnehmer sollten - so sah es die Projektplanung vor - eine Set-top Box
an ihren Fernseher anschließen und darüber Video on Demand und andere interaktive Dienste nutzen können. In der späteren Phase des Pilotprojekts sollte es dann
auch eine Verbindung der Set-top Box zum PC geben, um betriebliche Anwendungen wie Teleworking und Tele-Cooperation realisieren zu können.

Damit sich die verschiedenen Dienste dem privaten Nutzer optisch als einheitliches System darstellen konnten, sollte eine spezielle Navigationssoftware entwickelt werden, in der die einzelnen Dienste übersichtlich dagestellt und über
standardisierte Menüs ausgewählt werden sollten. Für die Entwicklung der
Navigationssoftware gründete die Deutsche Telekom Ende 1995 die Multimedia
Service GmbH (MMS) in Dresden.

---

76 Zum Systemkonzept von Video on Demand siehe Abschnitt 5.3.3

Mit der Entscheidung der Telekom, die Navigationssoftware komplett selbst zu entwickeln und den Diensteanbietern später gegen Gebühr zur Verfügung zu stellen, ging ein wesentlicher Anreiz für die Service-Anbieter verloren: Nämlich die eigenständige Gestaltung ihrer Inhalte in einem flexiblen und offenen Umfeld, in dem schnell auf veränderte Kundenwünsche eingegangen werden kann.

Was in den Telekom-Büros in Dresden entwickelt wurde, demonstrierte die MMS im Januar 1996 etwa 20 interessierten Diensteanbietern. Ein Teilnehmer berichtet: „Die von der MMS demonstrierte Applikation „Gebrauchtwagenmarkt", in welcher Autos auf ca. 10 Bildschirmseiten zum Verkauf angeboten werden, sollte den jeweiligen Diensteanbieter etwa 50.000 DM kosten. Aktualisierungen sollten nach Aufwand berechnet werden." Die gezeigte Anwendung konnte, so der Interviewpartner, „einen gewissen BTX-Charme" nicht ganz verbergen (I 9622).

Insgesamt bedeutete die ehrgeizige Konzeption der Telekom einen erheblichen Entwicklungsaufwand im Hardware-Bereich, in der Vermittlungstechnik und bei der Software. Ähnlich wie im Time Warner Pilotprojekt in Orlando (vgl. Abschnitt 12.1), das als Vorbild für das Stuttgarter Projekt gelten kann, musste in Stuttgart ein Großteil der Komponenten völlig neu entwickelt werden. Dabei wurde immer deutlicher, dass man sich zu viel vorgenommen hatte.

Im Laufe des Projekts wurde deshalb der Umfang der Dienste, die realisiert werden sollten, immer weiter reduziert. Mit dem Ausstieg von IBM Ende 1995 wurden die geplanten betrieblichen Anwendungen gestrichen. Auch Telebanking fiel durch das Raster der Reduktion auf vermeintlich konkrete, machbare Anwendungen. Für diese Streichung waren allerdings nicht technische Schwierigkeiten verantwortlich, sondern die zu dieser Zeit langen Entscheidungswege innerhalb der Telekom-Organisation. Der Projektleitung der Telekom vor Ort war sich durchaus bewußt, dass die Attraktivität von Telebanking von der Aktualität des Angebots abhängt. Zur Sicherstellung dieser Aktualität - sei es bei Kontoauszügen oder bei Börsennotierungen - war deshalb ein Echtzeit-Zugriff zwischen den Banken und dem zentralen Server in Feuerbach vorgesehen. Doch die Planung für diese Online-Verbindung blieb auf dem Weg zur Telekom-Generaldirektion nach Bonn stecken (Inteview 9618). Da in dieser Angelegenheit nie eine Entscheidung getroffen wurde, stiegen die Banken Anfang 1996 aus dem Pilotprojekt aus. Ähnliche Schwierigkeiten führten zum Ausstieg der Kaufhof AG, die über das System Teleshopping-Dienste anbieten wollte.

Inhalte: Probleme der Diensteanbieter im Pilotprojekt

Die Diensteanbieter standen zunächst im eigenen Unternehmen vor der Aufgabe, Anwendungen für das Pilotprojekt über interne Abteilungsgrenzen und Aufgabengebiete hinweg zu organisieren. Dabei entstanden eine Reihe von spezifischen Problemen, die mit der jeweiligen Organisationsstruktur des Unternehmens sowie der Branche, in der das Unternehmen tätig war, zusammenhingen. Das ZDF stand z.B. vor dem Problem, dass es über geeignete Beiträge und Aktualisierungsformen ihres Video on Demand-Angebots entscheiden musste, während ein Versandhaus z.B. über die Präsentationsform und die Integration in das vorhandene Warenwirtschaftssystem entscheiden musste. Es gab aber auch Problemfelder, von denen alle Diensteanbieter im Pilotprojekt gleichermaßen betroffen waren:

• *Fehlende technische Spezifikationen*
  Mehrere Monate vor dem offiziellen Start des Projekts tauchten im Bereich der technischen Spezifikationen immer mehr Fragen und Probleme auf. Inhalte-anbieter beschwerten sich über interne Abläufe, Versäumnisse bei der Projekt-koordination und verspätete Informationen. Längst zugesagte Daten wurden nicht geliefert, was zu Verzögerungen bei der internen Diensterstellung führte.

• *Verlust von Aktualität durch fehlende Online-Verbindung*
  Ein weiteres Problemfeld, das zu erheblichen Restriktionen für die Dienste-anbieter führte, war die bereits angesprochene fehlende Online-Verbindung zwischen den Anbietern und dem zentralen Server. Der Süddeutsche Rundfunk wollte ursprünglich pausenlos seine TV-Nachrichten aktualisieren. Beim damaligen Stand der Projektumsetzung wäre das aber nicht möglich gewesen. Der Sender musste deshalb seine Pläne drastisch reduzieren.

• *Hohe Entwicklungskosten bei unsicherer Wiederverwertung*
  Die Entwicklungskosten waren ein weiter kritischer Punkt für die *Content Pro-vider*. Denn Entwicklungskosten von mehreren Hunderttausend Mark rechnen sich nicht bei einem einmaligen Piloteinsatz. Überregionale Anbieter kritisierten deshalb, dass zwischen den verschiedenen Pilotprojekten in Stuttgart, München/ Nürnberg oder Hamburg zu wenig Austausch stattfände. Die meisten der Stutt-garter *Content Provider* wußten nicht, ob sie ihre Inhalte ohne großen Zu-satzaufwand auch in Hamburg oder anderswo in die Netze einspeisen könnten.

• *Absichtserklärungen bei technischer und wirtschaftlicher Ungewißheit*
  Zwar hatten zu Beginn des Projekts über 60 Firmen beim Wirtschafts-ministerium Interesse bekundet und einen *Letter of Intent* unterschrieben. Viele Inhalteanbieter zogen sich aber im Verlauf des Projekts zurück oder warteten zunächst ab, bevor sie mit eigenen Entwicklungen beginnen wollten (vgl. Har-nischfeger/ Zoche 1996: 6f). Offensichtlich wollten viele Diensteanbieter vor allem mit am Tisch sitzen und den Aufsprung nicht verpassen, wenn die ersten Anwendungen realisiert würden.

• *Anzahl der Testhaushalte*
  Die Anzahl der Testhaushalte ist für eine repräsentative Akzeptanzkontrolle für neue Medienangebote entscheidend. Von den ursprünglich geplanten 4.000 Haushalten waren lediglich 2.500 übriggeblieben. Diese Zahl wurde allgemein als akzeptabel angesehen, doch auf der Basis noch niederer Nutzerzahlen wären Akzeptanzaussagen als Ergebnis des Pilotprojekts kaum mehr möglich gewesen.

11.1.2.2   Aufbau neuer Produktionsstrukturen

Die Deutsche Telekom hatte in ihrer Stuttgarter Niederlassung eine Projektgruppe zur Durchführung des Pilotprojekts, die so genannte IKAT-Gruppe (Innovative Kommunikationsformen, Anwendungen und Technologien) gebildet. Die Stuttgarter IKAT-Gruppe sah sich bei der Umsetzung des IVSS-Projekts vor das Problem gestellt, eine Vielzahl von regionalen und funktionalen Telekom-Arbeitsbereichen integrieren zu müssen. Zeitweise waren 36 Abteilungen in vier Direktionen und drei Niederlassungen an sechs verschiedenen Standorten mit der Realisierung des Vorhabens beschäftigt.

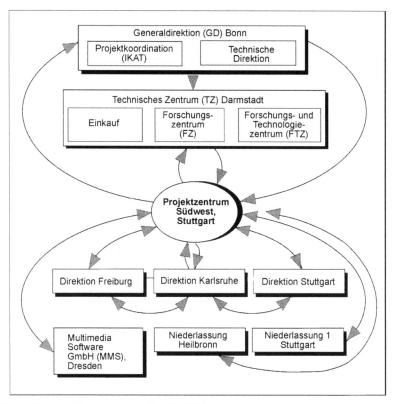

Abb. 39:   Telekom-Projektorganisation für IVSS

Das enorme Koordinationsproblem, mit dem das Projektzentrum in Stuttgart zu kämpfen hatte, entsprang dabei nicht nur der hierarchischen Beziehung zur Zentrale in Bonn und dem technischen Zentrum in Darmstadt, sondern auch der Konstruktion, regionale Direktionen und Niederlassungen in das Geschehen einzubinden und mit unterschiedlichen Aufgaben zu betreuen. Hinzu kam, dass die Telekom - im Zuge ihrer Vorbereitungen auf die neue Situation nach dem Fall des Monopols - ab Oktober 1995 dabei war, weitreichende interne Restrukturierungsmaßnahmen durchzuführen, die sich auch auf die Zuständigkeiten innerhalb des Pilotprojekts auswirkten. Abb. 39 zeigt den Versuch einer Rekonstruktion der Zuständigkeiten für das Pilotprojekt, wie sie sich im Juni 1996 darstellten.

Der Aufbau neuer Produktionsstrukturen für die neuen Anwendungen sollte mit Hilfe finanzieller Unterstützung des Landes ermöglicht werden. Im Mai 1996 hatte das Stuttgarter Pilotprojekt ein Gesamtvolumen von ca. 100 Mio. DM. In diese Summe gingen Eigenentwicklungen der Diensteanbieter mit 38 Mio. DM ein. Das Wirtschaftministerium war mit insgesamt 22 Mio. DM an den Kosten beteiligt. Damit hatte sich der ursprünglich geplante Beitrag des Landes verdoppelt. Wirtschaftsminister Spöri verteidigte diese Ausgabenerhöhung im Juni 1995 folgendermaßen: „Wenn man auf diese Weise Neuland betritt, kann man natürlich viele Komponenten nicht von vorneherein quantifizieren. Alle Beteiligten mussten ihre finanziellen Positionen modifizieren" (o.V. 1995a).

11.1.2.3   Berücksichtigung von Nutzerpräferenzen und -ressourcen

Für die Testteilnehmer selbst sollten in der ersten Phase keine Kosten entstehen. Es war vorgesehen, dass sie ein virtuelles Guthaben von DM 200 bekommen und erst nachdem dieses Budget ausgeschöpft war, wären wirkliche Beiträge für die Nutzung der Dienste angefallen.

Voraussetzung für die Teilnahme am Pilotprojekt war lediglich, dass diese Haushalte über einen Kabel-TV-Anschluß der Deutschen Telekom verfügten und im Gebiet einer Netzinsel wohnten, das zur Aufrüstung vorgesehen war. Bei der Auswahl des Versorgungsgebietes spielte nicht die Orientierung an einer bestimmten Zielgruppe eine Rolle, sondern die Tauglichkeit der vorhandenen technischen Infrastruktur vor Ort.

Die Anwerbung der ursprünglich geplanten 4.000 Testhaushalte stellte allerdings ein größeres Problem dar. Bis zum Ende des Sommers 1995 konnten lediglich 2.000 Haushalte zu einer Testteilnahme bewegt werden, was in den Arbeitskreisen des Pilotprojekts heftige Diskussionen über die Art bzw. die Effizienz der Werbung durch die Deutsche Telekom auslöste. So wurden die Haushalte zwar mehrmals angeschrieben - eine Informationsveranstaltung bei der die neuen Anwendungen konkret beschrieben worden wären - fand allerdings nicht statt. Die Testhaushalte wußten so zum großen Teil gar nicht, was sie erwarten würde, welche Anwendungen letztlich verfügbar sein würden und wie sie das neue Angebot nutzen würden.

11.1.3   *Rahmenbedingungen*

11.1.3.1   Marktstrukturen und Wettbewerbsumfeld

Bei der Betrachtung der Marktstrukturen und des Wettbewerbsumfelds als Rahmenbedingungen für das Pilotprojekt fällt zunächst die Doppeleigentümerschaft der Deutschen Telekom beim Kabelfernseh- und beim Telefonnetz auf.[77] Tatsächlich gab es in Deutschland neben der Deutschen Telekom lange Zeit praktisch keine anderen großen Mitspieler im Rennen um die interaktive Medienzukunft. Entsprechend wenig dringlich erschien dem Unternehmen der Versuch, neue Multimedia-Dienste für das TV-Kabel zu entwickeln. Wichtiger war für das Unter-

---

77   Ausführlich zu den Marktstrukturen im deutschen Kabel-TV-Bereich siehe Abschnitt 5.1.1.

nehmen, Erfahrungen zu sammeln und zu prüfen, wie diese Erfahrungen unter geänderten Wettbewerbsbedingungen, d.h. nach der Liberalisierung, genutzt werden können.

Darüber hinaus zeichnete sich ab dem Jahr 1996 ab, dass das Unternehmen früher oder später Teile seines Kabelfernsehnetzes ausgliedern würde. Denn die Europäische Kommission forderte das Unternehmen auf, den Telefon- und Kabelnetzbetrieb organisatorisch und rechtlich zu trennen.[78] Kostspielige Investitionen in die technische Aufrüstung und den Aufbau von Multimedia-*Know-How* über das Kabel wie im IVSS geplant, ließen sich vor diesem Hintergrund immer weniger rechtfertigen. Stattdessen sollten sich die Unternehmensbereiche wieder auf ihre Kernkompetenzen konzentrieren.

11.1.3.2 Strategie und Engagement des Mutterkonzerns

Das BK-Netz der Deutschen Telekom - in Deutschland nach dem Telefonnetz das Netz mit den meisten Teilnehmern überhaupt - besitzt ungenutztes Potenzial sowohl auf der technischen Seite (Hyperband) als auch bei der Anzahl der Anschlüsse (von 26 Mio. verkabelten Wohneinheiten nutzen 1997 den Kabelanschluß nur ca. 17 Mio.). Daraus resultierte die Strategie der Telekom im Stuttgarter Pilotprojekt: „Es muss das Ziel der Deutschen Telekom sein, diese Reserven, die ja bereits finanziert sind, zu nutzen. Eine erweiterte Angebotspalette, wie in den Pilotprojekten vorgesehen und die damit erweiterte Attraktivität des BK-Anschlusses kommt diesem Ziel entgegen" (Bohner 1996).

Zwar war das Pilotprojekt selbst zu klein, um den Absatz des Produkts „Kabel-Anschluß" zu fördern, doch es hätte Aufschluss darüber geben können, wie die Telekom dieses Produkt mit neuen Anwendungen in Zukunft attraktiver machen könnte. Um die geeignete technische Plattform für die zukünftigen multimedialen Dienste zu finden, sollten in den verschiedenen Pilotprojekten, die das Unternehmen Mitte der 90er Jahre durchführte (vgl. Abschnitt 5.5.3) Erfahrungen gesammelt werden, die zukünftig eine führende Marktpositionierung erlauben würden.

Als sich der Versuch allerdings unerwartet in die Länge zog, technische Schwierigkeiten immer offensichtlicher wurden und ein rentabler Betrieb in immer weitere Ferne rückte, verlor das Projekt immer mehr an Unterstützung durch die Generaldirektion. Der Experimentiercharakter der dem Versuch eigen war, war im Zeichen eines bevorstehenden Börsengangs des Unternehmens nicht länger tragbar. Digitales Fernsehen und Internet über das Telefonnetz sollten in Zukunft Erträge erwirtschaften, von denen Video on Demand und interaktive TV-Dienste offenbar noch weit entfernt waren. Die Entscheidung zum Abbruch des Pilotprojekts am 31. Oktober 1996 wurde schließlich in der Generaldirektion in Bonn gefällt. Die Telekom-Verantwortlichen in der Stuttgarter IKAT-Gruppe waren letztlich von dieser

---

78 Im sogenannten Cable Review kündigte die Europäischen Kommission dann 1998 eine Richtlinie an, mit der eine solche Trennung duchgesetzt werden sollte (vgl. Europäische Kommission 1998). Ein Verkauf des Kabel-TV-Netzes wurde dabei nicht explizit gefordert.

Entscheidung ebenso überrascht wie das baden-württembergische Wirtschaftsministerium und die Konsortialmitglieder (vgl. Pfeil 1996).

11.1.3.3 Standardisierung und Technikkosten

Die Technikkosten, die aufgrund noch nicht am Markt verfügbarer Komponenten
und Systemlösungen immer weiter in die Höhe schnellten, waren eine zentrale
Rahmenbedingung für das Scheitern des Stuttgarter Projekts. Obwohl die beteiligten
Technikfirmen immer wieder beteuerten, dass die von ihnen entwickelten
Komponenten den neuesten Stand der Technik darstellten und in den Labors
problemlos den gestellten Anforderungen gerecht wurden, stellte sich bei der
Integration der Einzelkomponenten in das Gesamtsystem heraus, dass sie noch nicht
ausgereift waren. Zusätzliche Entwicklungsarbeiten wurden von den Techniklieferanten im Laufe des Pilotprojekts wegen der unsicheren Verwertungsaussichten
allerdings immer häufiger abgelehnt.

11.1.3.4 Nachfragestrukturen

Dass nur eine geringe Zahl von Haushalten für die neuen Angebote interessiert
werden konnten, war nicht nur das Ergebnis von Marketingversäumnissen seitens
der Deutschen Telekom (vgl. Abschnitt 11.1.2.3). Es spiegelt auch die allgemeine
Unkenntnis bzw. fehlende Vertrautheit der Bevölkerung mit interaktiven Medienangeboten zu dieser Zeit wider (vgl. Kolbe/ Brenner 1997: 140).

   Betrachtet man die etablierten Nutzungsstrukturen im Fernsehbereich in
Deutschland Mitte der 90er Jahre, erscheint der Versuch, Video on Demand
einzuführen wie der Versuch, den zweiten Schritt vor dem ersten zu tun. Denn die
Nutzung von Video on Demand unterscheidet sich erheblich von der Nutzung des
herkömmlichen Programmfernsehens. Video on Demand setzt die Bereitschaft und
Fähigkeit voraus, aus einem Sortiment an Informations- und Unterhaltungs-
angeboten dasjenige herauszufinden, das jeweils interessiert. Man kann deshalb
auch von höheren Transaktionskosten für die Nutzer sprechen, denn der Aufwand,
einen geeigneten Beitrag zu finden, ist ungleich höher als beim herkömmlichen
Fernsehen.

   Für die interaktiven Angebote im Pilotprojekt wie z.B. Teleshopping, Tele-
banking oder Telelearning können noch weniger Anknüpfungspunkte an etablierte
Nutzungsweisen und Nachfragestrukturen unterstellt werden: Mit interaktiven
Angeboten aus dem Online-Bereich waren Mitte der 90er Jahre in Deutschland
lediglich 4 Prozent der Bevölkerung vertraut. Sowohl für die interaktiven TV-
Dienste als auch für Video on Demand fehlten beim größten Teil der Bevölkerung
Images und Regeln, die den Gebrauch der neuen Medien erleichtert hätten.

11.1.3.5 Ordnungspolitische Vorgaben

Zum Zeitpunkt der Planung des Pilotprojekts verfügte die Deutsche Telekom über
ein Monopol sowohl beim BK-, als auch beim Telefonnetz. Die absehbare Liberalisierung des TK-Sektors und die bevorstehende Teil-Privatisierung führte jedoch zu

weitreichenden Umstrukturierungen innerhalb des Unternehmens, die entsprechende Auswirkungen auf den Verlauf des Pilotprojekts hatten (siehe Abschnitt 11.1.3.3).

Hinsichtlich konkreter medienpolitischer Vorgaben war für das Stuttgarter Pilotprojekt die Landesanstalt für Kommunikation (LfK) zuständig. Diese hatte bereits eine Medienversuchsverordnung vorbereitet, die zur Anwendung gekommen wäre, wenn die interaktiven Angebote im Pilotprojekt realisiert worden wären. Die Medienversuchsverodnung der LfK hätte dabei auf wesentliche Zulassungs- und inhaltliche Aufsichtsrechte verzichtet, wie sie üblicherweise für Rundfunkangebote gelten, und hatte damit bereits über weite Strecken die damals in Vorbereitung befindliche Multimedia-Gesetzgebung des Bundes und der Länder vorweg-genommen (I 9631).

Die Telekom musste für die Genehmigung des Versuchsbetriebs lediglich zu-sagen, dass die zusätzlichen Angebote im Kabel keine Programmplätze belegen würden, auf denen die bisher von der LfK zugewiesenen Fernsehprogramme übertragen wurden. Da sich mit dem Ausbau der Netzinfrastruktur für das Pilotprojekt die Bandbreite des Kabel-TV-Netzes ohnehin beinahe verdoppelte, war dies allerdings nicht zu befürchten.

11.1.3.6 Inhaltliche Regulierungsbestimmungen

Ein tatsächliches Problem mit konkreten Regulierungsbestimmungen hätte sich allerdings bei der Weitergabe von Nutzerdaten ergeben. Denn aufgrund der Projektführerschaft der Telekom hätten die Diensteanbieter Restriktionen in Kauf nehmen müssen, die sich aus dem relativ strengen Datenschutzgesetz ergeben, an das die Telekom gebunden ist. Nach dem damaligen Stand hätte die Telekom die für die Diensteanbieter wichtigen Informationen über die Nutzung ihrer Angebote nicht ohne weiteres weitergeben können. Lediglich ein Mal im Monat hätten die Diensteanbieter eine anonymisierte Liste der *Content*-Abrufe zugestellt bekommen; ohne detailliertere, für das Marketing wichtige Informationen wie Zeitpunkt des Abrufs, Alter, Geschlecht, Berufsgruppe u.ä. des Abrufenden. Präzisere Ergebnisse hätten den Inhalteanbietern erst nach Beendigung des Versuchs geliefert werden können - diese wünschten dagegen kurzfristige Auswertungen, um die Inhalte jeweils anpassen zu können.

11.1.3.7 Landespolitische Initiative

Der landespolitische Hintergrund, d.h. die Initiative von Wirtschaftsminister Spöri und die Beteiligung des Landes an den Kosten des Projekts ist von besonderem Interesse, weil explizit politische Instrumente eingesetzt wurden, um die Multimediaentwicklung zu beschleunigen.

Bereits im Herbst 1993 hatte ein vom Wirtschaftsminister geleiteter Arbeitskreis aus Vertretern von Wirtschaft und Gewerkschaften als eines von 60 Projekten ein Pilotprojekt „Anwendung multimedialer Dienste" vorgeschlagen (vgl. Oettinger 1996). Dieter Spöri führte daraufhin erste Vorgespräche mit interessierten Unternehmen der Region. In einem Interview äußerte sich Spöri zur Frage, ob nicht

Unternehmer und Gewerkschaften selbst solche Projekte vereinbaren könnten folgendermaßen:

> Das habe ich früher auch einmal gedacht, doch dazu sind beide nicht bereit, sie brauchen einen Moderator. (...) Der Staat weiß auch nicht besser als die Unternehmen, was der Markt braucht, deswegen setzen wir uns ja mit den Unternehmen und Gewerkschaften zusammen. Wir kreieren bei den Runden im Wirtschaftsministerium ja auch keine neuen Produkte, aber wir pushen bestimmte Entwicklungen. Wir wollen den Unternehmen helfen, schneller am Markt zu sein (o.V. 1994).

Bei dem Treffen des Wirtschaftsministers mit den Vertretern von Telekommunikations- und Medienindustrie kam allerdings kein „Maßnahmenpaket" zustande, das multimediale Anwendungen auf verschiedenen Ebenen, z.B. im Hardware-Bereich, beim Aufbau der Netze oder im Anwendungs-Bereich forciert hätte, sondern ein Pilotprojekt, von dem man sich erhoffte, dass es all diese Bereiche gleichzeitig für Multimedia motivieren würde. Die „Stimmigkeit" der landespolitischen Maßnahmen zur Förderung von Multimedia musste sich von da an ausschließlich *innerhalb* des Pilotprojekts erweisen.

Dieses Vorgehen war keineswegs selbstverständlich. Andere Bundesländer waren andere Wege gegangen: Die bayerische Landesregierung z.B. verzichtete in ihrem Projekt „Bayern Online" ganz bewußt auf die Entwicklung neuer Hardware oder neuer Anwendungen und konzentrierte sich auf die Bereitstellung einer kostengünstigen Netzinfrastruktur. Sie hatte sich dabei auf das Internet festgelegt und verfolgte die Vision vom „Internet-Anschluß für jeden Bayer und jede Bayerin", um so die Vertrautheit mit und die Nachfrage nach multimedialen Diensten zu verstärken. Auch die niedersächsische Landesregierung ging einen anderen Weg bei der Konzipierung ihrer Maßnahmen zum Einstieg in das Multimedia-Zeitalter: Sie beauftragte eine Unternehmensberatung, die ein Konzept zur Plazierung des Landes in der Multimedia-Landschaft, einen Maßnahmenkatalog für bestimmte Bereiche der neuen Technologie und eine Projektstruktur zur Umsetzung der Empfehlungen erarbeitete. Während sich das Wirtschaftsministerium in Stuttgart als „Dienstleister für die Volkswirtschaft als Ganzes" (Spöri 1995: 147) verstand, beauftragte man dort einen Dienstleister, um Expertenwissen zu Multimedia zu generieren.

11.1.3.8   Spezielle Bildungs- und Ausbildungsmaßnahmen

Spezielle Bildungs- oder Ausbildungsmaßnahmen waren innerhalb des Pilotprojekts nicht vorgesehen. Zwar wurden zur Akzeptanzuntersuchung wissenschaftliche Begleitstudien in Auftrag gegeben. Um das Interesse bzw. die Nachfrage nach den neuen Diensten selbst zu steigern, waren von der Landesregierung jedoch keine weiteren Maßnahmen eingeplant worden.

11.1.4 Auswirkungen von Info 2000 auf den Verlauf des Projekts

Im Aktionsplan der Bundesregierung zur Informationsgesellschaft von 1996 wird ausdrücklich auf laufende Pilotprojekte im Bereich multimedialer Dienste für private Haushalte hingewiesen und die Notwendigkeit festgestellt, diese Pilotprojekte zu koordinieren. Als konkrete Aktion hatte sich die Bundesregierung deshalb vorgenommen, „im Rahmen ihrer Gespräche mit den Ländern und den Netzbetreibern für eine bundesweite Koordinierung der Pilotprojekte einzutreten" (BMWi 1996: 102). Weiterhin sollte eine gemeinsame Begleitforschung dazu dienen, die Erfahrungen und die Ergebnisse der Pilotprojekte allgemein zugänglich zu machen, um auf diese Weise dazu beizutragen, zu möglichst „bundesweit einführbaren Anwendungen zu gelangen" (ebenda, vgl. ausführlich Kapitel 6).

In Info 2000 wurden die Pilotprojekte der Deutschen Telekom zu Video on Demand mit einer kurzen Beschreibung der verwendeten Technik und der jeweilig beteiligten Diensteanbieter aufgelistet (BMWi 1996: Anhang C). Doch schon im Fortschrittsbericht zu Info 2000, der im Oktober 1997 veröffentlicht wurde, finden diese Pilotprojekte keine Erwähnung mehr. Hintergrund hierfür war die inzwischen begonnene Liberalisierung des deutschen Telekommunikationsmarktes und die Teil-Privatisierung der Deutschen Telekom sowie der insgesamt enttäuschende Verlauf der meisten Telekom-Pilotprojekte. In Info 2000 war zwar im Hinblick auf neue Anwendungen im privaten Bereich darauf hingewiesen worden, dass die Entwicklung und Einführung solcher Angebote prinzipiell Aufgabe der privaten Wirtschaft sei. Für die Bereitstellung der technischen Infrastruktur sah die Bundesregierung zu diesem Zeitpunkt allerdings noch die Deutsche Telekom in der Pflicht. Diese Situation hatte sich mit dem Entschluß der Bundesregierung, den TK-Markt zu liberalisieren, grundlegend geändert.

Die Neuregelung des Telekommunikationssektors durch das TKG von 1996 bedeutete für die Deutsche Telekom, dass sie künftig nicht mehr als staatlicher Infrastrukturbetreiber, sondern als privatwirtschaftliches Unternehmen agieren musste. Zudem wurde der Börsengang vorbereitet. Die Koordinierung der Aktivitäten zur Entwicklung neuer Medienangebote wurde nun als unternehmensinterne Aufgabe begriffen, die den staatlichen Zugriff ausschloß. Eine Offenlegung von Projekt-Ergebnissen, wie sie noch 1996 von der Bundesregierung vorgeschlagen wurde, um zu bundesweit einheitlichen Anwendungen zu kommen, war unter Marktbedingungen nicht mehr zu rechtfertigen.

Der Fortschrittsbericht der Bunderegierung trägt dieser Entwicklung Rechnung und verzichtet auf eine neuerliche Darstellung der Pilotprojekte der Deutschen Telekom zum interaktiven Fernsehen. Dies bedeutet aber auch, dass die in Info 2000 angekündigte Koordination dieser Projekte und die Begleitforschung nicht stattgefunden haben.

11.1.5 Prognosen

Nach dem Ende des Versuchs wurde darüber diskutiert, inwiefern Erfahrungen, die im Stuttgarter Pilotprojekt gewonnen wurden, für neue Projekte von Bedeutung sein könnten. Wirtschaftsminister Döring kündigte schon im Dezember 1996 eine Reihe neuer Multimedia-Pilotprojekte an, in deren Mittelpunkt die lange geforderten betrieblichen Anwendungen wie Teledienste für das Handwerk und mittelständische Betriebe, Telearbeit und Telelearning standen. Die neuen Projekte sollten jedoch diesmal auf bereits vorhandener, standardisierter Hardware basieren. Deshalb wurden Projekte konzipiert, die den IP-Standard des Internets und den PC als Endgerät nutzen sollten. Auch die Telekom sprach sich kurz nach dem Abbruch des Projekts für einen „Neuansatz mit anderer Technikplattform" (Pfeil 1996) aus, und meinte damit die IP-Plattform für (schmalbandige) interaktive Dienste über das Telefonnetz.

Die Prognose, dass sich im konsumorientierten Multimedia-Bereich ein homogener Massenmarkt entwickeln wird und sich das Fernsehgerät zum Informationsterminal der Zukunft ausbilden wird, hat sich bis heute nicht bestätigt. Stattdessen haben sich aufgrund heterogener Kunden- und Nutzeranforderungen Nischenmärkte auf der Basis verschiedener technischer Plattformen herausgebildet. Telebanking, Teleticketing und Informationsdienste haben sich innerhalb von Online-Diensten und im Internet durchgesetzt. Teleshopping wird in eigenen Fernsehprogrammen angeboten und über das Internet als *E-commerce* abgewickelt. Und digitales Abonnentenfernsehen steht seit Ende 1996 flächendeckend allen Interessenten von Spartenprogrammen zur Verfügung.

Übrig bleibt nur das Angebot „Video on Demand", über dessen Zukunft noch nicht entschieden ist. Inzwischen gibt es - vor allem in den USA - eine Reihe neuer Versuche zu Video on Demand, weil die Kosten insbesondere für die Serverhardware inzwischen stark gefallen sind und viele Kabel-TV-Netze in den letzten Jahren modernisiert und bereits mit rückkanalfähigen Komponenten ausgestattet wurden (vgl. Fallstudie FSN, Abschnitt 12.1).

Auch in Deutschland gibt es mit „Entertainment on Demand", dem Angebot der Bertelsmann Broadband Group und einem Projekt des Kabelnetzbetreibers Primacom in Leipzig mehrere neue Einführungsversuche von Video on Demand über Kabel. Bezeichnend ist dabei, dass es die größeren *privaten* Netzbetreiber sind, die nunmehr neue Angebote auf ihren Netzen anbieten wollen. Aber auch die Investoren, die Mitte des Jahres 2000 Teile des BK-Netzes von der Deutschen Telekom übernahmen, haben neue interaktive Angebote angekündigt. Die Deutsche Telekom selbst konzentriert sich dagegen hauptsächlich auf die DSL-Technik, d.h. auf die breitbandige Datenübertragung über das Telefonnetz.

11.1.6   Zusammenfassung: Gründe für das Scheitern des Projekts

Insgesamt können für das Scheitern des Stuttgarter Multimedia-Pilotprojekts die ungünstigen Rahmenbedingungen verantwortlich gemacht werden. Kritische Faktoren waren dabei insbesondere die hohen Technikkosten und die fehlende Standardisierung. Außerdem erwiesen sich die ordnungspolitischen Vorgaben als ungünstig. Zum einen hatten diese zur Folge, dass die neuen Dienste nicht aus einer Wettbewerbssituation heraus entstanden und zum anderen bewirkte die - während des Verlauf des Projektes begonnene - Teil-Liberalisierung des TK-Marktes eine Umstrukturierung der Deutschen Telekom und eine Konzentration auf das Geschäftsfeld Telekommunikationsdienste über das Telefonnetz.

Die Landespolitische Initiative scheiterte letztlich daran, dass die Interessen des Ministeriums und die Interessen der Telekom nicht deckungsgleich waren. Das Wirtschaftsministerium verstand das Pilotprojekt als Initiative zur Förderung der einheimischen *High-Tech*-Industrie und zur Entwicklung des Medienstandorts Baden-Württemberg, während die Deutsche Telekom lediglich an solchen neuen Diensten interessiert war, die ihr Kabelnetz langfristig attraktiver machen würde. Dazu sollte das Pilotprojekt vor allem Erkenntnisse über die technische Eignung von neuen Systemplattformen liefern.

Misst man die Politik an ihren eigenen Ansprüchen, muss man für das Pilotprojekt konstatieren, dass der Ansatz der Moderation gescheitert ist. Das intendierte politische Verfahren: Initiative, Kooperration, Moderation hat deshalb nicht funktioniert, weil es die Deutsche Telekom verstanden hat, das Projekt für ihre Zwecke zu vereinnahmen. Dies wurde auch deshalb möglich, weil die politischen Vorstellungen von dem, was unter Multimedia zu verstehen sei und welche Maßnahmen zur Förderung der neuen Technolgie notwendig sind, äußerst vage waren.

Obwohl es die Rahmenbedingungen waren, die das Stuttgarter Pilotprojekt letzlich zum Scheitern brachten, konnten auch auf der lokalen Handlungsebene gravierende Fehler und Versäumnisse festgestellt werden. Ein Problem war beispielsweise die bloße *Anzahl* der beteiligten Unternehmen. Selbst im Wirtschaftsministerium räumte man ein, dass der Koordinierungsbedarf so vieler Firmen unterschätzt worden war (vgl. Oettinger 1996: 5). Eine stabile Produktionslogistik für neue Dienste konnte so weder für die Technik noch für die Inhalte aufgebaut werden.

11.2   InfoCity NRW

11.2.1   *Projektbeschreibung Grunddaten*

Bei „InfoCity NRW" handelt es sich um ein Pilotprojekt, das von 1995 bis Ende 1998 von o.tel.o im Rhein/ Ruhr-Gebiet durchgeführt wurde, um interaktive TV-Dienste, Video on Demand und Breitband-Internet über das BK-Netz zu testen und schließlich einzuführen. Übrig blieb von diesem Versuch letzlich nur das Kabelmodemangebot, das seit Anfang 1999 in den ehemaligen Testgebieten und seit Ende 1999 auch in einem Stadtteil von Berlin kommerziell angeboten wird.

Gestartet wurde das Pilotprojekt InfoCity NRW im November 1995 von Vebacom, der Telekommunkationstochter des Stromversorgers Veba. Ende 1997 wurde das ähnlich gelagerte Pilotprojekt „Multimedia Gelsenkirchen" des Stromversorgers RWE in InfoCity NRW integriert, nachdem die beiden Energiekonzerne ihre jeweiligen TK-Töchter zusammengelegt und die Firma o.tel.o gegründet hatten. Ursprünglich für zwei Jahre geplant, wurde InfoCity NRW Ende 1998 nach dreijähriger Laufzeit abgeschlossen. Zeitweise galt es als der größte Multimedia-Markttest in Europa, der von Medien und Politik entsprechend aufmerksam verfolgt wurde.

Tatsächlich konnte InfoCity NRW bis 1998 allerdings nur ca. 300 Testhaushalte für das Kabelmodemangebot gewinnen. o.tel.o als Betreiber des Pilotprojekts und Eigentümer von bundesweit ca. 1,7 Mio. Kabelfernsehanschlüssen ist auch heute noch weit davon entfernt, Internet über Kabel großflächig anbieten zu können.

Anfang 1999 ging InfoCity NRW von der Projektphase in die Phase der kommerziellen Einführung über. Seither bietet das Unternehmen den Kabelmodemdienst für monatlich DM 59 plus DM 20 für die Miete des Kabelmodems im ehemaligen Testgebiet, d.h. in bestimmten Stadtteilen von Düsseldorf, Gelsenkirchen, Dortmund, Gladbeck und Köln an. An das rückkanalfähige Kabelfernsehnetz mit Anschluß an das o.tel.o-Backbone als Voraussetzung für den neuen Dienst könnten in diesen Städten insgesamt ca. 15.000 Haushalte angeschlossen werden.

Die zu o.tel.o gehörenden privaten Kabelnetzbetreiber, die in der TeleColumbus Gruppe zusammengeschlossen sind, arbeiten weiter an der Aufrüstung der technischen Infrastruktur, um den Kabelmodemdienst auch in anderen Städten anbieten zu können. In Berlin wurde er im April 1999 unter dem Namen „InfoCity Berlin" erstmals außerhalb des Testgebiets eingeführt. Im Stadtteil Friedrichshain können seither über eine aufgerüstete Netzinsel ca. 5.000 Haushalte technisch erreicht werden. Angaben über die aktuelle Zahl der Abonnenten in Berlin und NRW macht das Unternehmen nicht. Es kann jedoch davon ausgegangen werden, dass InfoCity in Rhein/ Ruhr und Berlin Ende 2000 nicht mehr als insgesamt 500 zahlende Kunden hatte.

Als Initiator des InfoCity-Projekts wird der Veba-Chef Ulrich Hartmann genannt, der sich 1994 von dem Bangemann-Bericht inspirieren ließ, in dem erstmals die Vision eines europäischen Information-Highway entwickelt wurde (Canibol 1997). Zur gleichen Zeit wurde von der Landesregierung Nordrhein-Westfalen ein Multimedia-Großprojekt konzipiert, das sich dem Aufbau neuer, zukunftsorientierter Informations- und Kommunikationsstrukturen widmete. InfoCity NRW wurde später als so genanntes Marktöffnungsprojekt in die „Initiative MediaNRW" der Landesregierung eingebunden. Die Initiative MediaNRW hatte zum Ziel, die Medienwirtschaft in Nordrhein-Westfalen über verschiedene Multimedia-Projekte sowie durch ordnungspolitische und regulatorische Maßnahmen zu unterstützen.

Für o.tel.o als Betreiber des Projekts war allerdings von Anfang an klar, dass nicht nur die Erforschung und Entwicklung multimedialer Kommunikationsmöglichkeiten, sondern auch Akzeptanzuntersuchungen sowie die Überprüfung der kommerziellen Verwertbarkeit multimedialer Dienste und Inhalte im Vordergrund stehen sollten. Man verfolgte von daher einen ausdrücklich betriebswirtschaftlich orientierten Ansatz (vgl. Empirica 1998: 26).

Lange Zeit wurden in InfoCity NRW deshalb neue Fernsehdienste (digitales, interaktives TV über eine Set-top Box) und neue PC-Anwendungen (Breitband-Internet über Kabelmodems) parallel entwickelt. Im Laufe der Entwicklungsarbeiten wurde allerdings deutlich, dass die Einführung einer eigenen Set-top Box, insbesondere vor dem Hintergrund der Auseinandersetzungen zwischen Kirch/ Bertelsmann und der Multimedia Betriebsgesellschaft (MMBG) um einen einheitlichen Decoder-Standard, wenig erfolgversprechend sein wüde. Schließlich wurden die

Pläne für multimediale Dienste auf einer selbst entwickelten digitalen TV-Plattform fallengelassen. Stattdessen konzentrierten sich die Projektbetreiber und -partner auf die Bereitstellung eines *Highspeed*-Internetzugangs für PC-Nutzer via Fernsehkabel.

Das Angebot sollte allerdings mehr sein als nur Internet; es sollte über das bekannte World Wide Web hinaus multimediale Inhalte wie z.B. Videofilme- und Audiofiles zur Verfügung stellen, die über die breitbandige Infrastruktur entsprechend schnell übertragen werden können und die separat abgerechnet werden sollten.

Trotz der insgesamt ca. 100 Mio. DM, die o.tel.o in den Auf- und Ausbau der technischen und dienstebezogenen Infrastruktur investiert hat, konnte ein neues Medienangebot letztlich nicht dauerhaft etabliert werden.

11.2.2 Lokaler Handlungskontext

11.2.2.1 Koordination von Technik und Inhalten

Technische Grundlage für das InfoCity-Projekt war der bereits verlegte und für den weiteren Ausbau vorgesehene 220 km lange Glasfaserring, der verschiedene Städte im Rhein/ Ruhr-Gebiet miteinander verband. Veba und RWE hatten diese Leitungen Anfang der 90er Jahre entlang ihrer Trassen als „dark fiber" verlegt, d.h. es war zum Zeitpunkt der Verlegung durchaus unklar, für welche Anwendungen diese Infrastruktur später genutzt werden würde. Prinzipiell kamen dafür Telekommunikation und Multimedia in Frage, aber auch extrem breitbandige Anwendungen, wie z.B. Studio-Zuspielungen von Fernsehbeiträgen, die normalerweise über Satellit abgewickelt werden. Die technische Kapazität dieses Glasfasernetzes wurde mit 2,5 GBit/s angegeben, d.h. ein kompletter Kinofilm hätte in nur in 2 1/2 Sekunden übertragen werden können. Über eine ISDN-Verbindung würde eine solche Übertragung 2 1/2 Tage dauern und ca. 2.500 DM kosten (vgl. Gerlach 1998: 113).

Technik: Überbrückung der Netzebene 3

Die eigentliche Herausforderung stellte aber nicht der *Backbone*, sondern die Verbindung zu den Kunden in die Kabelgebiete sowie die Entwicklung von Multimedia-Inhalten mit verschiedenen *Content* Partnern dar.

Zwischen den *Backbone*-Vermittlungsknoten in den einzelnen Städten (Düsseldorf, Köln, Essen, Gelsenkirchen, Bochum, Dortmund, Wuppertal) und den o.tel.o-eigenen Kabelnetzen in die Haushalte gab es zunächst keine direkte Verbindung. In Düsseldorf, Köln und Gelsenkirchen konnte dieses Zwischenstück - die von der Deutschen Telekom betriebene, nicht rückkanalfähige Netzebene 3 (vgl. Abschnitt 5.1.1) mit Hilfe der neu entstandenen *City Carrier* überbrückt werden. ISIS, Net Cologne und GELSEN-NET stellten ihr hochmodernes Telekommunikationsnetz für die Durchleitung der Daten zur Verfügung (siehe Abb. 30).

In den anderen Gebieten sollten dagegen breitbandige *Bypass*-Technologien, wie z.B. Satellitenverbindungen, ATM-Richtfunk oder Funkverbindungen zur Überbrückung dieser Strecke eingesetzt werden. Als sich herausstellte, dass diese Technologien noch nicht einsatzfähig waren, wurde ersatzweise auf ISDN ausgewichen.

Der Zugang zu den Inhalten von InfoCity NRW wurde schließlich in zwei
Varianten angeboten: Als schmalbandige ISDN-Version (64 Kbit/s) und als
breitbandige Kabelmodemversion (2 Mbit/s). Für die attraktivere, breitbandige
Kabelmodemversion war der Teilnehmerkreis damit von vorneherein eingeschränkt
auf Haushalte, die an das o.tel.o-BK-Netz angeschlossen waren und die sich in
räumlicher Nähe zu den Verbindungspunkten der *City Carrier* befanden. Denn
o.tel.o selbst verfügte nicht über ein zusammenhängendes Kabelnetz, das von
zentraler Stelle gespeist werden konnte. Es bestand aus einzelnen, untereinander
nicht verbundenen Kabelinseln, über die jeweils nur wenige tausend Haushalte
versorgt werden konnten. Die Kabelinfrastruktur der Deutschen Telekom auf
Netzebene 3 zu benutzen schied aus, weil dieser Netzteil nicht rückkanalfähig war
und sich eine Zusammenarbeit mit dem Monopolisten als schwierig herausstellte
(Gerlach 1998: 111).

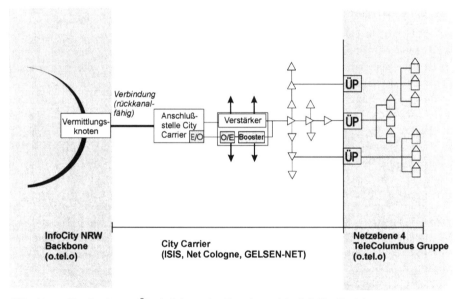

Abb. 40:   *City Carrier* zur Überbrückung der Netzebene 3 im InfoCity-Projekt

Immerhin konnten bis Ende 1998 insgesamt rund 10.000 Haushalte mit Hilfe der
City Carrier an das *InfoCity Backbone* angeschlossen werden.[79] Von diesen
technisch erreichbaren Haushalten entschieden sich aber letztlich nur wenige
Hundert dazu, das InfoCity-Angebot tatsächlich zu abonnieren.

---

79   Kirch und Bertelsmann hatten zu dieser Zeit bereits Millionen in die Entwicklung der
       d-box investiert und verfolgten mit großem Aufwand die Einführung des digitalen Abo-
       Fernsehens mit DF-1 und Premiere digital.

Inhalte: Liste der ursprünglich geplanten Anwendungen

Bezüglich der Inhalte und Anwendungen sollte InfoCity NRW entwicklungsoffen sein und den verschiedensten Diensteanbietern die Möglichkeit geben, auf der technischen Plattform mit neuen Anwendungen zu experimentieren. Die Liste der zu Beginn konzipierten Anwendungen ist lang und umfaßt folgende Bereiche:

- Digitales Fernsehen und Mehrwertdienste,
- Teleshopping,
- Informationsdienste-on-Demand,
- Tele-Banking,
- Reisen und Touristik,
- Unterhaltung, Telespiele,
- Tele-Learning,
- Online-Dienste (vgl. Eckstein 1997: 29).

Eine ganze Reihe von Diensteanbietern zeigte sich interessiert, über die InfoCity-Plattform neue Angebote zu realisieren. Kooperationsverträge wurden mit folgenden Anbietern geschlossen: Fernuniversität Hagen, Stadt und Regierungspräsidium Düsseldorf, Gerling Konzern, Informationssystem Ruhr Online, Bank 24, Rheinische Post, CLT, VOX, WDR, ZDF, RTL, Axel Springer und Heinrich Bauer Verlag, Handelsblatt, Otto-Versand, WestLB und der Online-Dienst Compuserve (Eckstein 1997: 31).

Das Engagement dieser Firmen im InfoCity NRW Pilotprojekt war allerdings - ähnlich wie im IVSS-Pilotprojekt der Deutschen Telekom - sehr unterschiedlich. Vor dem Hintergrund der Multimedia-Revolution, die immer stärker die öffentliche Diskussion bestimmte, wollten die Medienfirmen vor allem mit am Tisch sitzen, wenn diese Revolution stattfindet. Zu einem substanziellen Engagement, das neue, attraktive Anwendungen mit einem Mehrwert für die Nutzer hervorgebracht hätte, waren die meisten jedoch nicht bereit. Zu unsicher und risikobehaftet erschienen die Refinanzierungsmöglichkeiten.

Dies galt insbesondere für den Bereich des digitalen Fernsehens. Es wurde schnell klar, dass die Entwicklung einer eigenen Set-top Box für digitales, interaktives Fernsehen auf der Ebene eines Pilotprojekts keinen Sinn machen würde.[80] Stattdessen konzentrierte sich das Projektteam bald ausschließlich auf den Internet-Bereich und den PC als Endgerät. Die verschiedenen, am Projekt beteiligten Inhalteanbieter, sollten dazu Online-Anwendungen erstellen, die von der Hochgeschwindigkeits-Server-Plattform abrufbar und über Kabelmodems in die Testhaushalte bzw. zu den späteren Abonnenten übertragen werden sollten. Dabei wurden keine proprietären Lösungen, sondern standardisierte Hard- und Software-Komponenten eingesetzt die das Internet-Protokoll TCI/IP verwendeten.

---

80   Die Entwicklungsarbeiten an einer digitalen Set-top Box innerhalb des Projekts gingen später zum Teil in den MHP-Standard (Multimedia Home Platform) des DVB-Projekts ein (I 9923). Für den weiteren Verlauf des Projekts spielten sie allerdings keine Rolle.

11.2.2.2   Aufbau neuer Produktionsstrukturen

Die entwickelten Anwendungen unterschieden sich nur in einer Hinsicht von jenen, die damals für alle frei im Internet verfügbar waren: Es konnten Videosequenzen in halber oder voller Bildschirmgröße mit relativ hoher Auflösung (MPEG-1-Standard, d.h. VHS-Qualität) in Webseiten integriert werden.[81] Wenn im Pilotprojekt von „mehr als Internet" die Rede war, war damit diese Möglichkeit gemeint, Bewegtbilder mit Internet-Anwendungen zu kombinieren.

Die erste Anwendung wurde vom Regierungspräsidium in Düsseldorf bereitgestellt: Für die Rubrik „Information-on-Demand" wurden Informationen über das Land NRW und den Regierungspräsidenten auf einer Website zusammengestellt. Johannes Rau selbst berichtete darin in einem 2-minütigen Spot, der per Mausklick abrufbar war, über seinen Regierungsbezirk.Auch das Stadtinformationssystem Düsseldorf wurde auf die InfoCity-Plattform portiert, d.h. es wurden aufwändig gestaltete, mit vielen Bildern und Videosequenzen versehene Seiten eingebunden.

Eine Anwendung aus dem Bereich Teleshopping war eine Touristik-Anwendung, die in Zusammenarbeit mit Karstadt entwickelt wurde: Eine Videosequenz eröffnete die Website, auf der man sich anschließend über ausgewählte Reiseziele und Sonderangebote des Reiseveranstalters informieren, Fotos von Hotels anklicken und die Zimmerpreise erfahren konnte. Schließlich erfolgte per Mausklick eine Buchung, sofern dies gewünscht war.

Eine weitere Anwendung wurde mit dem Otto-Versand entwickelt. Dabei sollte der bereits auf CD-ROM und im Internet bestehende elektronische Versandhauskatalog (www.otto.de) um Videosequenzen angereichert werden, in denen die angebotenen Modeartikel auf Modenschauen gezeigt werden sollten. Es stellte sich jedoch heraus, dass die Rechte an den TV-Bildern von Modeschauen nicht dem Kataloganbieter gehören, sondern verschiedenen Bildagenturen. Die Idee, obwohl technisch realisierbar, musste aus *Copyright*-Gründen verworfen werden.

Eine ganze Reihe weiterer, teilweise bereits im Internet vorhandener Angebote sollte auf diese Weise mit Bewegtbildern und Grafiken oder anderen speicherintensiven Zusatzangeboten angereichert werden. Dies sollten Anwendungen mit Mehrwert für die InfoCity-Abonnenten sein, die nur innerhalb des Kabelmodemsystems zur Verfügung standen.

Letzlich waren die erweiterten Internet-Inhalte aber nicht überzeugend genug, um eine größere Zahl von Interessenten zu gewinnen. Den Anwendungen war ein gewisser Demonstrationscharakter eigen, es wurde mit verschiedenen Möglichkeiten experimentiert; Anwendungen wurden aufgepielt, um dann ohne Ankündigung wieder zu verschwinden oder in einer aktuelleren Schmalbandversion bald im allgemein zugänglichen Internet aufzutauchen.

Tatsächlich waren die *Content Provider* nicht gewillt, größere Entwicklungs-

---

81   Dazu waren die PCs im Pilotprojekt mit einer MPEG-1-Decoder-Karte ausgestattet. Die MPEG-1-Daten wurden im DVB-Datenstrom übertragen. Die Adressierung der DVB-Daten erfolgte ebenso wie die der übrigen *Downstream*-Daten über eine feste IP-Adresse.

und Aktualisierungsarbeiten für einen Dienst zu finanzieren, der nur eine geringe technische Reichweite aufwies. Der Weg über das herkömmliche Internet erschien vielen Diensteanbietern lohnender und mittelfristig auch attraktiver: Warum sollten sie mit großem Aufwand zwei Versionen ihrer Internet-Präsenz - eine schmalbandige für die Internet-Welt und eine breitbandige für InfoCity - entwickeln? Der zweigleisige Ausbau ihrer Internet-Präsenz hätte nach Angaben der Diensteanbieter einen forcierten Aufbau der technischen Infrastruktur, eine schnelle Ausweitung der technischen Erreichbarkeit und damit eine größere Marktdurchdringung des Kabelmodemangebots erfordert.

Doch der Ausbau der Kabelinfrastruktur stieß vor allem auf Netzebene 4 immer wieder auf unvorhergesehene Probleme und verzögerte sich von Monat zu Monat. Gleichzeitig boomte in Deutschland das Internet und die Inhalte-Anbieter hatten Mühe, mit ihren „normalen" Internet-Angeboten Schritt zu halten.

Sofern es Neuausrichtungen in der Produktionskette bei den Diensteanbietern gab, bezogen sich diese Veränderungen auf die Internet-Präsenz im schmalbandigen, herkömmlichen Netz. Speziell für InfoCity wurden jedoch keine stabilen Produktionslogistiken aufgebaut. Die Möglichkeiten der technischen Plattform konnten dadurch nicht in entsprechend attraktive und aktuelle Dienste übersetzt werden.

11.2.2.3 Berücksichtigung von Nutzerpräferenzen und -ressourcen

Für InfoCity-Teilnehmer, die bereits Internet-Nutzer waren oder die schon Online-Erfahrungen am Arbeitsplatz gemacht hatten, war das Kabelmodemangebot leicht verständlich: Es knüpfte an etablierte Nutzungsstrukturen und vorhandene Medienerfahrungen an und erweiterte diese auf spezifische Art und Weise: Der Internet-Service über das Fernsehkabel war immer verfügbar, d.h. die Verbindung zum World Wide Web blieb immer bestehen (*always-on*), solange der PC eingeschaltet war. Ein Einwahlvorgang zum Provider war nicht notwendig, die Telefonleitung blieb damit frei für Telefongespräche. Darüber hinaus wurde ein neues Abrechnungsmodell für die Online-Nutzung eingeführt, das keine zeit- oder volumenabhängigen Gebühren wie bei *Dial-up*-Verbindungen vorsah. Mit der monatlichen Gebühr waren sämtliche Providerkosten abgegolten.

Ein weiterer Unterschied zur herkömmlichen Internet-Nutzung bestand in der Geschwindigkeit, mit der sich einzelne Webseiten aufbauen, die über die InfoCity-Plattform angefordert wurden. Bei einer Übertragungsrate von bis zu 2 Mbit/s können auch anspruchsvoll gestaltete Webseiten in relativ kurzer Zeit übertragen werden und der *Download* erfolgt um ein Vielfaches schneller.

Entsprechend begeistert äußerten sich die ersten Nutzer von InfoCity NRW. Zeitweise hatte o.tel.o eine Rubrik „Erfahrungen unserer Abonnenten" auf den Internet-Seiten von Infocity NRW (www.infocity.de) eingerichtet, auf denen die euphorischen Äußerungen der Abonnenten gesammelt wurden. Der Rest der Online-Gemeinde in Deutschland schaute mit Neid auf die Nutzer im Raum Düsseldorf und erkundigte sich, wann ein ähnliches Angebot in ihrer Region verfügbar sein würde.

Weniger Anklang bei den Nutzern fanden die speziell für InfoCity entwickelten breitbandigen Inhalte, die von den Betreibern als mehrwertgenerierende Dienste konzipiert waren und für die die Nutzer extra bezahlen sollten. Als InfoCity NRW im April 1999 in den Regelbetrieb überging, war von diesen proprietären Inhalten nichts mehr übrig. Offenbar war die Zahlungsbereitschaft für diese zusätzlichen Inhalte gering. Dabei war es ein wesentliches Ziel von InfoCity NRW, herauszufinden, welches diese Inhalte sein könnten. Etwas resigniert stellte Ekkehard Gerlach, Projektleiter von InfoCity, 1998 fest, dass es sehr schwierig sei, tragfähige Geschäftsmodelle im Internet zu realisieren, weil hier die Überzeugung vorherrscht, alle Inhalte müßten kostenlos sein (vgl. Gerlach 1998: 112).

Immer stärker setzte sich die Erkenntnis durch, dass der reine Internet-Zugang die „Killer Application" im Bereich der interaktiven Dienste über Kabel war. Dies traf mit Sicherheit auf die ersten Nutzer von InfoCity zu, die gleichzeitig zu den *Early Adopters* im Online-Bereich gezählt werden können.

Die Schwierigkeiten mit den proprietären, breitbandigen Inhalten weisen auf ein anderes Problem hin, das für den Verlauf des Pilotprojekts entscheidend war: Die Teilnehmer, die innerhalb der Testgebiete in Düsseldorf, Köln, Gelsenkirchen, Bochum und Dortmund technisch hätten erreicht werden können, waren zum allergrößten Teil nicht nur keine *Early Adopters*, sondern generell nicht an computerbasierten Medienangeboten interessiert. Die Zielgruppe war mithin nicht ein Internet-interessiertes Publikum, sondern ein fernsehaffines Publikum, das größtenteils keine Erfahrung mit interaktiven Medien hatte. Obwohl o.tel.o keine Angaben zur Soziodemographie der Haushalte in den angeschlossenen Gebieten machte, wurde bekannt, dass es sich hier vorwiegend um Stadtteile handelte, in denen Senioren und einkommensschwache Bevölkerungsgruppen wohnten - mithin Zielgruppen, die momentan wenig Interesse an Online-Medien haben.

11.2.3   Rahmenbedingungen

11.2.3.1   Marktstrukturen und Wettbewerbsumfeld

Bei den Rahmenbedingungen, die sich auf den Verlauf des InfoCity-Projekts ausgewirkt haben und die die Projektbetreiber nicht beeinflussen konnten, sind zunächst die besonderen Marktstrukturen im deutschen Kabelnetzbereich zu nennen. Die o.tel.o-Tochtergesellschaft TeleColumbus, zu der unter andem die Kabelnetzbetreiber Concepta, RKS und Urbana gehören, ist ein reiner Netzebene-4-Betreiber. Zwar handelt es sich bei TeleColumbus um den zweitgrößte Kabelnetzbetreiber nach der Deutschen Telekom (vgl. Abschnitt 5.1.1, Tab. 1). Das Kabelnetz der TeleColumbus Gruppe versorgt seine insgesamt ca. 1,8 Mio. Teilnehmer aber nicht über ein zusammenhängendes Netz, sondern von separaten Netzinseln aus. An die jeweiligen Netzinseln, die von der vorgelagerten Netzebene 3 der Deutschen Telekom gespeist werden, sind meist nicht mehr als 3.000 Haushalte angeschlossen.

Für das InfoCity-Pilotprojekt bedeutete dies zum einen, dass die NE 3 umgangen werden musste und zum anderen, dass nur wenige kleine Kabelinseln in bestimmten Straßenabschnitten und Wohnsiedlungen versorgt werden konnten. Die besondere Struktur des deutschen Kabel-TV-Marktes hatte zur Folge, dass die technische

Reichweite des neuen Dienstes von Anfang an begrenzt war (vgl. Abb. 26 in Abschnitt 5.1.1).

Als weitere Rahmenbedingung kann das zum Zeitpunkt des InfoCity-Versuchs wenig ausgeprägte Wettbwewerbsumfeld für *Highspeed*-Internet-Dienste in Deutschland genannt werden. Die Deutsche Telekom startete erst im Herbst 1999 ihr T-DSL-Angebot, das als direktes Konkurrenzangebot zu Breitband-Internet über Kabel betrachtet werden kann. Auch schnelle Internetverbindungen über Satellit werden erst seit Ende 1999 für private Nutzer angeboten.[82]

11.2.3.2 Strategie und Engagement des Mutterkonzerns

Weitere Rahmenbedingungen, die sich auf den Verlauf von InfoCity NRW ausgewirkt haben, betreffen zum einen das etablierte Geschäftsmodell der Kabelnetzbetreiber in der TeleColumbus Gruppe und zum anderen den Strategie- und Prioritätenwechsel von Veba und RWE als Eigentümer von o.tel.o, der sich schließlich im Verkauf der Firma an Mannesmann und die Deutsche Bank manifestierte.

Das Geschäftsmodell von NE-4-Betreibern ist im Vergleich zu anderen europäischen oder amerikanischen Netzbetreibern mehrfach eingeschränkt: Auf der Seite der Teilnehmeranschlüsse haben die deutschen Netzbetreiber wenig Preisgestaltungsmöglichkeiten. Sollen neue Dienste über das Kabel eingeführt werden, für die Investitionen in die Infrastruktur nötig sind, können diese Kosten meist nur mit Genehmigung der Wohnungswirtschaft auf die Teilnehmer umgelegt werden. Auf der Angebotsseite übernehmen die NE-4-Betreiber das Signal der Deutschen Telekom, d.h. es werden keine eigenen Programmzusammenstellungen vorgenommen oder gar - wie in den Vereinigten Staaten - eigene TV-Sender betrieben. Entsprechend haben die deutschen Kabelnetzbetreiber keine Erfahrung mit der Vermarktung von eigenen Inhalten, keine direkten Kontakte zu den Programmveranstaltern und keine kreativen Ressourcen, um neue Angebote oder Dienste auf ihren Netzen einzuführen. Die weitgehend mittelständische Struktur der deutschen NE4-Betreiberlandschaft läßt darüber hinaus strategische Entscheidungen für neue Dienste wegen der Höhe der nötigen Investitionen auch als finanzielles Problem erscheinen.

Ein weiterer Grund, warum InfoCity auf halber Strecke steckengeblieben ist, kann in der Unternehmenspolitik der Mutterkonzerne von o.tel.o, Veba und RWE, gesehen werden. Die Energieversorger wollten Mitte der 90er Jahre zunächst wichtige Akteure im deutschen Festnetz- und Mobilfunk-Telekommunikationsmarkt werden. Dazu legten sie ihre TK-Tochterunternehmen zusammen und gründeten 1997 die gemeinsame Tochtergesellschaft o.tel.o communications. Veba brachte dazu seinen 30-Prozent-Anteil am Mobilfunknetz E-Plus und das umfangreiche

---

82 So z.B. der Internet-Satellitendienst der Firma Strato, die unter dem Namen „SkyDSL" schnelle Internet-Verbindungen für eine monatliche Grundgebühr von ca. 50 DM anbietet. Für den *Downstream* können dabei herkömmliche Satellitenantennen benutzt werden. Der Rückkanal wird allerdings über das Telefon realisiert, wodurch zusätzliche Kosten für die Anwender entstehen (vgl. Beckert/ Kubicek 2000: 31-33).

Kabelfernsehgeschäft mit der TeleColumbus Gruppe ein. RWE brachte zum Ausgleich unter anderem Barmittel von rund 2,5 Mrd. DM in die Zusammenarbeit ein. Ziel war es, ein eigenes Festnetz aufzubauen, um für die kommende Öffnung des TK-Marktes im Jahre 1998 gerüstet zu sein. In der Zwischenzeit sollte das zum Teil bereits vorhandene *Backbone* ausgebaut und auf seine Tauglichkeit für Multimedia-Anwendungen getestet werden. Tatsächlich konnten am Ende vier Fünftel der für InfoCity aufgebauten und über 100 Mio. DM teueren Infrastruktur für das Telefongeschäft genutzt werden. Das Investment wäre also ohnehin beim Aufbau des o.tel.o-Telefonnetzes angefallen (vgl. Canibol 1997).

Im Juli 1999 wurde dann allerdings die TeleColumbus Gruppe für 1,45 Mrd. DM komplett an die Deutsche Bank verkauft. Veba und RWE hatten sich schon davor von o.tel.o getrennt und das Festnetz an Mannesmann verkauft. Als Grund für den Verkauf von Kabel-TV- und Festnetz gaben die Unternehmen an, sich auf „wachstumsstarke Aktivitäten", d.h. auf den Mobilfunksektor, konzentrieren zu wollen.

Mit dem Verkauf von o.tel.o ging eine Trennung der Geschäftsbereiche Telekommunikation und Kabelfernsehnetze einher. Für die kommerzielle Einführung des Kabelmodemdienstes war nun alleine die TeleColumbus Gruppe verantwortlich, die allerdings keinen kostenlosen Zugriff mehr auf das *Backbone* hatte, das inzwischen der Firma Mannesmann gehörte. Wie jedes andere Unternehmen muss TeleColumbus seither Nutzungsgebühren für das *Backbone* bezahlen.

Der Verkauf von o.tel.o an Mannesmann und die Deutsche Bank, der darauf hinauslief, dass wichtige Komponenten des Kabelmodemsystems auseinander dividiert wurden, wurde von vielen InfoCity-Mitarbeiter als unglückliche Entscheidung gesehen. Viele Mitarbeiter verließen schließlich das Unternehmen, so dass große Teile des technischen und betrieblichen *Know-Hows*, das innerhalb des Projekts aufgebaut wurde, für TeleColumbus verlorenging.

11.2.3.3   Standardisierung und Technikkosten

Ein wichtiger Grund dafür, dass die ursprünglich geplanten Anwendungen Digital-TV und Video on Demand fallengelassen wurden, waren fehlende technische Standards, vor allem bei der Decodertechnik. Letzlich erschien der Aufwand zu groß, eigene Set-top Boxen für die TV-Dienste zu entwickeln.

Auch Kabelmodems gab es zu dieser Zeit nicht in Deutschland. Sie wurden zunächst von amerikanischen Herstellern importiert. Die Kabelmodems basierten dabei auf dem Docis-Standard, den amerikanische Kabelnetzbetreiber Mitte der 90er Jahre entwickelt hatten. Diese Kabelmodems benutzten das 6 MHz-Raster, das für amerikanische Kabel-TV-Netze typisch ist. Erst 1997 stand mit dem so genannten DVB-Davic-Kabelmodemstandard ein europäischer Standard zur Verfügung, der auch die 8-MHz-Rasterung europäischer BK-Netze berücksichtigte. Seither gibt es auch in Deutschland eine Reihe von Elektronikfirmen, die Kabelmodems in größerer Stückzahl - wenngleich weniger für den deutschen als vielmehr für den europäischen Markt - herstellen.

11.2.3.4 Nachfragestrukturen

Zwar fiel das InfoCity-Projekt in die Zeit, als die Internet-Nutzung in Deutschland starke Zuwächse aufwies. Die Verbreitung von Online-Medien in der gesamten Bevölkerung war mit ca. sechs Prozent allerdings insgesamt recht gering. Die Online-Nutzer selbst fragten das InfoCity-Angebot wegen seiner hohen Übertragungsraten und der *always-on* Qualität entsprechend nach. Der große Rest der Nicht-Nutzer hatte allerdings wenig Interesse an dem neuen Angebot. Dies zeigte unter anderem eine Sonderaktion, in der das Unternehmen hoch subventionierte *High-End* Computer inclusive Kabelmodem und Ethernet-Karte im Projektgebiet zum Verkauf anbot. Das Ergebnis war ernüchternd: Nur wenige machten von dem Angebot Gebrauch.

11.2.3.5 Ordnungspolitische Vorgaben

Die Liberalisierung der Telekommunikation befand sich 1995 erst am Anfang: Nur die Bereiche Mobilfunk, Unternehmenskommunikation und BK-Netze waren zu dieser Zeit für den Wettbewerb freigegeben. Der Betrieb, der Ausbau und die Nutzung einer privaten Netzinfrastruktur für TK-Dienste (heute Lizenzklasse 3 und 4) war jedoch bis zur Neuregelung des Telekommunikationsmarktes im TKG ausschließlich der Deutschen Telekom vorbehalten. Um auf dem Glasfaserring von InfoCity Telekommunikationsdienste anbieten zu können, musste das Unternehmen deshalb eine Ausnahmeregelung beim damaligen Bundesministerium für Post und Telekommunikation (BMPT) erwirken.

Nach Intervention des damaligen NRW-Ministerpräsidenten Rau bei Bundespostminister Bötsch erhielt Vebacom am 20.12.1995 schließlich nach zweijähriger Wartezeit diese Sondergenehmigung für das Pilotprojekt (Felsenberg et. al 1995: 72). In gewisser Weise wurde damit auf Betreiben eines privaten Netzbetreibers und mit Untersützung der Landesregierung die Liberalisierung der Telekommunikation regional und begrenzt auf Multimediadienste vorweggenommen. Sprachdienste durften dagegen weiterhin - bis 1998 - nur von der Deutschen Telekom angeboten werden.

Die erwartete Liberalisierung der Telekommunikation war insgesamt eine wichtige Vorrausetzung für das Entstehen des Projekts, weil man bis zur Möglichkeit, eigene Telefoniedienste anbieten zu können, auf dem innovativen und weniger von der Monopolstellung der Deutschen Telekom geprägten Multimediamarkt bereits Erfahrungen mit dem neuen Geschäftsfeld sammeln konnte (vgl. Gerlach 1998: 475).

Bei den medienpolitischen Vorgaben gab es in Deutschland Mitte der 90er Jahre erhebliche Unsicherheiten hinsichtlich der Zuständigkeit und der inhaltlichen Auflagen für neue Mediendienste, die sich nicht eindeutig dem Rundfunk oder der Telekommunikation zuordnen ließen. In Nordrhein-Westfalen wollte man nicht auf eine länderübergreifende Regelung warten. Die Staatskanzlei in Düsseldorf erarbeitete im März 1996 eine spezielle Medienversuchsverordnung, die am 13. Juni 1996 vom Landtag verabschiedet wurde. Sie regelte die Zulässigkeit neuer Medienangebote und beauftragte die Landesanstalt für Rundfunk (LfR) mit der Regulierung

202   11 Fallstudien Deutschland

und Begleitung der beantragten Pilotprojekte im Land. Dazu wurde speziell §72 des Landesrundfunkgesetzes (LRG) von Nordrhein-Westfalen neu geschaffen. Er sollte den reibungslosen Ablauf der Pilotprojekte von o.tel.o gewährleisten und sah ein vereinfachtes Zulassungsverfahren vor. Das heißt, die Vorschriften des Landesmediengesetzes galten zwar entsprechend, es wurde aber nicht die Veranstaltung oder Verbreitung zugelassen, sondern der Modellversuch als solcher.

11.2.3.6 Landespolitische Initiative

InfoCity NRW wird oft im Zusammenhang mit der Landesinitiative Media NRW genannt. Ab März 1995 bündelte Media NRW als „strategische Plattform" (www.media.nrw.de) ihre Aktivitäten auf dem Feld der Medienpolitik. Mit Media NRW wollte die Landesregierung ein Forum schaffen „für die gemeinschaftliche Ausbildung von Visionen und für die Planung von Aktionen, einen Fokus, um Kräfte zu bündeln, Initiativen freizusetzen und Interessen aufeinander abzustimmen" (Krebs 1996: 313). Ziel der Initiative war es, die Entwicklung, Produktion und Verbreitung neuer Multimedia-Inhalte in Nordrhein-Westfalen zu fördern. Generell ist Medienpolitik im Verständnis der nordrhein-westfälischen Landesregierung das strategische Kernelement einer standortbezogenen industrie- und innovationsorientierten Modernisierungspolitik. In Ergänzung klassischer Steuerungsmedien wie Geld und Recht legte die Landesinitiative dabei einen starken Akzent auf Kommunikation, Kooperation und Moderation (vgl. Burmeister 1999: 100). Ein wichtiger Bestandteil der Media NRW-Initiative waren Pilotprojekte für Multimedia-Systeme. Sie wurden für notwendig erachtet, um den Markt für neue Medienprodukte zu öffnen. So sollten sich die Projekte im Zeitablauf „selbst aufheben, indem sie in den Markt hineinwachsen - und nicht etwa dadurch, dass der Markt an ihnen vorbeiläuft" (Krebs 1999: 313).

Im Unterschied zu anderen Vorhaben innerhalb von Media NRW, wie z.B. dem Aufbau eines Multimedia Support Centers für kleine und mittelständische Unternehmen, wurde InfoCity NRW von der Landesregierung jedoch nicht finanziell unterstützt. Das „Großprojekt zur Markteinführung" wurde zwar als wichtiger Bestandteil von Media NRW gesehen. Die staatliche Unterstützung bezog sich aber ausschließlich auf die ordnungspolitische und regulatorische Kooperation sowie auf die Moderation von Interessen. Eine direkte Beteiligung des Landes an InfoCity NRW, die auch eine finanzielle Verpflichtung beinhaltete, bestand lediglich über die LfR, die im April 1996 eine Kooperationsvereinbarung mit den Projektpartnern einging, um die Begleitforschung durchzuführen. In den Berichten von Media NRW legte o.tel.o als Betreiber von InfoCity NRW stets Wert auf die Feststellung, dass es sich bei diesem Projekt um ein rein „privatwirtschaftlich geführtes Multimedia-Projekt" handelt (z.B. Media NRW 1997: 9).

11.2.3.7 Inhaltliche Regulierungsbestimmungen

Durch die Beteiligung der LfR an InfoCity NRW und das Interesse der Landesregierung am Gelingen des Pilotprojekts[83] waren Lizenz- oder Zulassungsfragen einzelner Dienste nie ein Problem. Auch gab es für die Internet-Angebote, die innerhalb des Kabelmodemsystems verbreitet wurden, keine inhaltlichen Kriterien, die die LfR hätte überprüfen müssen (Felsenberg et. al 1996: 6).

Allerdings legte die LfR fest, in welchen Kabelgebieten der InfoCity-Dienst angeboten werden durfte und welche Kabel-Frequenzen zu belegen waren. Hierfür war sie nach Paragraph 72 (2) des Landesrundfunkgesetzes berechtigt, der die Landesregierung ermächtigte, „Einzelheiten der Vesuchsbedingungen, das Versuchsgebiet entsprechend dem Versuchszweck und die Versuchsdauer zur Rechtsverordnung mit Zustimmung des Hauptausschusses des Landtages festzulegen."

Die Auswahl der elf Netzinseln für das Pilotprojekt kann im Nachhinein als unglücklich bezeichnet werden, weil es sich dabei hauptsächlich um Senioren-Wohngebiete handelte. Für die o.tel.o-Netzbetreiber weiterhin als Problem angesehen wurde die Vorgabe der LfR, nur den Frequenzbereich oberhalb von 450 MHz für den *Downstream* des Kabelmodemdienstes zu nutzen. Für die LfR war hier maßgebend, dass kein Fernsehprogramm aus dem Kabel genommen werden musste, um Platz für das InfoCity-Angebot zu schaffen. Da es sich bei den eingesetzten Kabelnetzen aber teilweise um zehn bis 15 Jahre alte Netze handelte, musste zuerst in die teuere Frequenzerweiterung investiert werden, bevor mit dem eigentlichen Dienst begonnen werden konnte. Für die Netzbetreiber wäre es attraktiver gewesen, wenn sie auch Kanäle unterhalb von 450 MHz zur Verfügung gehabt hätten. Ihrer Meinung nach hätte die Frequenzerweiterung schrittweise und entsprechend der Nachfrageentwicklung erfolgen können (I 9923).

11.2.3.8 Spezielle Bildungs- und Ausbildungsmaßnahmen

Spezielle Bildungs- oder Ausbildungsmaßnahmen im Hinblick auf die Nutzung und Verbreitung interaktiver Dienste waren von der Landesregierung nicht vorgesehen worden. Das Multimedia-Kompetenzzentrum, das in Düsseldorf eingerichtet wurde, hatte allein die Förderung von Unternehmen, die sich mit Multimedia beschäftigten, zum Ziel. Bei den landespolitischen Aktivitäten im Bildungsbereich wurde keine Verbindung zum InfoCity-Projekt oder zu Media NRW hergestellt.

---

83 Besonders dem damaligen Minister für Wirtschafts- und Technologiepolitik, Wolfgang Clement, war an InfoCity NRW gelegen. Offenbar kam es deshalb sogar zu Kompetenzstreitigkeiten zwischen der für Medienangelegenheiten zuständigen Staatskanzlei, der LfR und dem Clement-Ministerium. Clement wollte die Kompetenzen für digitale Dienste in seinem Ministerium behalten und die Landesmedienanstalt stärker in der Rolle eines Innovationsförderers und weniger in der Rolle eines Medienwächters sehen (vgl. Peters 1996).

11.2.4   Auswirkungen von Info 2000 auf den Verlauf des Projekts

Aufgrund der zeitlichen Parallelität von Info 2000 und dem Projektstart von InfoCity können zunächst nur wenige konkrete Auswirkungen des Bundesprogrammes auf das Pilotprojekt unterstellt werden. InfoCity NRW startete Anfang 1996 - zunächst mit einer professionellen Anwendung (Filmdatentransfer von der Kölner WDR-Zentrale zum Außenstudio Düsseldorf) und erst Ende 1996 wurden die ersten privaten Teilnehmer angeschlossen.

Die kurze Beschreibung von InfoCity NRW im Anhang von Info 2000 basiert auf der zu dieser Zeit aktuellen Projektplanung des Betreibers Vebacom. Im Aktionsplan selbst findet sich kein weiterer Hinweis auf dieses Projekt. Es wird lediglich erwähnt, dass in den Bundesländern verschiedene Pilotprojekte zu Multimedia durchgeführt werden, wobei sich dieser Hinweis offenbar vor allem auf die Telekom-Pilotprojekte zu Video on Demand bezieht (vgl. BMWi 1996: 101).

In der Rückschau kann zumindest die in Info 2000 angekündigte Liberalisierung der Telekommunikation als eine Maßnahme aus dem Programm identifiziert werden, die für das Pilotprojekt von Bedeutung war. Die konkreten Auswirkungen dieser Maßnahme auf das Pilotprojekt wurden in Abschnitt 12.1.3.5 dargestellt. Dagegen hatte das vielfach diskutierte Fehlen eines einheitlichen rechtlichen Rahmens für neue Dienste keine konkreten Auswirkungen auf das Projekt. Ebenso wie die Länder Bayern und Baden-Württemberg hatte Nordrhein-Westfalen über verschiedene Sonderregelungen, Versuchs- und Experimentierklauseln, die in die jeweiligen Landesmediengesetze aufgenommen wurden, die Möglichkeit, neue Multimedia-Anwendungen zu genehmigen und zu regulieren (vgl. Held/ Schulz 1999: 119ff).

11.2.5   Prognosen

Prinzipiell kann das Kabelmodemangebot InfoCity inzwischen von insgesamt 10.000 Haushalten in vier Städten im Rhein-Ruhr-Gebiet sowie von 5.000 Haushalten in Berlin-Friedrichshain abonniert werden. Der aktuelle Ausbaustand des Kabelnetzes läßt also keine größere, geschweige denn ein flächendeckende Einführung von interaktiven Diensten zu. Insgesamt sind nur 0,9 Prozent der 1,7 Mio. Kabel-TV-Abonnenten von TeleColumbus technisch gesehen in der Lage, den Kabelmodemservice zu nutzen.

Die künftigen Verbreitungschancen von Kabelmodemangeboten in Deutschland hängen eng mit den Gründen zusammen, die für das Scheitern von InfoCity verantwortlich waren (vgl. Abschnitt 11.2.6).

Dabei sind insbesondere die ungünstigen Markt- und Besitzstrukturen im deutschen BK-Sektor zu nennen. Die eigentümliche Netzebenenunterteilung und die Existenz vieler kleiner Netzbetreiber mit unzusammenhängenden Versorgungsgebieten, die nur wenige Teilnehmer erreichen sowie die Doppeleigentümerschaft der Deutschen Telekom bei Kabel-TV- und Telefonnetz, sind die zentralen Faktoren, die einer weiteren Verbreitung von Kabelmodemsystemen in Deutschland entgegenstehen.

Diese Blockadesituation wurde auch von der Europäischen Kommission gesehen. In einer am 7. März 1998 vorgeschlagenen Richtlinie wies die Kommission die Deutsche Telekom an, ihr Fernsehkabel- und Telekommunikationsgeschäft zumindest organisatorisch zu trennen und legte eine weitergehende Ausgliederung des Kabel-TV-Netzes aus dem Unternehmen nahe (European Commission 1998, Ott 1999).

Mitte des Jahres 2000 verkaufte die Deutsche Telekom schließlich den größten Teil ihrer BK-Netze in Nordrhein-Westfalen und Baden-Württemberg an die amerikanische Callahan-Gruppe. Das hessische Netz und Teile des BK-Netzes in Rheinland-Pfalz gingen an den ebenfalls amerikanischen Investor Klesch. Die übrigen BK-Netze wurden an Liberty Media verkauft. Die amerikanischen Investoren haben milliardenschwere Investitionen angekündigt, um künftig auf dem deutschen BK-Netz digitales Fernsehen, Breitband-Internet und Kabeltelefonie anbieten zu können.

Doch auch wenn die weitere Restrukturierung des deutschen Fernseh-Kabels erfolgreich verläuft, sollte man nicht von einer raschen Verbreitung von Kabelmodemdiensten ausgehen. Für die Realisierung einer technischen Reichweite von 30 bis 40 Prozent, wie sie bereits heute in den Vereinigten Staaten besteht, sind in Deutschland mindestens zwei bis drei Jahre zu veranschlagen.

11.2.6   Gründe für das Scheitern des Projekts

Als Gründe für das Scheitern von InfoCity NRW können zunächst die Marktstrukturen im deutschen Kabel-TV-Bereich angeführt werden. Beim Aufbau der technischen Infrastruktur stellte sich heraus, dass ein rentabler Betrieb und eine weitere Verbreitung des *Highspeed*-Internet-Angebots nicht möglich ist, ohne den direkten Zugriff auf die Netzebene 3, die sich im Besitz der Deutschen Telekom befindet. Die mangelnde Kooperationsbereitschaft der Telekom hinsichtlich der Aufrüstung der NE3 und bei der Kooperation mit den NE4-Betreibern, muss dabei im Zusammenhang mit der konkreten Wettbewerbssituation bei neuen Diensten in Deutschland gesehen werden. Die Deutsche Telekom besaß neben den größten Teilen des Kabel-TV-Netzes auch das Telefonnetz, über das sie breitbandige Internet-Zugänge via ADSL anbieten wollte. Investitionen in die Aufrüstung des BK-Netzes wären deshalb darauf hinausgelaufen, dass sich das Unternehmen im Bereich der interaktiven Dienste und insbesondere bei breitbandigen Internet-Zugängen selbst Konkurrenz gemacht hätte. Hinzu kommt, dass rückkanalfähige Kabel-TV-Netze künftig auch für herkömmliche Telefondienste genutzt werden können. Insgesamt hätte die Aufrüstung des BK-Netzes für die Telekom bedeutet, ein zweites, paralleles TK-Netz aufzubauen, was aufgrund der ungewissen Aussichten hinsichtlich einer bevorstehenden Deregulierung nicht im Interesse des Unternehmens sein konnte.

Eine wichtige Rahmenbedingung für das Scheitern des Projekts war weiterhin das Fehlen einer entsprechenden Nachfrage für breitbandige Internet-Dienste, die im Zusammenhang mit der allgemein noch geringen Verbreitung des Internets in Deutschland steht.

Auch der Strategiewechsel der Muttergesellschaften von o.tel.o hat sich negativ auf den Verlauf des Projekts ausgewirkt. Durch den Verkauf von o.tel.o an Mannesmann und die Trennung des Betriebs von *Backbone* und Kabel-TV-Netz verlor das Projekt schließlich seine entscheidende technische Basis sowie die finanzielle Unterstützung des Mutterkonzerns.

Bedeutend für den Verlauf des Projekts waren darüber hinaus Entscheidungen, die auf der konkreten Projektebene getroffen wurden. Positiv hat sich dabei zunächst die offene Konzeption und die Flexibilität bei der Auswahl der Technik und der zu entwickelnden Inhalte ausgewirkt: Als sich herausstellte, dass es Verzögerungen bei der Einführung des digitalen Fernsehens geben würde, wurde der Plan fallengelassen, eigene digitale TV-Programme innerhalb des Pilotprojektes zu realisieren. Statt sich auf die Turbulenzen im Bereich des digitalen Fernsehen einzulassen, konzentrierten die Entwickler ihre Kräfte auf den PC-gestützten Kabelmodemdienst, der die größten Erfolgschancen versprach.

Darüber hinaus hat der technische Experimentiercharakter des Projekts jedoch die Sicht darauf verstellt, dass die redaktionelle Bearbeitung und die Aktualität von Informationen auch bei einem Internet-Angebot einen wichtigen Faktor für den Erfolg bei den Nutzern darstellt. Nachdem die speziell entwickelten breitbandigen Anwendungen (Video-Clips, MPEG-1-*Streams*) keine entsprechende Resonanz bei den Nutzern fanden, war man der Überzeugung, dass die Bereitstellung eines „unmoderierten" Internetzugangs ausreichen würde. Erfahrungen aus den USA zeigen jedoch, dass die Bereitstellung von redaktionell bearbeiteten und vorstrukturierten Inhalten wichtig ist, um den Dienst auch für jene Haushalten attraktiv zu machen, die nicht zu den *Early Adopters* zählen (vgl. Fallstudie Excite@Home).

11.3   DVB Multimedia Bayern

11.3.1   *Projektbeschreibung Grunddaten*

„DVB (Digital Video Broadcasting) Multimedia Bayern" war ein Medienentwicklungsprojekt, das von der bayerischen Staatsregierung 1995 im Rahmen des Landesprogramms „Bayern Online" initiiert wurde und in dem digitale Fernsehprogramme regionaler Fernsehfirmen sowie interaktive TV-Dienste auf der digitalen Plattform entwickelt und eingeführt werden sollten.

Die Projektierung des DVB Multimedia Pilotprojekts wurde im Mai 1995 begonnen und erfuhr im Oktober 1996 eine konzeptionelle Neuausrichtung. Waren zu Beginn noch Entwicklungen im Bereich des überregionalen digitalen Fernsehens und Near Video on Demand vorgesehen, so verkürzte sich die Zielsetzung des Projektes im Oktober 1996 auf die Erstellung lokaler und regionaler DVB-Angebote über das Kabel-TV-Netz. Die Veränderung in der Zielsetzung des Projekts war der fortschreitenden Entwicklung beim kommerziellen digitalen Fernsehen zuzuschreiben. Durch die bundesweite Einführung von Kirchs Pay-TV-Programm DF1 und der damit einhergehenden (relativen) Verbreitung der d-box, sahen die Projektverantwortlichen bei DVB Multimedia Bayern keinen Bedarf mehr, eine eigene

„blau-weiße Set-Top Box" zu entwickeln. Stattdessen verständigten sich die Projektbeteiligten darauf, ausschließlich TV-Programme und interaktive Dienste für den regionalen bayerischen Markt auf der technischen Basis der d-box zu entwickeln. Diese sollten zunächst in München und Nürnberg eingespeist werden, weil dort die meisten Kabelkunden erreicht werden konnten. Grundsätzlich ging man davon aus, dass eine spätere Ausweitung auf ganz Bayern möglich wäre.

Nach der Konzeption vom Oktober 1996 sollten zwei Arten von Diensten auf der d-box-Plattform eingeführt werden. Zum einen sollten dies DVB-Rundfunk-Dienste sein, die von ortsansässigen, mittelständischen TV-Produktionsfirmen entwickelt werden sollten und zum anderen sog. DVB-Mediendienste, die den Datenstrom des digitalen Fernsehens für interaktive Multimedia-Dienste nutzen. Grund für diese Entscheidung war die Überzeugung der Projektbetreiber, dass finanzkräftige Anbieter das große Marktpotenzial und die attraktiven Inhalte zwar für eine Einführung des digitalen Fernsehens in den Formen Pay-TV und Free-TV sorgen würden. Neue lokale Dienste und interaktive Anwendungen, die über das herkömmliche Programmfernsehen hinaus gehen und das technische Potenzial der digitalen Plattform umfassender nutzen, würden sich jedoch nicht ohne Weiteres ergeben. Deshalb wurde eine Förderung solcher Angebote und die Koordination lokaler Medienunternehmen für notwendig erachtet.

Für die Übertragung der Dienste, die im Pilotprojekt entwickelt werden sollten, war der Sonderkanal 27 des Kabelnetzes vorgesehen, den die Bayerische Landes-anstalt für neue Medien (BLM) zugewiesen hatte. Ein Rückkanal für die inter-aktiven Dienste war nicht vorgesehen, es sollten reine Verteildienste produziert werden, die allerdings durch das Prinzip des Datenkarussels ähnlich wie bei Videotext beim Nutzer den Eindruck von Interaktivität erwecken können, weil verschiedene „Seiten" ausgewählt werden können und dadurch eine gewisse Individualisierung des Text- und Bildangebots möglich ist. Für das Angebot im Bereich der lokalen DVB-TV-Dienste sollten unterschiedlich lange TV-Beiträge produziert und eingespeist werden, die dann in einer Endlosschleife wiederholt und regelmäßig aktualisiert werden sollten.

Es stellte sich jedoch bald heraus, dass die d-box-Plattform für die geplanten interaktiven Anwendungen ungeeignet war und dass die beteiligten Anbieter mit der Realisierung dieser komplexen Anwendungen produktionstechnisch überfordert waren, so dass der interaktive Teil des Pilotprojekts schließlich fallengelassen wurde. Nur der Bereich DVB-TV-Dienste wurde weitergeführt. Kurz vor dem offiziellen Start des Pilotprojekts im März 1999 waren schließlich zehn lokale Inhalteanbieter in der Lage, jeweils halbstündige Fernsehsendungen zu unter-schiedlichen Themenbereichen (lokale Berichterstattung, Gesundheitstips, Bildungsprogramme) im digitalen Format einzuspeisen. Empfangbar wäre dieses Angebote dann allerdings nur von ca. 5.000 Haushalte in München und Nürnberg gewesen - von jenen Kabelfernsehhaushalten, die dort zu dieser Zeit Kirchs Pay-TV-Angebot DF1 abonniert hatten und deshalb über eine d-box verfügten.

Die insgesamt stockende Einführung von bundesweitem digitalen Fernsehen und der Mangel an Alternativen bei der technischen Plattform hatten zur Folge, dass die technische Reichweite für die neuen, im Pilotprojekt entwickelten Dienste, von Anfang an äußerst gering war. Die Diensteanbieter sahen sich unter diesen Umständen nicht in der Lage, ihre Angebote zu refinanzieren. Sie schlugen der Projektgesellschaft DVB Multimedia Bayern deshalb im März 1999 - unmittelbar vor dem bis dahin immer wieder hinausgeschobenen offiziellen Startschuß - vor, das Projekt zu beenden und auf die geplanten Investitionen in die technische Infrastruktur zunächst zu verzichten.

11.3.2   *Lokaler Handlungskontext*

11.3.2.1   Koordination von Technik und Inhalten

In seiner ursprünglichen Konzeption unterschied sich DVB Multimedia Bayern nur unwesentlich von jenen Vorhaben, die die Deutsche Telekom ebenfalls Mitte der 90er Jahre in Stuttgart, Leipzig und Hamburg zum interaktiven Fernsehen durchführte (vgl. Abschnitt 5.3.3 und Fallstudie IVSS). Im Unterschied zu den Telekom-Pilotprojekten sollte für DVB Multimedia Bayern allerdings keine zentrale Serverstruktur aufgebaut werden, sondern es sollte ein ATM-Netz installiert werden, das die verschiedenen lokalen Server der Inhalteanbieter vernetzen sollte. Jedoch wären auch hierfür grundlegende technische Entwicklungsarbeiten notwendig geworden, wie z.B. die Entwicklung einer geeigneten Set-top Box oder eines intelligenten Speicherkonzepts für die Videoinhalte. Für die Herstellung dieser Komponenten waren im DVB-Projekt ursprünglich die in Nürnberg ansässigen Firmen Loewe und Grundig sowie die Firma Oracle vorgesehen.

Knapp zwei Jahre nach der ersten Konzeption hatte sich die Situation beim digitalen Fernsehen grundlegend geändert: War die Konzeptionsphase noch durch eine hohe Unsicherheit hinsichtlich der technischen und dienstebezogenen Entwicklung gekennzeichnet, so hatte sich die Situation ab Ende 1996 zumindest soweit konkretisiert, dass man davon ausgehen konnte, dass digitales Fernsehen als überregionales Pay-TV-Angebot von großen Medienunternehmen eingeführt werden würde und lokale oder interaktive Dienste von diesen zunächst zurückgestellt würden.

Kirch und Bertelsmann hatten sich auf die d-box als Plattform für ihre neuen Angebote DF1 und Premiere digital geeinigt und verfolgten eine breite Einführungsstrategie. Kirch hatte dazu bereits im August 1995 eine Million d-boxen für ca. 700 Mio. DM bei Nokia bestellt. Digitales Abo-Fernsehen wurde zum Regeldienst und die d-box sollte nach den Plänen von Kirch und Bertelsmann der Decoder-Standard in Deutschland werden.

Für das bayerische Pilotprojekt bedeutete dies, dass überregionales digitales Fernsehen kein Bereich mehr war, den das Projekt „wesentlich unterstützen muss und kann" (DVB Multimedia Bayern 1996: 3). Stattdessen sah das im Oktober 1996 modifizierte Konzept von DVB Multimedia Bayern vor, nunmehr lokale und regionale DVB-Dienste auf der vorhandenen d-box-Plattform zu entwickeln. Zwar war damit die Frage geklärt, für welches Endgerät die neuen Dienste entwickelt werden sollten und dass es sich hinsichtlich der Zielgruppe um Fernsehzuschauer und nicht um PC-Nutzer handeln würde. Allerdings bedeutete die Kopplung des

Projekts an die d-box-Plattform, dass die Chancen der neuen Dienste von der weiteren Verbreitung des Pay-TV-Angebots von Kirch und Bertelsmann abhängen würden. Darüber hinaus hatte die Entscheidung für die d-box-Plattform zur Folge, dass sich die Gestaltung der Dienste an den technischen Möglichkeiten dieses proprietären Systems zu orientieren hatte und dass die Bedingungen für die Einspeisung in die Kabelnetze von der Deutschen Telekom abhingen.[84]

Technik: Aufbau eines regionalen Playout-Centers

Die Hauptaufgabe sah die Projektgesellschaft im Aufbau eines so genannten regionalen *Playout-Centers*. *Playout-Center* sind digitale Sendezentren, in denen die angelieferten Videobeiträge digitalisiert, aufbereitet, moduliert und ausgespielt werden (vgl. ausführlich Abschnitt 5.3.1). Das *Playout-Center* sollte aus Projektmitteln des Landes finanziert und den Diensteanbietern zwei Jahre lang kostenlos zur Verfügung gestellt werden. Dazu hatte die Bayerische Landesregierung anfänglich einen Betrag von 15,8 Mio. DM in Aussicht gestellt.

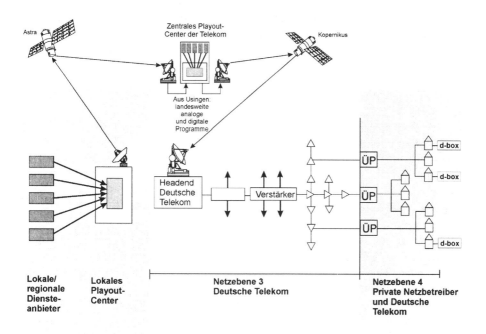

Abb. 41: *Playout-Center* und Zuführungsstrecken im DVB Multimedia Bayern-Projekt

---

84 Die Deutsche Telekom hatte sich mit Kirch und Bertelsmann auf die exklusive Verbreitung der d-box in ihrem BK-Netz verständigt und kooperierte eng mit diesen Inhalteanbietern bei der Vermarktung des digitalen Angebots.

Sowohl in München als auch in Nürnberg sollte ein lokales *Playout-Center* errichtet werden. Die lokalen Diensteanbieter sollten dort ihre Programme anliefern, welche nach einer Zwischenstation über das zentrale *Playout-Center* der Deutschen Telekom in Usingen via Satellit in die lokalen BK-Netze der Telekom in München und Nürnberg eingespeist werden sollten (siehe Abb. 41).

Der Umweg über Usingen wurde notwendig, weil die Deutsche Telekom dort alle digitalen Programme, die sie in das BK-Netz einspeist, grundverschlüsselt. Die Programme werden unabhängig vom jeweiligen Betreiber mit dem *Conditional Access* der Deutschen Telekom bzw. der Kirch Gruppe codiert.[85]

Im Laufe des Pilotprojekts stellte sich heraus, dass die Überspielung, Übertragung, Verschlüsselung und Einspeisung der Programme ins Kabelnetz sehr aufwändig und kompliziert ist: Durch die Grundverschlüsselung der Deutschen Telekom mussten zunächst Teile der Funktionalität des regionalen *Playout-Centers* an das zentrale *Playout-Center* der Telekom in Usingen abgegeben werden. Dort wurden die Datenströme einem erneuten Multiplex unterzogen, verschlüsselt und um SI-Daten ergänzt, die per ISDN aus München und Nürnberg kommen sollten.

Die Zusatzinformationen im Datenstrom stellten ein besonderes Problem dar: Die Software, auf welcher der Elektronische Programmführer basiert, das *Application Programming Interface* (API), wurde von Kirch lange Zeit unter Verschluß gehalten. Für die Zuschauer hätte es deshalb im elektronischen Programmführer zunächst überhaupt keinen Hinweis auf die neuen lokalen Angebote gegeben. Das Auffinden dieser Programme wäre reiner Zufall gewesen und eine Orientierung schwierig.

Die Projektgesellschaft bemühte sich um eine Lösung dieser Probleme, wobei ungeklärte Zuständigkeiten bei der Deutschen Telekom und eine restriktive Informationspolitik bei Kirch die Verhandlungen schwierig machten (siehe Abschnitt 11.3.3.1).

Inhalte: Rundfunk- und Mediendienste

Bei den lokalen Inhalteanbietern handelte es sich zum größten Teil um TV-Produktionsfirmen aus München oder Nürnberg, die im digitalen Fernsehen eine Chance sahen, ihre Programme in einem eigenen Kabelkanal zu vertreiben. Im interaktiven Teil des Pilotprojekts engagierten sich zu Beginn weiterhin verschiedene Verlage und der private Netzbetreiber KMS.

Kurz vor dem angestrebten Start des Pilotprojekts im März 1999 waren 17 Inhalteanbieter für Rundfunkdienste in München und Nürnberg in der Lage, eigene Inhalte einzuspeisen (vgl. Tab. 10).

---

85   Hierbei handelt es sich um die CA-Technologie der Firma Irdeto, die die Kirch-Firma BetaResearch für die d-box lizensiert und modifiziert hat. Ausgenommen von der Grundverschlüsselung sind lediglich die digitalen Programmpakete der öffentlich-rechtlichen Sender.

München: - Hippocrates Club (Thieme Verlag)
- Bayerischer Rundfunk
- KMS
- MGK/ MIT
- Xanadu
- Keller Verlag
- Deutsch Media
- T.S.H.
- Telecost und Mikmedia

Nürnberg: - Franken Funk
- Perimed
- Rundfunk Media
- Neue Welle Bayern
- Müller Verlag
- Studio Gong (Radio- und Medienbeteiligungsgesellschaft)
- KR Medien
- Bayerischer Rundfunk

Tab. 10:   Diensteanbieter im Pilotprojekt DVB Multimedia Bayern (Quelle: DVB Multimedia Bayern 1999: 3)

Im Bereich der Rundfunkdienste waren z.B. Filmbeiträge von Hippokrates vorgesehen, der TV-Tochter des Thieme Medizinverlags, die sich mit gesunder Ernährung und Medikamentenberatung beschäftigen sollten. Der Radiosender Neue Welle Bayern plante ein regionales halbstündiges TV-Programm mit Berichten über lokale Veranstaltungen, das in einer Programmschleife mehrmals täglich wiederholt werden sollte. Die Neue KR-Medien Beteiligungsgesellschaft aus Nürnberg plante einen Verkehrs- und Wetterinformationskanal, in dem zu bestimmten Tageszeiten *Life*-Bilder in vier 20-Minuten Programmschleifen ausgestrahlt werden sollten. Dazu sollten wie beim Panorama-TV Kameras an wichtigen Verkehrsknotenpunkten sowie an signifikanten Landschaftsstellen aufgestellt werden. Insgesamt hätte das Programmpaket kein zusammenhängendes lokales Themenfernsehen ergeben, sondern wäre auf eine Zusammenstellung unverbundener TV-Beiträge verschiedener Anbieter mit hoher Wiederholungsrate hinausgelaufen.

Darüber hinaus wollten verschiedene Diensteanbieter zu Beginn auch interaktive Dienste entwickeln, wobei die Vorstellungen, wie diese Dienste letztlich aussehen sollten, bis zum Schluß diffus blieben. So wollte eine Web-Agentur einen *Trailer* mit Bewegtbildern zeigen und anschließend einen Link zur eigenen Website anbieten, auf der verschiedene Informations- und Shopping-Angebote ausgewählt werden konnten. Weiterhin sollten lokale Veranstaltungskalender, wie sie aus dem Internet bekannt sind, für die d-box-Plattform adaptiert werden und den Fernsehzuschauern zur Verfügung stehen.

Keine dieser interaktiven Anwendungen wurde letztlich realisiert. Bereits ein Jahr vor dem geplanten Start des Projektes waren nur noch reine Rundfunkdienste im Anwendungsbündel vertreten. Grund für das Scheitern der interaktiven Anwendungen war sicherlich die fehlende Erfahrung der Inhalteanbieter in diesem Bereich. Die beteiligten Anbieter aus den Bereichen Print, Radio, Mediendienstleistungen und Versandhandel hatten sich zwar bereits mit interaktven Medien beschäftigt als sie ihre Internet-Präsenzen aufbauten. Die entscheidenden Umsätze wurden aller-

sie ihre Internet-Präsenzen aufbauten. Die entscheidenden Umsätze wurden allerdings weiterhin in den angestammten Geschäftsfeldern getätigt und die Aussicht auf ein profitables Geschäft im Internet schien eher schlecht. Die Internet-Präsenz war für viele der Firmen deshalb nicht mehr als eine Werbe- und Imagestrategie, während die eigentlichen Produkte und Dienstleistungen anderweitig vertrieben wurden. Für einen integrierten Einsatz interaktiver Medien fehlte es den beteiligten Unternehmen an entsprechendem inhaltlichen *Know-How*.

Der wichtigste Grund für die Einstellung der Entwicklungsarbeiten für interaktive Anwendungen war aber letztlich die technische Ausstattung der d-box: Durch den elektronischen Programmführer des Kirch-Angebots waren Ressourcen der d-box bereits vollständig ausgelastet, so dass im Flash-ROM kein Speicherplatz zur Zwischenablage anderer Daten zur Verfügung stand. Ein sinnvoller Betrieb von Informations- und Datendiensten, die auf die Zwischenspeicherung beim Adressaten angewiesen sind, war somit generell nicht möglich.

11.3.2.2 Aufbau neuer Produktionsstrukturen

Voraussetzung für die technisch reibungslose Verbreitung der lokalen DVB-Angebote wäre zunächst die Kooperation mit der Deutschen Telekom und der Kirch Gruppe und deren Interesse an der Verbreitung lokaler und interaktiver Angebote auf der d-box-Plattform gewesen. Es zeigte sich aber, dass dies nicht der Fall war und die Digital-TV-Allianz faktisch keine fremden Inhalte auf ihrer Plattform zuließ. Die technischen Hürden und die finanziellen Forderungen für die Benutzung der technischen Plattform für die regionalen Anbieter wurden prohibitiv hoch angesetzt.

Darüber hinaus wurden zentrale Fragen über lange Zeit unbeantwortet gelassen. Im Mai 1999 wurden im abschließenden DVB-Projektbericht unter anderem folgende technisch-organisatorischen Punkte aufgeführt, die die Telekom bis zum Ende offengelassen bzw. nicht eindeutig geklärt hatte:

-	Aufbereitung und Übergabe der *Service Information* (Software-Tool der DTAG),
-	Angaben zur effektiv nutzbaren Datenrate pro Datenkanal,
-	Verschlüsselung durch die DTAG,
-	Vermarktungs- und Endgerätekonzept der DTAG,
-	Offenlegung der notwendigen Schnittstellen (*Application Programming Interface*) für neue Anwendungen und Darstellung der verfügbaren Werkzeuge,
-	Aufbau eines optionalen Telekom-*Playout-Centers* am Standort München,
-	Vertragsverhandlungen der DTAG mit den regionalen Diensteanbietern.

Tab. 11:   Ungeklärte technisch-organisatorische Fragen im DVB Multimedia Bayern-Projekt
            (Quelle: DVB Multimedia Bayern, 1999: 2)

Eine stabile technische Produktionskette für die lokalen DVB-Dienste konnte unter diesen Umständen nicht aufgebaut werden. Aber auch von den lokalen Diensteanbietern selbst wurden keine Vorkehrungen getroffen, die eine Ausrichtung ihrer Geschäftsstrategien auf die neuen Dienste erkennen ließ. Zunächst versprachen sich die Inhalteanbieter vom DVB-Projekt eine eigene Distributions-Plattform, d.h. einen eigenen Kanal, in dem sie ihre Beiträge neu zusammenstellen und vermarkten konnten. Ein eigenes Programm und evtl. ein spezielles Format für den digitalen Kanal wurde zwar angedacht. Zunächst sollten aber Fragen der Technik, der Übertragung und der Einspeisung geklärt werden, bevor größere Investitionen in die Programmerstellung getätigt wurden. Um die neue Technik auszuprobieren, erschien es zunächst ausreichend, bereits produziertes und im analogen TV schon gesendetes Material zu verwenden.

Eine wichtige Motivation der am Pilotprojekt beteiligten mittelständischen Unternehmen war es, „einen Fuß in der Tür zu haben", wenn neue Frequenzen im Kabel verteilt werden (I 0004). Diese traditionell knappe Ressource sollte vor allem nicht den regionalen Konkurrenten zur Verfügung stehen. Dies stellte sich als wichtige Motivationsquelle für die Beteiligung am Projekt heraus. In ähnlicher Form konnte dieser Mechanismus auch in den anderen Multimedia-Projekten festgestellt werden: Sobald ein Pilotprojekt ausgeschrieben wurde, waren viele Anbieter an neuen Anwendungen und Vertriebswegen interessiert. Wichtig war aber vor allem, mit am Tisch zu sitzen und zu verfolgen, welche Aktivitäten die Konkurrenten in diesem Bereich planten.

Insgesamt stellte sich heraus, dass die lokalen Diensteanbieter produktionstechnisch nicht in der Lage waren, attraktive Inhalte für das Pilotprojekt bereitzustellen. Vor dem Hintergrund mangelnder technischer Möglichkeiten der d-box, der schleppenden Entwicklung des digitalen TV-Marktes und der restriktiven Unternehmenspolitik von Kirch und Deutscher Telekom waren sie darüber hinaus auch nicht bereit, größere Investitionen für die inhaltliche Gestaltung der geplanten Angebote zu tätigen.

11.3.2.3   Berücksichtigung von Nutzerpräferenzen und -ressourcen

Voraussetzung für die Nutzung der lokalen DVB-Dienste war die d-box, die an den Fernseher und die Kabelbuchse angeschlossen werden musste. Eine Verbindung der d-box zum Telefon war nicht notwendig, da ab Ende 1996 keine interaktiven Dienste mehr geplant waren, die einen Rückkanal erfordert hätten. Die d-box ist in Fachgeschäften erhältlich oder wird per Versand an die Haushalte geliefert. Sie konnte allerdings nicht gekauft werden, sondern wurde nur in Verbindung mit einem Abonnement für DF1 oder Premiere digital (inwischen Premiere World) vermietet.

Inhaltlich besteht das Premiere World-Angebot aus Premium-Spielfilmen und der exklusiven oder erweiterten Übertragung von Sportereignissen. Es zielt damit auf ein unterhaltungs- und eventorientiertes Fernsehpublikum. In den Spielfilmkanälen werden vor allem Hollywood-Spielfilme gezeigt, die erst später für ein größeres Publikum im Free-TV ausgestrahlt werden. Bei Sportereignissen wie z.B. der Formel 1, können die Abonnenten von Premiere World zwischen verschiedenen Kameraperspektiven wählen und mehrere Bildausschnitte gleichzeitig auf dem Fernsehschirm anzeigen lassen. Weiterhin gibt es verschiedene Themenkanäle, in denen beliebte TV-Serien und Filmklassiker gezeigt werden.

Die Pay-TV-Abonnenten entscheiden sich prinzipiell für das Angebot von Premiere World, weil sie sich für hochwertige und aufwändig produzierte *Mainstream*-Kino- bzw. TV-Filme interessieren. Ob sie sich ebenfalls für lokale Fernsehangebote interessiert hätten, die mit sehr viel geringerem Budget produziert wurden und die inhaltlich in keinem kohärenten Zusammenhang zueinander standen, kann bezweifelt werden. Darüber hinaus hätten die lokalen TV-Anbieter nicht auf die gleichen Marketinginstrumente zurückgreifen können, wie sie z.B. die Kirch Gruppe einsetzen konnte, um ihr Pay-TV-Angebot bekannt zu machen.

11.3.3   Rahmenbedingungen

11.3.3.1   Marktstrukturen und Wettbewerbsumfeld

Die zentralen Rahmenbedingungen für das Pilotprojekt bilden zunächst die Auseinandersetzungen um die Plattform und die Marktentwicklung des digitalen Fernsehens in Deutschland. Die schleppende Einführung des digitalen Fernsehens, die Unsicherheit bezüglich des Endgerätemarkts und die unklare Strategie der Deutschen Telekom hinsichtlich der künftigen Nutzung des BK-Netzes (vgl. Abschnitt 5.3.1), führte letztlich dazu, dass die Diensteanbieter im DVB Pilotprojekt Inhalte für einen Markt produzierten, der sich einerseits als unterentwickelt und andererseits als exklusiv herausstellte.

Die entscheidenden Akteure im digitalen TV-Markt in Deutschland hatten für regionale und interaktive Angebote in dieser frühen Phase keine Verwendung bzw. wollten ihre zukünftigen Handlungs- und Verdienstmöglichkeiten in diesem Markt nicht durch Vereinbarungen mit den lokalen Anbietern einschränken lassen.

Eine Alternative bei den Netzbetreibern oder bei der digitalen Plattform jenseits von Telekom und Kirch gab es dabei für die Diensteanbieter im DVB-Projekt nicht. Entsprechend schwierig gestalteten sich die Verhandlungen der DVB-Projektgesellschaft mit den großen Akteuren. Die Projektleitung in München verwandte einen Großteil ihrer Zeit darauf, die Kirch Gruppe und die Deutsche Telekom dazu zu bewegen, bessere Bedingungen für die lokalen Inhalteanbieter zu schaffen. Dabei stellte sich immer wieder heraus, dass ihre Einflussmöglichkeiten begrenzt waren.

Bei der Bewertung von übergeordneten Marktstrukturen, die sich auf den Verlauf des Pilotprojekts ausgewirkt haben, kommt der Deutschen Telekom und ihrer Strategie für das digitale Kabel eine besondere Rolle zu. Diese Strategie kann durchaus als unklar und widersprüchlich bezeichnet werden: Einerseits sah sich das Unternehmen als technischer Dienstleister, das ausschließlich für die Übertragung und Abrechnung von Programmen fremder Anbieter zuständig ist und andererseits wollte es sich selbst an der Programmzusammenstellung und der Vermarktung von Inhalten beteiligen. Weiterhin kündigte das Unternehmen zwar an, es wolle sich langfristig von der defizitären Sparte TV-Netze trennen, andererseits bestand es bei den anschließenden Verkaufsverhandlungen zunächst auf einer Sperrminorität in den neugegründeten Regionalgesellschaften.

Zur Folge für den Projektverlauf hatten derartige Unklarheiten, dass sich die Projektverantwortlichen auf wechselnde Vorgaben einstellen mussten. Hinzu kam die Schwierigkeit, wegen ungeklärter oder wechselnder Zuständigkeiten einzelner

Telekom-Bereiche, kompetente Ansprechpartner und autorisierte Verhandlungs-
partner als Gegenüber zu bekommen (vgl. DVB Multimedia Bayern 1999: 2). So
wurden technische Fragen teilweise direkt mit BetaResearch im nahegelegenen
Unterföhring diskutiert und nicht mit der Telekom, die der eigentliche Ansprechpartner gewesen wäre.[86]

Letzlich ausschlaggebend für die Entscheidung der Diensteanbieter, das Projekt
im März 1999 abzubrechen, waren die Preisvorstellungen der Telekom für vorge-
schriebene technische Dienstleistungen (Verschlüsselung, Transport, Einspeisung).
Nach langwierigen Verhandlungen, die von der Auseinandersetzung darüber
geprägt waren, wie die Gebühr von bundesweiten 8 MHz-Kanälen auf regionale
Bit-Datenraten umzurechnen sei und wie der noch geringe Verbreitungsstand der
Set-top Boxen zu berücksichtigen wäre, setzte die Deutsche Telekom den Preis pro
Mbit/s auf DM 150.000 pro Jahr fest.

Jährlich hätten die regionalen Diensteanbieter, die für ihre Angebote eine Bandbreite zwischen 2 und 6 Mbit/s benötigten, also durchschnittlich DM 600.000 allein
für die technische Verbreitung aufwenden müssen, obwohl sie in den Städten
München und Nürnberg zu dieser Zeit insgesamt nur ca. 5.000 Haushalte erreicht
hätten. Die in der Branche übliche Umrechnung in Tausenderkontaktpreise (TKP)
fiel für die Diensteanbieter verheerend aus und machte die ausgearbeiteten
Geschäftsmodelle der Anbieter unbrauchbar.

11.3.3.2 Strategie der Betreibergesellschaft

Die Betreibergesellschaft DVB Multimedia Bayern selbst verfolgte keine finanziellen Interessen und muss prinzipiell in einem anderen Kontext gesehen werden
als z.B. die Projektgesellschaft InfoCity NRW. Diese hatte die Aufgabe, ein neues
Geschäftsfeld für den Netzbetreiber zu bearbeiten und war als o.telo.o-Tochter
direkt an die Vorgaben des Mutterkonzerns gebunden. (vgl. Fallstudie InfoCity
NRW).

Bei DVB Multimedia handelte es sich dagegen um eine staatlich finanzierte
Betreibergesellschaft, deren Ziel es war, die vorhandenen lokalen Diensteanbieter
zusammenzubringen und sie bei ihrer Absicht zu unterstützen, neue Dienste auf der
digitalen Plattform zu realisieren.

Die DVB-Gesellschaft verstand sich dabei als Schrittmacher einer lokalen
Medienentwicklung, die nur deshalb noch nicht in Gang gekommen war, weil es
keine Koordinationsplattform zur Ausrichtung der Interessen gab bzw. weil die
technisch-organisatorischen Vorarbeiten nicht von einzelnen Diensteanbietern
alleine geleistet werden konnten. Das DVB-Pilotprojekt sollte in diesem Zusammenhang lediglich Starthilfe für die Anbieter leisten:

---

86 Verschiedentlich stellte sich gar heraus, dass die DVB-Projektleitung durch die
    Gespräche mit BetaResearch besser über Spezifikationen der d-box-Plattform
    informiert war als die Telekom selbst (I 2003).

Die rasante Entwicklung im Rundfunkbereich vom analogen zum digitalen Zeit-alter kann für den bayerischen Mittelstand nur dann nachvollzogen und begleitet werden, wenn solche Projekte wie das DVB Multimedia Pilotprojekt durchgeführt werden. Die staatlichen Fördermittel stellen hierbei die Initialzündung und die Starthilfe dar, damit solche Entwicklungen überhaupt eingeleitet werden können (DVB Multimedia Bayern, 1996: 17).

Nach der „Initialzündung", d.h. der Ausschreibung der Sonderfrequenz, dem Aufbau des regionalen *Playout-Centers* und den Verhandlungen mit der Deutschen Telekom über die Einspeisegebühren sollte die Projektgesellschaft wieder aufgelöst werden bzw. sich anderen Aufgaben widmen. Der Betrieb des *Playout-Centers* sollte dann unter der Regie der Diensteanbieter weitergeführt werden. Die An-schubphase sollte zwei Jahre dauern, wobei der offizielle Förderbeginn mit dem Startschuß für das regionale *Playout-Center* zusammenfallen sollte.

Im März 1999 teilte die DVB-Projektgesellschaft der Bayerischen Staats-regierung schließlich mit, dass sie die in Aussicht gestellten 5,2 Mio. DM Förder-gelder nicht abrufen wird - ein Vorgang, der dort zunächst Verwunderung auslöste. Tatsächlich waren Diensteanbieter und Projektleitung überein gekommen, dass das Förderungsfenster von zwei Jahren erst dann einsetzen sollte, wenn die Be-dingungen für lokale Dienste auf der digitalen Plattform besser sind.

11.3.3.3   Standardisierung und Technikkosten

Durch die Entscheidung, für die Realisierung der neuen Dienste die d-box-Plattform zu verwenden, spielten Fragen der Standardisierung als Rahmenbedingungen für das DVB-Projekt eine untergeordnete Rolle. Dabei waren die Technikkosten nicht deshalb so hoch, weil viele Eigenentwicklungen notwendig gewesen wären, sondern, weil die Umsetzung der Angebote von den Preisvorstellungen der Telekom für die Einspeisung der Dienste abhingen.

11.3.3.4   Nachfragestrukturen

Für die Nachfrage nach interaktiven Diensten über den Fernseher gelten prinzipiell die gleichen Feststellungen, die hinsichtlich der Online-Verbreitung in Deutschland getroffen wurden (vgl. Abschnitt 12.2.3.5). Die Pläne für die Realisierung inter-aktiver Dienste innerhalb des DVB-Projekts wurden aber nicht wegen mangelnder Nachfrage, sondern wegen fehlender technischer Voraussetzungen fallengelassen.

Ein anderes Bild ergibt sich bei der Betrachtung der lokalen Rundfunkdienste, die über die d-box-Plattform verbreitet werden sollten. Anfang 1999 hatten DF1 und Premiere digital zusammen erst ca. 500.000 Abonnenten. Die Marktdurchdringung der d-box betrug damit nur ca. 1,3 Prozent, wobei zwei Drittel der d-boxen an Satellitenempfangsanlagen angeschlossen waren und nur ein Drittel in Kabel-haushalten installiert waren. Auf die Marktsituation in den Städten München und Nürnberg heruntergerechnet konnte 1999 von insgesamt ca. 5.000 Kabel-d-boxen ausgegangen werden.

Die Nachfrage nach lokalen Fernsehprogrammen selbst sollte in diesem Zusammenhang jedoch nicht unterschätzt werden. Spartensender, die sich an ein
regionales Publikum wenden (Ballungsraum-Fernsehen, Stadtsender, lokale Fenster)
oder Programme für spezielle Zielgruppen haben durchaus gute Verbreitungschancen, sofern sie inhaltlich einen gewissen Qualitätsstandard aufweisen. Einen
Hinweis auf die Chancen regionaler Programme liefern die bestehenden Ballungs-
raum-Sender, die ihr Programm in den lokalen Programmfenstern der großen Sender
ausstrahlen oder über eigene analoge Kanäle verfügen. Deren Zuschauerquoten
liegen fast durchweg über 10 Prozent.

11.3.3.5 Ordnungspolitische Vorgaben

Ordnungspolitsche Vorgaben spielten als Rahmenbedingungen für den Verlauf des
Pilotprojekts eine eher untergeordnete Rolle. Die Tatsache, dass die Deutsche
Telekom im Kabel-TV-Bereich als Monopolist auftrat hatte zwar zur Folge, dass die
Diensteanbieter keine Ausweichmöglichkeiten auf andere Netzbetreiber oder andere
digitale TV-Plattformen hatten. Dies ist allerdings im Bereich des Kabelfernsehens
nichts ungewöhnliches. Auch in anderen Ländern gibt es in den jeweiligen
Regionen meist nur einen Anbieter von Kabelfernsehen und damit keinen Wett-
bewerb.

Entscheidend haben sich für das DVB-Projekt allerdings medienrechtliche Vorgaben bzw. das Fehlen konkreter Regulierungsvorgaben für eine offene und
diskriminierungsfreie digitale TV-Plattform ausgewirkt. Die Landesmedienanstalten, die für die Regulierung der digitalen Plattform zuständig sind, hatten zwar
grundsätzlich klar gemacht, dass sie nur solche digitalen Programmangebote
genehmigen würden, die auf offenen Systemen verbreitet werden (vgl. ALM 1999).
In der Praxis konnten sie aber nicht durchsetzen, dass die Kirch Gruppe und die
Deutsche Telekom die d-box-Plattform für fremde Anbieter öffnete.

11.3.3.6 Inhaltliche Regulierungsbestimmungen

Medienrechtliche Vorgaben, die sich auf die verbreiteten *Inhalte* beziehen, spielten
dagegen keine entscheidende Rolle für die Realisierung der Angebote im Projekt.
Medienrechtlich erfolgte die Durchführung des DVB-Pilotprojektes Bayern auf der
Grundlage von Art. 35 des Bayerischen Mediengesetzes. Dieser Artikel stellt die
Weiterverbreitung von TV-Programmen in Kabelnetzen grundsätzlich unter die
Genehmigungspflicht der Bayerischen Landesanstalt für neue Medien. Voraus-
setzung für die Genehmigung ist unter anderem die Einhaltung von Urheberrechts-
und Ausgewogenheitsbestimmungen. Konkret mussten die Diensteanbieter einen
öffentlich-rechtlichen Vertrag mit der BLM abschließen, um die medienrechtliche
Genehmigung für die neuen Dienste zu erhalten.

Diese Genehmigungs- sowie das anschließende Zuweisungsverfahren für die
Kabelkanäle stellte für die Anbieter kein Hindernis dar. Zwar beantragten die
Diensteanbieter mehr Bandbreite, als in einem Kanal letztlich zur Verfügung stand,
es konnte allerdings sowohl in München als auch in Nürnberg ein Kompromiss

erreicht werden, der keinen Anbieter ausschloß.

In der Anfangsphase des Pilotprojekts, als noch interaktive Daten-Dienste geplant waren, wurde von der Projektgesellschaft darauf geachtet, dass die Bezeichnung „Internet-ähnlich" vermieden wurde. Für Internet-ähnliche Abrufdienste (Teledienste) hätte die BLM mangels Zuständigkeit keine Genehmigungen erteilen können. Jedoch wurde dies von die Diensteanbietern nicht als Problem wahrgenommen, weil Teledienste nach dem seit 1997 geltenden IuKDG ohnehin keiner Zulassungsgenehmigung bedürfen. Medien- oder telekommuniktionsrechtliche Probleme, die sich aus der Zuordnung der neuen Angebote zum Rundfunk oder zur Telekommunikation mit ihren jeweiligen Regulierungsregimes ergeben hätten, blieben schließlich ohne Bedeutung.

11.3.3.7   Landespolitische Initiative

Das Pilotprojekt DVB Multimedia Bayern war ein Teilprojekt der Initiative „Bayern Online". In dieser Initiative hatte sich die bayerische Staatsregierung erstmals mit den neuen Möglichkeiten auf dem Gebiet der Individual- und Verteilkommunikation sowie der Datenübertragung, die sich unter den Stichworten Datenautobahn und Multimedia entwickelten, beschäftigt. Bayern sollte mit Hilfe verschiedener Landesprojekte bei der Einführung neuer Medientechnologien sowie bei der Ausstattung mit modernen Netzinfrastrukturen eine Spitzenstellung in Deutschland und Europa einnehmen (vgl. z.B. Ziemer 1997: 384).

Ein Großteil der Projekte innerhalb der Initiative „Bayern Online" war von der Absicht getragen, eine eigene, von der Deutschen Telekom unabhängige Telekommunikationsinfrastruktur aufzubauen. Im Hochschul- und Behördennetz, bei den so genannten Stadt-Netzen und bei der Gründung von Bürgernetzvereinen ging man davon aus, dass die Tarifstruktur des Ex-Monopolisten eine rasche und großflächige Verbreitung und Nutzung von neuen Medien behindern würde. Deshalb wurden in Bayern alternative Netze (vor allem durch Verknüpfung und Ausbau bereits vorhandener Infrastrukturen) aufgebaut, die solange von der Staatsregierung subventioniert werden sollten, bis sich die Preise der Deutschen Telekom an den neuen Wettbewerb angepasst hätten (vgl. Staatsregierung Bayern 1994 und Hummel 1999).

Nicht so im Pilotprojekt DVB Multimedia Bayern. Für dieses Projekt sollte bewußt das BK-Netz der Deutschen Telekom benutzt werden, das als idealer und konkurrenzloser Distributionskanal für die neuen digitalen TV- und Mediendienste angesehen wurde. Um den lokalen Anbietern die Entwicklung eigener digitaler Dienste auf dieser technischen Infrastruktur zu ermöglichen, wollte das Land knapp 16 Mio. DM zur Verfügung stellen.

11.3.3.8   Spezielle Bildungs- und Ausbildungsmaßnahmen

Spezielle Bildungs- oder Ausbildungsmaßnahmen von der Staatsregierung waren nicht vorgesehen. Allerdings können die Bürgernetzvereine, die im Rahmen der Initiative „Bayern Online" gegründet wurden und in denen der Bevölkerung die

Möglichkeit zur kostenlosen Internet-Nutzung gegeben werden sollte, als flankierende Maßnahmen zur Förderung der Online-Nutzung gewertet werden. Internet-Anwendungen spielten aber bei DVB Multimedia Bayern keine Rolle. Da die interaktiven Anwendungen bereits früh wieder aus der Projektplanung gestrichen wurden, waren Nutzererfahrungen mit Online-Medien keine Voraussetzung für den Erfolg des DVB-Projekts.

11.3.4   Auswirkungen von Info 2000 auf den Verlauf des Projekts

Im Aktionsprogramm der Bundesregierung wird das DVB Multimedia-Projekt unter der Rubrik „Medienprojekte in den Bundesländern" aufgeführt (BMWi 1996: 127). Die Darstellung von Projektzielen und eingesetzten Technologien im Anhang von Info 2000 basierte zwar auf der frühen Konzeption des Pilotprojekts. Klar war bereits zu diesem Zeitpunkt, dass es sich um neue Dienste handeln sollte, die auf der Basis des digitalen Fernsehen entwickelt werden sollten.

Digitales Fernsehen selbst wird im Bundesprogramm jedoch nicht weiter erwähnt. In Abschnitt 7.3 „Anwendungen im privaten Bereich" von Info 2000 werden zwar neue Anwendungs- und Bezahlformen von künftigen Fernsehdiensten aufgelistet (Near Video on Demand, digitales Pay-TV, PPC). Es findet aber keine Auseinandersetzung mit den Bedingungen und Konsequenzen der Umstellung auf den digitalen Standard statt. Vielmehr wird darauf verwiesen, dass die Entwicklung interaktiver Anwendungen im Fernsehbereich ungewiß ist und von vielen Faktoren abhängt:

> Die Entwicklung eines privaten Anwendermarktes ist trotz deutlicher Aufwärtstendenz mit großen Unsicherheiten behaftet und hängt von technisch-wirtschaftlichen Faktoren (u.a. Einsatz von Netzsteuerungsrechnern und Servern, schneller und kostengünstiger Ausbau breitbandiger Netze, niedrige Kosten für Endgeräte und Dienste, Standardisierung der Endgeräte), Angebotsfaktoren (u.a. ausreichendes Angebot attraktiver Dienste zur Forcierung der Anschaffung von Endgeräten, Entwicklung benutzerfreundlicher Programme), dem Grad der Nutzerakzeptanz und einer Vielzahl von gesetzlichen Bestimmungen ab (z.B. Ausgestaltung des Medienrechts) (BMWi 1996: 100).

Der abschließende Hinweis auf das Medienrecht macht deutlich, dass digitales Fernsehen nicht als Gegenstand von Maßnahmen des Bundesprogrammes angesehen, sondern wie andere Rundfunkdienste auch zum originären Aufgabengebiet der Länder gezählt wurde. Die Fragen, die das digitale Fernsehen über die inhaltliche Regulierung hinaus aufwerfen (Zugang zur Plattform, Verschlüsselung, Settop Box-Standardisierung etc.) wurden zwar damals schon diskutiert. Die Bundesregierung nahm jedoch in Info 2000 dazu keine Stellung. Tatsächlich stellte sich bei der Befragung der Akteure bei DVB Multimedia Bayern heraus, dass das Bundesprogramm Info 2000 nicht einmal bekannt war. Bundespolitische Vorgaben, die mit Info 2000 und seiner Umsetzung zu tun haben, hatten damit keine Auswirkungen auf den Verlauf des Projekts.

Erst 1998 wurde nach dem Vorbild der Entscheidung der amerikanischen Regulierungsbehörde FCC, digitales Fernsehen verbindlich bis zum Jahr 2006 einzuführen, auch in Deutschland eine ähnliche Migrationsentscheidung für das Jahr 2010 getroffen und Szenarien des Umstiegs von analoger auf digitale Technik ausgearbeitet (siehe Kapitel 6).

11.3.5   Prognosen

Die mittelfristigen Erfolgsaussichten für lokale Dienste auf der digitalen TV-Plattform in Deutschland sind eher schlecht. Bei DVB Multimedia Bayern hat sich gezeigt, dass einer Realisierung solcher Dienste bisher eine Reihe von unternehmensstrategischen und produktionstechnischen Faktoren entgegenstehen. Dies hat wesentlich mit dem frühen Entwicklungsstand des digitalen Fernsehens in Deutschland zu tun.

Interaktive Dienste und regionale TV-Angebote auf der digitalen Plattform, so kann man aus den Erfahrungen des Pilotprojekts schließen, kommen erst in der Folge einer größeren Verbreitung des überregionalen digitalen Fernsehens zustande. Nur die großen überregionalen privaten und öffentlich-rechtlichen Programmanbieter verfügen über die finanziellen Möglichkeiten, eine eigene technische Infrastruktur aufzubauen. Dazu bedarf es eines langen Atems bzw. einer langfristigen Strategie, denn die Realisierung erfordert umfangreiche technische Vorarbeiten.

Dabei kann man davon ausgehen, dass die momentane Exklusivitätsstrategie der Kirch Gruppe und der Deutschen Telekom nicht auf Dauer Bestand haben wird. Langfristig kann vielmehr erwartet werden, dass eine offene digitale Plattform lokalen Anbietern neue Chancen eröffnen wird. Auf ein Ende der Exklusivitätsstrategie weisen die jüngsten Bestrebungen der Kirch Gruppe hin, die d-box für andere Verschlüsselungsverfahren zu öffnen, weil sie nur dann von den neuen Eigentümern der Kabel-TV-Netze eingesetzt werden kann. Da die Kirch Gruppe ein Interesse an der Verbreitung von Premiere World in diesen Netzen hat, wird die enge Kopplung von Technik und Inhalten langfristig wegfallen.

In der digitalen TV-Welt werden regionale Dienste allerdings nicht von alleine entstehen. Regionale *Playout-Center* und Medienverbünde werden deshalb auch in Zukunft eine wichtige Rolle spielen. Das DVB Pilotprojekt hat vor diesem Hintergrund wichtige, wenngleich zunächst fruchtlose Pionierarbeit geleistet.

11.3.6   Gründe für das Scheitern des Projekts

Die Gründe für das Scheitern des DVB Multimedia-Projekts liegen trotz der ungünstigen Voraussetzungen auf der lokalen Handlungsebene, d.h. dem fehlenden Engagement und *Know-How* der Diensteanbieter, nicht auf der konkreten Projektebene oder beim Projektmanagement der Betreiber. Vielmehr waren es die Rahmenbedingungen, d.h. die Marktstrukturen und das Wettbewerbsumfeld des digitalen Fernsehens in Deutschland, die letzlich das Projekt zum Scheitern brachten. Im abschließenden Projektbericht wird dies offen angesprochen. Die Rahmenbedingungen werden dabei als „Gesamtentwicklung" bezeichnet, die für alle Beteiligten äußerst ungünstig verlief:

> Die Gesamtentwicklung zur Einführung digitaler Rundfunk- und insbesondere Mediendienste hat sich (...) aus Sicht der beteiligten (...) Diensteanbieter nicht im erwarteten Umfang positiv dargestellt. Insbesondere die von der Deutschen Telekom AG festgesetzten Preise für vorgeschriebene technische Dienstleistungen und das aus der Sicht der Diensteanbieter ungenügende Vermarktungskonzept digitaler Kabelangebote durch die DTAG, das zu einer Verunsicherung bezüglich des Endgerätemarktes und damit einer unzureichenden technischen Reichweite geführt hat, führte zu einer grundsätzlichen Infragestellung der weiteren Projektbeteiligung der Diensteanbieter (DVB Multimedia 1999: 14).

Die Projektleitung erkannte zwar sehr früh, dass die Entwicklung eines eigenen Dekoders innerhalb des Pilotprojekts keine realistische Option darstellte. Allerdings erwies sich die Kopplung der neuen Dienste an die d-box ebenfalls als problematisch. Da es zu diesem Zeitpunkt keine Alternative bei der technischen Plattform gab, waren die Diensteanbieter auf ein System festgelegt, das ihre neuen lokalen Dienste letztlich nicht integrieren konnte sowie auf Akteure, die dies nicht wollten.

12   Fallstudien USA

12.1   Full Service Network (FSN), Orlando

12.1.1   Projektbeschreibung Grunddaten

Das Full Service Network (FSN) von Time Warner in Orlando, Florida war das größte Pilotprojekt zu Video on Demand und interaktivem Fernsehen, das in den Vereinigten Staaten Mitte der 90er Jahre durchgeführt wurde. Es war das Referenzprojekt für viele ähnlich gelagerte Pilotprojekte in anderen Ländern, darunter auch für die Pilotprojekte der Deutschen Telekom in Stuttgart, Leipzig und Berlin (vgl. Fallstudie IVSS und Kubicek/ Beckert/ Sarkar 1998: 146-152).

Im Januar 1993 kündigte Time Warner-Chef Gerald Levin das Projekt auf einer Medienveranstaltung an und prophezeite das Ende des herkömmlichen Fernsehens (vgl. Auletta 1997: 219). Beim offiziellen Starttermin im Dezember 1994 waren aber erst eine Handvoll Nutzer an das Full Service Network angeschlossen und auch die angestrebten 4.000 Haushalte, die bis Ende 1995 das neue System unter realen Bedingungen hätten testen sollen, konnten nicht erreicht werden.[87] Von Beginn an war das Projekt von Verzögerungen und Pannen begleitet, beispielsweise funktionierte lange Zeit der Videoserver nicht, so dass angeforderte Spielfilme im Sendezentrum von Hand eingelegt werden mussten.

Nach einem Jahr Planung und drei Jahren Testbetrieb wurde das Pilotprojekt schließlich im Dezember 1997 eingestellt. Time Warner hatte etwa 100 Millionen Dollar in das Pilotprojekt investiert,[88] das inzwischen spöttisch als der aufwändigste Versuch bezeichnet wurde, Briefmarken zu verkaufen. Denn von den vielen geplanten und teilweise auch umgesetzten interaktiven Anwendungen waren die Serviceangebote einer lokalen Bankfiliale, eines Pizza-Services und des Postamts die einzigen, die vollständig funktionierten (vgl. Schuler 1997).

Ziel des Pilotprojektes war es, auf der Basis des bestehenden Kabel-TV-Netzes Video on Demand und interaktive Fernsehdienste anzubieten. Dazu musste auf der

---

87   Time Warner behauptet zwar, letztlich 4.000 Anschlüsse realisiert zu haben, doch sind bei dieser Erfolgsmeldung, ähnlich wie bei anderen Ankündigungen zu Umfang und Funktionsfähigkeit des Systems, Zweifel angebracht. Die ursprüngliche Planung von 1994 sah vor, bis Ende 1994 4.000 Haushalte am Netz zu haben, ab 1996 500.000 Abonnenten versorgen zu können und im Jahr 1998 die neuen Dienste in 750.000 Haushalten anbieten zu können.

88   Zu den Investitionskosten gibt es unterschiedliche Angaben, die von 100 Millionen bis fünf Milliarden Dollar reichen. Der Konzern selbst macht keine Angaben über das Investitionsvolumen, dementiert aber Angaben, die die Gesamtkosten des Projekts auf mehr als 100 Millionen Dollar einschätzen (I 9932).

technischen Seite zunächst das Kabelnetz zu einem leistungsfähigen Glasfaser-Koax-Netz ausgebaut werden, um eine Zwei-Wege Kommunikation zu ermöglichen. Für die On-Demand-Dienste musste ein zentraler Videoserver entwickelt werden, auf dem die digitalisierten Filme gespeichert und abgespielt werden konnten.

Auf der Nutzerseite musste eine Set-top Box installiert werden, die die digitalen Fernsehsignale wieder zu analogen umwandelte und die VOD-Funktionalitäten Vorspielen, Anhalten und Zeitlupe ermöglichte.

Weiterhin wurde ein Navigationstool entwickelt, d.h. ein interaktiver Programmführer, der einen leichten Überblick über das umfangreiche Angebot erlauben sollte. Der Anfangsbildschirm bestand aus einem rotierenden Karussel, das mit der „Select"-Taste der Fernbedienung an der entsprechenden Stelle angehalten werden konnte und dann zu einem weiteren Auswahlmenü verzweigte. Im Grundmenü standen die Kategorien „Movies", „Shopping", „Games", „Education", „Sports" und „News" zur Verfügung.

Das Full Service Network sollte ein Versuch unter realen Marktbedingungen sein, um herauszufinden, für welche Dienste die Kunden bereit sind, wieviel zu bezahlen. Unter den Anwendungen, die im Full Service Network realisiert werden sollten, kam Video on Demand die größte Bedeutung zu. Spielfilme auf Abruf sollten die *Killer Application* des neuen Systems werden. Aber auch an der Umsetzung anderer interaktiver TV-Dienste wurde gearbeitet. Mit folgenden Anwendungen startete das FSN im Dezember 1995:

* Video on Demand
* News on Demand
* Sports on Demand (NFL- und NBA-Spiele)
* Videospiele
* „Interactive Services" (Veranstaltungs- und Restaurantführer, Kleinanzeigen für Autos und Wohnungen, Homebanking, Pizza-Bestellung, Briefmarkenbestellung)
* Interactive Teleshopping (Online-Shopping z.B. bei Spiegel, Eddie Bauer, und Horchow)
* „Custom TV" (Elektronischer Programmführer für On-demand-Angebote und herkömmliches Programmangebot)

Für die Umsetzung der Angebote konnten namhafte *Content Provider* (TV-Sender, Hollywood-Studios, Zeitungen und Zeitschriften, Versandhäuser, etc.) gewonnen werden. Vor allem aber Anbieter innerhalb der Time Warner-Konzerns wie Warner Bros. (Spielfilme und TV-Shows), Time Inc. (Zeitschriften und Bücher), Warner Music Group (Musik) und HBO (Home Box Office, Abonnentenfernsehen) wurden für die inhaltliche Gestaltung der Angebote, das so genannte *Programming,* eingebunden. Das Full Service Network sollte vor allem als Distributions-Plattform für die eigenen Medienprodukte dienen und darüber hinaus die verschiedenen Konzernsparten dazu motivieren, sich mit neuen Formen der interaktiven Vermarktung ihrer Inhalte zu beschäftigen.

Bei der Einweihung des Full Service Network am 14. Dezember 1994 sagte Levin in Anspielung auf die Time Warner-Erfindungen Home Box Office, CNN und MTV: „Sooner isn´t only better. Often, it´s everything. The FSN will drive home this lesson with unforgiving velocity." (Levin zitiert in Maney 1995: 125). Tatsächlich erwies sich der Zeitpunkt, zu dem das Projekt gestartet wurde als zu früh und die Geschwindigkeit, mit der man interaktive TV-Anwendungen im Markt etablieren wollte, als unrealistisch.

Von Anfang an wurde der technische Aufwand, die Entwicklungs- und Herstellungskosten für das System, die Koordinationserfordernisse bei der Technik sowie der Zeit- und Kostenaufwand für die inhaltliche Bearbeitung der Angebote unterschätzt.

Besonders im Hinblick auf die Entwicklung der technischen Infrastruktur und der Integration von Computer- und Fernsehtechnik erwies sich der Zeitpunkt des Versuchs als ungünstig. Fast alle technischen Komponenten mussten neu entwickelt werden oder wurden erstmals in ein völlig neues *End-to-End*-System eingepasst. Das *Know-How* für die Entwicklung breitbandiger, interaktiver *On-Demand* Angebote und ihrer technischen Infrastruktur, das heute von einer Vielzahl von Technikfirmen bereitgestellt wird, musste sich Time Warner im Pilotprojekt selbst erarbeiten. Viele der technischen Probleme, die das Projekt damals zum Scheitern brachten, sind heute „largely behind the industry" (I 9932). Hinzu kommt, dass Computerteile heute einen Bruchteil dessen kosten, was Time Warner dafür im Orlando-Projekt bezahlen musste.

Trotz des Scheiterns des Pilotprojekts in seiner ursprünglichen Konzeption bezeichnet Time Warner das Full Service Network als Erfolg: Auf der Basis der Nutzungsdaten für Video on Demand und die interaktiven Dienste im FSN könne man nun genauere Kosten-Ertrags-Rechnungen für die einzelnen Dienste aufstellen. Wenn die Technikkosten weiter sinken, sei man in der Lage, diese Dienste mit dem vorhandenen *Know-How* erneut zu realisieren (I 9931). Sicher ist, dass Time Warner vorsichtiger geworden ist bei der Ankündigung neuer, revolutionärer Projekte. Zu deutlich lagen die die Prognosen von 1993 daneben, zu deutlich wurde das FSN vom Internet und vom digitalen Fernsehen überholt. Die aktuellen Projekte von Time Warner, „Roadrunner" (Kabelmodemangebot) und „Pegasus" (digitales Vielkanalfernsehen), werden konsequenterweise als Nachfolgeprojekte des Full Service Networks gesehen. Als Konsequenz aus dem Scheitern des revolutionären Ansatzes setzt das Unternehmen nun auf bestehende Medientrends und visiert eine evolutionäre Weiterentwicklung von Infrastruktur und Angeboten an.

12.1.2 Lokaler Handlungskontext

12.1.2.1 Koordination von Technik und Inhalten

Am 26. Januar 1993 gründete Time Warner Cable zur Durchführung des Pilotprojekts die Gesellschaft Full Service Network Inc. mit Sitz in Orlando, Florida. Bis Mitte 1993 wurden die Technikpartner ausgewählt, mit denen meist strategische Allianzen vereinbart wurden. Die Vereinbarung, die in den Medien die größte Aufmerksamkeit erfuhr, war die strategische Allianz mit der Telefongesellschaft US West bzw. ihrer Tochtergesellschaft US West Interactive Services (vgl. Kennedy 1995). Dies war die erste Partnerschaft zwischen einem Kabelnetzbetreiber und einer Telefongesellschaft in den Vereinigten Staaten. US West Interactive sollte dabei den interaktiven Entertainment- und Restaurant-Führer für das FSN entwickeln, mit dem später unter dem Namen GOtv auch Kinotickets online bestellt oder Restaurantplätze reserviert werden konnten. Später wurde auch AT&T in das Pilotprojekt eingebunden. Die Firma sollte die ATM-Technik für das Netzwerk entwickeln. Die Computerfirma Silicon Graphics Inc. (SGI) wurde mit der Programmierung des Betriebssystems beauftragt. Außerdem sollte sie das Navigationssystem programmieren und die Videoserver konfigurieren, die mehrere Terabytes große Festplatten verwalten sollten. Scientific Atlanta (SA), der Spezialist für Kabel-TV-Netztechnik und Kabeldecoder sollte die neuartigen Set-top Boxen konzipieren und verschiedene Übertragungskomponenten liefern.

Technik: Neuland bei der Systemintegration
Zunächst mussten aber 100 Meilen Glasfaserkabel in den Testgebieten verlegt werden. Währenddessen arbeiteten Ingenieure an verschiedenen Standorten daran, ihre Aufträge zu beabeiten und mit den anderen Betreiligten zu koordinieren: SGI im Silicon Valley, Time Warner Cable in der Zentrale in Stamford, Conneticut und Denver, wo die Firma ihr Technikzentrum hat, Warner Bros. und Time Warner Interactive in Burbank und SA in ihrer Zentrale in Atlanta, um nur die wichtigsten Standorte zu nennen. Tatsächlich war der Koordinierungsaufwand enorm und es stellte sich bald heraus, dass die Integration der verschiedenen Unternehmenskulturen sowie das Zusammnefügen von technischen Komponenten aus so unterschiedlicher Branchen wie Computer, Kabel-TV, Fernseh- und Telefontechnik ein gravierendes Problem war, das für wiederholte Verzögerungen beim geplanten Projektstart sorgte.[89]

Anfänglich wurde davon ausgegangen, dass alle technischen Komponenten, die zum Aufbau des FSN benötigt würden, irgendwo auf der Welt bereits verfügbar sind, sich zumindest aber kurz vor der Fertigstellung befinden. Die eigentliche Herausforderung wurde darin gesehen, diese Komponenten erstmals zu einem funktionierenden Gesamtsystem zusammenzufügen. Tatsächlich funktionierten viele Einzelkomponenten aber nur unter Laborbedingungen und in kleinem Maßstab. Sowohl Silicon Graphics als auch Scientific Atlanta konnten zwar auf die Funktionsfähigkeit ihrer Videoserver und digitalen Set-top Boxen im Labor verweisen. Den Anforderungen eines Regelbetriebs mit einer größeren Anzahl von Nutzern waren ihre Geräte allerdings nicht gewachsen. Scientific Atlantas Set-top Box für das FSN musste allein drei Mal grundlegend überarbeitet und mit immer neuen, komplexeren Hardwareteilen ausgestattet werden, bevor sie alle Anforderungen erfüllte. Entsprechend erhöhten sich die Kosten für die Box: 5.000 Dollar kostete eine FSN-Decoderbox das Unternehmen zu Beginn des Projekts. Auch die

---

89   Interessant ist in diesem Zusammenhang die Feststellung des technischen Leiters des
       FSN, Jim Chiddix, dass sich E-Mail als hervorragendes Koordinationsinstrument
       erwies, das die Interessen der verstreuten Partner immer wieder zusammenbrachte (I
       9943). Als Anwendung *innerhalb* des FSN war E-Mail dagegen nicht vorgesehen.

Kosten für den Videoserver waren enorm. Er wurde so konzipiert, dass 100 Haushalte gleichzeitig auf einen Film zugreifen konnten, ohne dass es zu Verzögerungen bei der individuellen Zuspielung kam. Die Speicherkapazität des Videoservers betrug über das 10.000-fache damals handelsüblicher *High-End*-PCs. Mehrere tausend Dollar wurden deshalb pro Datenstrom *(Stream)* veranschlagt. Heute würde diese Rechnung aufgrund der stark gefallenen Hardwarepreise anders aussehen.[90]

Inhalte: „Naturals" und erweiterte interaktive Anwendungen
Bei der Frage, welche *Anwendungen* im System letztlich laufen sollten, entschied man sich dafür, zunächst die so genannten „Naturals" zu realisieren: Angebote, für die es bereits eine Nachfrage gab und die über das FSN bequemer genutzt werden konnten, wie z.B. Filmverleih, Videospiele und Homeshopping via Fernsehen. Erst in einem zweiten Schritt sollten gänzlich neue Anwendungen verwirklicht werden.

Weiterhin sollte das FSN auch als Experimentierplattform dienen, um interessante Anwendungen umzusetzen, die nur auf einer solchen interaktiven Plattform möglich waren. Die Projektleitung in Orlando wurde dazu offenbar mit Vorschlägen überschwemmt. Hal Wolf, verantwortlich für den Bereich Anwendungen im FSN berichtet: „We´ve averaged 20 to 30 phone calls a day from people and companies with concepts for interactive services and entertainment. The biggest challenge is to determine what to do first and what to develop down the road." (Wolf zitiert in o.V. 1994a: 3).

Beim offiziellen Testbeginn, der wegen technischer Probleme von April 1994 auf Dezember 1994 verschoben worden war, bestand das FSN-Team in Orlando aus fast 200 Spezialisten, Computertechnikern, Designern, TV-Produzenten und Technikintegratoren.

12.1.2.2 Aufbau neuer Produktionsstrukturen

Wie wurde beim FSN der Aufbau stabiler technischer und inhaltlicher Produktionsstrukturen in Angriff genommen und wie gestaltete sich die Koordination von Technik und Inhalten im Einzelnen? Diese Fragen lassen sich am besten entlang der geplanten Anwendungen beantworten:

Video on Demand
Von Anfang 1995 bis zum Ende des Projekts im Dezember 1997 standen den Nutzern des FSN zwischen 80 und 120 Spielfilme für den individuellen Abruf zur Verfügung. Zwar konnten bis zum Schluß nur Wenige diese Filme tatsächlich abrufen, weil die Zahl der angeschlossenen Haushalte nicht Schritt hielt mit den Planungen. Auch wurden zeitweise technische Notbehelfe, wie z.B. die manuelle Bedienung des Videoservers notwendig, weil das automatische Abspielen nicht funktionierte. Die Versorgung mit Spielfilmen selbst war allerdings gesichert durch

---

90 Für einen einzelnen Video-*Stream* werden heute z.B. von nCube, dem größten Hersteller von Videoservern in den USA, zwischen 100 und 200 Dollar veranschlagt (vgl. www.ncube.com. Zur Technik von Videoservern und weiteren technischen Systemkomponenten von VOD siehe Kunert 2000 und Hou/ Frink 1998).

ein Abkommen mit der Firma Warner Bros., die die aktuellsten Kinofilme des Hollywood Studios zur Verfügung stellte. Filme von anderen Studios wurden im FSN nicht angeboten. Verwertungsvereinbarungen, die sich auf Video on demand beziehen, waren zu dieser Zeit unbekannt.[91] Auch die TV-Produktionen des Time Warner Abo-Senders HBO konnten für das FSN verwendet werden. Die entsprechende Anwendung hieß im FSN „HBO on Demand".

Die Preise für einzelne Spielfilme variierten zwischen 3 und 5 Dollar, wobei die Akzeptanz der Nutzer offenbar groß war: „they were bought with passion. Some homes had bills of more than 100 Dollar per month just for movies" (Zollman 1997: 2).

Sports on Demand

Sports Illustrated Television, ein Time Warner-Fernsehsender und die National Basketball Association, die die Rechte für die Spiele besitzt, gestalteten die Rubrik "NBA On Demand". Darin wurde z.B. eine Fernsehserie über die Geschichte des Basketballs in den USA zum Abruf angeboten, die bereits auf Sports Illustrated TV ausgestrahlt worden war.

Speziell für das FSN produzierte Sports Illustrated TV die Anwendung „NFL Highlights on Demand" von Spielen der amerikanischen Football League. Hier konnten interessante Spielszenen abgerufen werden, Spielergebnisse abgefragt werden und Spielstatistiken am Bildschirm aufgerufen und ausgedruckt werden. Das FSN zeigte dabei keine Ereignisse exklusiv, was von den Verantwortlichen als großer Nachteil gesehen wurde (Zollman 1997: 2).

News on Demand

Obwohl der inhaltliche Schwerpunkt des Projekts im Bereich Spielfilme und Serien lag, wurde auch ein Nachrichtenkanal realisiert, bei dem die Zuschauer Beiträge zu den Themen des Tages abrufen konnten. Time Warner realisierte mit dem Nachrichtenkanal "The News Exchange" (TNX) im Full Service Network erstmals eine On-Demand-Variante von Fernsehnachrichten. Ab Ende 1996 mussten die Abonnenten für das TNX-Angebot pauschal zwischen 1.95 bis 3.95 Dollar im Monat bezahlen, je nach Stadtteil, in dem sie wohnten (vgl. Abschnitt 12.1.2.3).

Die Logik hinter TNX war, den Teilnehmern die Hauptnachrichtensendung um 19:30 Uhr auch anbieten zu können, wenn sie erst später nach Hause gekommen waren. Hinzu kamen ausgewählte Beiträge zu verschiedenen Themen: "In a very elegant and simple fashion, TNX offered more than 100 newscasts, news clips, headline packages and long-form programs - all on demand, whenever viewers wanted them. And like FSN movies, you could fast-forward or rewind, pause and play or replay them to your heart's content" (Zollman 1997: 3).

TNX benutzte dabei Beiträge von ABC News, CNN, NBC News, The Weather

---

[91]   Heute werden Verwertungsrechte für Video on Demand separat von den üblichen Paketgeschäften ausgehandelt, wobei keine pauschalen Beträge vereinbart werden, sondern die Abrechnung über die Zahl der tatsächlichen Abrufe erfolgt (vgl. Fleischhauer 1997).

Channel sowie Textinfomationen der konzerneigenen Zeitschriften *Time, Fortune, Money* und *Entertainment Weekly*. Die Beiträge waren in verschiedene Rubriken gegliedert („Local", „National/ International", „Sports", „Money", „Weather", „Entertainment", „Science and Technology", „Your News") und wurden von professionellen Nachrichtensprechern (*Anchors*) vorgestellt.

Das Konzept war, eine schnelle Übersicht über das Tagesgeschen zu geben und gleichzeitig den Zuschauern die Möglichkeit zu geben, bei Interesse an einem Thema oder einer bestimmten Rubrik die ausführlicheren Berichte auszuwählen und abspielen zu lassen. Anschließend hätte man in der Nachrichtenschleife an jenen Punkt zurückkommen sollen, an dem man in den längeren Beitrag abgezweigt war.

Doch diese, als "Bookmarking" bezeichnete Funktion, die anfangs als eigentlicher Mehrwert für die Nutzer konzipiert war, konnte nicht realisiert werden, weil die Software den komplexen anforderungen dieses Konzepts nicht gerecht wurde.

Stattdessen wurde das zweistündige Programm für TNX komplett vorproduziert und in bestimmten Abständen aktualisiert. Die Nutzer konnten lediglich das Programm vorspielen, wenn sie eine Nachricht nicht interessierte, das Programm anhalten oder Zurückspulen.

Die Akzeptanz von TNX bei den Abonnenten, die so genannte "buy rate", lag nach Angaben des FSN-Vizepräsidenten Hal Wolf bei über 10 Prozent, eine erstaunlich hohe Zahl für einen Nachrichtenkanal (vgl. Zollman 1997: 4). Die Zuschauer wollten vor allem Nachrichtenmagazine und Talkshows wie *20/20* und *Dateline NBC* sehen, die sie im herkömmlichen Fernsehen verpasst hatten. Aber auch die Berichterstattung über die NBA Playoffs erzeugte hohe Zugriffsraten, ebenso wie die Nachrichten über das Bombenattentat im Olympic Park in Atlanta und der Absturz der TWA-Maschine vor New York.

Ein ganzes Produktionsteam von Redakteuren und Moderatoren rund um die Uhr für ein Programm zu beschäftigen, das nur von einem kleinen Publikum empfangen werden konnte, erwies sich nach einer gewissen Zeit selbst für Time Warner als zu kostspielig. Nach einem Jahr wurde das Konzept einer moderierten On-Demand-Nachrichtensendung aufgegeben. Danach wurde den Zuschauern beim Umschalten auf TNX lediglich eine Inhaltsübersicht über die Themen der Nachrichtensendung gegeben. Das Anfangsbild von TNX sah schließlich aus wie eine Videotext-Seite.

Interaktive Dienste

Im "DreamShop", der interaktiven Shopping Mall im FSN, wurden Waren von Bombay Co. (Kleidung), Book of the Month Club (Bücher), The Horchow Collection (Möbel) und Best Buy (Unterhaltungselektronik) angeboten. Außerdem ermöglichte Pizza Hut den FSN-Kunden individuelle Pizza-Zusammenstellungen und Bestellungen über das System. Das virtuelle Postamt ermöglichte es, Briefmarken beim örtlichen Postamt zu bestellen, die am nächsten Tag zugestellt wurden.

Bei den Anbietern dieser Dienste standen die FSN-Aktivitäten im Zusammenhang mit der Absicht, erste Erfahrungen mit dem Online-Verkauf ihrer Waren zu machen. Zwar war den Beteiligten Unternehmen bewußt, dass der Online-Bereich sich möglicherweise zu einem wichtigen Vertriebsweg entwickeln könnte. Ihre Aktvitiäten waren allerdings nicht Teil einer Unternehmensstrategie, die konsequent auf diesen Vertriebsweg gesetzt hätte. Vielmehr wurden vielfach untergeordnete Abteilungen wie „New Business Development" oder die interne Technik-Abteilung mit der Realisation der FSN-Anwendung beauftragt.

Auch die Telebanking-Anwendung, die in Kooperation mit der Barnett Bank realisiert wurde, ist in diesem Zusammenhang zu sehen. Die Barnett Bank ist ein lokales Kreditinstitut, das über die Beteiligung am FSN Erfahrungen zum Online-Banking gewinnen wollte. Die Absicht, größere Teile des Geschäfts künftig online abzuwickeln, war dabei relativ schwach ausgeprägt, was sich auf den Umfang des Angebots und entsprechend auf die Akzeptanz bei den Nutzern auswirkte.

Interaktive Videospiele

Interaktive Videospiele wurde im FSN unter dem Namen „PlayWay" angeboten. Für diese Rubrik wurde z.B. das Labyrinthspiel TV BOTS entwickelt. Alle Video-spiele wurden vom Spieleanbieter ENGAGE Games Online zur Verfügung gestellt. Darunter die Spiele Battle Chess 4000, Descent, Castle II und Advanced Dungeons & Dragons. Mit ENGAGE wurde vereinbart, jeden Monat ein neues Spiel in das System zu stellen. Der Spielekanal konnte im monatlichen Abonnement gebucht werden oder auf Pay per Game-Basis abgerechnet werden. Der Konversions-aufwand für ENGAGE war dabei gering. Die Spiele sahen bereits in ihrer ur-sprünglichen Fassung *Multiplayer-Modes* vor, wobei die Spieler in dieser Version per Telefonleitung miteinander verbunden waren (vgl. McConville 1995).

Insgesamt ist die Liste der Inhaltelieferanten und Anwendungspartner für das FSN eindrucksvoll. Jedoch sollte das Engagement der Inhalteanbieter nicht über-schätzt werden. Viele der renommierten Medienfirmen und Dienstleister sahen das FSN lediglich als Experimentierfeld zur Entwicklung einer eigenen Online-Strate-gie. Die Motivation für viele *Content Provider* war es zunächst, Einblick in die Aktivitäten des groß angekündigten Pilotprojekts zu bekommen. Erst im Laufe des Projekts wurde vor allem den Anbietern von interaktiven Anwendungen mit Transaktionsfunktion (interaktives Teleshopping, Telebanking, Reservierungs-systeme etc.) bewußt, wie langwierig und aufwändig es sein würde, ein funktio-nierendes und überzeugendes Angebot zu realisieren. Der Aufwand schien sich in keiner Weise zu rechnen.

Aber auch die Diensteanbieter, die lediglich Filme oder TV-Beiträge für das FSN beisteuerten, zeigten sich zunehmend enttäuscht über die eingeschränkten Möglichkeiten und Verzögerungen. Der Discovery Channel (Technik-, Reise- und Natursendungen) beauftragte z.B. die interne Abteilung „Interactive Technology" damit, Vorschläge auszuarbeiten, wie über breitbandige, interaktive Systeme wie dem FSN die Zuschauerbindung und der Vertrieb eigenproduzierter Videos erhöht werden könnte. Lange Zeit mussten die fertig ausgearbeiteten Pläne in der Schub-lade bleiben, weil die Techniker in Orlando mit dem Aufbau des Systems nicht fertig wurden (I 9920). Als das System endlich stand, hatte der Discovery Channel einen Großteil seiner Pläne längst im Internet umgesetzt (www.discovery.com).

12.1.2.3 Berücksichtigung von Nutzerpräferenzen und -ressourcen

Voraussetzung für die Teilnahme am Pilotprojekt war es, im Testgebiet zu wohnen, d.h. in einem der Vorstadt-*Counties* von Orlando und über einen Kabelanschluss zu verfügen. Darüber hinaus mussten sich die Testhaushalte bereit erklären, mehrfache Befragungen mitzumachen, in denen ihre Mediennutzungsgewohnheiten erhoben wurden und ihr Einverständnis geben, dass während des Versuchbetriebs alle Filme, die sie über das Netz bestellen, registriert und alle Transaktionen die sie tätigen, aufgezeichnet werden.

Um die Installation des benötigten *Equipments* kümmerten sich Installations-Teams des Full Service Networks. Teilweise reisten bis zu acht Servicekräfte auf einmal an (Computertechniker, Kabeltechniker, Softwarespezialisten, Spezialisten für Störstrahlung und Schulungspersonal), um die Hardware einzurichten und den Nutzern die Funktionsweise des Systems zu erklären. Dutzende von Vertriebsangestellten von Time Warner Cable wurden als „Kunden-Trainer" eingesetzt.

Hinsichtlich der Anschlußfähigkeit der FSN-Angebote an etablierte Mediennutzungsverhalten gilt es zu differenzieren: Die Video on Demand-Angebote konnten in gewisser Weise an die etablierten Verhaltensmuster von Videothekenbenutzern anschließen. Bei den interaktiven Anwendungen sind Anknüpfungspunkte an das traditionelle Mediennutzungsverhalten schwerer zu finden. Man muss sich in Erinnerung rufen, dass das Internet als interaktives Medium erst im Entstehen war und sich noch weit vor seiner explosionsartigen Ausbreitung befand, als das FSN startete. Bei den interaktiven Anwendungen wie Telebanking oder Teleshopping konnten die Betreiber des FSN deshalb nicht auf Nutzer hoffen, die bereits Erfahrungen mit interaktiven Medien hatten. Obwohl es sich bei den Testhaushalten um eher technikaffine Haushalte handelte, musste die Bedienung der interaktiven Angebote erst erlernt und einstudiert werden. Vom heutigen Standpunkt aus erscheint jedoch das Waren- und Dienstleistungsangebot im FSN als zu klein, als dass sich dieser Aufwand für die Testnutzer gelohnt hätte.

Die Erkenntnisse über das Nutzerverhalten im FSN hält Time Warner bis heute unter Verschluß.[92] Alle Angaben über eine hohe „Buy-Rate" von Video on Demand (Tedesco 1999) oder die Begeisterung der Nutzer über die interaktiven Dienste (Zollman 1997) müssen deshalb mit Vorsicht betrachtet werden.

Zollman (1997) berichtet, dass einige Haushalte monatliche Rechnungen von über 100 Dollar nur für Spielfilme hatten. Der Preis für einen Film konnte bis zu 5.95 betragen, je nach Art des Films und Gegend, in der der Abonnent wohnte. Weil es sich bei dem Pilotprojekt um einen Marketingtest handeln sollte, wurde das Versorgungsgebiet in sozioökonomische Gruppen aufgeteilt, die über die verschiedenen Verteilstationen einzeln adressiert werden konnten. Dass in den unter-

---

92 Michael Luftman, der Pressesprecher von Time Warner Cable antwortete auf eine diesbezügliche Anfrage folgendermaßen: „....the results are proprietary and neither we (nor anyone else) has released them. This is because we spent a great deal of time, effort and money to learn what we did in Orlando and we are not about to give away the results."

schiedlichen Wohngebieten unterschiedliche Preise für die gleichen Dienste gezahlt werden mussten, war kein Geheimnis. Es wurde den Testteilnehmern vom Verkaufspersonal mitgeteilt. „It didn´t seem to bother subscribers", so Zollman (1997: 2).

12.1.3   Rahmenbedingungen

12.1.3.1   Marktstrukturen und Wettbewerbsumfeld

Nach einem beispiellosen Aufstieg in den 80er Jahren und einer Konsolidierung zu Beginn der 90er Jahre (vgl. Abschnitt 7.1.1), galt der Kabel-TV-Markt zum Zeitpunkt, als das FSN konzipiert wurde, als gesättigt. Fast 70 Prozent der amerikanischen Haushalte empfingen ihr Fernsehprogramm bereits über Kabel. Mit Hilfe der digitalen Technik sollten deshalb neue Angebote geschaffen werden, die das Kabelgeschäft wiederbeleben sollten. Hinzu kam, dass mit der Einführung digitalen Satellitenfernsehens ein neuer Konkurrent auf dem Gebiet der TV-Versorgung auf den Plan getreten war (vgl. Kröger 1997). Die technische Entwicklung schien den Kabelbetreibern ihren einst als sicher geglaubten Vorsprung bei der Verbreitung von Vielkanalfernsehen zu rauben.

Vor allem aber waren es die großen Telefonfirmen, die Anfang der 90er Jahre mit einer Reihe von Video on Demand-Projekten über ADSL die Kabel-TV-Betreiber unter Druck setzten. Telefongesellschaften wie Bell Atlantic oder GTE sahen in der Kombination von Telekommunikation und Video eine Möglichkeit, ihr Geschäftsfeld zu erweitern und langfristig zu wichtigen Akteuren im Fernsehbereich aufzusteigen (vgl. Abschnitt 7.3.3).

Selbst als ab 1995 deutlich wurde, dass das FSN mit gravierenden technischen Problemen zu kämpfen hatte, verfolgten die Telefongesellschaften ihre Strategie weiter, Video on Demand zu ihrem neuen Geschäftsfeld zu machen: Ende 1995 bildeten sich gleich zwei neue Konsortien, in denen sich sieben lokale Telefongesellschaften zusammenschlossen. Jedes Konsortium stellte erfahrene Programmierer ein, bestellte bei den einschlägigen Herstellern Set-top Boxen und besuchte Hollywood, wo sie sich als finanzkräftige Kunden vorstellten (vgl. Auletta 1997: 229).[93]

12.1.3.2   Strategie und Engagement des Mutterkonzerns

Obwohl das Full Service Network als eigenständige Gesellschaft geführt wurde, wäre es nicht denkbar gewesen ohne die finanzielle, konzeptionelle und inhaltliche Unterstützung der Muttergesellschaften Time Warner Cable und Time Warner Inc. Die strategische Unterstützung und der lange Atem der Auftraggeber in der Unter-

---

93   Doch die Millioneninvestitionen schienen sich auf absehbare Zeit nicht zu rechnen. Ende 1997 wurden beide Konsortien wieder aufgelöst. Auletta 1997 vermerkt dazu: „(...) they worried that the expenses were too vast, that the technology wasn´t there yet, that maybe they should bet on a business they understood, like long-distance or cellular telephone service" (Auletta 1997: 229).

nehmenszentrale war für den Verlauf des Medienprojekts von entscheidender Bedeutung. Tatsächlich war es Gerald Levin, der Vorstandsvorsitzende von Time Warner Inc. selbst, der auf den unbedingten Erfolg des FSN drängte und bereit war, bis zum Schluß Geld und Personal für das Projekt zu bewilligen (vgl. Auletta 1997).

Als erster mit einer interaktiven, breitbandigen Infrastruktur auf dem Markt zu sein, über die dann sämtliche Inhalte des Medienhauses neu vermarktet werden sollten, war von zentraler Bedeutung für das Unternehmen. Obwohl das Kabelgeschäft innerhalb des Time Warner-Konzerns nur ein Siebtel des Gesamtumsatzes ausmachte, war die Konzernleitung davon überzeugt, dass die technische Infrastruktur zur Verbreitung der Medienprodukte immer wichtiger werden würde.

Ziel des Pilotprojektes war es herauszufinden, ob sich der Aufbau einer komplexen Infrastruktur über die Vermarktung neue Dienste refinanzieren läßt. Prinzipiell kamen dazu vier verschiedene Einkommensquellen in Frage: Die Gebühren der Abonnenten, die Einnahmen aus der Werbung, die Gebühren der Diensteanbieter für die Benutzung der technischen Plattform und die *License Fees*, die von den TV-Sendern für die zusätzliche Reichweite an Time Warner gezahlt werden sollten.

Bevor die Telefonie wegen technischer Schwierigkeiten aus dem Angebotsspektrum des FSN gestrichen wurde, ging man außerdem davon aus, dass man vor allem über Ferngespräche einen großen Einnahmestrom realisieren könnte. Langfristig hatte man sich bei der Konzernleitung erhofft, bis zu 20 % des Ferngesprächsmarktes zu erobern und so zu einem bedeutenden Wettbewerber in diesem Markt aufzusteigen

Am Ende stellte sich heraus, dass allein der technische Aufbau des Full Service Networks ca. 10.000 Dollar pro Haushalt gekostet hatte (vgl. Glaser 2000). Dadurch waren zumindest die kurzfristigen Refinanzierungspläne Makulatur. Dennoch hielt die Geschäftsleitung von Time Warner an ihrer Überzeugung fest, dass die Zukunft des Kabelfernsehens in neuen digitalen Fernsehprogrammen und interaktiven Diensten liege.

12.1.3.3 Standardisierung und Technikkosten

Die Notwendigkeit, praktisch alle technischen Komponenten neu erfinden zu müssen, bzw. erstmals zu integrieren, zieht sich durch fast alle Bereiche des Systems: „Engineers reinvented everything about TV, even speeding up the time it takes for an infrared signal to get from the remote control to the set top box once a button on the remote is pressed" (Maney 1995: 126). Auf Erfahrungen mit ähnlichen Projekten konnte nicht zurückgegriffen werden. Außerdem waren keine allgemeingültigen Industriestandards verfügbar, was sich besonders bei der Entwicklung der Set-top Box negativ bemerkbar machte. Alle Tests mussten in Eigenregie durchgeführt werden, wobei ungewiß war, welche Spezifikationen sich in der Branche letztlich durchsetzen würden (I 9943).

Um das Full Service Network zum Laufen zu bringen, mussten Softwarespezialisten insgesamt mehrere Millionen Zeilen Programmcode schreiben. Time Warner rühmte sich, mehr Zeilen Programmcode für das FSN geschrieben zu haben als notwendig waren, einen Menschen auf den Mond zu schießen (vgl. Zollman 1997).

12.1.3.4 Nachfragestrukturen

Mitte der 90er Jahre galt das interaktive Fernsehen bei vielen Beobachtern als ein Bereich, der viele Konferenzen, Papiere und Projekte hervorbrachte, für den es jedoch keinen Markt und keine Nachfrage gab (vgl. z.B. Buddine/ Norman/ Young 1996: 13). Time Warner wollte mit dem FSN beweisen, dass es zumindest für Video on Demand eine große Nachfrage gab und dass die Fernsehzuschauer bereit sein würden, hier mehr Geld auszugeben als in den Videotheken.

Bei den anderen geplanten interaktiven Anwendungen sollte das Pilotprojekt wichtige Erkenntnisse über die Konsumentennachfrage Allerdings konnten die Nutzer zu dieser Zeit nicht auf bereits vorhandene Erfahrungen mit interaktiven Anwendungen zurückgreifen, was sich insgesamt negativ auf die Akzeptanz- und Zahlungsbereitschaft auswirkte.

12.1.3.5 Ordnungspolitische Vorgaben

Die Entstehung des Pilotprojekts muss im Zusammenhang mit dem zunehmenden Engagement der Telefongesellschaften im Bereich der interaktiven Medien zu Beginn der 90er Jahre gesehen werden. Beginnend mit Bell Atlantics Video on Demand Pilotprojekt in Virginia im Frühjahr 1993, kündigten verschiedene Telefongesellschaften an, die neuartige ADSL-Technik dazu zu nutzen, digitalisierte Videofilme über ihre herkömmlichen Telefonnetze zu übertragen (vgl. Krasilovsky 1994). Obwohl es den Telefongesellschaften nach dem *Cable Act* von 1984 nicht gestattet war, Fernsehsignale zu übertragen und sie damit prinzipiell vom Markt der Videodienste ausgeschlossen waren, setzten sie auf dem Gerichtsweg durch, dass sie in bestimmten Regionen Versuche zu Video on Demand durchführen konnten. Im August 1995 reagierte auch die FCC auf die neue Rechtslage und passte die Regulierungsvorschriften in der so genannten Video Dial Tone (VDT)-Initiative an. Auf der Basis einer VDT-Lizenz konnten Telefonbetreiber nunmehr ein Video on Demand-System betreiben, sofern sie die Vorschriften bezüglich der Offenheit ihres System einhielten sowie einen diskriminierungsfreien Zugang für unabhängige Inhalteanbieter ermöglichten.

Obwohl die FCC in den Jahren 1995 und 1996 mehr als ein Duzend solcher Lizenzen an Telefongesellschaften vergab, gilt die *Video Dial Tone*-Initiative heute sowohl bei Fachleuten (vgl. Yanosy/ Leida 1995) als auch innerhalb der FCC als Misserfolg (I 9911). Erhofft hatte man sich von der Initiative, dass sie einen neuen, transparenten Wettbewerb zwischen Telefongesellschaften und Kabel-TV-Betreibern auf dem Gebiet der digitalen Videodienste schaffen würde. Tatsächlich aber waren alle Projekte der Telefongesellschaften zu Video on Demand bis spätestens Anfang 1998 eingestellt worden.

Ordnungspolitische Vorgaben als Rahmenbedingungen für die Realisierung von konkreten Anwendungen waren im FSN weiterhin für die geplante Kabeltelefonie von Bedeutung. Im FSN wollte Time Warner seinen Kabel-TV-Teilnehmern erstmals auch lokale und überregionale Telefondienste anbieten. Zwar wurde dieser Plan relativ schnell wegen technischer Probleme wieder fallengelassen,[94] dennoch wurde von den Time Warner-Verantwortlichen immer wieder argumentiert, dass nachteilige Regulierungsvorschriften sie daran hinterten, neue Dienste auf ihren Kabelnetzen einzuführen.

Dabei wurden die bestehenden Regulierungsvorschriften für Telekommunikationsdienste einmal als unzureichend und ein anderes Mal als überflüssig bezeichnet. Tatsächlich waren die Kabelnetzbetreiber dort, wo sie Kabeltelefonie anbieten wollten und zur Weiterschaltung der Gespräche die Telekommunikationsnetze etablierter Telefongesellschaften nutzen mussten, mit einem Regulierungsregime konfrontiert waren, das für sie Neuland war und das sie offenbar administrativ überforderte.

Die die Kabelbranche war es über Jahre hinweg gewohnt, in einem relativ schwach regulierten Bereich zu agieren (vgl. Schiller 1996: 273ff und Abschnitt 7.1.1). Aufschlussreich an den Forderungen, die Time Warner-Vertreter in Zusammenhang mit dem Projekt in Orlando an die Politik stellten, war die indirekte Verquickung der Telekommunikationsfrage mit der „debilitating (schwächenden) cable rate regulation": Seit dem zweiten *Cable Act* (1992) unterlag die Kabelindustrie einer staatlichen Entgeltregulierung. Die Gebührenkontrolle, so argumentierten nun die Vertreter von Time Warner und anderer Kabelnetzbetreiber, hindere sie daran, die entsprechenden Investitionen zu tätigen, um den Aufbau des *Information-Superhighway* mitzugestalten.

Besonders Time Warner sah darin ein wettbewerbsverzerrendes Instrument zum Nachteil der Kabelindustrie, die doch plante, Milliardenbeträge in die Aufrüstung ihrer Netze zu investieren. Die Aufhebung der Entgeltregulierung war seit 1992 ein ureigenes Anliegen der Kabelindustrie. Nun hatte sie mit Hilfe der Einbindung in das Konzept der nationalen Informationsinfrastuktur und dem Credo der Clinton-Regierung, mehr Wettbewerb im Telekommunikationssektor zu ermöglichen, einen neuen Hebel gefunden, um die Abschaffung der Gebührenkontrolle zu erwirken. Dieses Ziel konnte schließlich im April 1999 erreicht werden (vgl. z.B. FCC, 1997 und Ness 1998).

12.1.3.6 Inhaltliche Regulierungsbestimmungen

Hinsichtlich inhaltlicher Regulierungsbestimmungen gab es keine Hindernisse, die beseitigt werden mussten, um die geplanten interaktiven Anwendungen im Pilot-

---

94 Die technischen Probleme entstanden bei der Implementation des *Upstreams* für die Kabeltelefonie. Der Rückkanal vom Kunden zur Kabelkopfstation, in der eine Telefon-Vermittlungsstelle installiert worden war, erwies sich als sehr anfällig für Störsignale. Der Rückkanal war zwar robust genug, um Filme zu ordern, Waren zu bestellen oder Informationsseiten abzurufen, für die (zeitkritische) Sprachtelefonie war die eingesetzte Technik allerdings nicht geeignet.

projekt zu realisieren. Weder Daten-, Jugend, Verbraucher- oder Urheber-
rechtsschutzbestimmungen spielten für den Verlauf des FSN eine Rolle.

12.1.3.7 Spezielle Bildungs- und Ausbildungsmaßnahmen

Auch spezielle Bildungs- und Ausbildungsmaßnahmen können nicht als Rahmenbedingungen für den Verlauf des Projektes angeführt werden. Hier waren weder von
der *NII* noch von lokalen Behörden entsprechende Maßnahmen vorgesehen worden.
Spätere Maßnahmen, wie z.B. die Einrichtung von Internet-Zugängen an öffentlich zugänglichen Plätzen, hatten keine Auswirkungen auf den Verlauf des Projekts.
Diese Maßnahmen hattten zwar zum Ziel, die Vertrautheit der Bevölkerung mit
interaktiven Medien zu fördern. Sie bezogen sich aber ausschließlich auf das
Internet und nicht auf neue unterhaltungsorientierte Dienste über den Fernseher.

12.1.4 *Auswirkungen der* NII *auf den Verlauf des Projekts*

Zwischen der *National Information Infrastructure*-Initiative der Clinton/ Gore
Administration und dem Pilotprojekt von Time Warner in Orlando gibt es verschiedene Bezüge und Verweise, die im Verlauf der Initiative bzw. des Projekts
unterschiedliche Akzentuierungen aufweisen. Es muss jedoch festgehalten werden,
dass die *NII* nicht der Auslöser für das Pilotprojekt war.

Allerdings hat es Time Warner Cable geschickt verstanden, sich die Rhetorik der
NII anzueignen und sich selbst in Zusammenhang mit der politischen Initiative zu
bringen. Ähnlich wie die großen US-Fernsehsender CBS, NBC, ABC und Fox, die
zu dieser Zeit recht wenig mit neuen Informations- und Kommunikations-
technologie zu tun hatten, sich aber der Vision des *NII* anschlossen, weil sie sich
erhofften, dadurch zusätzliche kostenlose Übertragungskapazität für neue digitale
Programme zu erhalten, galt auch für Time Warner die Devise „to ride the Clinton
administration´s National Information Infrastructure initiative and describe your
new services as central to the White House´s new pet initiative" (Brinkley 1997:
291).

Time Warner als zweitgrößter Kabelnetzbetreiber in den Vereinigten Staaten
und als mächtiger Medienkonzern hat es dabei verstanden, verschiedene, für das
Unternehmen wichtige, Regulierungsaspekte mit dem Pilotprojekt in Orlando zu
vernüpfen. Die im Zuge der NII realisierten Gesetzesänderungen, wie z.B. die
Regelungen des Zugangs von Kabelbetreibern zu lokalen Telefonvermittlungs-
stellen, die Aufhebung der Entgeltregulierung für Kabelnetzbetreiber und die
Entschärfung von *Cross-Ownership*-Regelungen, entsprachen zu großen Teilen den
Forderungen, die Time Warner im Hinblick auf die Realisierungsfähigkeit neuer
Anwendungen im interaktiven Kabel aufgestellt hatte.

Dabei war eine durch die technische Konvergenz bedingte Überarbeitung der
Regulierungsvorschriften im TV- und Telekommunikationsbereich ohnehin
absehbar. Im *Telecommunications Act* von 1996 wurde schließlich das Prinzip des

uneingeschränkten Wettbewerbs zwischen den verschiedenen Infrastrukturanbietern bei sämtlichen Telekommunikations- und TV-Diensten festgeschrieben.[95] Die entsprechenden Vorgaben, unter denen Telefongesellschaften seither TV-Dienste anbieten dürfen, sind im TCA unter dem Stichwort OVS (*Open Video Systems*) vermerkt.[96]

12.1.5 Prognosen

Auch nach dem offiziellen Ende des Pilotprojekts im Mai 1997 investierte Time Warner Cable weiterhin große Summen in die Modernisierung seiner BK-Netze. In fast allen Kabelgebieten wurden so im Laufe der letzten vier Jahre rückkanalfähige HFC-Netze installiert - zunächst, um über mehr Bandbreite für weitere analoge und digitale TV-Programme zu verfügen und dann, um zukünftig auch interaktive Dienste anbieten zu können.

Seit Ende 1999 bietet Time Warner Cable seinen Kunden über diese Netze den *Highspeed*-Kabelmodemdienst RoadRunner an.

Mit dem „Roll-out" einer neuen Generation von digitalen Set-top Boxen startete das Unternehmen darüber hinaus ein neues digitales TV-Programmpaket, das als Grundstein für eine zweite Generation interaktiver TV-Dienste und Video on Demand gelten kann. Intern als Pegasus-Projekt bezeichnet, knüpfen diese Pläne direkt an Erfahrungen aus dem Full Service Network an. Im Pegasus-Projekt werden z.B. Set-top Boxen mit der aktuellsten Technik verwendet, die an alle digital-Abonnenten ausgegeben werden. Dabei besitzen die Boxen bereits die Hardware, die nötig ist, um später VOD und WWW-Seiten zu übertragen. In einer zweiten Phase sollen dann nach und nach interaktive Anwendungen und VOD in einzelnen Märkten angeboten werden. Weitgehend unbemerkt von der Presse kommt in Austin, Texas seit Anfang 2000 das „Interactive Television System" der Firma SeaChange International zum Einsatz und wird in Tampa und St. Petersburg, Florida mit dem MediaHawk-System der Firma Concurrent Computer Corp. experimentiert.

Außerdem wird daran gearbeitet, RoadRunner-Inhalte auf die TV-Bildschirm zu portieren, wodurch künftig auch Fernsehzuschauer diesen *Highspeed*-Online-Dienst nutzen können.

Will man abschließend den Erfolg oder Misserfolg des Full Service Networks beurteilen, so muss man feststellen, dass das Projekt in seiner ursprünglichen Anlage gescheitert ist. Auf der anderen Seite entstammen aus dem Pilotprojekt Ideen und technisches *Know-How*, die in die Nachfolgeprojekte eingebracht werden konnten.

Im Nachhinein muss vor allem das Konzept für das FSN, das Gerald Levin 1995 mit „We build it and they will come" (Levin zitiert in Auletta 1997: 220) formuliert

---

95 Damit wurde der über Jahre hinweg geltende Grundsatz der Trennung von *Conduit* und *Content*, d.h. zwischen technischer Infrastruktur und Inhalteproduktion aufgegeben (vgl. Schiller 1996: 274).

96 Näheres zu den *OVS-Rules* siehe Farhi 1998, Rafter 1998 und Lash 1996.

hatte, als gescheitert betrachtet werden. Nur weil es technisch möglich war und letztlich in gewissem Umfang auch realisiert wurde, sind die Kunden noch nicht automatisch gekommen. Das Internet sowie die meisten aktuellen interaktiven Medienprojekte haben diesen Grundsatz vielmehr im Ansatz umgekehrt. Er lautet heute eher „build on what´s already there" und bezieht sich sowohl auf Technikausstattung als auch auf Nutzungsgewohnheiten (vgl. Beckert/ Kubicek 2000).

12.1.6   Gründe für das Scheitern des Projekts

Der politisch-regulatorische Kontext spielte für den Verlauf des FSN eine untergeordnete Rolle. Spezielle Regulierungsvorgaben waren nur insofern von Bedeutung, als sie 1995 mit der *Video Dial Tone*-Initiative Telefongesellschaften erlaubten, Videodienste anzubieten. Dies ermöglichte einen Wettbewerb zwischen Kabel und Telefon beim Aufbau von VOD-Systemen. Die Regulierungsentscheidung der FCC nahm mit der VDT-Initiative jedoch nur die Rechtsprechung der Gerichte auf, vor denen die Telefongesellschaften geklagt hatten.

Auch die *NII* spielte keine bedeutende Rolle für den Verlauf des Pilotprojekts. Fast alle Forderungen, die Time Warner im Zusammenhang mit der Realisierung neuer Anwendungen in Orlando an die Politik richtete, wurden im *Telecommunications Act* von 1996 aufgegriffen und zum größten Teil im Interesse der Kabelindustrie geregelt.

Im lokalen Handlungskontext erwies sich dagegen die Annahme, in relativ kurzer Zeit ein komplexes technisches System sowie völlig neuartige Anwendungen zu erstellen, als verhängnisvoll. Obwohl Versuche unternommen wurden, technische und inhaltliche Aspekte des Projekts adäquat zu koordinieren und der Aufbau neuer Produktionslogistiken über die Einbindung konzerneigener *Content Provider* erleichtert wurde, war insgesamt der Aufwand an Zeit und Kosten unterschätzt worden. Die hohen Erwartungen, die sich mit dem FSN von Anfang an verbanden, mussten deshalb enttäuscht werden.

Entscheidend für den Misserfolg des Projekts waren allerdings die Rahmenbedingungen, auf die die Projektbeteiligten keinen Einfluss hatten. Denn obwohl der Mutterkonzern sich stark im Projekt engagierte und bereit war, viel Geld auszugeben, war die Technik zu kostspielig, die Standardisierung der einzelnen Komponenten nicht weit genug fortgeschritten und das technische *Know-How* nicht vorhanden, um ein kosteneffizientes System zu realisieren. Der hohe Eigenanteil bei der Entwicklung, zusammen mit den unsicheren Aussichten hinsichtlich der späteren Akzeptanz sowie der parallel zum Projekt einsetzende Internet-*Boom* waren damit letztlich für das Scheitern des Projekts verantwortlich.

12.2   Excite@Home

12.2.1   Projektbeschreibung Grunddaten

Bei Excite@Home handelt es sich um einen breitbandigen Online-Dienst über das Kabel-TV-Netz, der seit 1996 in verschiedenen Gebieten der Vereinigten Staaten angeboten wird. Die Firma Excite@Home mit Sitz im Silicon Valley ist ein Zusammenschluß des Technik-*Providers* @Home Networks und der Firma Excite, die das Internet-Portal Excite.com betreibt. Der Dienst ermöglicht mit Übertragungsgeschwindigkeiten von bis zu 2 Mbit/s ca. 40 mal schnellere Zugriffszeiten auf Webinhalte als konventionelle 56 Kbit/s *Dial-up*-Verbindungen (vgl. Abschnitt 7.2.1).

Voraussetzung für die Nutzung des Kabelmodemdienstes ist ein Kabelmodem, das von den Kabelnetzbetreibern, mit denen Excite@Home zusammenarbeitet, zur Verfügung gestellt wird und das an den PC angeschlossen und in die Kabel-TV-Buchse eingesteckt wird. Im PC muss außerdem eine Ethernet-Karte installiert sein. Die digitalen Datenstöme des Online- und Internetdienstes werden vom Nutzer zum *Provider* (*upstream*) und vom *Provider* zum Nutzer (*downstream*) auf speziellen Kanälen im unteren und oberen Frequenzspektrum des Fernsehkabels transportiert. Die dazwischenliegenden Fernsehsignale für die verschiedenen TV-Programme werden von der Datenübertragung nicht beeinträchtigt: Eine Weiche (*Splitter*) an der Kabelbuchse sorgt dafür, dass PC und Fernseher parallel genutzt werden können.

Die hohen Übertragungsraten, der *always-on*-Vorteil und die exklusiven Inhalte des Onlinedienstes werden von den Betreibern bei der Vermarktung von @Home in den Vordergrund gestellt. Inzwischen hat @Home in den Vereinigten Staaten und Kanada mehr als zwei Million Nutzer (Stand: Dezember 2000, www.cabledatacomnews.com). Die monatliche Gebühr für die Abonnenten beträgt zwischen 40 und 55 US Dollar, je nach Kabelnetzbetreiber, über den der Dienst angeboten wird.

Trotz der relativ hohen *Provider*-Gebühren ist die Nachfrage nach dem breitbandigen Online-Dienst groß: Seit Januar 1999 hat sich die Zahl der Abonnenten mehr als vervierfacht. Prognosen gehen von über sieben Millionen Teilnehmern im Jahre 2003 aus (Kopel 1999). Allerdings ist @Home momentan noch nicht überall verfügbar. Voraussetzung für das Angebot ist, dass die jeweiligen Kabelnetzbetreiber die Kanalkapazitäten und die Rückkanalfähigkeit ihrer Netze gewährleisten können. Da das Kabelfernsehnetz bisher jedoch größtenteils ein reines Verteilnetz ist, müssen kostenintensive Um- und Aufrüstungen der Netzinfrastruktur erfolgen, damit darauf interaktive Zusatzdienste wie @Home angeboten werden können. Die Modernisierung der Kabelinfrastruktur, d.h. die Installation von leistungsstarken Glasfaser-Koax-Netzen wurde vor allem von den großen Kabelnetzbetreibern wie Time Warner Cable, Cox Communications und TCI (heute AT&T Broadband and Internet Services) seit Mitte der 90er Jahre betrieben. Moderne HFC-Netze stehen heute in den Vereinigten Staaten momentan für knapp 30 Prozent der angeschlossenen Kabelhaushalte zur Verfügung.

Neben Excite@Home gibt es in den Vereinigten Staaten eine Reihe weiterer Broadband Service Provider, wobei vor allem Time Warners RoadRunner als zweitgrößter Anbieter mit inzwischen 1 Mio. (Stand: Dezember 2000, www.cabledatacomnews.com) Abonnenten zu nennen ist. Kleinere Netzbetreiber bauen Kabelmodemdienste teilweise in Eigenregie, d.h. ohne einen externen

Technikintegrator und Online-Betreiber auf. Insgesamt schließen die nord-
amerikanischen Kabelbetreiber täglich ca. 2.500 neue Kunden an ihre Kabelmodemsysteme an. Offenbar übersteigt die Nachfrage zur Zeit bei weitem das Angebot.

Die Verbreitung von Kabelmodemsystemen in den Vereinigten Staaten hat nach
Ansicht von Medienexperten weitreichende Folgen für die gesamte Online-Ent-
wicklung und wird signifikante Veränderungen bei der Internet-Nutzung (vgl.
Chapman 1999, Buel 1999), der sozio-ökonomischen Zusammensetzung von
Online-Nutzergruppen (vgl. Anderson 1999, Harmon 1999) und im Hinblick auf die
Eigenschaft des Internets als „offenes Medium" (Werbach 1999) nach sich ziehen.

12.2.2 Lokaler Handlungskontext

12.2.2.1 Koordination von Technik und Inhalten

Gegründet wurde @Home Networks im Mai 1995 als *Joint Venture* zwischen TCI
Technology Ventures Inc. - einer Tochtergesellschaft des zweitgrößten amerikanischen Kabelnetzbetreibers Tele-Communications Inc. (TCI) - und der Silicon
Valley Risikokapitalgesellschaft Kleiner Perkins Caufield & Byers. Beteiligt waren
außerdem die Kabelnetzbetreiber Comcast und Cox Communications sowie - mit
kleineren Anteilen - Sun Microsystems und Netscape.

Treibende Kraft bei Kleiner Perkins und anschließend selbst Geschäftsführer
von @Home Networks war William R. Hearst III, ein Enkel des amerikanischen
Zeitungsbarons. Bevor Hearst für Kleiner Perkins arbeitete, war er in verschiedenen
Positionen bei der Hearst Corporation tätig, u.a. als Herausgeber des *San Francisco
Examiners*. Nach der Legende erkannte Hearst Ende 1994 die Möglichkeiten des
Internets, nachdem ein Bitzeinschlag die Druckerpressen des *San Francisco
Examiners* lahmgelegt hatte. Die meuternde Redaktion der Zeitung veröffentlichte
in den Tagen des Ausfalls eine Internet-Ausgabe des *Examiners* und demonstrierte
damit, welche Möglichkeiten das Internet bot und wie die digitale Medienzukunft
aussehen könnte. Zwei Monate später kaufte sich Hearst bei der IT-Finanzierungs-
firma Kleiner Perkins in Menlo Park Kalifornien ein und bereitete die Gründung
von @Home Networks vor (vgl. o.V. 1995b).

Erstaunlich an dieser Gründungsgeschichte ist, dass es Hearst und die Firma
Kleiner Perkins waren, die die Idee „Internet über Kabel" realisierten und nicht die
Kabelgesellschaften selbst. Denn die großen amerikanischen Kabelgesellschaften
hatten bereits vor 1995 eigene technische Teams mit der Entwicklung von Kabelmodemsystemen beauftragt. Zur geplanten kommerziellen Einführung des neuen
Dienstes kam es aber nie. Stattdessen beteiligte sich TCI im Mai 1995 an @Home
Networks´ Grundkapital mit 26 Prozent (vgl. Dunn 1997). William Hearst hatte das
Management von TCI davon überzeugt, den Aufbau des Kabel-Online-Dienstes
nicht in Eigenregie zu betreiben, sondern der Firma @Home Networks zu überlassen. Dafür sprach, dass mit @Home Größenvorteile realisiert werden konnten,
ein schnellerer Markteintritt möglich war und ein zentrales Management für den
neuen Dienst verantwortlich war (vgl. Rhodes 1996). Darüber hinaus behielt TCI
die Kontrolle über diesen Bereich und sollte zwei Drittel der Einnahmen aus den
monatlichen Gebühren der @Home-Abonnenten bekommen.

Technik: Aufbau eines „parallelen Internets"

Bei der Realisierung des Angebots stellte sich heraus, dass die technische Infrastruktur zur Gewährleistung eines stabilen *High-Speed* Internet-Zugangs sehr viel anspruchsvoller und komplexer war, als zunächst angenommen. Es setzte sich die Erkenntnis durch, dass es nicht damit getan ist, die einzelnen Kabelkopfstationen, mit dem Internet zu verbinden. Solche Insellösungen waren für eine landesweite Einführung des neuen Dienstes nicht geeignet, weil sie zu langsam und unzuverlässig waren und Schwierigkeiten bei der Skalierung bereiteten. Für das reibungslose Funktionieren der Internet-Anbindung des @Home-Systems mussten deshalb geeignetere Konzepte gefunden werden.

Mit dieser Aufgabe wurde Mitte 1995 der Internetspezialist Milo Medin beauftragt, der von der NASA abgeworben wurde, wo er sich mit der Vernetzung verschiedener, über das Land verstreuter NASA Supercomputer-Center beschäftigt hatte und sich bei der Einführung von TCP/ IP einen Namen gemacht hatte. Medin wußte um die Schwierigkeiten von Insellösungen: „Computer geeks might put up with Internet failures and time delays, but the cable-ready public will not, not in huge numbers, anyway" (Medin zitiert in Rhodes 1996). Medin schlug stattdessen vor, ein eigenes *Backbone*-Netz aufzubauen, ein „paralleles Internet", das die einzelnen Kabelkopfstationen miteinander verbinden sollte. Dazu musste Leitungskapazität von Telekommunikations-Netzebetreibern wie MCI, AT&T oder Sprint gemietet werden bzw. selbst aufgebaut werden und komplexe Replikationsmechanismen (*Proxy*-Server Strukturen) entwickelt werden (vgl. Abschnitt 7.3.2).

Inzwischen verfügt Excite@Home über ein solches landesweites *Backbone*-Netz (siehe Abb. 42), über das die proprietären Inhalte von Excite@Home sowie häufig nachgefragte Inhalte der Nutzer schneller verfügbar und damit attraktiver sind als Inhalte, die direkt aus dem Internet geladen werden müssen.

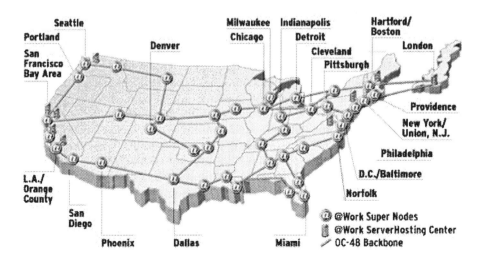

Abb. 42:   Das Excite@Home *Backbone*-Netz (Quelle: www.home.net)

Am 9. Mai 1996, ein Jahr nach der Gründung von @Home Networks und einem ersten Testlauf in Sunnyvale, Kalifornien, startete @Home seinen Dienst als „TCI@Home" zunächst in Fremont, Kalifornien, einer Stadt im Silicon Valley in der Nähe des Firmensitzes von @Home Networks. In den folgenden vier Jahren führte die Firma den neuen Dienst in insgesamt 218 (Stand: Dezember 2000) US-amerikanischen und kanadischen Städten ein.

Inhalte: Breitbandiger Zugriff auf Online-Inhalte

Mit Hilfe des Kabelnetzes und der Excite@Home-*Backbone*-Infrastruktur werden interaktive Dienste möglich, die weit über die Möglichkeiten des heutigen Internets hinausgehen. @Home will seinen Abonennten eine „revolutionary online experience" (www.athome.net/about) ermöglichen, die sich durch drei Merkmale auszeichnet: Durch hohe Übertragungsgeschwindigkeiten („The Internet at full speed"), ununterbrochene Verbindungen („Always-on") und durch eigene Inhalte („Faster Access. Plus Content").

Die neuartige Multimedia-Erfahrung geht dabei inhaltlich stark in Richtung *Entertainment*. Im Unterschied zum herkömmlichen Internet sind auf der breitbandigen Plattform Anwendungen realisierbar, die eher an die Unterhaltungswelt des Fernsehens anknüpfen als an das klassische Informations- und Kommunikationsmedium Internet. Obwohl es sich bei @Home zunächst ausschließlich um einen computerbasierten Online-Dienst handelt, stammen die proprietären Angebote zu einem großen Teil aus dem klassischen TV-Bereich: Abrufbar sind hier z.B. News-Videoclips, Film-*Trailer*, Sporthighlights und Audiofiles. Zum *Download* bereit stehen aber auch beliebte Softwareprogramme und Computerspiele.

Bereits Anfang 1996, als *Streaming*-Technologien für das Internet, wie z.B. RealAudio und RealVideo, und damit die Voraussetzung zur effizienten Übertragung von Videosequenzen noch gar nicht verfügbar waren, formulierte Hearst die Vision vom Unterhaltungsmedium, zu dem sich das Internet innerhalb des @Home-Systems entwickeln würde: „The speed of cable modems will make the Web and the Internet more like an entertainment medium, so that players such as CNN, Paramount, ABC, and Time Warner can begin to program for this space in a way that is different from the traditional dial-up services such as (...) America Online" (Rhodes 1996).

Viele *Content Provider* haben heute ein besonderes Interesse daran, für die @Home-Plattform Inhalte zur produzieren. Ein Grund dafür ist die allgemeine Erwartung, dass breitbandige Online-Systeme die Zukunft des Internets als Massenmedium bestimmen werden. Die DSL-Angebote der Telefongesellschaften bieten zwar auch einen *Highspeed*-Zugang zum Internet, ihr Angebot ist aber meist nicht mit speziellen Inhalten gekoppelt, die über eine *Proxy*-Systeme übertragen werden.

Bei den neuartigen Inhalten, die auf der @Home-Plattform realisiert werden können, handelt es sich z.B. um Videoclips, personalisierte Online-Informationen oder um neuartige Kombination von Textbeiträgen und Fernsehnachrichten. Das derzeitige Angebot von @Home besteht aus dem Internet-Zugang, dem Online-

Dienst und verschiedenen, „Streaming Multimedia" genannten, speziellen Breit-
bandinhalten.

Internet

In das Internet kommen die Nutzer, indem sie entweder eine WWW-Adresse in der
Kopfzeile eingeben oder die *Hyperlinks* anklicken, die auf ein Angebot außerhalb
von @Home verweisen. Werden z.B. die Seiten des lokalen Veranstaltungs-
kalenders angeklickt, der in das Startmenü von @Home integriert ist, öffnet sich ein
neues Fenster des Internet Explorers. Der Nutzer befindet sich dann außerhalb des
proprietären Angebots von @Home.

Eine weitere Möglichkeit ins Internet zu gelangen bietet die „Search"-Funktion,
bei der die Suchergebnisse von Excite.com zwar noch innerhalb des @Home-
Browsers dargestellt werden. Sobald das Suchergebnis aber angeklickt wird, gelangt
der Nutzer „nach draußen", erkennbar durch die Überlagerung des @Home-
Browsers.

Online-Dienst

Folgt man den Verzweigungen aller anderen Menüpunkte im @Home-Browser,
bleibt man zunächst innerhalb des @Home-Systems. In verschiedenen Rubriken
(„Finance", „Just Kids", „Lifestyle", „News", „Pop Arts", „Shopping", „Sports"
etc.) werden redaktionell bearbeitete Inhalte zur Verfügung gestellt. Das Prinzip
gleicht dem anderer Online-Dienste und muss hier nicht ausgeführt werden.
Auffällig ist die bildorientierte Darstellung, von der viele schmalbandigen Online-
Dienste inzwischen abgekommen sind, weil sie zu Verzögerungen beim Seiten-
aufbau führen. Zusätzlich zu den inhaltlichen Rubriken werden für die @Home-
Abonnenten *Chat*-Foren zusammengestellt, beliebte Software zum *Download*
bereitgestellt und Online-Spiele angeboten.

Streaming Multimedia

Eine dritte Option für die @Home-Nutzer ist die Auswahl des Menüpunkts „Show-
case", hinter dem sich eine Reihe auswählbarer Video-*Clips* verbergen. Dabei
handelt es sich um Film-*Trailer*, kurze Vorschau-*Clips*, die neue TV-Serien
vorstellen oder um Ausschnitte aus Fernseh-Dokumentationen (siehe Abb. 19 in
Abschnitt 4.5.2). Inzwischen sind auch Sporthighlights, Musikvideos und ausgewählte TV-Beiträge des Nachrichtensenders CNN verfügbar. Dazu wurden eigene
Bereiche eingerichtet, in denen sowohl Text, Bilder als auch Video zu einem
bestimmten Thema (Musik, Film, Tagespolitik, etc.) zusammengestellt sind. Mit der
Entwicklung solcher Angebote sind zunächst die Web-Redaktionen der Kabelfernsehsender CNN und MTV beauftragt. Auch mit anderen Inhalteanbietern
wurden Kooperationsverträge abgeschlossen, die darauf hinauslaufen, das jeweils
bereits bestehende Web-Angebot für die breitbandige @Home-Plattform zu
erweitern.

12.2.2.2 Aufbau neuer Produktionsstrukturen

Die Firma Excite@Home bezeichnet sich selbst als „Broadband Service Provider". Dieser Begriff, der in Deutschland nicht geläufig ist, weil es bisher keine vergleichbaren Firmen gibt, verbindet die Bezeichnungen „Cable Service Provider" (Kabeldienste-Betreiber) und „Internet Access Provider" (Internet Zugangs-Betreiber). Die @Home-Abonnenten bezahlen eine monatliche Gebühr, die sowohl die technische Verbindung als auch den Zugang zum Internet und die Online-Inhalte umfaßt.

Excite@Home selbst hat keinen direkten Kontakt zu den Abonnenten, die Firma ist ausschließlich für die Funktionsfähigkeit der Internetanbindung und das technische und inhaltliche Management des Online-Dienstes zuständig (siehe Abb. 43: „Local Network Management", „Routing & Distribution", „Content").

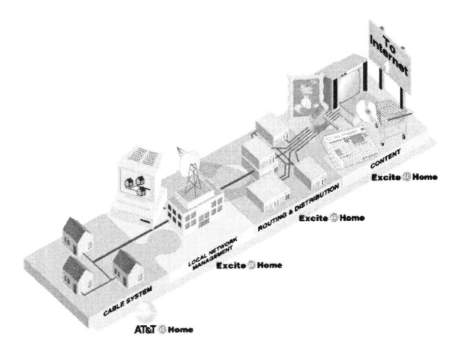

Abb. 43:   Komponenten des Kabelmodemsystems @Home (Quelle: Schiesel 1999)

Vermarktet und abgerechnet wird der Kabelmodemdienst direkt von der jeweiligen Kabelgesellschaft: @Home wird den Kabelkunden immer in Verbindung mit dem Namen des jeweiligen Kabelnetzbetreibers angeboten, d.h. die Kunden abonnieren AT&T@Home (vormals TCI@Home) oder Comcast@Home.

Im Unterschied zu herkömmlichen Online-Diensten und Internet Service Providern ist Excite@Home viel stärker auf den Betreiber des technischen Übertragungssystems, d.h. auf den jeweiligen Kabelnetzbetreiber angewiesen. Diese Abhängigkeit bezieht sich sowohl auf die grundlegenden technischen Eigenschaften des Netzes (Bandbreite und Rückkanalfähigkeit), als auch die konkrete Kanalbelegung, die Bandbreitenzuteilung, die Nutzung von *Headends* und die Installation bei den Kunden. Für die Kabelnetzbetreiber selbst basiert die Zusammenarbeit mit Excite@Home auf einer neuartigen Kooperationsform: Wie in Abschnitt 7.1.1 dargestellt, sind es die amerikanischen Netzbetreiber gewohnt, TV-Programme einzukaufen und einen relativ standardisierten Dienst, nämlich Pay-TV, in verschiedenen Paketen an ihre Abonnenten zu vermarkten. Mit Excite@Home wurden dagegen Kooperationsverträge geschlossen, die sich neben der Produktion und Lieferung von Inhalten und dem Vorhalten von Daten vor allem auf die Nutzung der Kabels als Transportnetz für das Online-Angebot beziehen. Dafür müssen die Netzbetreiber in der Regel entsprechende Investitionsvorleistungen erbringen. Die Einnahmen aus den Gebühren für den *Highspeed*-Internetdienst werden zwischen Excite@Home und dem jeweiligen Netzbetreiber im Verhältnis 1 zu 3 geteilt. Excite@Home hat sich dabei Exklusivrechte bei den Netzbetreibern bis 2002 gesichert, d.h., es dürfen bis dahin keine anderen Online-Dienste auf dieser technischen Plattform angeboten werden.

Die Umsätze, die Excite@Home mit seinem *Highspeed*-Online-Dienst erwirtschaftet, stammen zur Hälfte aus Abogebühren und zur Hälfte aus der Vermarktung von Werbebannern sowie aus der Beteiligung an E-Commerce-Transaktionen.

Entscheidend für den bisherigen Erfolg von @Home ist die gelungene Koordination von Technik und Inhalten, d.h. es konnten vorhandene Logistikketten und Produktionszusammenhänge integriert werden, bestehende Web-Inhalte in das Angebot aufgenommen werden und eigene Kapazitäten aufgebaut werden. Darüber hinaus hat es @Home verstanden, entsprechende Kooperationen mit bekannten Inhalteprovidern wie MTV oder CNN einzugehen, die man unter die Überschrift „Inhalte gegen Reichweite" fassen kann.

Bei den lokalen Inhalten, den Veranstaltungskalendern, Stadt- und Restaurantführern greift Excite@Home auf bestehende Web-Angebote zurück, die in den jeweiligen Städten bereits einen gewissen Bekanntheitsgrad haben. So ist in das @Home-Angebot in San Francisco der regionale Stadtinformationsdienst bayinsider.com integriert, der auf der Hompage von @Home prominent plaziert ist. Auch für dieses Angebot gilt das Kooperationsmodell „Inhalte gegen Reichweite", wobei Excite@Home die genauen Konditionen der Zusammenarbeit geheimhält und auch zu keiner Auskunft bereit war, ob hier auch Gelder fließen und wenn ja in welche Richtung (I 9945).

Die enormen Mittel für den Aufbau eines eigenen *Backbone*-Netzes und die Ausrüstung vieler Hundert Kabelkopfstationen mit der entsprechenden Kabelmodemtechnik, konnte sich Excite@Home durch den Börsengang im September 1997 beschaffen. Dadurch konnte das Unternehmen auch den Internet-Suchdienst Excite für rund sieben Millarden Dollar übernehmen.

12.2.2.3   Berücksichtigung von Nutzerpräferenzen und -ressourcen

@Home als PC-gestützter, breitbandiger Online-Dienst knüpft direkt an die Internet-Entwicklung an und kann damit größtenteils auf bereits vorhandene Nutzungsmuster aufbauen. Bei den Abonnenten handelt es sich um sind Online-Nutzer, die einen Computer besitzen und bereits über PC-Kenntnisse und teilweise auch Online-Erfahrungen verfügen.

Durch die ständige Verfügbarkeit der Online-Verbindung im @Home-System erfährt die Online-Nutzung eine bedeutende Erweiterung. Verschiedene Studien zur Nutzung von Online-Angeboten über Kabelmodems fanden heraus, dass der Umgang mit dem Medium häufiger, entspannter und selbstverständlicher wurde, sobald der separate Einwahlvorgang wegfiel und der Zugang permanent verfügbar war (Werbach 1999, Anderson 1999).

Ob die Online-Nutzung dadurch aber auch stärker unterhaltungsorientiert wird und sich damit an der inhaltlichen Ausrichtung von @Home orientiert, ist eine Frage, die unterschiedlich beantwortet wird. Während Excite@Home vom Unterhaltungswert der prorietären Inhalte überzeugt ist und davon ausgeht, dass die weitere Verbreitung und der selbstverständlichere Umgang mit Online-Medien zu einer ähnlichen Entwicklung wie beim Fernsehen führen wird, wird diese Behauptung von vielen angezweifelt. Teilweise wurde behauptet, dass @Home-Inhalte bei den meisten Nutzern auf kein großes Interesse stoßen, sondern dass es das klassische Internet sei, das die Nachfrage nach dem neuen Dienst ausmacht: „... customers (...) don´t spend much time browsing @Home´s content. They go off to surf the rest of the Net, leaving @Home behind. That, in turn, could create problems holding on to customers." (Higgins 1999). Leider gibt es bisher keine öffentlich zugänglichen Nutzerstudien, die Aufschluss über die Attraktivität der angebotenen Inhalte liefern könnte.

12.2.3   Rahmenbedingungen

12.2.3.1   Marktstrukturen und Wettbewerbsumfeld

Als wirtschaftlich-technische Rahmenbedingungen, die für das Entstehen und die weitere Verbreitung von Exite@Home von Bedeutung sind, können zunächst die Marktstrukturen im amerikanischen Kabel-TV-Bereich und das Wettbewerbsumfeld im Bereich breitbandiger Internet-Dienste genannt werden.

Der amerikanische Kabelfernsehmarkt ist im Vergleich zum deutschen BK-Markt ein relativ homogener Markt, der hauptsächlich von einer Reihe großer Betreiber beherrscht wird, die nicht untereinander, sondern mit anderen Fernsehanbietern (hauptsächlich DBS und Terrestrik) konkurrieren. Durch den Konzentrationsprozess der letzten Jahre versorgen immer weniger Kabel-TV-Betreiber immer größere Gebiete. Separate Netzinseln konnten so zusammengelegt werden und entsprechend technischer und netzopologisch effizienter Vorgaben einheitlich aufgerüstet werden (vgl. Abschnitt 7.1.1).

Die direkte Konkurrenzsituation mit dem digitalen Satellitenfernsehen bewirkte zunächst, dass die Kabelnetzbetreiber ihre Netze aufrüsteten, um mehr Platz für Fernsehprogramme zu schaffen, die in zusätzlichen Programmpaketen vermarktet wurden. Der technische Ausbau der Netze erlaubte darüber hinaus aber auch interaktive Angebote, weil die entsprechenden Komponenten für einen Rückkanal vom Nutzer zum *Provider* gleich mit eingebaut wurden. Diese technische Eigenschaft erlaubt es den meisten Kabelgesellschaften seither, Breitband-Internet als zusätzlichen Dienst zum klassischen Kabelfernsehen anzubieten.[97]

Die Kabelgesellschaften sind mit dem Angebot „*Highspeed*-Internet über Kabel" in einem Bereich tätig, der bisher ausschließlich Telefongesellschaften und traditionellen Internet Service Providern vorbehalten war. Interessenten von Breitband-Internet-Angeboten können sich momentan entweder für ein ADSL-Angebot der lokalen Telefongesellschaften oder das Kabelmodemangebot der regionalen Kabelgesellschaft entscheiden. Neue Funktechnologien (WLL) und satellitengestützte Zugangstechnologien (VSAT) werden für den privaten Bereich momentan noch nicht in größerem Umfang.

In Tab. 12 werden Kabelmodem- und DSL-Angebote mit ihren jeweiligen Übertragungsgeschwindigkeiten und den monatlichen Kosten gegenübergestellt.

Zugangs-technologie	Angebot	Übertragungs-geschwindig-keit	Monatliche Kosten	Installation/ Hardware-kosten	Index-wert
Kabelmodem	Road Runner	3 Mbit/s	$ 39,95	$ 100	3644
Kabelmodem	@Home	3 Mbit/s	$ 39,95	$ 140	3409
DSL	Bell Atlantic Info Speed	7,1 Mbit/s	$ 109,95	$ 523	2712
DSL	Pacific Bell FasTrak DSL	1,5 Mbit/s	$ 129,00	$ 198	605
Modem	Herkömmliches 56 k-Modem	53 Kbit/s	$ 27,00	$ 49	100

Tab. 12: Breitbandige Internet-Angebote in USA (Quelle: Wired, May 1999: 72)

Der herkömmlichen Internetverbindung über ein 56k-Modem wurde dabei ein Indexwert von 100 gegeben, um *Performance*-Unterschiede zu verdeutlichen. Kabelmodem- und DSL-Verbindungen wurden zur herkömmlichen *Dial-up*-Verbindung in Beziehung gesetzt, wobei sowohl die Kosten für das jeweilige Angebot als auch die effektive Übertragungsgeschwindigkeit in den Indexwert mit einfließen.

---

97 Dabei ist ein Kabel-TV-Abo keine Voraussetzung für die Nutzung von @Home. Allerdings gab es zu Beginn Probleme, den Online-Dienst jenen Kunden zur Verfügung zu stellen, die kein Kabelfernsehen abonniert hatten. Fehlende Koordination und mangelndes Wissen im Kundendienst- und Abrechnungsbereich von TCI führten teilweise zu der grotesken Situation, dass Abonnenten von @Home ohne Kabelfernsehabo als Schwarzseher verdächtigt wurden und mit Bußgeldern belegt wurden (vgl. Sammel 1999).

12.2.3.3   Strategie und Engagement des Mutterkonzerns

Excite@Home ist zwar ein eigenständiges Unternehmen, dennoch kann die Kabelgesellschaft AT&T Broadband als Mutterkonzern bezeichnet werden. Denn die wichtigste Voraussetzung für die Realisierung des Breitband-Internet-Angebots ist die umfangreiche Aufrüstung der BK-Netze, die von AT&T Broadband finanziert wird. Die Überzeugung des Netzbetreibers, dass Breitband-Internet-Angebote langfristig Gewinne erwirtschaften werden, ist damit eine zentrale Rahmenbedingung für das Fortbestehen von Excite@Home. Die Firma selbst war bisher nicht in der Lage, Gewinne zu erwirtschaften - eine Tatsache, die mit den enormen Anfangsinvestitionen und der noch relativ geringen Verbreitung des Angebots begründet wird (vgl. Excite At Home Corporation 2000: 14).

Das Breitband-Internet-Angebot steht im Zusammenhang mit der Strategie der Kabelgesellschaften, die Investitionen in die technische Infrastruktur, die seit Mitte der 90er Jahre getätigt wurden, über Einnahmen aus zusätzlichen Angeboten zu refinanzieren. Zwischen 1994 und 1996 wurden von den Netzbetreibern dazu verschiedene Pilotprojekte durchgeführt, in denen Video on Demand und interaktive TV-Dienste wie Teleshopping oder Telebanking realisiert werden sollten (vgl. Fallstudie FSN). Die meisten dieser Projekte konnten allerdings nicht die in sie gesetzten Erwartungen erfüllen und eine Realisierung interaktiver TV-Dienste über die jeweiligen Testgebiete hinaus fand nicht statt.

Stattdessen hielt seit 1995 das Internet Einzug in die Privathaushalte. Außerhalb des Einflussbereichs der Kabel- und Mediengesellschaften verbreitete sich das World Wide Web in atemberaubendem Tempo und der PC mit Internetanschluß wurde zum neuen Inbegriff interaktiver Medien. Als zentrales Problem des neuen Mediums wurde zunehmend die geringe Bandbreite gesehen, die sich im langsamen Aufbau von Webseiten bemerkbar machte. Die Möglichkeit, Internet-Anwendungen über Kabel-TV-Netze mit sehr viel höherer Bandbreite zu realisieren, veranlaßte die Kabelgesellschaften, sich im diesem Bereich zu engagieren, der bis dahin ausschließlich eine Domäne von Telefongesellschaften und der Internet Service Providern war.

Neben der Möglichkeit, mit dem breitbandigen Internet-Zugang einen neuen Dienst auf ihren Netzen zu vermarkten, haben die Kabelnetzbetreiber auch ein Interesse daran, ihr Geschäftsmodell auf den Online-Bereich auszudehnen (vgl. Paikert 1999). Um allerdings Kontrolle über die Inhalte zu bekommen, müssen möglichst viele Web-Inhalte speziell für die Kabelmodemplattform entwickelt und innerhalb des eigenen Systems gehalten werden.

12.2.3.4   Standardisierung und Technikkosten

Da sich das Excite@Home-Angebot von Anfang an auf etablierte Internet-Technologien stützte (vgl. Abschnitt 4.1), spielten Standardisierungsfragen als Rahmenbedingung für den Erfolg des Projekts nur eine untergeordnete Rolle. Die Entwicklung von Kabelmodems und anderen technischen Komponenten für das System wurde zunächst innerhalb der Technikabteilungen von TCI (später AT&T Broadband) und von Excite@Home selbst vorgenommen.

Das Standardisierungsinstitut der amerikanischen Kabelindustrie, die Cable Labs in Denver, Colorado, war dabei immer in die Entwicklungen mit einbezogen (I 9941). Die großen amerikanischen Kabelnetzbetreiber hatten insgesamt ein Interesse daran, einen einheitlichen Industriestandard für Kabelmodemsysteme zu erarbeiten, um diesen Dienst möglichst kostengünstig einführen zu können. Mit dem so genannten DOCSIS-(Data Over Cable Service Interface Specification)-Standard legten die Cable Labs 1996 einen solchen Standard vor, nach dem verschiedene Elektronikfirmen inzwischen Kabelmodems und die entsprechenden Hardware-Komponenten für die Kabelkopfstationen produzieren (ausführlicher dazu siehe z.B. www.cablemodem. com).

12.2.3.5 Nachfragestrukturen

Als zentrale Voraussetzung für die Nachfrage nach dem neuen Angebot kann die vorhandene Verbreitung des Internets in der Bevölkerung genannt werden. Zwar zielt Excite@Home auf Nutzer, die eher an unterhaltungsorientierten Inhalten interessiert sind. PC-Kenntnisse und erste Online-Erfahrungen sind allerdings auch hier notwendig, um das Angebot entsprechend nutzen zu können. Die insgesamt hohe Internet-Verbreitung in den Vereinigten Staaten stellt damit eine wichtige Rahmenbedingung für den Erfolg von Excite@Home dar.

12.2.3.6 Ordnungspolitische Vorgaben

Obwohl Excite@Home ein Internet-Dienst ist und deshalb unter die Regelungen für Telekommunikationsdienste fallen müßte, wird das Angebot nicht wie herkömmliche Internet-Dienste reguliert. Weil Excite@Home das Fernsehkabel als Zugangs- und Übertragungsnetz nutzt, unterliegt das Angebot stattdessen der Rundfunkregulierung bzw. der Regulierung von Kabelfernsehnetzen.

In diesem Bereich sieht der *Telecommunications Act* (TCA) von 1996 lediglich *Must Carry*-Vorschriften für die Einspeisung der vier nationalen Fernseh-*Networks* sowie einer Reihe regionaler Sender vor. Für @Home greift aber weder eine *Must Carry*-Regelung noch der relativ strenge Vorschriftenkatalog für Telekommunikationsdienste.

Auch die so genannte „Unbundling Obligation", die in *Title* VI des TCA die Kabelnetzbetreiber dazu verpflichtet, die TV-Angebote fremder Anbieter auf ihren Kabelnetzen diskriminierungsfrei und zu fairen Preise zuzulassen, greift im Falle von @Home nicht, da es sich bei dem Kabelmodemangebot um eine so genannte Nascent Technology handelt, die von dieser Regelung ausdrücklich ausgenommen ist.

Dies hat in den Vereinigten Staaten zu einer Diskussion darüber geführt, ob die Kabelnetzbetreiber andere Online-Dienste von ihrer technischen Plattform ausschließen dürfen. Vor allem AOL und die Internet Service Provider der regionalen Telefongesellschaften forderten den offenen und diskriminierungsfreien Zugang zum Kabelnetz. Sie argumentierten, dass die Exklusivitätsverträge, die Excite@Home mit den Kabelnetzbetreibern geschlossen hatte, der Firma eine

Monopolstellung verschaffen würden, die mit dem TCA nicht zu vereinbaren sei.

Tatsächlich hat sich der *Telecommunications Act* aber mit Entwicklungen im Breitbandbereich auseinandergesetzt und das Konzept des Infrastrukturwettbewerbs („facility-based competition") entwickelt, das davon ausgeht, dass keine neuen Regelungen im Bereich der „Nascent Technologies" nötig sind, solange Wettbewerb *zwischen* den verschiedenen Zugangstechnologien (Kabel, Telefon/ DSL, Wireless, Satellit) möglich ist. In Abschnitt 706 des TCA wird die FCC damit beauftragt, einen jährlichen Bericht „concerning the deployment of advanced telecommunications capability to all Americans" zu verfassen, in dem die Wettbewerbssituation analysiert und „possible steps to accelerate such deployment" vorgeschlagen werden sollen. Der erste „Report on Advanced Telecommunications Capability" der FCC wurde im Februar 1999 vorgelegt, der zweite im August 2000 (FCC 1999, FCC 2000). Beide Berichte kamen zu dem Schluß, dass sich die Verbreitung von Breitbandtechnologien „in a reasonable and timely fashion" vollzieht und spezielle Regulierungsmaßnahmen hinsichtlich der Öffnung der Kabel-TV-Netze für konkurrierende Angebote vorerst nicht getroffen werden müssen.

Nach der Übernahme von TCI durch AT&T geriet @Home Anfang 1999 allerdings erneut unter Druck, weil die *Franchise Agreements*, die die Kabelnetzbetreiber mit den lokalen Behörden aushandeln müssen (vgl. Abschnitt 7.1.1), ausliefen. Durch den Eigentümerwechsel wurden die *Franchise Agreements* ungültig und mussten neu verhandelt werden. Einige lokale Behörden, wie z.B. das City Council of Portland, Oregon und der District of San Francisco bestanden darauf, dass AT&T Broadband als neuer Eigentümer der lokalen Kabelnetze auch anderen ISPs Zugang zu ihren Netzen zusagt, bevor sie eine Zulassung für den Betrieb des Netzes bekommen.

Im November 1999 kündigte AT&T Broadband schließlich an, die Exklusiv-Verträge mit Excite@Home im Jahr 2002 auslaufen zu lassen und ab diesem Zeitpunkt auch andere ISPs und Online-Dienste auf ihren Kabel-TV-Netzen zuzulassen.

Auch die Übernahme von Time Warner durch AOL Ende 1999 trug zur Entspannung der Situation bei. AOL war einer der Wortführer bei der Diskussion um eine offene Kabel-TV-Plattform. Ziel des Unternehmens war es, den eigenen Online-Dienst über Kabel anzubieten. Durch die Fusion mit Time Warner kann das Unternehmen seither über eigene Kabelnetze verfügen und hat seine Klagen gegen AT&T vor verschiedenen Gerichten zurückgezogen.

12.2.3.8 Inhaltliche Regulierungsbestimmungen

Inhaltliche Regulierungsbestimmungen spielen als Rahmenbedingungen für das Excite@Home-Angebot keine entscheidende Rolle. Datenschutzrechtliche Vorgaben, wie sie in Deutschland gelten, sind in den Vereinigten Staaten weitgehend unbekannt. So konnte das Unternehmen z.B. seit dem Zusammenschluß mit dem Internet-Portal Excite lukrative Geschäfte mit dem Verkauf von (anonymisierten) Nutzerprofilen machen. Denn um Excite zu nutzen, müssen sich die Anwender registrieren lassen, wodurch eine Aufzeichnung ihrer Internet-Aktivitäten möglich wird.

Auch *Copyright*-Vorschriften spielten bisher für den Verlauf der Entwicklung des Angebots keine wesentliche Rolle. Allerdings wird darauf hingewiesen, dass digitale Raubkopien von Videos über breibandige Systeme viel leichter zu verbreiten sind als im herkömmlichen Internet. Breitbandige Internet-Angebote müßten deshalb in Zukunft mit ähnlichen Problemen rechnen, die die Musiktauschbörse Napster mit der Musikindustrie hatte (vgl. Zota 2001).

12.2.3.9 Spezielle Bildungs- und Ausbildungsmaßnahmen

Spezielle Bildungs- oder Ausbildungsmaßnahmen, die als politisch-regulative Rahmenbedingungen Auswirkungen auf die Verbreitung des Angebots von Excite@Home gehabt hätten, können nicht festgestellt werden. Indirekt kann jedoch die allgemeine Förderung der Internet-Nutzung duch die Maßnahmen innerhalb der *NII* durchaus als Voraussetzung für den Erfolg des Projekts angeführt werden (vgl. Kapitel 8).

12.2.4 *Auswirkungen der* NII *auf den Verlauf des Projekts*

Die *NII* selbst hatte auf das Entstehen des Kabelmodemangebots von Excite@Home zunächst keine direkte Auswirkung. Tatsächlich war die öffentliche Debatte über eine nationale Informationsinfrastruktur bis Ende 1996, als der neue Dienst offiziell seinen Betrieb aufnahm, merklich abgeflacht. Zwar hatten die Kabelnetzbetreiber in einer Stellungnahme zur Rolle der Kabel-TV-Netze bei der Verwirklichung der *NII* Ende 1996 noch betont, dass sie über die besten Voraussetzungen verfügten, sich am Aufbau der *NII* zu beteiligen (vgl. NII 2000 Steering Committee 1996). Das Projekt eines breitbandigen Online-Dienstes über das Kabel-TV-Netz war allerdings bereits vor diesen politischen *Statements* der Konzernleitung konzipiert worden und stand zu diesem Zeitpunkt unmittelbar vor seiner Markteinführung.

Die Entstehung von Excite@Home war stark an den aufkommenden Internet-*Boom* gekoppelt und ist vor allem vor dem Hintergrund der Dynamik dieser Entwicklung zu sehen. Die Initiative der Clinton/ Gore-Regierung hat mit der Focussierung ihrer Politik auf den *Information-Superhighway* sicher zu dieser Dynamik beigetragen. Es konnten allerdings keine konkreten Hinweise darauf gefunden werden, dass die Entstehung von Excite@Home in einem direkten Zusammenhang mit der politischen Initiative stand (I 9945).

Auf der anderen Seite haben die regulativen Vorkehrungen, die innerhalb des TCA für die im Entstehen begriffenen („nascent") Technologien getroffen wurden, in gewisser Weise Planungssicherheit für die Kabelnetzbetreiber geschaffen. Sie konnten sich darauf verlassen, dass sie die Kabelmodemplattform zunächst nicht für Wettbewerber öffnen müssen und damit ihre langfristigen Investitionen in die technische Infrastruktur zunächst geschützt blieben (vgl. Abschnitt 12.2.3.5).

12.2.5   Prognosen

Ende des Jahres 2000 hatte Excite@Home fast 2 Mio. Abonnenten in Nordamerika und war damit Marktführer bei breitbandigen Internet-Anschlüssen. Sowohl die Zahl der Anschlüsse als auch der Umsatz verdreifachten sich seit 1998 von Jahr zu Jahr. Dort, wo Excite@Home seit mindestens 18 Monaten angeboten wird, haben bereits fünf Prozent aller Haushalte den Dienst angenommen. In einigen regionalen Märkten sind bereits mehr als zehn Prozent und in vereinzelten Regionen sogar mehr als 20 Prozent aller Haushalte Excite@Home Kunden(vgl. Dahlen 1999). Die Verbreitungschancen sind entsprechend gut. Bis zum Jahr 2005 rechnet der Betreiber mit über 6 Mio. Nutzern des Breitband-Dienstes.

Insgesamt kann davon ausgegangen werden, dass die Verbreitung des Internets in der Bevölkerung weiter zunehmen wird, wenngleich in Zukunft nicht mehr jene Wachtumsraten erreicht werden, die die Entwicklung bis 1999 geprägt haben. Der moderate Anstieg wird dabei von einem entsprechenden Rückgang bei der herkömmlichen Internet-Nutzung über Telefonmodems begleitet werden (siehe Abb. 44).

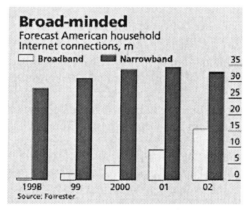

Abb. 44:   Prognose breitbandiger Internet-Anschlüsse (DSL und Kabelmodems) in den USA
             (Quelle: Forrester 1999)

Weitere Prognosen betreffen die Portierung des Online-Dienstes auf die digitale TV-Plattform. Excite@Home plant, die exklusiv für den Kabelmodemdienst erstellten Inhalte über eine spezielle Set-top Box auch Fernsehzuschauern zur Verfügung zu stellen. Dieses Vorhaben befindet sich momentan zwar noch im Projektstadium, langfristig allerdings will Excite@Home die Vision eines „Online-Wohnzimmers" umsetzen, in dem das TV-Gerät sowohl die klassischen Kabelfernsehangebote als auch den Internet-Anschluß und die proprietären Online-Inhalte von @Home darstellen kann (vgl. Grice 1999, Dahlen 1999a).

Hintergrund für diese Strategie ist, dass Angebote über die TV-Plattform potenziell eine größere Zielgruppe erreichen als PC-gestützte Dienste: In fast allen Haushalten sind ein oder mehrere Fernseher vorhanden, während die PC-Penetration bei knapp über 50 Prozent der Haushalte stagniert.

Die *Always-on*-Eigenschaft des Online-Dienstes erweist sich bei der Portierung auf die TV-Plattform als entscheidender Vorteil, da E-Mails und individualisierte Online-Inhalte jederzeit per Umschaltknopf verfügbar sind (vgl. Pearce 1998). AT&T Broadband und Excite@Home planen, bis zum Jahr 2003 mehr als 5 Millionen digitaler Set-top boxen bei ihren Abonnenten installiert zu haben, mit denen dann auch Online-Anwendungen möglich sind.

12.2.6   Gründe für den Erfolg des Projekts

Die Gründe für den Erfolg von Excite@Home liegen zum einen bei den günstigen Rahmenbedingungen und zum anderen bei der gelungen Koordination von Technik und Inhalten auf der lokalen Ebene. Bei den Rahmenbedingungen sind es zunächst die Marktstrukturen im amerikanischen Kabel-TV-Bereich, die das Entstehen des Anbegots erleichtert und den Erfolg ermöglicht haben: Die direkte Konkurrenz zum Satellitenfernsehen beim digitalen Vielkanalfernsehen war verantwortlich für die groß angelegte technische Aufrüstung der Kabel-TV-Netze. Dabei entstanden rückkanalfähige, moderne HFC-Netze, über die auch interaktive Dienste angeboten werden können.

Im Bereich der interaktiven Dienste standen die Kabelgesellschaften in direktem Wettbewerb mit den lokalen Telekommunikationsbetreibern, die über ADSL ebenfalls breitbandige Internet-Dienste anboten.

Die konkrete Regulierung des Breitband-Internet-Bereichs, die von der FCC sozusagen „im Geiste" der *NII* gestaltet wurde, ermöglichte es den Kabelnetzbetreibern, das Kabelmodemangebot zunächst ohne direkte Konkurrenz auf ihren Netzen zu etablieren. Der Infrastrukturwettbewerb bei den neuen Zugangstechnologien, den die FCC angemahnt hatte, hat in diesem Sinne zum Erfolg des Angebots beigetragen. Die Öffnung von Kabelmodemsystemen für fremde Anbieter, die ab 2002 vollzogen werden soll, geht dabei nicht auf Regulierungsvorgaben zurück, sondern beruht auf konkreten Marktentwicklungen, die in Abschnitt 12.2.3.5 dargestellt wurden.

Entscheidend für den Erfolg des neuen Angebots hat sich die gelungene Integration von Technik und Inhalten auf der lokalen Ebene ausgewirkt. Der Aufbau eines eigenen *Backbones* und die Berücksichtigung von Zielgruppeninteressen bei der inhaltlichen Gestaltung des Angebots haben zur großen Resonanz des Angebots bei den Abonnenten beigetragen.

12.3   WebTV

12.3.1   Projektbeschreibung Grunddaten

Bei „WebTV" von Microsoft handelt es sich um einen Online-Dienst mit Internetzugang, der über den Fernseher genutzt wird. Die Firma WebTV Networks wurde 1995 in Palo Alto im Silicon Valley von ehemaligen Mitarbeitern der Firmen Apple und General Magic gegründet. Im Oktober 1996 wurde mit dem WebTV Service und dem „WebTV Internet Terminal" ein neuer Dienst und ein neues Gerät auf den

Markt gebracht, für die es bis dahin keine Kategorie in der Unterhaltungselektronik gab: Eine Set-top Box, mit der die Besitzer nicht Fernsehprogramme empfangen konnten, sondern Internet-Dienste auf dem Fernseher nutzen und im World Wide Web surfen konnten. Dazu besaß die als „Internet Terminal" bezeichnete Box ein konventionelles Modem, entsprechende Rechner- und Speicherkapazität, um die angeforderten Webseiten für die Darstellung auf dem TV-Bildschirm zu optimieren und eine Fernbedienung bzw. eine Infrarot-Tastatur zur Eingabe von Web-Adressen und E-Mails.

Dieser Dienst ist auch heute noch unter der Bezeichnung „WebTV Classic Internet" verfügbar und stellt die einfachste Variante von WebTV, nämlich Internet über den Fernseher dar. Dazu betreibt die Firma einen eigenen Online-Dienst, in dem eigenproduzierte und fremde Inhalte in den Rubriken „WebTV Today", „Entertainment", „News", „Sports", „Shopping" und „Money" zusammengestellt werden (vgl. Abb. 45).

Abb. 45:   WebTV Homepage (Quelle: WebTV Networks)

Zur Nutzung des Online-Dienstes über den Fernseher müssen sich die Abonnenten die ca. 100 Dollar teuere Set-top Box kaufen und eine monatliche Gebühr von 20 Dollar bezahlen. Dafür erhalten sie fünf E-Mail-Adressen, Speicherplatz auf dem WebTV-Server für eine eigene Homepage sowie zeitlich unbegrenzten Zugang zum Online-Dienst bzw. zum Internet.

Seit Ende 1997 gibt es mit „WebTV Plus Interactive" eine erweiterte und entsprechend teuerere Version des Dienstes, wobei die Set-top Boxen hier als „WebTV Internet Receiver" bezeichnet werden. Bei „WebTV Plus Interactive" steht weniger der einfache Internet-Zugang und die E-Mail-Funktionalität für die Fernsehzuschauer im Vordergrund, als vielmehr die Absicht, ein interaktives Programmangebot durch die Verschmelzung von Internet und Fernsehen zu verwirklichen. Ein erster Schritt zu dieser Verschmelzung ist die parallele Darstellung von Fernsehen und Webseiten im so genannten Picture-in-Picture-Format.

Den Abonnenten von „WebTV Plus Interactive" steht ein elektronischer Programmführer zur Verfügung, der seine Daten über das Internet bezieht. Darüber hinaus
werden mit verschiedenen TV-Sendern interaktive Fernsehshows produziert, bei
denen die WebTV-Nutzer mitraten oder abstimmen können. Darüber hinaus werden
zu den Nachrichtensendungen von NBC vertiefende Infomationen zur Verfügung
gestellt, worauf so genannte Crossover-Links („I"-*Icons*) im Fernsehbild hinweisen
(siehe Abb. 46 und 47). Die Verknüpfung von TV-Inhalten mit dem Internet kommt
weiterhin bei interaktiven Werbesendungen zum Tragen, bei denen die Nutzer per
Knopfdruck auf die Webseite des Anbieters wechseln können und dort das
beworbene Produkt anklicken und bestellen können.

Abb. 46: *Crossover*-Link bei WebTV - „I"-*Icon* im Fernsehbild (Quelle: webtv.com)

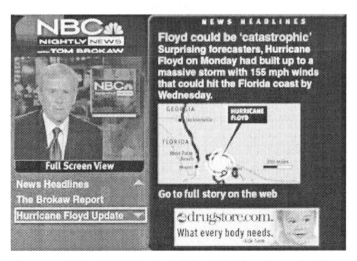

Abb. 47.: *Crossover*-Link bei WebTV - Zusätzliche Web-Informationen im *Picture-in-Picture-*
Format (Quelle: www.webtv.com)

Technisch werden diese neuen Anwendungen vorwiegend über das Telefonnetz realisiert. Obwohl verschiedene *Push*-Technologien im Einsatz sind, wird der Großteil der Web-Inhalte individuell abgerufen und nicht im *Broadcast*-Verfahren an die Nutzer verteilt. Die TV-Sender übertragen zwar zusätzlich bestimmte technische Informationen in ihrem Fernsehsignal, das den WebTV-Nutzern signalisiert, dass es zu dieser Sendung weitere Informationen online gibt. Sobald die Nutzer aber auf das *I-Icon* klicken, rufen sie Web-Inhalte aus dem Internet bzw. von den WebTV Networks-Servern ab, die über die Telefonleitung „eingespielt" werden.

Um „WebTV Plus Interactive" nutzen zu können, müssen sich die Abonnenten die ca. 200 Dollar teuere Set-top Box kaufen und monatlich 25 Dollar bezahlen. Wie beim Basisangebot „WebTV Classic Internet" erhalten sie dafür eigene E-Mail Adressen, Speicherplatz für eine eigene Homepage und einen zeitlich unbegrenzten Zugang zum Internet.

„WebTV Classic Internet" und „WebTV Plus Interactive" basieren auf dem herkömmlichen analogen TV-Übertragungsverfahren und sind nicht an die digitale TV-Plattform gekoppelt.

Im August 1997 übernahm die Softwarefirma Microsoft WebTV Networks für 425 Mio. Dollar und baute die Server-Infrastruktur und die Marketingaktivitäten für WebTV weiter aus. Mitte 2000 hatte WebTV ca. 1 Mio. Abonnenten in den Vereinigten Staaten und Kanada und war damit innerhalb von vier Jahren zum achtgrößten Internet Service Provider aufgestiegen.[98]

Die Einstufung als Internet Service Provider deutet bereits an, wofür WebTV bisher überwiegend genutzt wird, nämlich als Zugang zum Internet und zu E-Mail-Diensten. Lange Zeit wegen seiner Benutzerfreundlichkeit und der damit einhergehenden eingeschränkten Computerfunktionalität (d.h. keine Java-Unterstützung, keine *Streaming* Audio- und Videounterstützung für den WebTV Basisdienst) als „senior citizens Internet service" apostrophiert (vgl. Lash 1999), bemüht sich WebTV seit 1997 verstärkt, die inhaltliche Verknüpfung von Internet und Fernsehen in den Vordergrund zu rücken und vom reinen Internet-Provider zu einem interaktiven TV-Dienst zu werden.

Für die Realisierung neuer interaktiver TV-Dienste bietet sich besonders die digitale TV-Plattform an, auf der es technisch keinen Unterschied mehr macht, ob Fernsehbilder oder Webseiten übertragen werden. Dadurch wird die inhaltliche Integration beider Welten, die im „WebTV Plus Interactive"-Angebot bereits in Ansätzen existiert, einfacher. In Juni 1999 portierte WebTV Neworks sein Angebot erstmals auf die digitale TV-Plattform und bietet seither in Kooperation mit dem amerikanischen Satellitenbetreiber Echostar Communications „WebTV Plus for

---

98   WebTV hat damit die großen amerikanischen ISPs Mindspring, Netcom und die Internet-Zugangsdienste der lokalen Telefongesellschaften überholt. Mehr Abonnenten als WebTV haben AOL (15 Mio.), CompuServe (2 Mio.), MSN (1,5 Mio.), AT&T WorldNet (1,4 Mio.), IBM Internet Connection (1,2 Mio.), EarthLink Sprint (1,1 Mio.). Quelle: Lash 1999 und eigene Berechnungen. Stand: Juni 2001.

Satellite" an. Auf die digitalen Set-top Boxen von Echostar, die so genannten DISHPlayer, wurde die Software von WebTV überspielt und damit erreicht, dass sowohl digitales Fernsehen als auch Internet TV über eine einzige Decoderbox darstellbar sind.

Auch bei „WebTV Plus for Satellite" werden die Webseiten zunächst über die Telefonleitung abgerufen, allerdings können über die digitale Plattform verstärkt *Webcasting*-Technologien eingesetzt werden, mit deren Hilfe vorselektierte und personalisierte Web-Inhalte an die Abonnenten verschickt und dort auf der Festplatte der Box lokal vorgehalten werden können.

Die stärkere Konzentration auf das Fernsehpublikum zeigt auch ein weiterer, im Dezember 1999 auf der Echostar-Plattform eingeführter Dienst von WebTV. Die DISHPlayer-Boxen der jüngsten Generation besitzen eine große Festplatte, auf der bis zu 40 Stunden digitales TV-Programm aufgezeichnet werden kann. Das heißt, die Set-top Box kann auch als digitaler Videorecorder benutzt werden. WebTV hat dazu einen eigenen elektronischen Programmführer entwickelt, mit dem sich die TV-Programme von Echostar personalisieren lassen und die Programmierung der Aufnahme erleichtert wird. Dieser Dienst wird den Echostar-Abonnenten als „WebTV Personal TV for Satellite" für zusätzlich 10 Dollar pro Monat angeboten.

Das heutige WebTV-Angebot reicht damit vom elektronischen Programmführer für das digitale Satelliten-TV-Angebot über die bedienerfreundliche Programmierung des digitalen Videorekorders bis hin zum traditionellen Internetzugang über das TV-Gerät.

Obwohl der Begriff „WebTV" zunächst nur das Angebot der Firma WebTV Neworks bezeichnet, steht er inzwischen als Synonym für verschiedene Mediendienste, die Online-Inhalte auf den TV-Bildschirm bringen und auf die eine oder andere Weise das Internet mit Fernsehen verknüpfen. Als Gattungsbegriff steht WebTV einerseits für den Versuch der Fernsehsender, ihre Programme durch Internet-basierte interaktive Komponenten zu erweitern (*Enhanced TV*) und andererseits für den Versuch amerikanischer Online-Dienste wie z.B. AOL, ihre Inhalte dem Fernsehpublikum über eine neue Generation von Set-top Boxen verfügbar zu machen (*Online TV*).

12.3.2 Lokaler Handlungskontext

12.3.2.1 Koordination von Technik und Inhalten

Der WebTV-Nutzer wählt sich bei einem lokalen WebTV-*Provider* oder einem normalen ISP ein und wird von dort direkt weitergeschaltet zum Serverpark in der WebTV-Zentrale in Kalifornien (vgl. Abschnitt 7.3.1). Zwischen den lokalen Internet Service Providern und WebTV Networks bestehen Kooperationsabkommen, d.h. WebTV Networks bezahlt die Provider für die Nutzung ihrer *Dial-up*-Zugänge. Kooperationen bestehen mit den wichtigsten ISPs in den USA, wie z.B. Concentric Network Corp., UUNet Technologies Inc. oder SBC Communications Inc.

Technik: Konversion von Webseiten für den Fernseher

Durch die Server-Infrastruktur in Mountain View wird erreicht, dass Internet-Inhalte den WebTV-Abonnenten schneller zur Verfügung stehen: Wenn der WebTV-Nutzer im Internet surft, surft er zunächst auf den *Proxy*-Servern von WebTV Networks. Sobald ein Link angeklickt wird, schickt die WebTV Box diese Anforderung an die WebTV-Zentrale, welche die entsprechende Seite zunächst auf den eigenen Severn sucht und, falls vorhanden, direkt zum Nutzer überträgt. Ist die entsprechende Seite nicht auf dem zentralen *Proxy* gespeichert, wird sie aus dem Netz heruntergeladen, analysiert, reformatiert und schließlich zum Nutzer geschickt.

Auch die Verwaltung der E-Mails geschieht über die Zentrale von WebTV Neworks. Die WebTV-Nutzer verwenden dabei kein seperates E-Mail-Programm, das eigens gestartet werden muss. Bei WebTV ist die E-Mail-Funktion in den Browser integriert und steht als eigener Menüpunkt an zentraler Stelle auf der WebTV-Startseite. Beim WebTV-Browser handelt es sich um ein proprietäres Programm, das auf der Basis von Microsofts Internet Explorer programmiert wurde. Konvertiert und dargestellt werden können alle Webseiten, die im gängigen HTML-Format erstellt wurden.

WebTV benutzt durchgehend Internet-Standards (TCP/IP, HTML, verbreitete Grafik-Formate etc.). Neu entwickelt werden mussten dagegen Konversions-programme, Kompressionstechniken und das Betriebssystem für die Set-top Box. Seit der Übernahme von WebTV Networks durch Microsoft im Mai 1997 kann die Firma dabei vom technischen *Know-How* der Muttergesellschaft profitieren.

Inhalte: Online am Fernseher

WebTV Networks ist in erster Linie ein Online-Dienst, der ebenso wie Online-Dienste für PCs eigene Inhalte für die Abonnenten produziert und vorhandene Informationen aus dem World Wide Web in speziellen Rubriken zusammenstellt. Dazu ist ein Stab von Online-Redakteuren, Produzenten, Webdesignern und Spezialisten in den verschiedenen Themenbereichen (Lokales, Sport, News, etc.) notwendig. WebTV Networks unterhält allein in der Unternehmenszentrale in Mountain View einen 60-köpfigen Redaktionsstab, der für die Inhalte zuständig ist.

Darüber hinaus hat WebTV Neworks Kooperationen mit einer Reihe von *Content Providern* geschlossen, die speziell für WebTV Inhalte produzieren. Hierbei handelt es sich vor allem um Fernsehsender, die sowohl ihre Programmvorschau zur Verfügung stellen als auch spezielle Inhalte von ihren jeweiligen Online-Redaktionen für WebTV zusammenstellen und speziell aufbereiten. Mit folgenden TV-Sendern bestehen derzeit Kooperationsabkommen:

- E!. Der Kabelfernsehsender E! kündigt in der WebTV-Rubrik „Coming Attractions" Konzerte und Sport-*Events* an, für die die WebTV-Nutzer online Karten bestellen können. Darüber hinaus wird auf Highlights im eigenen Programm hingewiesen.

- NBC. Der überregionale Sender NBC stellt zusätzliche Text- und Bildinformationen zu seinem laufenden Programm zur Verfügung (Nachrichten und Shows).

- The Weather Channel. Der Wetterkanal stellt für WebTV lokale Wetterinformationen in Textform und als lokale Wetterkarten zur Verfügung.

- The Discovery Channel. Der Natur- und Dokumentationssender Discovery beschickt die WebTV-Redaktionen ebenfalls mit zusätzlichen Online-Informationen zu verschiedenen Sendungen.

- MSNBC. Der Kabel-Nachrichtenkanal von NBC ist derzeit der aktivste Inhaltelieferant für WebTV. Er wird gemeinsam von Microsoft und NBC betrieben.

Der Nachrichtensender MSNBC ist der Hauptlieferant für aktuelle Nachrichten bei WebTV und produziert täglich 24 Stunden für WebTV. Die Inhalte werden von der Website von MSNBC (www.msnbc.com) übernommen, speziell formatiert und schließlich mit dem Fernsehprogramm synchronisiert. „There´s a headline feed that´s automated, and there´s hand-picked content chosen by a producer, that specifically relates to the program being broadcast", sagt Frank Barbieri, bei MSNBC in Seattle für die WebTV Redaktion zuständig (I 9932). Highlights für WebTV stellen seiner Auskunft nach immer solche Ereignisse dar, die in irgendeiner Form personalisierte oder lokalisierte Informationen erfordern oder die zur Zuschauerbeteiligung herausfordern. Als Beispiele werden Wahlergebnisse und Chats über aktuelle Ereignisse genannt, über die im Nachrichtenprogramm berichtet wird.

Seit Oktober 1999 werden auch die Gameshows „Jeopardy" und „Wheel of Fortune" mit interaktiven Komponenten für die WebTV-Nutzer übertragen. Die Abonnenten haben hier die Möglichkeit, eigene Antworten auf die gestellten Rätsel zu geben und ihren individuellen Punktestand errechnen zu lassen. Sie können zwar nicht aktiv in den Verlauf der Sendung eingreifen, sich aber indirekt mit den TV-Kandidaten messen.

Insgesamt produziert WebTV Networks nach eigenen Angaben gegenwärtig ca. 350 Stunden interaktive „Sendungen", wobei auch die interaktiven Werbungen hinzugezählt werden, bei denen die Nutzer aus der Werbung heraus auf eine Web-Bestellseite des beworbenen Produkts gelangen können. WebTV Networks hat für die Gestaltung solcher Webseiten eine eigene Abteilung aus Technikern und Marketingfachleuten eingerichtet, die die Werbeabteilungen der Unternehmen unterstützen, um solche Fernseh-Internet-Verknüpfungen zu realisieren.

E-Commerce-Anwendungen über WebTV können auch mit speziellen Events verknüpft werden, die im Fernsehen ausgestrahlt werden. So hatte z.B. der virtuelle CD-Laden *Music Boulevard* (www.musicboulevard.com) während der 1999er Grammy-Award-Preisverleihung interaktive Werbung geschaltet, bei der die WebTV-Nutzer die CDs von Musikern bestellen konnten, die für den Preis nominiert waren.

Für die Bedeutung, die WebTV inzwischen auch in der Welt des Internets erreicht hat, spricht auch der Betrag von 26 Mio. Dollar, die die Internetfirma Infoseek im Januar 1999 dafür bezahlt hat, um ihre Suchmaschine exklusiv in die Homepage von WebTV integrieren zu können (vgl. Chuck 1999: 3).

12.3.2.2   Aufbau neuer Produktionsstrukturen

Bei den Anwendungsbeispielen wurde bereits deutlich, dass WebTV Networks komplexe Kooperationen mit verschiedenen Diensteanbietern aufbauen musste, um neue Anwendungen zu erstellen. Dies trifft in besonderem Maße auf jene Anwendungen zu, in denen Fernseh- und Online-Inhalte verknüpft werden, d.h. die über eine Portierung reiner Internet-Anwendungen wie E-Mail, WWW und Chat auf die TV-Plattform hinausgehen.

Neben den Internet Service Providern und den Inhaltelieferanten (Fernsehsender, Online-Redaktionen und Werbeindustrie) ist WebTV Networks zudem auf Kooperationen mit den Geräteherstellern angewiesen, die die Set-top Boxen herstellen. Die Firma hat dazu Lizenzen an die Unterhaltungselektronik-Firmen Sony, Philips, Mitsubishi, Samsung, Matsushita, Pace Micro Technology und Thomson/ RCA vergeben. Hinzu kam Ende 1999 der Satellitenbetreiber EchoStar, der seither die WebTV-Software in seine digitalen Receiver integriert.

Wie WebTV Networks in der Wertschöpfungskette positioniert ist und woraus sich die verschiedenen Finanzierungsströme zusammensetzen, zeigt Abb. 48 im Überblick.

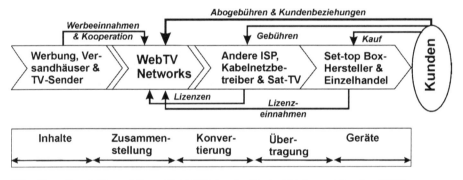

Abb. 48:   Geschäftsmodell von WebTV Networks (Basis: Thielmann/ Dowling 1999)

Prinzipiell stehen WebTV die gleichen Finanzierungsmöglichkeiten wie anderen Online-Diensten zur Verfügung, nämlich Abonnentengebühren und Werbung (Bannerwerbung, Sponsorships, Vertrieb von E-Mail Newslettern etc.). Eine weitere Einnahmequelle ist die Beteiligung an E-Commerce-Umsätzen, die über interaktive Werbung generiert werden.

Die Inhalte der Online-Redaktionen von Fernsehsendern werden bisher unentgeltlich zur Verfügung gestellt. Die Fernsehsender versprechen sich durch die Beteiligung am WebTV-Angebot eine höhere Zuschauerbindung und sehen das Engagement bei WebTV als Möglichkeit, der prognostizierten Verlagerung von Nutzungszeiten auf Online-Medien zu begegnen. Das Kooperationsmodell mit den Sendern basiert deshalb auf dem Prinzip „Inhalte gegen Reichweite", d.h. WebTV Networks kann die redaktionellen Inhalte unentgeltlich verwenden, weil sich dadurch die Attraktivität des Senders und damit seine Einnahmen aus der Werbeschaltungen erhöhen.

Ob WebTV mit diesem Mix aus verschiedenen Einnahmequellen bereits zu einer profitablen Firma geworden ist, läßt sich nicht beurteilen. Das Unternehmen hält die Zahlen unter Verschluß. Wie bei den meisten Firmen im Internet-Bereich dürften aber auch bei WebTV die Investitionen in die Technik und die Inhalteerstellung weit über dem liegen, was aus dem laufenden Geschäft heraus erlöst wird.

12.3.2.3 Berücksichtigung von Nutzerpräferenzen und -ressourcen

Trotz der vielfältigen Versuche von WebTV, Fernsehen mit interaktiven Komponenten zu versehen und Fernseh-Formate mit Web-Funktionalitäten anzureichern, bleibt der Hauptgrund für die Anschaffung eines WebTV-Terminals das klassische Internet.

Die zunehmende Präsenz von WWW-Adressen in der Werbung und die ausführliche Berichterstattung über die Möglichkeiten des neuen Mediums in Presse und Fernsehen haben das Interesse am Internet auch bei einem Publikum geweckt, das bisher nichts mit Computer zu tun hatte. In einer Studie der Marktforschungsfirma Iacta, in der Anfang 1999 2.300 WebTV-Abonnenten über ihre Erfahrungen mit dem neuen Angebot befragt wurden, stellte sich u.a. heraus, dass ca. 80 Prozent der Befragten über keinen eigenen PC verfügten (vgl. Buddine/ Norman/ Young 1999). Die Nutzer von WebTV stellen in diesem Sinne das Online-Debüt einer besonders großen Zielgruppe dar: des computerabstinenten *Mainstreams*. Dieser „non-Net market" (Chuck 1999) besteht zum großen Teil aus älteren Erwachsenen, die keine Notwendigkeit sehen, sich einen PC anzuschaffen, die aber trotzdem E-Mails verschicken und im WWW surfen wollen. Die WebTV-Abonnenten, von denen 25 Prozent älter als 50 Jahre sind, sehen WebTV dabei offenbar nicht als „a poor man´s PC, but as a high-end TV" (Olenick 1998).

Befragt nach den Gründen für die Anschaffung eines WebTV Internet-Terminals gaben die Abonnenten den im Vergleich zum PC günstigeren Preis für die Box, die Bedienerfreundlichkeit dieses Plug-and-Play-Geräts und die Vertrautheit mit der TV-Umgebung an.

Interessante Ergebnisse liefert die Iacta-Studie hinsichtlich der Lernprozesse, die offenbar viele WebTV-Abonnenten durchmachen. Prinzipiell decken sich diese Beobachtungen mit der Einschätzung, dass es sich beim Internet um ein Erfahrungsgut handelt, dessen Wert erst mit dem persönlichen Gebrauch deutlich wird: Ein Großteil der Nutzer von WebTV hätte sich nach eigenen Angaben niemals einen eigenen Computer gekauft, weil sie ihn für zu kompliziert, zu schwer zu erlernen und für zu teuer im Verhältnis zum erwarteten Nutzen hielt. Die Mehrheit der Nutzer hatte auch beruflich nichts mit Computern zu tun. Die Vorbehalte gegenüber dem neuen Medium und seinem Nutzen schwanden allerdings mit zunehmendem Gebrauch (vgl. Buddine/ Norman/ Young 1999: 2).

E-Mail, Recherchen im World Wide Web und *Chat* sind nach Iacta die Haupt-Online-Beschäftigungen der WebTV-User, die inzwischen eine eigene Community mit speziellen Foren und Websites aufgebaut haben.[99]

Durchschnittlich sind WebTV-Nutzer monatlich 40 Stunden online, ein Wert, der 70 Prozent über der durchschnittlichen Nutzungsdauer typischer PC-Internet-Nutzer liegt (vgl. WebTV Developer 1999). Dieser hohe Wert dürfte unter anderem darauf zurückzuführen sein, dass WebTV nicht nur von einem, sondern von mehreren Haushaltsangehörigen genutzt wird. WebTV Networks geht davon aus, dass jedes WebTV-Gerät von mindestens zwei Personen genutzt wird.[100]

Auf die besondere Attraktivität der Fernsehumgebung verweist auch die hohe Zahl der befragten Nutzer, die das Internet-TV-Gerät auch dann behalten wollten, wenn sie zusätzlich über einen eigenen Computer verfügten. Eine typische Begründung in der Befragung lautete: „It´s a different experience. I have a PC with an online service, but it´s so much more satisfying to relax in my lounge chair and surf and chat on the big screen. I´m just frustrated because I´m missing out on Java and RealAudio sites from the TV" (Buddine/ Norman/ Young 1999: 7).

Dennoch werden die WebTV-Nutzer durch den Umgang mit dem Internet-TV nicht automatisch zu PC-Nutzern. Diese Beobachtung erklärt der Marketingdirektor von WebTV, Rob Schoeben, folgendermaßen: „Initially we looked at a TV set as an available monitor. But we realized that we missed a fundamental point. That monitor is a TV set and people want it to be a better TV, not an alternative to a PC" (Liebermann 2000).

12.3.3   Rahmenbedingungen

12.3.3.1   Marktstrukturen und Wettbewerbsumfeld

Anfang 1998 gab es in den Vereinigten Staaten neben WebTV noch acht weitere Anbieter, die Internet-TV über spezielle Set-top Boxen anboten oder einen ähnlichen Dienst für die nahe Zukunft in Aussicht stellten. Darunter waren neben kleineren Anbietern wie uniView, Source Media, ViewCall und WebSurfer auch die großen Player im Kabel- und Computerbereich vertreten. NCI, Oracle und Netscape hatten mit „NCTV" ein WebTV-ähnliches Produkt eingeführt und dazu verschiedene Kooperationen mit den großen Fernsehsendern geschlossen. Sun Microelectronics plante die Einführung einer Sun Internet Set-top Box in ihrer Reihe mit

---

99   Erkennbar sind WebTV-Seiten an einem besonderen Layout, wobei meist ungewöhnlich große Schriftarten verwendet werden. Manche Websites kommerzieller Anbieter haben ihr Informationsangebot speziell für WebTV-Nutzer konvertiert und weisen auf der Startseite darauf hin. Der Besucher kann dann zwischen einer Computer- und einer WebTV-Version wählen. WebTV-Nutzer weisen sich durch die Domain @webtv.com in der E-Mail-Adresse aus. Sie haben unter www.webtv.net ihr eigenes Netzwerk gegründet. Verschiedene Sites wie z.B. Net4TV (http://net4tv.com) oder www.ruel.com haben sich darüber hinaus auf die speziellen Interessen von WebTV-Nutzern spezialisiert und versorgen die *Community* mit technischen Informationen, Neuigkeiten und Tipps rund um das Thema Internet über TV.

100   Und multipliziert deshalb gerne ihre tatsächliche Abonnentenzahl mit zwei. Die tatsächliche Nutzerzahl liege bei korrekter Betrachtung deshalb bei weit über 2 Mio., so WebTV Networks (I 9955).

Java-basierten Internet-Geräten. Die Firma WorldGate Communications verfolgte die Idee eines Network Computers für Kabelkunden und hatte dazu die Unterstützung der Endgerätehersteller NextLevel und Scientific Atlanta sowie namhafter Kabelnetzbetreiber (vgl. Brown 1998: 19f).

Der größte Konkurrent von WebTV war allerdings bis zu seinem Ende im April 1998 der Internet-TV-Dienst NetChannel. NetChannel war ähnlich wie WebTV ein Fernseh-Online-Dienst, der über Set-top Boxen von RCA, NCI und Sanyo empfangen werden konnte. NetChannel war dazu ebenso wie WebTV Kooperationen mit verschiedenen ISPs eingegangen. Außerdem hatten sich mehr als 40 Kabelfernsehsender bereit erklärt, mit NetChannel zusammenzuarbeiten. NetChannel stellte über die Internetanwendungen E-Mail, WWW und *Chat* hinaus einen interaktiven Programmführer zur Verfügung, scheiterte aber bei der Programmsynchronisierung („channel-linking"). Das heißt, es konnte keine überzeugende Lösung für den Abgleich zwischen dem laufenden Fernsehprogramm und den gesendeten Web-Seiten gefunden werden. Damit fehlte eine wesentliche technische Voraussetzung für die Realisierung von *Crossover-Links* und *Companion Content*, mit welchen sich WebTV auf die besonderen Gewohnheiten von Fernsehzuschauern einzustellen versucht.

AOL investierte über 20 Mio. Dollar in NetChannel. Dennoch wurde der Dienst im April 1998 letztlich aufgegeben, weil die Resonanz nicht den hohen Erwartungen entsprach (vgl. o.V. 1998). Ähnlich erging es den anderen Internet-TV-Projekten. Sie wurden entweder aufgegeben oder liefen spätestens seit Ende 1998 in kleinem Maßstab nur noch als Experimentier- oder Referenzprojekte weiter.

Neben WebTV hat es kein anderer Anbieter geschafft, eine signifikante Anzahl von Abonnenten für seinen Internet-TV-Dienst zu gewinnen. Dabei hatte auch WebTV anfangs erhebliche Schwierigkeiten, Abonnenten zu gewinnen. So konnten z.B. trotz einer 50 Mio. Dollar-Werbekampagne im Weihnachtsgeschäft 1996/ 97 nur 50.000 neue WebTV-Abonnenten gewonnen werden (vgl. Greenwald 1997). Die Abonnentenzahl erhöhte sich auch bei WebTV nicht im erhofften Maße. Ursprünglich sollte die Millionengrenze, die erst Anfang 2000 überschritten wurde, bereits 1998 erreicht worden sein. WebTV Networks hatte aber im Unterschied zu den anderen Internet-TV-Anbietern einen langen Atem und konnte sich besser auf die technischen Veränderungen und die Kundenbedürfnisse einstellen.

12.3.3.3 Strategie und Engagement des Mutterkonzerns

Die Unterstützung, die WebTV von der Muttergesellschaft Microsoft erhielt, muss in einem strategischen Zusammenhang gesehen werden: WebTV ist in gewisser Weise das Versuchslabor von Microsoft für künftige interaktive TV-Anwendungen auf der digitalen TV-Plattform. Darauf deutet nicht nur die starke Differenzierung innerhalb des WebTV-Angebotes (vgl. Abschnitt 12.3.1), sondern auch die laufenden und geplanten Versuche mit neuen Technologien und Anwendungen. Tatsächlich verfolgt Microsoft mit WebTV eine größere Agenda, die mit „Microsoft wants to be in the box" beschrieben wurde (vgl. z.B. Markoff 1999, Rose 1998).

Gemeint ist damit der Versuch des Softwareunternehmens, seinen Einflussbereich auf die künftige Unterhaltungs- und Kommunikationswelt des digitalen Fernsehens auszudehnen. Set-top Boxen für das digitale Fernsehen benötigen Betriebssysteme und neue interaktive TV-Dienste benötigen technisches und inhaltliches *Know-How* - beides Voraussetzungen, über die die traditionellen Medienunternehmen meist nicht selbst verfügen. Hinter Microsofts Engagement bei WebTV steht die Erwartung, dass der digitale TV-Markt ein riesiges Markpotenzial darstellt (vgl. Markof 1999: 12).

Microsofts finanzielle Unterstützung von WebTV Networks ist eine entscheidende Rahmenbedingung, die für den Verlauf des WebTV-Projekts nicht unterschätzt werden darf. Die Verbindung von WebTV mit Microsoft hat besonders in der Anfangsphase die Vermarktung und die Koordination mit den *Content-Providern* erleichtert (vgl. Maloney 1999).

12.3.3.4 Standardisierung und Technikkosten

Einer der Hauptgründe, warum viele Kabelnetzbetreiber, Hardware- und Endgerätehersteller, Inhalteproduzenten und Dienstebetreiber sich bisher mit eigenen Engagements im Bereich Internet über Fernsehen eher zurückgehalten haben, ist die Unsicherheit hinsichtlich der technischen Standards, die mit der Einführung des digitalen Fernsehens zu tun hat. Alle Konkurrenzangebote von WebTV basierten ebenso wie WebTV auf der analogen TV-Übertragung. Im digitalen Bereich gelten allerdings andere Gesetze und die geplanten neuen Angebote erschienen vor diesem Hintergrund als Notlösungen oder wurden von Anfang an als Übergangslösung gesehen.

Die Erfahrungen, die Microsoft über WebTV mit interaktiven TV-Anwendungen sammelt, werden in den laufenden Standardisierungsprozess für das interaktive Fernsehen eingebracht. WebTV Networks ist ein Gründungsmitglied des Advanced Television Enhancement Forums (ATVEF), einer Entwicklergruppe, die 1997 gegründet wurde, um die Durchsetzung von HTML-basierten TV-Anwendungen und Diensten zu beschleunigen und um eine gemeinsame Industrienorm für das so genannte Enhanced Television zu erarbeiten. Die ATVEF-Gruppe verfaßte 1999 eine erste Spezifikation, die es Inhalteanbietern erlaubt, erweiterte, interaktive Formate einmal zu produzieren und diese dann über alle Arten der TV-Übertragung (analog, digital, Kabel oder Satellit) und auf alle Endgeräte (Set-top Boxen, PCs) zu transportieren (vgl. www.ATVEF.com)

12.3.3.5 Nachfragestrukturen

Als Rahmenbedingung für das WebTV-Angebot kann die in den Vereinigten Staaten seit Mitte der 90er Jahre stark gestiegene Nachfrage nach Internet-Diensten angeführt werden. Die zunehmende Präsenz der Online-Medien im täglichen Leben erzeugte auch bei Computerunerfahrenen den Wunsch, dieses neue Medium zu nutzen (vgl. Abschnitt 12.3.2.3)

12.3.3.6 Ordnungspolitische Vorgaben

Als ordnungs- bzw. medienpolitische Vorgaben für die Entwicklung von WebTV sind vor allem die Vorgaben der FCC von Bedeutung, die im Zusammenhang mit der Migration zum digitalen Fernsehen gemacht wurden. Um abgeschlossene Märkte mit prorietären Technologien zu verhindern, hatte die FCC im Frühjahr 1999 beschlossen, dass digitale Set-top Boxen ab 2001 für die Konsumenten im Handel erhältlich sein müssen und nicht exklusiv von den Diensteanbietern vermietet werden dürfen. Damit sollte die vertikale Konzentration bei den neuen Angeboten verhindert und Wettbewerb bei den Technik-Herstellern ermöglicht werden (vgl. o.V. 1999b).

Weiterhin wurden gesetzlich festgelegt, dass die Set-top Boxen über *Common Interface*-Module verfügen müssen (siehe Abschnitt 7.3.1). Hintergrund ist, dass über eine proprietäre technische Plattform Dienste anderer Anbieter nicht dargestellt werden können. Die Nutzer müßten sich für jeden neuen Dienst, den sie abonnieren wollen, eine eigene Set-top Box kaufen. *CI*-Boxen können dagegen mit einer Steckkarte erweitert werden und sind so offen für alle potenziellen Dienste. Ziel dieser Regelung ist es, Monopole im Bereich des digitalen Fernsehens zu verhindern.

WebTV ist von diesen Regelungen insofern betroffen, als es im digitalen Fernsehen nicht mehr über eigene Boxen angeboten werden kann, sondern künftig als Zusatzdienst mit verschiedenen digitalen Dekoder empfangen werden soll. Da Kabel- und Satellitenbetreiber aber ohnehin Web-Anwendungen über ihre digitale Plattform anbieten wollen, ist es für Microsoft zur vordringlichen Aufgabe geworden, WebTV-Spezifikationen in die Grundfunktionalität der Box (Betriebssystem, API, HTML-*Streaming*, etc.) zu integrieren.

Generell ist WebTV Networks und damit Microsoft durch die FCC-Regelung noch stärker darauf angewiesen, sowohl mit Kabel- und Satellitenbetreibern zusammenzuarbeiten als auch in branchenübergreifenden Standardisierungsgremien wie dem ATVEF zu versuchen, ihre Positionen durchzusetzen.

12.3.3.7 Inhaltliche Regulierungsbestimmungen

Konkrete inhaltliche Regulierungsbestimmungen z.B. hinsichtlich des Daten-, Jugend- oder Verbraucherschutzes spielten als Rahmenbedingung für den Erfolg von WebTV keine entscheidende Rolle. Vielmehr wurden Fragen des Datenschutzes vom Betreiber selbst aufgegriffen und in entsprechender Weise gelöst.

Im Herbst 1998 wurde bekannt, dass WebTV eine eigene Abteilung zur Auswertung von Nutzerdaten (über deren *Logfiles*) unterhielt. Die Set-top Box versandte nachts ohne Wissen der Nutzer E-Mails an das Unternehmen mit Informationen darüber, welche Websites der User aufgesucht, welche Webbanner er angeklickt und welche *Crossover*-Links er im Fernsehprogramm angeklickt hatte (vgl. Moechel 1998, Medosch 2000). Diese Enthüllung stellte für WebTV ein ernsthaftes Problem dar. Denn WebTV hatte sich selbst umfangreiche *Privacy*-Richtlinien auferlegt. Auf acht Seiten führt das Unternehmen auf, dass der E-Mail-Verkehr zwischen den Nutzern sicher ist, dass dynamische IP-Adressen zugewiesen werden und dass damit für Dritte nicht nachvollziehbar ist, welche E-Mails von welchem Adressaten gesendet werden und welche Webseiten besucht werden (vgl. Statement of Privacy, www.webtv.com/legal/service_privacy.html).

Der Sicherheits-Skandal vom Oktober 1998 löste einen Sturm der Entrüstung bei den WebTV-Abonnenten aus. Die negative Berichterstattung und der befürchtete Abonnentenrückgang veranlaßte WebTV schließlich, die Aufzeichnungspraxis zu unterbinden. Ein *Update* des WebTV Browsers, das im Herbst 1999 an die Abonnenten verschickt wurde, macht seitdem diese Überwachungsfunktion unmöglich.

Auch hinsichtlich des Jugendschutzes sind es nicht die staatlichen Regulierungsvorgaben, die das Angebotsspektrum von WebTV einschränken, sondern selbstauferlegte Grundsätze, mit denen WebTV Networks die Familienfreundlichkeit ihres Angebots gewährleisten will. So werden z.b. alle Webseiten, die durch die Server von WebTV Networks gehen, von komplexen Schutzprogrammen gefiltert.

12.3.3.8 Spezielle Bildungs- und Ausbildungsmaßnahmen

Spezielle Bildungs- und Ausbildungsmaßnahmen spielen als konkrete Rahmenbedingungen für den Erfolg von WebTV keine Rolle. Ähnlich wie bei Excite@Home könnten auch hier die Maßnahmen der *NII* nur indirekt für den Erfolg von WebTV verantwortlich gemacht werden, weil die staatliche Initiative insgesamt die Aufmerksamkeit auf das Internet lenkte. Die Bereitstellung öffentlich zugänglicher Internet-Terminals kann auch hier als flankierende politische Maßnahme angeführt werden (vgl. Abschnitt 6.3).

12.3.4   Auswirkungen der NII *auf den Verlauf des Projekts*

Zunächst muss festgehalten werden, dass die *NII*-Initiative keine direkten Auswirkungen auf die Entwicklung und Verbreitung von WebTV hatte. Zu vage sind die Aussagen, die das Programm im Hinblick auf die Entwicklung des TV-Bereichs macht und zu unspezifisch die Vorgaben für Anbieter und Netzbetreiber. Zudem handelt es sich bei WebTV um eine Internet-Firma, die grundsätzlich den gleichen Regulierungsvorschriften unterliegt wie jeder andere Internet Service Provider; spezielle Lizenzen oder Ausnahmeregelungen sind nicht notwendig, um den neuen Dienst betreiben zu können.

Allerdings läßt sich ein indirekter Einfluss des Clinton/ Gore-Programms auf die Entstehung und Verbreitung sowohl von WebTV als auch von anderen Internetbasierten Diensten unterstellen. Dies vor allem, weil das Aktionsprogramm generell das Internet als zukünftiges Medium in den Mittelpunkt stellte. Damit hob es das Thema Internet und seine Bedeutung für die volkswirtschaftliche Entwicklung und die zukünftige Mediennutzung auf die politische Tagesordnung und prägte damit die öffentliche Diskussion.

In diesem Zusammenhang muss auch die Entscheidung der amerikanischen Regulierungsbehörde FCC gesehen werden, die analoge Fernsehübertragung bis zum Jahr 2006 durch den digitalen Standard zu ersetzen. Obwohl diese Maßnahme zunächst auf die Einführung von hochauflösendem digitalen Fernsehen (HDTV) ausgelegt war (vgl. Abschnitt 7.3.1), wurde schnell klar, dass die digtiale TV-

Plattform die Basis für interaktive Dienste und die Verknüpfung von Fernsehen und Internet darstellt. Eben diese Verknüpfung von Fernsehen und Internet verfolgt WebTV seit 1995.

Die Migrationsentscheidung zu digitalem Fernsehen löste dabei eine ganze Reihe von Aktivitäten unterschiedlicher Anbieter aus, die auf dieser neuen Plattform mit eigenen Diensten, Inhalten und Programmen vertreten sein wollten. Auch WebTV gehört zu diesen Akteuren. Die gegenwärtigen Aktivitäten von WebTV im Bereich des digitalen Fernsehens können deshalb mit der politischen Entscheidung in Zusammenhang gebracht werden, den analogen TV-Übertragungsstandard durch den digitalen zu ersetzen. So kündigte Microsoft nur eine Woche nach der FCC-Entscheidung an, die bis dahin relativ unbekannte Firma WebTV zu übernehmen (Greenwald 1997). Seither versucht Microsoft, über WebTV im zukunftsträchtigen Markt des digitalen Fernsehens Fuß zu fassen und das vorhandene technische und inhaltliche *Know-How* auf die digitale TV-Plattform zu übertragen.

Die speziellen Vorgaben der FCC, wie diese digitale TV-Plattform schließlich auszusehen hat (Common Interface, Set-top Boxen von unterschiedlichen Herstellern, Dekoder zum Verkauf statt zur Miete, diskriminierungsfreier Zugang, etc.), betreffen auch auf einer konkreten Ebene die Entwicklungschancen von WebTV.

12.3.5 Prognosen

Das technische und inhaltliche *Know-How*, das die Firma Microsoft bei WebTV einbringt, spricht ebenso wie das starke strategische Interesse des Softwareunternehmens am interaktiven Fernsehen dafür, dass sich der neue Dienst weiterhin erfolgreich entwickeln wird. Ab wann das „WebTV Classic"- und das „WebTV Plus"-Angebot auf der analogen Plattform zum Auslaufmodell wird, hängt davon ab, wie schnell die Migration zum digitalen Fernsehen in den Vereinigten Staaten vonstatten gehen wird.

Generell geht die Entwicklung im Bereich der TV-basierten interaktiven Dienste von einer reinen Internet-Portierung auf den Fernseher zu *Enhanced TV*, d.h. zu einem um interaktive Komponenten angereicherten TV-Angebot. Dies wird auch von den Verantwortlichen bei WebTV gesehen, die damit in gewisser Weise von der Vorstellung abrücken, dass der Fernseher selbst zu einem Computer wird und beide Geräte letztlich austauschbar werden. Die Prognose vom Zusammenwachsen von TV und PC wird inzwischen in diesem Sinne als überholt betrachtet.

Nichtsdestotrotz stellen verschiedene Firmen immer wieder neue Geräte vor, in die alle denkbaren Anwendungen integriert werden können.[101] Allerdings scheint in der gesamten Branche die „all things to all people"-Vorstellung nunmehr stärker der Überzeugung Platz zu machen, dass unterschiedliche Zielgruppen (z.B. PC-Internet-

---

101 So z.B. die DTC-5000-Box von General Instrument. Diese digitale Set-top Box sollte zur Comdex 1999 demonstrieren, dass es möglich ist, in einem Endgerät 500 TV-Kanäle sowie Telefondienste, Video on demand, Stereo Audio, Video Games und Internet-Zugang zu realisieren. Sie hatte auf seiner Rückseite so viele Anschlüsse, dass das Design des Gehäuses neu darauf ausgerichtet werden musste (vgl. Markoff 1999).

User und *Enhanced-TV*-Interessenten) unterschiedliche Geräte benötigen und deshalb unterschiedliche Anwendungen für die verschiedenen Plattformen erstellt werden müssen.

12.3.6   Gründe für den Erfolg des Projekts

Bei der Untersuchung von WebTV in den Vereinigten Staaten hat sich gezeigt, dass das Zusammenspiel von technischem und inhaltlichem *Know-How*, bewährten Technologien und der finanziellen Unterstützung der Muttergesellschaft von entscheidender Bedeutung für den Verlauf des Projekts waren. Für den Erfolg von WebTV ist sowohl der lokale Handlungskontext als auch die Rahmenbedingung „strategisches Interesse der Muttergesellschaft am Erfolg des Projekts" verantwortlich.

Der Einfluss, den die politische Ebene auf den Verlauf des Projekts ausübte, muss dagegen differenziert betrachtet werden. Wie in Abschnitt 12.3.4 dargestellt, hat die *NII* indirekt zur raschen Verbreitung des Internets in den Vereinigten Staaten beigetragen, indem sie das Thema interaktive Medien thematisierte und damit auch bei jenen Bevölkerungsgruppen bekannt machte, die nicht zu den *Early Adopters* gezählt werden können. Einen Großteil eben jener Bevölkerungsgruppen versucht WebTV mit seinem Angebot anzusprechen.

Als weitere Rahmenbedingungen, die sich auf die Entwicklung des Angebots ausgewirkt haben, wurde die Migrationsentscheidung der FCC zum digitalen Fernsehen genannt. Der Umstellungsfahrplan der Regulierungsbehörde kann als Auslöser für vielfältige Aktivitäten verschiedenster Anbieter gelten, mit interaktiven Diensten auf der neuen digitalen Plattform zu experimentieren. Dies galt insbesondere für die Firma Microsoft, die mit ihrem WebTV-Projekt systematisch Einblicke in die Marktgegebenheiten in diesem neuen Bereich gewinnen und sich Startvorteile bei neuen Diensten über die digitale TV-Plattform verschaffen wollte.

13   Zusammenfassung der *Bottom-Up*-Analysen

Auf der Grundlage der *Bottom-Up*-Analysen können nun die kritischen Faktoren für die Entwicklung neuer Angebote in den Bereichen Video on Demand, Breitband-Internet und interaktive TV-Dienste benannt werden.

Dabei erweist sich die Unterscheidung zwischen lokalem Handlungskontext und Rahmenbedingungen, an der sich die Gliederung der Fallstudien orientierte, als hilfreich. Denn zunächst wurde davon ausgegangen, dass es die konkreten Strategien der Akteure auf der lokalen Handlungsebene, d.h. die jeweiligen Vorgehensweisen der Projektbetreiber und -beteiligten vor Ort sind, die über Erfolg oder Misserfolg bei der Einführung eines neuen Angebots entscheiden. Hier konnten beträchtliche Unterschiede festgestellt werden, die sich auf die Fähigkeit zur Koordination von Technik und Inhalten, den Aufbau neuer Produktionsstrukturen und die Orientierung an Zielgruppen bzw. die Berücksichtigung von Nutzerpräferenzen und -ressourcen bezogen.

Allerdings hat sich auch gezeigt, dass entsprechendes *Know-How* auf der Betreiberseite nicht ausreicht, um ein neues Angebot erfolgreich einzuführen. Vielmehr wurde deutlich, dass die wirtschaftlich-technischen und die staatlich-regulativen Rahmenbedingungen von zentraler Bedeutung für den Verlauf und die Entwicklungschancen der neuen Angebote waren. So konnten die Lernerfahrungen im lokalen Kontext oftmals nicht umgesetzt werden, weil die Voraussetzungen auf der höheren Ebene nicht gegeben waren. Während die Akteure vor Ort Erfahrungen mit der Erstellung der neuen Angebote sammelten und Strategien für die Gestaltung attraktiver Angebote entwickelten, wurde allzu oft deutlich, dass bestimmte Voraussetzungen nicht aus eigener Kraft geschaffen werden konnten. Auch der umgekehrte Fall, dass nämlich förderliche Rahmenbedingungen für den langfristigen Erfolg eines Projektes sorgten, obwohl die Nachfrage nach dem neuen Angebot anfangs eher schwach war, konnte festgestellt werden.

Insbesondere die Marktstrukturen und das konkrete Wettbewerbsumfeld sowie die damit zusammenhängenden ordnungs- bzw. medienpolitischen Vorgaben erwiesen sich als zentrale Faktoren auf der Ebene der Rahmenbedingungen. Aber auch Standardisierungsfragen und die Technikkosten sowie die langfristige Strategie des Mutterkonzerns im Bereich der interaktiven Medien waren für den jeweiligen Verlauf der Projekte von großer Bedeutung.

Insgesamt von untergeordneter Bedeutung erwiesen sich dagegen konkrete inhaltliche Regulierungsbestimmungen bzw. das Fehlen eines einheitlichen rechtlichen Rahmens für die neue Dienste. Keines der untersuchten Projekte ist letztlich an der Frage gescheitert, welche medienrechtlichen oder telekommunikationsrechtlichen Vorschriften angewandt werden sollten.

Ex negativo kann in diesem Zusammenhang schwerlich beurteilt werden, ob ein fehlender einheitlicher Rechtsrahmen neue Angebote tatsächlich verhindert hat. Bei der Untersuchung der konkreten Projekte wurde jedoch deutlich, dass die, vor allem in Deutschland heftig geführte Diskussion um die rechtliche Zuordnung neuer Dienste, praktisch keine Auswirkungen auf den Verlauf der Projekte hatte. Denn immer konnten auf Landesebene entsprechende rechtliche Lösungen mit Hilfe von Experimentierklauseln oder Versuchslizenzen gefunden werden.

Von den untersuchten sechs Projekten können insgesamt nur zwei als erfolgreiche Einführungen bezeichnet werden (Excite@Home und WebTV). Alle drei deutschen Projekte sowie das amerikanische Projekt zu Video on Demand sind in ihrer ursprünglichen Konzeption gescheitert. Dabei waren jeweils unterschiedliche Rahmenbedingungen in den einzelnen Bereichen für den Verlauf der Projekte von Bedeutung. In Tab. 13 werden die entscheidenden Rahmenbedingungen und damit die entscheidende Faktoren für den Erfolg bzw. Misserfolg der Einführungsversuche in den drei Bereichen des interaktiven Fernsehens der Übersichtlichkeit halber stichpunktartig aufgeführt.

Ziel dieser Zusammenfassung der Fallstudien ist es, die kritischen Stellgrößen für den Erfolg interaktiver TV-Angebote im Überblick zusammenzutragen, um im anschließenden Kapitel zu fragen, inwieweit diese Faktoren - soweit sie im Gestaltungsbereich des Staates liegen - von den jeweiligen staatlichen Programmen konkret adressiert und verändert werden konnten.

	Kritische Stellgrößen bei den Rahmenbedingungen
Video on Demand	- *Standardisierung und Technikkosten*: Größenvorteile (*economies of scale*) durch standardisierte Komponenten und genereller Preisverfall bei Computertechnik sind Voraussetzungen für erfolgreiche Einführungen von VOD, Investitionen in technische Infrastruktur und Systemkomponenten müssen langfristig refinanzierbar sein. - *Ordnungpolitische Vorgaben*: USA: Aufhebung von Wettbewerbsbeschränkungen im TK- und Kabel-TV-Sektor (*Cross-Ownership*) bewirkt Aktivitäten im Bereich VOD und interaktive TV-Dienste. - D: Liberalisierung des TK-Marktes bei gleichzeitiger Beibehaltung der Doppeleigentümerschaft der Deutschen Telekom von TK- und Kabel-TV-Netz führt zu strategischen Konflikten und nachlassendem Interesse der Telekom an VOD und interaktiven Diensten über das Kabelnetz.

	- *Strategie des Mutterkonzerns*: Langfristige Strategie zur Einführung interaktiver TV-Dienste der Kabelgesellschaft bzw. Engagement im TV- und Mediensektor bei TK-Unternehmen sowie Vertrauen in die langfristige Veränderung von Nutzergewohnheiten sind notwendig. - *Landespolitische Initiative in D*: Landespolitik kann im Sinne des staatlichen Infrastrukturentwicklungsauftrages Projekte initiieren, aber nicht für ihren Erfolg garantieren, Moderationsansatz auf Landesebene scheitert an bundespolitischen Vorgaben
Breitband-Internet	- *Marktstrukturen*: Kabelnetzbetreiber müssen als eigenständige Akteure im Medienmarkt agieren können (Kabelmodemangebote als Erweiterung des Angebotsspektrums in Anlehnung an etablierte Geschäftsmodelle), Anzahl erreichbarer Haushalte (Größenvorteile) und Struktur des Netzes (Topologie, Management, Eigentümerstrukturen) sind entscheidend. - *Ordnungspolitische Vorgaben*: Status der Liberalisierung im TK-Bereich ist wichtig bei der Frage, ob Doppeleigentümerschaft von Kabel-TV und Telefonnetz erlaubt ist oder nicht. - *Wettbewerbumfeld*: Konkurrenzsituation zwischen Kabel- und Telefonunternehmen (DSL) bewirkt entsprechende Investitionen in die technische Infrastruktur und die jeweiligen Breitband-Angebote (*First Mover Advantage*): Infrastrukturwettbewerb bei den Zugangstechnologien beschleunigt die Entwicklung von Breitband-Internet-Angeboten. - *Nachfragestrukturen*: Vertrautheit der Anwender mit interaktiven Medien (Internet) ist notwendig. Herkömmliche *Dial-up*-Internet-Verbreitung als Voraussetzung für eine erfolgreiche Nachfrageentwicklung. - *Strategie des Mutterkonzerns*: Langfristig angelegtes Engagement im Bereich der interaktiven Medien, Vertrauen in den Erfolg der neuen Angebote und langer Atem bei der Refinanzierung. - *Landespolitische Initiative in D*: Versuchsgenehmigungen ermöglichen den Projektbetrieb von *Backbone* und BK-Netz, Landespolitik kann aber nicht in die Markt- und Eigentümerstrukturen des BK-Netz-Marktes eingreifen, sondern ist auf bundespolitische Vorgaben angewiesen.

Interaktive TV-Dienste	- *Regulierungsvorgaben im TV-Sektor:* D: Medienrechtliche Vorgaben für eine offene und diskriminierungsfreie digitale Plattform ermöglichen neue Angebote. Das Fehlen solcher Vorgaben verhindert ihre Entwicklung weitgehend. *Switch-off* der analogen Fernsehübertragung kann interaktive TV-Dienste fördern, wenn die Konversionsvorgaben entsprechend konkret sind. USA: Infrastrukturwettbewerb auch beim digitalen Fernsehen (terrestrisch, Kabel, Satellit) fördert das Entstehen neuer Angebote (zusätzliche interaktive Anwendungen als Alleinstellungsmerkmal), - *Switch-off* der analogen Fernsehübertragung bewirkt Aktivitäten und Investitionen in neue, interaktive Dienste auf der digitalen TV-Plattform. - *Strategie des Mutterkonzerns*: Vertrauen auf die langfristigen Marktchancen interaktiver Dienste über die digitale TV-Plattform, intelligente Kooperationen mit Medienakteuren (Sender, Kabelgesellschaften, Online-Dienste, Vermarkter etc.) und Aufbau von Betreiber-*Know-How* sowie Erarbeitung von Erkenntnissen über das Nutzerverhalten als langfristige Strategie der Mutter-gesellschaft hält Projekte am Laufen. - *Standardisierung*: Kostenvorteile durch einheitliche, individuell ausbaufähige, multifunktionale und offene Dekodersysteme. - *Nachfragestrukturen*: Vertrautheit der Nutzer mit interaktiven Medien (Internet/ digitales TV), Verbreitung von digitalen Dekodern als Voraussetzung für Refinanzierungsmöglichkeiten auf lange Sicht. - *Ordnungspolitische Vorgaben: Flatrate* für Online-Zugang fördert die Akzeptanz von interaktiven TV-Diensten, wenn der Rückkanal über des Telefonnetz realisiert wird. Öffnung des Ortsnetzes für den Wettbewerb oder alternative technische Zugangsmöglichkeiten als Voraussetzung für verbraucherfreundliche Preisgestaltung. - *Landespolitische Initiative in D*: Landespolitik kann Anbieter zwar zu Pilotprojekt motivieren, der Erfolg ist aber letztlich von länderübergreifenden Vorgaben bei der Regulierung der Plattform und von bundespolitischen Vorgaben bei der Telekommunikations-Regulierung abhängig.

Tab. 13: Vergleichende Zusammenfassung der *Bottom-Up*-Analysen

14   Beurteilung der Passgenauigkeit

Nach der Analyse der Umsetzung der staatlichen Programme zur Informations-gesellschaft (Kapitel 6 und 8) und der Darstellung der kritischen Faktoren für die Medienentwicklung vor Ort (Kapitel 10 bis 13) geht es nun um die Beurteilung der Passgenauigkeit der in den jeweiligen Programmen vorgesehen und umgesetzten Maßnahmen.

Ziel von Info 2000 und *NII* war es, neue Anwendungen im Bereich des inter-aktiven Fernsehens zu ermöglichen und ihre Verbreitung zu fördern. Dazu sollten die jeweiligen medien- und telekommunikationsrechtlichen Regimes der neuen Situation im Multimedia-Bereich angepasst werden. Diese Anpassung geschah aber in Deutschland und den USA in unterschiedlichem Umfang, mit unterschiedlicher Priorität und mit unterschiedlichen inhaltlichen Schwerpunkten.

Auf der Grundlage der Ergebnisse der Fallstudien kann nun beurteilt werden, inwieweit die staatlichen Maßnahmen tatsächlich zur Entstehung neuer Medien-anwendungen beigetragen haben, d.h. inwiefern sie die Entwicklung neuer Medien-angebote ermöglicht, unterstützt und gefördert haben.

Grundsätzlich gilt hier die Einschränkung, die bereits bei der Erarbeitung des Analyserahmens (Kapitel 3) gemacht wurde, dass nämlich nicht alle Faktoren der Multimediaentwicklung staatlicher Gestaltung unterliegen. Der Druchgriff staat-licher Maßnahmen auf die konkrete Entwicklung vor Ort ist im Multimedia-Bereich prinzipiell geringer als in anderen Bereichen. Er kann aber über die adäquate Gestaltung der Rahmenbedingungen sowie über geeignete flankierende Maßnahmen erhöht werden. Dies ist nicht nur eine Annahme, von der sowohl das deutsche als auch das amerikanische Programmen ausgegangen war, sondern auch eine An-nahme, die im Rahmen der Analyse der einzelnen Projekte bestätigt werden konnte.

Die staatlich-regulativen Rahmenbedingungen hatten als externe Faktoren oft-mals direkte Auswirkungen auf die Markt- und Wettbewerbssituation der ver-schiedenen Anbieter und spielten damit eine zentrale Rolle für das Entstehen und den Verlauf einzelner Projekte.

In den Fallstudien selbst wurde dabei unter der Überschrift „Auswirkungen des staatlichen Programms auf den Verlauf des Projekts" dargestellt, inwieweit sich die vorgesehenen Maßnahmen des Programms auf die tatsächliche Entwicklung des Projekts ausgewirkt haben. Dies kann nun für die Bereiche Video on Demand, Breitband-Internet und interaktive TV-Dienste verallgemeinert werden, denn den jeweils gescheiterten Projekten in Deutschland stehen mit einer Ausnahme jeweils erfolgreiche Markteinführungen in den Vereinigten Staaten gegenüber.

14.1   Passgenauigkeit der Maßnahmen im Bereich Video on Demand in Deutschland und den Vereinigten Staaten

14.1.1   Ordnungspolitische Vorgaben

Für das Scheitern der Projekte zu Video on Demand wurden zunächst die hohen Technikkosten und die fehlende Standardisierung von technischen Komponenten verantwortlich gemacht (vgl. Kapitel 13, Tab. 13). Auf diese wirtschaftlich-technischen Variablen hatten die staatlichen Akteure zweifellos keinen Einfluss. Auch für die zu dieser Zeit ungünstigen Nachfragestrukturen im Bereich der interaktiven Dienste, die mit dem frühen Entwicklungsstand des Internets zu tun hatten, kann der Staat nicht verantwortlich gemacht werden.

Dagegen konnten ordnungspolitische Vorgaben identifiziert werden, die sich auf den Verlauf der Projekte ausgewirkt haben und die auf konkrete Maßnahmen der jeweiligen staatlichen Programme zurückgehen.

In diesem Zusammenhang ist die Beobachtung wichtig, dass momentan in den Vereinigten Staaten eine „zweite Generation" von Video on Demand eingeführt wird (vgl. Abschnitt 12.1.5). Das Full Service Network kann zwar ebenso wie das IVSS als gescheitert betrachtet werden. Das Scheitern des FSN bezieht sich allerdings zunächst nur auf die Unfähigkeit der Betreiber, die ursprüngliche Konzeption technisch umzusetzen. Die aktuellen Projekte von Time Warner zu VOD, d.h. der erneute Versuch, Video on Demand auf der Plattform des digitalen Fernsehens und auf der Basis bereits aufgerüsteter Kabelfernsehnetze einzuführen, spricht deshalb dafür, dass die bestehenden ordnungspolitischen und regulativen Vorgaben in den Vereinigten Staaten prinzipiell geeignet sind, solche neuen Angebote zu ermöglichen. Während die ordnungspolitischen Voraussetzungen für das Entstehen von VOD also bereits mit der *NII* geschaffen wurden, ist die tatsächliche Entwicklung erst durch günstigere technische-wirtschaftliche Rahmenbedingungen möglich geworden.

Anders sieht es in Deutschland aus. Hier standen die BK-Netzbetreiber bis Ende 2001 vor dem Problem, dass die spezifischen Besitz- und Betreiberstrukturen keine wirtschaftlich vertretbare Einführung von interaktiven Diensten zuließen. Erst seit dem Verkauf von Teilen des BK-Netzes der Deutschen Telekom an ausländische Investoren gibt es in diesem Bereich neue Perspektiven. Mit Info 2000 hatte die Veräußerung des Telekom-BK-Netzes allerdings nichts zu tun. Tatsächlich wurde die Doppeleigentümerschaft der Deutschen Telekom bei Telefon- und TV-Kabelnetz und damit eines der größten Hindernisse für das Entstehen neuer Angebote über das BK-Netz, im Rahmen der Liberalisierung des Telekommunikationssektors in Deutschland gar nicht thematisiert.

Die in Info 2000 angekündigte und mit dem TKG von 1996 schließlich umgesetzte Neuregelung des Telekommunikationssektors hat noch in einem anderen Zusammenhang negativ auf die Entwicklung von Video on Demand in Deutschland ausgewirkt: Durch die Vorbereitung der Deutschen Telekom auf die Teil-Privatisierung war das Unternehmen seit 1995 mit umfangreichen internen Umstrukturierungsmaßnahmen beschäftigt, die von einer Konzentration auf das

Hauptgeschäft, d.h. auf den Bereich der herkömmlichen Telefondiente, geprägt war. Feldversuche zum interaktiven Fernsehen auf dem Kabel-TV-Netz erschienen vor dem Hintergrund der Privatisierung und der unsicheren Zukunftsaussichten von Video on Demand nicht mehr vertretbar. Die kostspieligen Pilotprojekte wurden zu „ungeliebten Projekten", die es galt, vor dem Börsengang zu beenden.

Darüber hinaus war der Deutschen Telekom nicht daran gelegen, sich im Bereich der TK-Dienste in Zukunft selbst Konkurrenz zu machen. Denn durch die technische Aufrüstung des BK-Netzes hätten später auch herkömmliche Telefondienste (Kabeltelefonie) über dieses Netz angeboten werden können. Wichtige Investitionen in den Ausbau des Kabelnetzes als Voraussetzung für neue interaktive Dienste blieben deshalb aus.

Auch die in Info 2000 angekündigte zentrale Koordinierung der verschiedenen Telekom-Pilotprojekte zu Video on Demand erwies sich durch die Liberalisierung als hinfällig. Stattdessen sollte der Deutschen Telekom freie Hand gegeben werden, um sich auf die bevorstehende Entlassung in den freien Markt vorbereiten zu können.

In den Vereinigten Staaten wurden dagegen Vorkehrungen getroffen, um den Wettbewerb zwischen den technischen Infrastrukturen und ihren Betreibern zu ermöglichen. Im Rahmen der *NII* wurden dazu die *Cross-Ownership*-Regelungen, d.h. die Beteiligungsverbote zwischen Telekom- und Kabel-TV-Firmen gelockert. Ziel war es, neue Technologien, Anwendungen und Geschäftsfelder zu ermöglichen, die sich aus dem Schnittfeld von Telekommunikation und Fernsehen ergeben.

Bei der Darstellung der Entstehungsbedingungen des Full Service Network-Pilotprojekts in Orlando hat sich gezeigt, dass die praktisch vollständige Aufhebung der *Cross-Ownership*-Regelungen tatsächlich zu einer Dynamik bei der Entwicklung von neuen Diensten geführt hat. Der konkreten Maßnahme vorausgegangen war dabei eine Gerichtsentscheidung, die es der Telefongesellschaft Bell Atlantic erlaubte, Video on Demand zu testen und einzuführen. Das Engagement der Telefonfirma im Fernsehbereich, das als Auslöser für viele weitere VOD-Projekte von Telefonfirmen gelten kann, bewirkte, dass die Kabel-TV-Netzbetreiber ihrerseits Anstrengungen unternahmen, die medientechnische Entwicklung für eine Erweiterung des eigenen Angebotsspektrums zu nutzen und die Entwicklung neuer Dienste zu investieren, die bis dahin allein den Telefongesellschaften vorbehalten waren.

Dabei machten sich Time Warner und die anderen großen Kabel-TV-Unternehmen die in der *NII* entwickelte Vision des *Information-Highway* zu eigen. Das interaktive Fernsehen sollte der Beitrag der Kabelnetzbetreiber zum Aufbau einer nationalen *Information Infrastructure* verstanden werden.

14.1.2 Strategie und Engagement des Mutterkonzerns

Während sich die Maßnahmen, die im Rahmen von Info 2000 konzipiert und umgesetzt wurden negativ auf das Engagement und die Motivation der Deutschen Telekom im Bereich des interaktiven Fernsehens auswirkten, konnte bei Time Warner eine gewisse Affinität mit dem Programm der Clinton/ Gore-Regierung festgestellt werden. Die Unternehmensführung beteiligte sich aktiv in den verschiedenen Gremien der *NII* und setzte sich mit der Rolle auseinander, die die Kabelfernsehnetz-Betreiber beim Aufbau der Informationsinfrastruktur spielen sollten.

Auf der anderen Seite kann nicht behauptet werden, dass die Vision einer nationalen Informationsinfrastruktur einen substanziellen Einfluss auf die Strategien von Time Warner im Bereich der neuen Dienste gehabt hätte oder dass die *NII* gar der Auslöser für die Aktivitäten des Unternehmens im Bereich Video on Demand war. Tatsächlich nutzte das Unternehmen die Initiative der Clinton-Administration geschickt, um alte Positionen wie die Aufhebung der staatlichen Gebührenkontrolle durchzusetzen. Das Full Service Network wurde der Regierung als Beitrag des Unternehmens zum Aufbau der geforderten Informationsinfrastruktur "verkauft". Im Gegenzug erwartete das Unternehmen frei Hand bei den Gebührengestaltung sowie weitere regulative Erleichterungen.

14.1.3   Landesinitiative in Deutschland

Für das untersuchte deutsche Video on Demand-Projekt spielten neben den vorgesehenen bundespolitischen Maßnahmen vor allem die Bemühungen der Landesregierung zur Förderung des Medienstandorts eine zentrale Rolle. Das IVSS-Pilotprojekt kam auf Initiative des Wirtschaftsministers von Baden-Württemberg zustande, der die einheimischen Firmen zu einem Engagement im Multimedia-Bereich bewegen wollte.

Der Ansatz der politischen Moderation, der von der Landesregierung verfolgt wurde, kann in diesem Zusammenhang allerdings als gescheitert betrachtet werden. Denn tatsächlich hat es die Deutsche Telekom - die in diesem Projekt Auftragnehmer des Wirtschaftsministeriums war - vermocht, die Führung sowohl bei der Konzeption als auch bei der Umsetzung des Pilotprojekts zu übernehmen. Das Wirtschaftsministerium hatte es bereits zu einem frühen Zeitpunkt versäumt, dem Projekt eine entscheidende Richtung zu geben und die verschiedenen Akteure auf eine überzeugende und einheitliche Strategie auszurichten.

Darüber hinaus ist insbesondere der Versuch gescheitert, den Wettbewerb zwischen den beteiligten Unternehmen für die Zeit des Pilotprojekts auszusetzen und die Akteure zu einer kooperativen Entwicklung neuer Angebote zu bewegen. Obwohl sich dieser Ansatz bei der Realisierung neuer Dienste im Multimedia-Bereich grundsätzlich anbietet, weil die Unternehmen über verschiedene Kompetenzen verfügen, die entsprechend zusammengebracht werden müssen, erwies sich dieses Vorgehen letztlich als kontraproduktiv.

Insgesamt ist das Stuttgarter Video on Demand-Projekt aber nicht an Versäumnissen auf landespolitischer Ebene gescheitert, sondern an den Rahmenbedingungen, die auf Bundesebene gestaltet wurden. Die Liberalisierung der Telekommunikation und die Teil-Privatisierung der Deutschen Telekom hatten als Maßnahmen der Bundesregierung negative Auswirkungen auf den Verlauf des Pilotprojekts (vgl. Abschnitt 14.1.1). In gewisser Weise wurde deshalb auf landespolitischer Ebene an einem zu großen Rad gedreht, das sich letztlich deshalb nicht bewegen ließ, weil die entscheidenden Rahmenbedingungen außerhalb des eigenen

Kompetenzspielraums lagen. Dies bedeutet, dass auch ein professionelleres Projektmanagement und stringentere Vorgaben von der Landesregierung das Pilot-projekt nicht zum Erfolg hätten führen können.

14.2 Passgenauigkeit der Maßnahmen im Bereich Breitband-Internet in Deutschland und den Vereinigten Staaten

14.2.1 Marktstrukturen und Wettbewerbsumfeld

Bei der Analyse der Breitband-Internet-Angebote stellte sich heraus, dass die Markt-strukturen und das Wettbewerbsumfeld die zentralen Stellgrößen sind, die über Erfolg oder Misserfolg dieser Anwendungen entscheiden. Als Voraussetzung für einen wirtschaftlichen Betrieb von Kabelmodemsystemen wurde die Möglichkeit der Kabelnetzbetreiber genannt, als eigenständige Akteure im Medienmarkt agieren zu können, d.h. souverän über den technischen Ausbau des Netzes und die Gestal-tung des Angebotsspektrums zu entscheiden (vgl. Kapitel 13).

Inwiefern wurden nun diese Rahmenbedingungen in Info 2000 und der *NII* angesprochen und welche Maßnahmen wurden in den jeweiligen Programmen konzipiert, um in diesem Bereich förderliche Rahmenbedingungen zu schaffen?

In Info 2000 wurde das BK-Netz als Infrastruktur für neue interaktive Dienste lediglich im Zusammenhang mit Video on Demand, d.h. mit den Pilotprojekten der Deutschen Telekom genannt. Als eigenständige technische Infrastruktur, die sich prinzipiell auch für Internet- und Telekommunikationsdienste sowie für eine Vielzahl weiterer interaktiver Anwendungen eignet, wurde das BK-Netz in Info 2000 jedoch nicht thematisiert.

Da sich das Kabelfernsehnetz hauptsächlich in der Hand der Deutschen Telekom befand und diese auch das Telefonnetz betreibt, gab es in Deutschland keinen Wett-bewerb zwischen diesen beiden technischen Infrastrukturen. Zur Folge hatte diese Situation, dass Investitionen in die Modernisierung des BK-Netzes weitgehend ausgeblieben sind. Die Deutsche Telekom konzentrierte sich stattdessen auf den Ausbau ihres Telefonnetzes für ADSL-Angebote. Ein rückkanalfähiges BK-Netz, über das breitbandige Internet-Dienste sowie herkömmliche Telefondienste ange-boten werden könnten, lag nicht im Interesse des Unternehmens. Denn diese Angebote hätten sich schnell zu Konkurrenzangeboten für die eigenen Produkte T-Online, T-DSL und schließlich für die klassische Telefonie entwickeln können.

In der *NII* wurden die verschiedenen Telekommunikationsnetze und Infra-struktursysteme dagegen explizit im Zusammenhang mit dem Aufbau eines nahtlosen und anwendungsorientierten Netzes angesprochen. Allerdings muss man hier berücksichtigen, dass die bereits in den 80er Jahren durchgeführte Teil-Liberalisierung des Telekommunikationssektors in den Vereinigten Staaten bereits die Entstehung von weitgehend abgeschlossenen und relativ homogenen Märkten ermöglicht hatte. In weit größerem Ausmaß als in Deutschland bestand bereits vor Beginn der *NII* eine Wettbewerbssituation auf dem Gebiet der neuen Technologien zwischen den Betreibern der lokalen TK-Netze, der Ferngesprächsnetze, der Kabel-TV-Netze, der Satelliteninfrastruktur und der terrestrische Netze.

Um in dieser Konkurrenzsituation Wettbewerbsvorteile zu erzielen bzw. um den Kunden ein möglichst breites Produktspektrum bieten zu können, führten viele Betreiber in den letzten Jahren neue Angebote ein, die zum Teil über das jeweils angestammte Geschäftsfeld dieser Anbieter hinausgingen.

14.2.2 Ordnungspolitische Vorgaben

Als wichtigste Maßnahme zur Förderung der Medienentwicklung innerhalb von Info 2000 kann das Vorhaben gelten, den Telekommunikationsbereich zu liberalisieren und die Deutsche Telekom aus dem Versorgungsbereich des Staates in den freien Markt zu entlassen. Mit der Einführung von Wettbewerb auf den TK-Märkten wurde vor allem das Ziel verfolgt, kundenfreundlichere Preise für Telekommunikationsdienste zu ermöglichen.

Tatsächlich sind die Gesprächsgebühren seit der Einführung von Wettbewerb im Januar 1998 vor allem im Ferngesprächsmarkt deutlich gesunken. Im Ortsnetzbereich dagegen, der für Online-Verbindungen und neue Zugangstechnologien besonders wichtig ist, herrscht noch kein freier Wettbewerb. *De facto* besitzt die Deutsche Telekom im Ortsnetzbereich weiterhin ein Monopol, das erst Ende 2002 mit dem Auslaufen des so genannten Preisbegrenzungsverfahrens (*Price-Cap*) beendet sein wird (vgl. Nett 1998).

Auch das BK-Netz wurde bis Ende 2001 von der Deutschen Telekom dominiert. Eine Wettbewerbssituation zwischen Telefon- und Kabel-TV-Netz hat sich nicht durch die Liberalisierung ergeben. Sie war im Telekommunikationsgesetz von 1996 auch nicht vorgesehen. Die Regionalisierung und Veräußerung des BK-Netzes, die die Deutsche Telekom bis Ende 2001 abgeschlossen hatte, basiert damit nicht auf Regelungen, die innerhalb von Info 2000 getroffen wurden, sondern geht auf strategische Überlegungen des Unternehmens selbst zurück.

In gewissem Maße kann diese Entscheidung auch mit den Forderungen der Europäischen Kommission in Zusammenhang gebracht werden, die aus wettbewerbspolitischen Gründen eine rechtliche und organisatorische Trennung von Kabel-TV und Telefonnetz angemahnt hatte (vgl. Europäische Kommission 1998 und Abschnitt 11.1.3.1). In Info 2000 wurde die Doppeleigentümerschaft der Deutschen Telekom allerdings nicht als Problem für die Entwicklung neuer Dienste gesehen. Vom heutigen Standpunkt aus erscheint dies als eines der entscheidenden Versäumnisse des deutschen Aktionsprogramms.

Dabei stellt sich die Frage, warum bei der Liberalisierung des TK-Sektors keine Vorkehrungen getroffen wurden, das TV-Kabelnetz der Deutschen Telekom zu deregulieren und das Unternehmen zu einer Ausgliederung dieses Geschäftsbereichs zu bewegen. Über die Gründe für die Nichtthematisierung der Eigentümerschaft der Telekom über beide Infrastrukturen kann nur spekuliert werden.

Auf eine Anfrage des Berliner Internet-Aktivisten Karl-Heinz Dittberner im Vorfeld der Bonner Beschlußfassung zur Telekommunikations-Gesetzgebung antwortete der damalige Sprecher der SPD-Bundestagsfraktion für Post und Telekommunikation, Rudolf Scharping: „Der Deutsche Bundestag hat am 13. Juni den Entwurf eines Telekommunkationsgesetzes in zweiter und dritter Lesung behandelt und mit großer Mehrheit verabschiedet. Ihr Vorschlag, aus der Deutschen Telekom AG eine gesonderte Netzgesellschaft auszugliedern, wurde nicht aufgegriffen" (Dittberner 1996).

Generell dürften traditionelle Einflussstrukturen und die Befürchtung eines radikalen Abbaus von Arbeitsplätzen für den eher schonenden Umgang mit dem einstigen Monopolisten verantwortlich sein. Bei der Liberalisierung der Telekommunikation wurde versucht, einen Ausgleich zu finden zwischen der Schaffung eines möglichst ungehinderten Wettbewerbs und der Sicherung der Profitabilität des einstigen Staatsunternehmens. Weitergehende Schritte, etwa die Aufteilung des Unternehmens in separate Firmen wurden nicht erwogen. Sie hätten nach der Auffassung der Regierung und der Regulierungsbehörde eine Enteignung der Deutschen Telekom bedeutet, für die es keine rechtliche Handhabe gesehen wurde, die allerdings auch politisch nicht gewollt war (vgl. Bartosch 1998).

Im Resultat bedeutet dies aber, dass der Ansatz, neue Dienste über mehr Wettbewerb zu ermöglichen, nicht konsequent durchgehalten wurde. Einen Infrastrukturwettbewerb, wie er vom Gesetzgeber in den Vereinigten Staaten vorgesehen war, hatten die Macher des Telekommunikationsgesetzes in Deutschland nicht im Sinn.

Dies ist umso schwerwiegender, als sich relativ schnell herausstellte, dass dort, wo Wettbewerb tatsächlich ermöglicht wurde, nämlich zunächst im Ferngesprächsmarkt, relativ rasch neue und günstigere Angebote entstanden sind. In diesem Sinne stellt auch das TKG, ähnlich wie die Reform des Fernmeldewesens in den 80er Jahren, eine „halbherzige Reform" (Grande 1998) dar.

Auch in der *NII* wurden Kabelmodem- und ADSL-Angebote nicht bereits als konkrete neue Zugangsmöglichkeiten zum Internet für private Haushalte vorhergesehen. Allerdings wurden im TCA regulatorische Vorgaben umgesetzt, die auf mehr Wettbewerb zwischen den einzelnen Netzen abzielten. Zum einen betrafen diese Vorkehrungen die Aufhebung von *Cross-Ownership*-Regelungen, die bis dahin Kabelnetzbetreiber von Telekommunikationsdiensten ausgeschlossen hatten und Telefongesellschaften die Verbreitung von Fernsehen untersagt hatten. Zum anderen bezogen sich die Maßnahmen auf die Förderung von Wettbewerb im Ortsnetzbereich.

Im Endeffekt hat der Infrastukturwettbewerb zwischen Kabel-TV-Netzen und lokalen Telefonnetzen tatsächlich zu neuen Medienangeboten geführt, die über die neuen Zugangstechnologien realisiert wurden.

Weiterhin hat sich die im TCA von 1996 vorgesehene offene Regulierung positiv auf die Entstehung neuer Breitband-Internet-Angebote ausgewirkt. Die im TCA als „Advanced Telecommunications Capability" bezeichneten neuen Zugangstechnologien sollten zunächst nicht der herkömmlichen Regulierung für Telekommunikationsdienste unterliegen. Für die im Entstehen begriffenen („nascent") Technologien gelten seither Ausnahmeregelungen, die die FCC laufend erweitert und modifiziert. Vorgaben für die Zusammenschaltung und den entbündelten Zugang sollen erst zu einem späteren Zeitpunkt getroffen werden.

Um die Entwicklung breitbandiger Internet-Angebote einschätzen zu können und auf Marktentwicklungen entsprechend reagieren zu können, erstellt die FCC einen jährlichen Bericht über die Verbreitung von neuen Zugangstechnologien. Dabei behält sie sich ein flexibles Eingreifen für den Fall vor, dass sich die Verbreitung von Breitband-Internet-Angeboten verlangsamt.

14.2.3 Nachfragestrukturen

Als eine wichtige Voraussetzung für den Erfolg von *Highspeed*-Internet-Angeboten wurden entsprechende Erfahrungen der Nutzer mit dem Internet bzw. eine bereits vorhandene Verbreitung von Online-Medien in der Bevölkerung genannt. Da es sich bei Online-Medien um Erfahrungsgüter handelt, deren Nutzen sich erst durch den konkreten Gebrauch erschließt, entwickelt sich die Nachfrage nach interaktiven Diensten parallel zur Vertrautheit mit dem neuen Medium.

In den staatlichen Programmen waren deshalb verschiedene Maßnahmen vorgesehen, um die neuen Medien bekannt zu machen und den Umgang mit ihnen zu stimulieren. In Info 2000 wurde das Thema Medien- bzw. Internet-Kompetenz vor allem im Zusammenhang mit Bildungs- und Ausbildungsmaßnahmen angesprochen. Mit der Initiative „Schulen ans Netz" sollte vor allem bei Schülern die Vertrautheit mit dem neuen Medium erhöht werden (vgl. Breiter 2001: 71-100). Über punktuelle Maßnahmen im Bildungsbereich hinaus unternahm die Bundesregierung in Info 2000 allerdings keine weiteren Anstrengungen, das Internet einer größeren Bevölkerungsgruppe bekannt zu machen.

Auch in der *NII* standen zunächst bildungspolitische Maßnahmen zur Förderung des Umgangs mit dem Internet im Vordergrund. Hier wurden z.B. Schulen mit PCs und Internet-Anschlüssen ausgestattet und entsprechend qualitifizierte Lehrer eingestellt. Weiterhin wurden an öffentlich zugänglichen Plätzen wie z.B. in Bibliotheken, in *Community Centers* oder in kommunalen Ämtern Internet-Terminals aufgestellt, die zur kostenlosen Nutzung des neuen Mediums anregen sollten. Diese Maßnahme war im Rahmen der Anpassung des Universaldienstprinzips an das Online-Zeitalter vorgesehen worden und wurde vom Staat und von privaten Telefongesellschaften finanziert. Dabei stand die Absicht im Vordergund, eine Spaltung der Bevölkerung in *User* und *Non-User* („Digital Divide") zu vermeiden.

Inwiefern sich diese Maßnahme tatsächlich auf die Internet-Verbreitung ausgewirkt hat, läßt sich nicht genau bestimmen. Wichtiger in diesem Zusammenhang ist, dass die Programm-Macher der *NII* erkannt hatten, dass vereinzelte Maßnahmen im Bildungsbereich nicht ausreichen, um die Internet-Verbreitung nachhaltig zu fördern. Vor diesem Hintergrund müssen auch die vielfältigen, zum großen Teil als symbolisch zu bezeichnenden Aktionen von Clinton und Gore selbst gesehen werden. Diese wurden vor allem in ihrer ersten Amtszeit nicht müde, auf Reden und Ansprachen in Interviews und Konferenzen auf die Wichtigkeit des Internets und die Chancen der informationstechnischen Revolution hinzuweisen. Durch die hohe Priorität, die die Clinton/ Gore-Administration den Online-Medien zuwies, diffundierte dieses Thema gewissermaßen in die öffentliche Diskussion und erzeugte so eine erhöhte Aufmerksamkeit in der Bevölkerung.

14.2.4 Landesinitiative in Deutschland

Das in Deutschland untersuchte Kabelmodem-Projekt InfoCity NRW wurde zwar nicht von der Landesregierung initiiert, es hatte aber mit Johannes Rau und Wolfgang Clement wichtige Fürsprecher in der politischen Arena. So wurde es möglich, dass die Genehmigung für den Betreib des *Backbones* bereits vor der offiziellen Liberalisierung der Telekommunikationssektors erteilt wurde und auch im Bereich des Medienrechts wichtige Ausnahmeregelungen getroffen werden konnten, die die Entwicklung des neuen Angebots ermöglichten.

Die spätere Aufnahme des Pilotprojekts in das Landesprogramm zur Förderung von Multimedia hatte dabei über einen gewissen Öffentlichkeitseffekt hinaus keine konkreten Auswirkungen auf den Verlauf des Projekts. Ähnlich wie im Stuttgarter Pilotprojekt zu Video on Demand hatte die Landesreigerung auch hier nicht die Möglichkeit, auf die zentralen Rahmenbedingungen für das neue Angebot, d.h. auf die Besitz- und Betreiberstrukturen im deutschen Kabel-TV-Markt einzuwirken. Eine Veränderung dieser Rahmenbedingungen hätte letztlich nur im Rahmen der Reform des TK-Sektors und damit auf der Bundesebene erfolgen können.

14.3 Passgenauigkeit der Maßnahmen im Bereich interaktiver TV-Dienste in Deutschland und den Vereinigten Staaten

14.3.1 Ordnungspolitische Vorgaben

Als zentrale ordnungs- bzw. medienpolitische Voraussetzungen für das Entstehen interaktiver TV-Dienste konnten in den Fallstudien zum einen die Regelungen für eine offene und diskriminierungsfreie digitale TV-Plattform und zum anderen konkrete Vorgaben für den Umstieg auf die digitale Fernsehtechnik identifiziert werden.

In Info 2000 wurden dabei Themen, die die konkrete Regulierung des digitalen Fernsehens betreffen, zunächst nicht adressiert. Dies hing offensichtlich damit zusammen, dass zum Zeitpunkt der Entstehung der Initiative noch wenig Erfahrungen mit neuen digitalen TV-Angeboten bzw. ihrer Regulierung vorlagen. Darüber hinaus kann für die bundespolitische Enthaltsamkeit bei der Thematisierung solcher Fragen die Kompetenzverteilung zwischen Bund und Ländern in der Medienpolitik verantwortlich gemacht werden.

Dabei wurde im Aktionsprogramm der Bundesregierung sehr wohl erkannt, dass die Entwicklung neuer digitaler Medien und vor allem des interaktiven Fernsehens entsprechende Maßnahmen sowohl auf bundes- als auch auf landespolitischer Ebene erfordert. Eine Koordination zwischen Bund und Ländern bei der Einführung des digitalen Fernsehens hat es allerdings bis zur Initiative Digitaler Rundfunk im Jahr 1998 nicht gegeben.

Im Gegenteil, während sich die Länder für die Offenlegung des d-box-Systems und für einen diskriminierungsfreien Zugang zum digitalen Fernsehen einsetzten und diese Forderung auch im 4. Rundfunkänderungsstaatsvertrag festschrieben, unterstützte Bundeskanzler Kohl über lange Zeit die Allianz zwischen der Kirch

Gruppe, Bertelsmann und der Deutschen Telekom. Seine Intervention bei der Europäischen Kommision, die über die Rechtmäßigkeit des Zusammenschlusses zu entscheiden hatte, konnte allerdings nicht verhindern, dass das Bündnis, das eine geschlossene technische Plattform für das digitale Fernsehen als Standard etablieren wollte, 1997 schließlich verboten wurde.

Dass der diskriminierungsfreie Zugang zur technischen Plattform ein wichtiges Kriterium für der Entwicklung von Anbieter- und Angebotsvielfalt beim digitalen Fernsehen ist, wurde inzwischen von der Politik erkannt. Auf Initiative der Landesmedienanstalten und der ARD und mit Hilfe der Europäischen Kommission konnte im Sommer 1998 durchgesetzt werden, dass die Kirch-Tochter BetaResearch das Betriebssystem der d-box offenlegt und zur Lizensierung freigibt. Seither können prinzipiell auch fremde Diensteanbieter Anwendungen auf der d-box-Plattform programmieren.

Weiterhin problematisch ist allerdings die feste Verankerung des proprietären Verschlüsselungssystems in der d-box. Andere Länder, wie z.B. die USA, haben Gesetze erlassen, die *Common-Interface*-Decoder vorschreiben, in die verschiedene Verschlüsselungsmodule eingesteckt werden können, um die Fernsehprogramme unterschiedlicher Pay-TV-Anbieter empfangen zu können.

Seit 1998 wird über solche Fragen auch in der Initiative Digitaler Rundfunk beraten. Aufgabe der IDR ist es, den Umstieg auf die digitale Fernsehtechnik bis zum Jahr 2010 zu koordinieren. Die Umstiegsszenarien werden dabei in einer Expertengruppe, die aus Vertretern des Bundes, der Länder, der Sendeanstalten und der Technikproduzenten besteht, diskutiert und abgestimmt. Die Abschaltung der analogen Fernsehübertragung im Jahr 2010 soll nur dann erfolgen, wenn bis dahin mindestens 95 Prozent aller Haushalte über digitale Empfangsgeräte verfügen.

Wie diese 95 Prozent erreicht werden sollen, ist allerdings unklar. Die Entwicklung soll der „Dynamik des Marktes überlassen bleiben" (IDR 1998: 9). Spezielle Maßnahmen, die die Sender und die privaten Haushalte dazu motivieren sollen, auf die digitale Technik umzuschwenken, sind bisher nicht vorgesehen.

In den Vereinigten Staaten wurde die Umstellung auf das terrestrische digitale Fernsehen bereits für das Jahr 2006 vorgesehen. Die FCC verband diese Migrationsentscheidung mit der Vergabe von kostenfreien digitalen Lizenzen für die *Networks*. Dadurch sollte den Fernsehsendern der Übergang in eine durchgängig digitale TV-Welt erleichtert werden. Auch die Möglichkeit, im digitalen HDTV-Format zu senden, sollte einen Anreiz für die TV-Sender darstellen, auf die digitale Technik umzusteigen.

Bei den interaktiven Diensten hat die Migrationsentscheidung der FCC eine große Dynamik entfacht, die sich in vielfältigen Entwicklungsaktivitäten und einer Reihe neuer Angebote ausdrückt. Aktiv sind hier nicht nur Unternehmen im Bereich der Unterhaltungselektronik sondern auch Betreiber von Online-Diensten sowie die großen Softwareunternehmen. Durch die Verknüpfung von Online und TV sehen die Unternehmen aus verschiedenen Branchen die Möglichkeit, neue Geschäftsfelder zu erschließen bzw. ihren Einflussbereich auszudehnen.

Für die dynamische Entwicklung in diesem Bereich ist darüber hinaus der Wettbewerb zwischen Kabelfernsehen und Satellitendirektempfang verantwortlich. Die Betreiber der jeweiligen Angebote versuchen, mit innovativen Diensten Alleinstellungsmerkmale zu realisieren und damit einen Vorsprung gegenüber den anderen Anbietern zu erzielen.

14.3.2 Nachfragestrukturen

Für die Verbreitung von interaktiven TV-Diensten, sowohl in der Form von Internet-TV (WebTV) als auch in Form von proprietären Angeboten, sind bereits vorhandene Erfahrungen mit Online-Medien eine wichtige Voraussetzung. Internet-Erfahrungen oder zumindest das Interesse an Online-Anwendungen und die Bereitschaft, sich mit den neuen Medien auseinanderzusetzen, bestimmen in großem Ausmaß die Nachfrage nach neuen interaktiven Diensten über den Fernseher.

Wegen der größeren Bedienerfreundlichkeit sind hier die Hürden für die Nutzung prinzipiell niedriger als bei PC-basierten Internet-Anwendungen. Dennoch erfordern auch TV-basierte Anwendungen die Ausbildung neuer Nutzungskompetenzen, die mithin von der zunehmenden Verbreitung des Internets in der Bevölkerung begünstigt wird.

Die staatlichen Maßnahmen zur Förderung der allgemeinen Internet-Verbreitung wirken sich damit indirekt auch auf die Nachfragestrukturen im Bereich der interaktiven TV-Dienste aus. In Info 2000 und der *NII* sollte die Internet-Verbreitung in der Bevölkerung mit unterschiedlichen Maßnahmen gefördert werden. Hier konnte festgestellt werden, dass die amerikanischen Maßnahmen besser geeignet waren, die Bevölkerung für die neuen Medien zu interessieren (vgl. ausführlicher Abschnitt 14.2.3)

14.3.3 Landesinitiative in Deutschland

Das Pilotprojekt DVB Multimedia Bayern, in dem interaktive TV-Dienste entwickelt und eingeführt werden sollten, ist ebenso wie die anderen deutschen Pilotprojekte in einem landespolitischen Zusammenhang zu sehen. Das Projekt war Teil der Initiative „Bayern Online" und sollte einheimische Medienfirmen in die Lage versetzen, neue Angebote auf der digitalen TV-Plattform anzubieten.

Auch hier wurde allerdings schnell klar, dass die entscheidenden Rahmenbedingungen nicht von den Akteuren auf der Landesebene verändert werden konnten, sondern in einem größeren, länderübergreifenden Zusammenhang geklärt werden mussten. Betroffen waren hiervon zum einen Fragen des Zugangs zur technischen Plattform und zum anderen Fragen der Einspeisung in das BK-Netz der Deutschen Telekom. In beiden Fällen konnten die Projektbetreiber vor Ort keine befriedigende Lösung finden. Die Entscheidung über den Erfolg der neuen Dienste wurde damit nicht von den lokalen Akteuren getroffen, sondern fiel in den Unternehmenszentralen der Kirch Gruppe und der Deutschen Telekom.

15 Zusammenfassung: Staatliche Handlungsfähigkeit im Multimediabereich

Die Analyse der staatlichen Programme zur Informationsgesellschaft hat gezeigt, dass die Maßnahmen des amerikanischen Aktionsprogramms insgesamt besser geeignet waren, die Entstehung und Verbreitung neuer Angebote im Bereich des interaktiven Fernsehens zu fördern. Die Maßnahmen, die innerhalb der *NII* konzipiert und umgesetzt wurden, zeichneten sich durch eine größere Passgenauigkeit, d.h. durch eine bessere Ausrichtung auf die Erfordernisse der konkreten Medienentwicklung aus und fanden dadurch mehr Anknüpfungspunkte im Verhalten von Anbietern und Nutzern vor Ort.

Grundlage für die besseren Ergebnisse der amerikanischen Initiative waren dabei weitgehend zutreffende Annahmen über die Funktionslogik des Adressatenfeldes. Für die Programm-Macher war klar, dass neue Angebote in diesem Bereich nicht von alleine entstehen würden, sondern dass es eines Anstoßes von außen sowie konkreter staatlicher Maßnahmen bedarf, um die Entwicklung in Gang zu setzen.

Insbesondere die neue Konkurrenzsituation zwischen den Telefongesellschaften und den Kabelfernsehnetzbetreibern, die durch die Aufhebung von *Cross-Ownership*-Regelungen ermöglicht wurde, hat dabei eine hohe Innovationsdynamik entfaltet. Aber auch die Vorgaben für mehr Wettbewerb im Ortsnetzbereich haben neue Angebote hervorgebracht. Bei der Regulierung der Netze wurde darauf geachtet, dass ein möglichst offener und fairer Wettbewerb zwischen den verschiedenen technischen Infrastrukturen möglich wird. „Competition was the buzzword of the NII", so ein Inteviewpartner bei der FCC. Entsprechend konsequent wurde dieser Wettbewerbsgedanke bei der Neuregelung der verschiedenen Bereiche angewendet.

Auch bei den neuen Technologien selbst kam das Konzept des Infrastrukturwettbewerbs zum Tragen: Breitband-Internet-Angebote sollten zunächst von den üblichen telekommunikationsrechtlichen Vorschriften ausgenommen bleiben, solange das gleiche Angebot über verschiedene Infrastrukturen (Telefonnetz, Kabel-TV-Netz, terrestrische, drahtlose Netze) angeboten wurde. Solange Wettbewerb *zwischen* den verschiedenen Infrastrukturen bestand, sollte auf Regelungen für einen Wettbewerb *innerhalb* der einzelnen Netze verzichtet werden. Bis zu einer größeren Verbreitung dieser so genannten *Nascent Technologies* sollten damit die Investitionen der Betreiber in die technische Aufrüstung ihrer Netze geschützt werden. In einem umfangreichen *Monitoring*-Prozess beobachtet die FCC seit 1998 die Verbreitung neuer Zugangstechnologien und behält sich ein regulatives Eingreifen in diesen Markt vor.

Bei der Einführung des digitalen Fernsehens wurde ganz ähnlich vorgegangen. Auch hier wurde darauf gesetzt, dass die Akteure zu Investitionen in neue Technologien bereit sind und neue Anwendungen entwickeln würden, wenn ein entsprechend offenes Wettbewerbsumfeld gewährleistet ist. Ein zusätzlicher Anreiz für den Umstieg der Fernseh-*Networks* auf die digitale Technik wurde dabei in der Zuweisung kostenloser digitaler Frequenzen gesehen.

Darüber hinaus wurden in der *NII* auch Maßnahmen zur weiteren Verbreitung des Internets in der Bevölkerung vorgesehen und entsprechend umgesetzt. Dabei wurde von den Programm-Machern erkannt, dass vereinzelte Maßnahmen im Bildungsbereich nicht ausreichen, um die Internet-Verbreitung nachhaltig zu fördern. Deshalb wurden über zusätzliche flankierende Maßnahmen wie die Bereitstellung öffentlicher Intenet-Terminals in Bibliotheken, Schulen und kommunalen Behörden Möglichkeiten des Zugangs für alle Bevölkerungsgruppen geschaffen. Ziel war es hier, den praktischen Umgang mit dem neuen Medium anzuregen und über die Schaffung entsprechender Nachfragestrukturen letztlich zu einer schnelleren Adaption beizutragen.

Über den konkreten regulatorischen und bildungspolitischen Maßnahmen stand dabei die Vision einer nationalen Informations-Infrastruktur, deren Verwirklichung die Clinton/ Gore-Administration zu ihrem zentralen Anliegen gemacht hatte. Entsprechende Aufmerksamkeit erfuhr das Thema in den Medien und der öffentlichen Diskussion. Clinton und Gore haben es dabei verstanden, die Bedeutung des Internets und die Chancen der informationstechnischen Revolution mit großer Glaubwürdigkeit vorzutragen.

Bei der Umsetzung der einzelnen Maßnahmen konnte sich die Führungsspitze darüber hinaus auf die Kompetenz und Motivation der Implementationsstellen und insbesondere der FCC verlassen, die ihren Interpretationsspielraum bei der Konkretisierung der Vorgaben „im Geiste" des Programms nutzte.

Die deutsche Initiative für die Informationsgesellschaft konnte dagegen ihr Ziel, Multimedia möglich zu machen und die Kommunikationsmöglichkeiten der privaten Haushalte zu erweitern, nicht in gleichem Umfang erreichen. Die Maßnahmen, die innerhalb von Info 2000 umgesetzt wurden, fanden über weite Strecken keine Entsprechungen in den Handlungslogiken der Medienakteure und waren dadurch insgesamt weniger geeignet, die Entwicklung von neuen Angeboten im Bereich des interaktiven Fernsehens zu fördern.

Insbesondere bei der Anpassung des medien- und telekommunikationsrechtlichen Rahmens an die Erfordernisse der digitalen Medienentwicklung konnten dabei wichtige Versäumnisse festgestellt werden. Die Beibehaltung der Doppeleigentümerschaft der Deutschen Telekom hat sich in diesem Zusammenhang negativ auf die Entwicklung neuer Angebote ausgewirkt. Der fehlende Wettbewerb zwischen dem Telefonnetz und dem Kabel-TV-Netz hatte zur Folge, dass Investitionen in die technische Aufrüstung des Kabel-TV-Netzes weitgehend ausgeblieben sind. Tatsächlich konnte von der Deutschen Telekom nicht erwartet werden, dass sie sich im Bereich der interaktiven Medien und insbesondere bei den neuen Zugangstechnologien selbst Konkurrenz machen würde.

Die Liberalisierung des Telekommunikationssektors, die in Info 2000 als wichtigste Maßnahme zur Ermöglichung neuer Angebote angesehen wurde, ist in dieser Hinsicht auf halben Wege stehengeblieben. Denn während im Ferngesprächsmarkt entsprechende Vorkehrungen für mehr Wettbewerb getroffen wurden, blieb der - für neue Anwendungen besonders wichtige - Ortsnetzbereich sowie der Breitbandkabel-Markt von mehr Wettbewerb weitgehend verschont.

Auch die Schaffung eines einheitlichen rechtlichen Rahmens für neue Dienste hat nicht die Dynamik ausgelöst, die sich die Programm-Macher in Info 2000 erhofft hatten. Die Annahme, dass Investitionen in neue Medienangebote nur deshalb nicht getätigt werden, weil es für diese Dienste keine klaren inhaltlichen Regulierungsvorgaben und mithin keine Rechtssicherheit gab, hat sich dabei als unzutreffend erwiesen. Keines der in Deutschland untersuchten Projekte ist letzlich daran gescheitert, dass es keinen einheitlichen Rechtsrahmen oder eindeutige Kompetenzverteilungen zwischen Bund und Ländern bei den neuen Diensten gab.

Die Frage der Verantwortlichkeit für Internet-Inhalte, die schließlich im IuKDG und im Mediendienstestaatsvertrag geregelt wurde, spielte für Internet-Anbieter und für Betreiber von Online-Diensten zwar durchaus eine wichtige Rolle. Die juristische Festlegung alleine konnte allerdings noch keinen Investitionsschub bei den neuen Diensten auslösen. Tatsächlich hatte die Diskussion um Kompetenz- und Zuordnungsfragen in Deutschland eine gewisse Eigendynamik angenommen, die über weite Strecken den Blick auf die eigentlichen Rahmenbedingungen für das Entstehen neuer Anwendungen verstellte.

Darüber hinaus hat es die Bundesregierung in Info 2000 nicht verstanden, eine ähnlich weitreichende Vision für die Informationsgesellschaft zu entwickeln, wie es Clinton und Gore mit der *NII* gelang. Für die Bundesregierung war die Informationsgesellschaft nur ein Thema unter vielen, eine besondere Affinität mit Themen der informationstechnischen Vernetzung ließ die politische Spitze in Deutschland nicht erkennen. Entsprechend mangelte es ihr in diesem Bereich an Glaubwürdigkeit.

Gefehlt hat in Deutschland weiterhin eine Instanz, die mit entsprechendem *Know-how* und institutioneller Unterstützung eine adäquate Umsetzung politischer Vorgaben bei der konkreten Regulierung neuer Technologien und neuer Anwendungen hätte gewährleisten können. Im amerikanischen Kontext erfüllte diese Funktion die FCC. In Deutschland war die neugegründete RegTP in diesem Zusammenhang lange Zeit überfordert. Sie konnte keine eigenen, zusätzlichen Impulse für die Entwicklung neuer Technologien geben.

15.1 Kombination von harten und weichen Faktoren

Insgesamt hat die Untersuchung die Annahme bestätigt, dass die traditionellen Instrumente staatlicher Steuerung der Medienentwicklung im Multimediabereich weitgehend unbrauchbar geworden sind. Eine ähnlich dekretive Politik wie bei der Einführung des Kabelfernsehens in den 80er Jahren oder bei der Entwicklung von Bildschirmtext läßt sich im gegenwärtigen Umfeld, das sich durch eine ungleich höhere Komplexität und Dynamik auszeichnet, nur noch schwer vorstellen.

Die staatlichen Programme zur Informationsgesellschaft wurden in diesem Zusammenhang als Versuch interpretiert, über die entsprechende Gestaltung von
Rahmenbedingungen und die Ausrichtung wirtschaftlicher Akteure auf ein gemeinsames Ziel, verlorengegangene staatliche Gestaltungsräume mit neuen Strategien
zurückzugewinnen.

Tatsächlich hat die Analyse der Aktionsprogramme gezeigt, dass die Handlungskapazität des Staates im Multimediabereich vor allem mit solchen Strategien erhöht
werden kann, die man als „intelligente Kombination von harten und weichen
Faktoren" bezeichnen könnte. Unter „harten" Faktoren können dabei Wettbewerbsbestimmungen sowie konkrete ordnungs- und medienrechtliche Regulierungsvorgaben verstanden werden und unter „weichen" Faktoren die Entwicklung von
Visionen, Überzeugungsstrategien und Formen symbolischer Politik.

Das amerikanische Programm war vor allem deshalb erfolgreich, weil es diese
Faktoren konsequent eingesetzt und in eine inhaltliche Übereinstimmung gebracht
hat. Durch die hohe Priorität, die die Clinton/ Gore-Administration dem Aufbau der
nationalen Informationsinfrastruktur zuwies, konnte die *Agenda for Action* zur
„handlungsleitenden Basis" (Klumpp/ Schwemmle 2000: 7) werden, die trotz aller
Interpretationsspielräume, die sie den einzelnen Akteuren ließ, Kräfte bündeln und
Energien freisetzen konnte.

In Deutschland hat sich dagegen insbesondere bei der Untersuchung der
Projekte, die auf Initiative der jeweiligen Landesregierung zustande kamen,
gezeigt, dass vielfach noch nach alten Mustern staatlicher Medienentwicklung
verfahren wurde. Hier sollte in Pilotprojekten in einem regional begrenzten Umfang
die Errichtung und der Betrieb einer speziellen technischen Infrastruktur finanziert.
Private Anbieter von Mediendienstleistungen sollten dann ihre Angebote auf dieser
Infrastruktur entwickeln und die Akzeptanz der neuen Dienste testen können (siehe
auch Kubicek/ Beckert/ Sarkar 1998: 13-19). Dabei stellte sich heraus, dass die
entscheidenden Rahmenbedingungen nicht auf Landesebene oder von lokalen
Akteuren gestaltet werden konnten, sondern von übergeordneten Regulierungsvorgaben des Bundes abhingen bzw. länderübergreifende Regelungen erfordert
hätten. Die „harten" Faktoren lagen damit außerhalb der Reichweite der Projektverantwortlichen. Sie wurden von Akteuren auf einer höheren Ebene bestimmt, die
allerdings keinen Bezug zum Geschehen vor Ort hatten.

Dieser Typ von Projekten stellt sich auch vor dem Hintergrund der aktuellen
medientechnischen Entwicklungen als nicht mehr angemessen dar, weil viele
Innovationen nicht mehr auf dieser Basis erfolgen. Manche Informations- und
Kommunikationsdienstleistungen, für die noch vor wenigen Jahren die Errichtung
einer besonderen technischen Infrastruktur für erforderlich gehalten wurde und für
die daher Pilotprojekte geplant wurden, können heute aufgrund neuerer technischer
Entwicklungen auch auf der vorhandenen Infrastruktur angeboten werden.

Das Internet hat dabei, wie gezeigt, zu einer zunehmenden Entkopplung von
Technik und Inhalten geführt. In Zukunft können bestimmte Inhalte auf allen
technisch möglichen Distributionswegen verbreitet werden, und die einzelnen
Distributionswege werden mit Zusatzeinrichtungen unterschiedliche Inhalte in

unterschiedlichsten Repräsentationsformen transportieren. Die Angebote werden sich dabei so schnell ändern und mischen, dass längerfristige Planungen auf Anbieterseite und auch regulative Detailregelungen kaum noch angemessen getroffen werden können. Umso wichtiger werden deshalb in Zukunft übergeordnete Rahmenbedingungen, d.h. Vorkehrungen für den offenen Wettbewerb zwischen den verschiedenen technischen Infrastrukturen.

16   Literatur

ALM, 1999: *Medienregulierung im Wandel - Zum Rang und zur Rolle der Landesmedien-anstalten*. Ein Positionspapier der ALM (Arbeitsgemeinschaft der Landesmedien-anstalten in der Bundesrepublik Deutschland), Berlin: ALM, www.alm.de

Alterman, Rachelle, 1983: Implementation Analysis: The Contours of an Emerging Debate. In: *Journal of the American Planning Education and Research* 3 (Summer), 63-65.

Anderson, Ken, 1999: *The Impact of "Always On" High Speed Data Services: An Ethno-graphic Study*. Presented at the Internet Telephony Consortium Meeting January 28-29, 1999.

ANGA 1999: *25 Jahre Kompetenz in Breitbandkommunikation. Festschrift.* Bonn: ANGA.

ARD/ZDF-Arbeitsgruppe Multimedia, 1999: Nichtnutzer von Online: Einstellungen und Zugangsbarrieren. Ergebnisse der ARD/ZDF-Offline-Studie 1999. In: *Media Per-spektiven* 8, 415-422.

Arnold, Franz, 1998: Die Ausgliederung und Restrukturierung des Breitbandkabelgeschäfts der Deutschen Telekom AG. In: *Tel-Com-Brief*, September, 1-2.

Auletta, Ken, 1997: *The Highwaymen. Warriors of the Information Superhighway*. New York: Random House.

Baestlein, Angelika/ Konukiewitz, Manfred, 1980: Implementation der Raumordnungspolitik: Die Schwierigkeiten der Koordination. In: Mayntz 1980, 36-58.

Barrett, Susan/ Fudge, Colin (eds.), 1981: *Policy and Action. Essays on the Implementation of Public Policy*. London, New York: Methuen.

Bartosch, Andreas, 1998: Das neue EG-Telekommunikationsrecht. Der Richtlinienentwurf zur rechtlichen Trennung der beiden großen Netzwerke In: *Kommunikation & Recht*, 8/1998, 339ff.

Bauer, Jörg, 1989: *Regulierung, Deregulierung und Unternehmensverhalten in Infrastruktur-sektoren. Dissertation*, Wirtschaftsuniversität Wien.

Bayers, Chip, 1999: Ober 17 Million Served. In: *Wired* Issue 7.10, October, www.wired.com.

Beck, Ulrich, 1986: *Risikogesellschaft. Auf dem Weg in eine ander Moderne*. Frankfurt a. M.: Suhrkamp.

Beckert, Bernd, 1996: *Forschungs- und Technologiepolitik auf dem Weg in die Informations-gesellschaft. Veränderte Rahmenbedingungen zur Steuerung technologischer Inno-vationen im Politikfeld Multimedia*. Magisterarbeit an der Universität Konstanz. Fakultät für Politik und Verwaltungswissenschaft. September.

Beckert, Bernd/ Kubicek, Herbert, 1999: Multimedia möglich machen: Vom Pilotprojekt zur Markteinführung. In: *Media Perspektiven* 3, 128-143.

Beckert, Bernd/ Kubicek, Herbert, 2000: *Narrowcast: Die TV- und Online-Erweiterung. Anbieterstrategien und Erfolgsfaktoren für neue digitale Fernsehdienste und breit-bandige Online-Angebote*. Bremen: Schintz.

Bekkers, V.J.J.M., 1997: The Emergence of the Electronic Superhighway: Do Politics Matter? In: Kubicek/ Dutton/ Williams 1997, 158-172.

Berghaus, Margot, 1995: Zuschauer für interaktives Fernsehen. Ergebnisse einer qualitativen Befragung. In: *Rundfunk und Fernsehen* 34, 506-517.

Berner, Walter, 1998: Die Initiative Digitaler Rundfunk. In: *Funkschau* 19/98, 34-35.

Bertelsmann Stiftung, 1997: *Kommunikationsordnung 2000. Grundsatzpapier der Bertels-mann Stiftung zu Leitlinien der zukünftigen Kommunikationsordnung*. Gütersloh: Bertelsmann Stiftung, www.stiftung.bertelsmann.de/alt/verlag/ medien.htm.

Bertelsmann Stiftung, 1999: *Aufsicht auf dem Prüfstand: Herausforderungen an die deutsche Medien- und Telekommunikationsaufsicht.* Eine Studie von Booz, Allen & Hamilton, Gütersloh, 7. Mai 1999, www.stiftung.bertelsmann.de/publika/download/ medien.htm.

Bicknell, Craig/ Sullivan, Jen, 1998: Who Will Rule the Set-Top Box? In: *Wired News*, 8. April, www.wired.com/news.

Bijker, Wiebe E./ Law, John (eds.), 1992: *Shaping Technology/ Building Society. Studies in Sociotechnical Change.* Cambridge, Massachusetts and London, England: MIT Press.

BITKOM, 2000: *Wege in die Informationsgesellschaft. Status quo und Perspektiven Deutschlands im internationalen Vergleich. Edition 2000*, BITKOM (Bundesverband Informationswirtschaft, Telekommunikation und neue Medien e.V.). Berlin/ Frankfurt a.M.: BITKOM.

Bleich, Holger, 2000: Schlechte Aussichten für das Breitbandkabel. In: *Heise News*, 7. November, www.heise.de

BMBF (Hrsg.), 1995: *Informationsgesellschaft. Chancen, Innovationen und Herausforderungen. Feststellungen und Empfehlungen des Rates für Forschung, Technologie und Innovation.* Dezember, Bonn: Bundesministerium für Bildung, Wissenschaft, Forschung und Technologie.

BMWi, 1996: *Info 2000: Deutschlands Weg in die Informationsgesellschaft. Bericht der Bundesregierung.* Februar, Bonn: Bundesministerium für Wirtschaft.

BMWi, 1997: *Info 2000. Deutschlands Weg in die Informationsgesellschaft. Fortschrittsbericht der Bundesregierung.* Oktober, Bonn: Bundesministerium für Wirtschaft.

Bohner, Otto, 1996: Multimedia-Pilotprojekt Baden-Württemberg. Stand und technische Realisierung. Aktivitäten der Deutschen Telekom im Bereich Interactive Video-Services (IVS). Vortrag auf dem Workshop der Messe digital + online am 7. Mai in Stuttgart.

Bohnert, Werner/ Klitzsch, Wolfgang, 1980: Gesellschaftliche Selbstregulierung und staatliche Steuerung. Steuerungstheoretische Anmerkungen zur Implementation politischer Programme. In: Mayntz 1980a, 200-215.

Bormann, Carsten/ Seifert, Nils, 1998: IP-Multicast über Satellit. In: *Funkschau* 21, 55-57.

Braun, Thomas, 1998: Die Regionalisierung der DTAG-Kabelnetze aus Sicht der ANGA. In: *Infosat* 12, Nr. 129, 122-124

Breiter, Andreas, 2000: *Informationstechnikmanagement in Schulen. Gestaltung eines integrierten Technikeinsatzes in Schulen.* Dissertation im Fachbereich 3 (Mathematik/ Informatik) der Universität Bremen. März.

Breiter, Andreas, 2001: *IT-Management in Schulen. Pädagogische Hintergründe, Planung, Finanzierung und Betreuung des Informationstechnikeinsatzes.* Neuwied: Luchterhand.

Brinkley, Joel, 1997: *Defining Vision. The Battle for the Future of Television.* New York, San Diego, London: Harcourt Brace.

Brown, Eric, 1998: Interactive TV: The Sequel In: *NewMedia*, February 10.

Brown, Eric, 2000: Will AOL-Time Warner Bring Broadband to the Masses? In: *Newmedia*, January 20.

Bruck, Peter A., 1993: Markt braucht Staat - eine Einleitung. In: Bruck, Peter A. (Hrsg.): *Medienmanager Staat. Von den Versuchen des Staates, Medienvielfalt zu ermöglichen. Medienpolitik im internationalen Vergleich.* München: R. Fischer, 17-34.

Bücken, Rainer, 1999: TV und Internet bleiben zwei Welten. In: *Funkschau* 18/99, 53-54.

Buddine, Laura/ Norman, Paul/ Young, Kate, 1999: Lessons Learned from WebTV: Two Years of Internet TV. Study by iacta (interaction via television) February, www.iacta.com.

Buel, Stephen, 1999: Spread of High-Speed Access Expected to Transform Internet Usage. In: *Mercury News* January 19, www.mercurycenter.com.

Bundesministerium für Bildung, Wissenschaft, Forschung und Technologie (BMBF) (Hrsg.), 1998: *Multimedia möglich machen. Deutschlands Weg in die Wissensgesellschaft.* Februar. Bonn: Einsatz.

Burmeister, Klaus, 1999: Die Förderung von Multimedia in Städten - das Beispiel Nordrhein-Westfalen. In: Kubcek et al. (Hrsg.), 1999: *Jahrbuch Telekommunikation und Gesellschaft* 1999, 100-104.

CableLabs, 1996: Cable Data Modem Performance Evaluation. A Primer for Non-Tecnical Readers. November, Boulder, CO: CableLabs.

Cameron, Andrew, 1995: Dissimulations: The Illusion of Interactivity, In: *MFJ (Millenium Film Journal)* No. 28 (Spring) Special Feature: Interactive Cinema, Interactivities, 33-47, http://mfj-online.org.

Campbell, Penny/ Konert, Bertram, 1997: *Bausteine der Informationsgesellschaft. Ziele und Initiativen der Europäischen Politik*, Europäisches Medieninstitut e.V., Media Monographie 22, Düsseldorf: EIM.

Canibol, Hans-Peter, 1997: Start frei für InfoCity. In Düsseldorf beginnt das ambitionierteste und größte Multimedia-Projekt der Welt. In: *Focus*, 3. März.

Caristi, David, 1998: The Iowa Communications Network. The Policy Implications of Publicly Funded Infrastructure. In: *Telecommunications Policy*, Vol. 22, No. 7, August, 617-628.

Chapman, Gary, 1999: In Battle of the Internet Titans, Users Are Likely to Be the Losers. In: *L.A. Times*, February.

Chapman, Gary, 2000: Tech Policy Likely to Emerge as a Key Issue in Campaign. In: *Los Angeles Times*, August 14.

Chiddix, James, 1993: The Full Service Network. Presentation, September. www.twc.com.

Chiddix, James/ Baily, Wendall, 1995: The Role of Cable Television In The NII. White Paper delivered for the NII Steering Committee. In: Computer Science and Telecommunications Board 1996, www.nap.edu/readingroom/books/ unpredictable/index.html.

Chuck, Lysbeth B., 1999: Confessions of an Infonesiac. In: *Searcher*, January Vol. 7, Issue 1, 10.

Claus, Joachim, 1995: The European Information Infrastructure Required for Regional Competitive Advantage. In: *European Telecommunication Standardization and the Information Society. The state of the art*, ed. by Etsi. London: Atalink-Etsi. 75-88.

Cloß, Wolfgang, 1998: Rundfunkrecht kann nicht durch Kartellrecht ersetzt werden. Zur Gegenwart und Zukunft der Rundfunkordnung in Deutschland. In: *tendenz* 1/98, 16-17.

Computer Science and Telecommunications Board, 1996: *The Unpredictable Certainty. Information Infrastructure Through 2000*. Report of the National Research Council. Washington, D.C.: National Academy Press, www.nap.edu/readingroom/ books/unpredictable/index.html.

Cowie, Campbell/ Marsden, Christopher T., 1998: Convergence, Competition and Regulation. In: *IJCLP International Journal of Communications Law and Policy* Issue 1, Summer. www.digital-law.net.

d'Udekem-Gevers, Marie/ Lobet-Maris, Claire, 1997: Non-Profit Applications on the Information Highways. Comparing Grant Programs of the European Commission and the National Telecommunications and Information Administration (NTIA). In: Kubicek/ Dutton/ Williams, 199-210.

Dahlen, Christian U., 1999: Digitale interaktive Dienste in den USA und ihre Bedeutung für Europa. The Online-Living-room. Präsentation auf dem Medienforum Berlin-Brandenburg am 2.9. in Berlin. Manuskript.

Dahlen, Christian U, 1999a: *Highspeed*-Internet mit Excite@Home. In: *KabelNet* 3/99, www.kabel-tv.de.

Dean, Katie, 1999: PBS, Digital-TV Pioneer. In: *Wired News*, 24. June, www.wired.com/ news.

Deutscher Bundestag (Hrsg.), Enquete Kommission Zukunft der Medien in Wirtschaft und Gesellschaft, 1997: *Meinungsfreiheit, Meinungsvielfalt, wettbewerb. Rundfunk-begriff und Regulierungsbedarf bei den Neuen Medien,* Bonn: ZV.

Deutscher Bundestag (Hrsg.), Enquete Kommission Zukunft der Medien in Wirtschaft und Gesellschaft, 1998: *Deutschlands Weg in die Informationsgesellschaft*, Bonn: ZV.

Dittberner, Karl-Heinz, 1996: Auszug aus dem Briefwechsel mit Rudolf Scharping und Hans Martin Bury zur Reform des Telekommunikationssektors, In: *T-Offline*, 19. Juni, userpage.fu-berlin.de/~dittbern/Telekom/Offline.html

DoC, Department of Commerce, 1995: *Falling Through the Net: A Survey of the "Have Nots" in Rural and Urban America*. July, Washington, D.C.: DoC.

DoC, Department of Commerce, 1997: *National Telecommunications and Information Administration. Annual Report 1997*, Washington, D.C.: DoC.

Dörr, Dieter, 1997: Die Kabelbelegungsregelungen in den Landesmediengesetzen und der Anspruch auf unentgeltliche Durchleitung des Fernsehprogramms PREMIERE zu den angeschlossenen Haushalten. In: *Zeitschrift für Urheber- und Medienrecht* 41, Nr. 5, 337-372.

Dörr, Dieter, 1998: Die KEK - ein taugliches Instument zur Bekämpfung der Medien-konzentration? Versuch einer ersten Bilanz der Arbeit der Kommission zur Ermitt-lung der Konzentration im Medienbereich. In: *Media Perspektiven* 2, 54-60.

Drake, William, 1995: The National Information Infrastructure Debate: Issues, Interests, and the Congressional Process. In: Drake, William (ed.): *The New Information Infra-structure. Strategies for U.S. Policy.* New York: The Twentieth Century Fund Press.

Driesen, Oliver, 2000: Kabulske im Datenstau. In: *Spiegel* Nr. 45, 178-182.

Dunn, Darrell, 1997: Cable Modems Bring Back Excitement. In: *Electronic Buyer´s Guide* Issue 1045, February 17.

Dutton, William H. (ed.), 1994: *Information and Communication Technologies. Visions and Realities*. London: Oxford University Press.

DVB Multimedia Bayern, 1996: *Kurzfassung des Konzeptes für das Digital Broadcasting (DVB) Multimedia-Pilotprojekt in Bayern*. Manuskript, München, 1. Oktober.

DVB Multimedia Bayern, 1998: *Jahresbericht 1998 zum DVB Multimedia Pilotprojekt im Rahmen von Bayern Online*. München: Manuskript. 31. Dezember.

DVB Multimedia Bayern, 1999: *Modifiziertes Konzept für die Durchführung des Digital Video Broadcast (DVB)-/ Multimedia-Pilotprojektes* Bayern. Manuskript, erstellt von Walter Möller, München, 25. Mai.

Eckstein, Eckhehart, 1997: Das größte Multimediaprojekt entsteht. In: *Funkschau* 18/97, 14. August, 28-33.

Economist 1995: The Myth of the Powerless State. In: *The Economist*, October 7th, 114.

Elmore, Richard F., 1985: Forward and Backward Mapping: Reversible logic in the analysis of Public Policy. In: Hanf, Kenneth/ Toonen, Theo A.J. (eds.): *Policy Implementa-tion in Federal and Unitary Systems. Questions of Analysis and Design*. Dordrecht, Boston, Lancaster: Martinus Nijhoff, 33-70.

Emmerich, Martin, 1993: *Interaktives Fernsehen. Integration der Medien Fernsehen und Computer*. Manuskript des Referats im Studiengang Informationswissenschaft der Universiät des Saarlandes, Saarbrücken, November.

Empirica, 1998: *Begleitforschung zum Modellversuch „InfoCity NRW". Diffusion, Akzeptanz und Nutzung*. Abschlußbericht. Bearbeitet von Ulrich Schmid und Sascha Hofmann. Bonn: Empirica.

Esposito, Elena, 1995: Interaktion, Interaktivität und Personalisierung der Massenmedien. In: *Soziale Systeme.Zeitschrift für soziologische Theorie* Jg. 1, Heft 2, 225-260.

Europäische Kommission (Hrsg.) 1997: *Grünbuch zur Konvergenz der Branchen Telekommunikation, Medien und Informationstechnologie und ihren ordnungspolitischen Auswirkungen. Ein Schritt in Richtung Informationsgesellschaft.* KOM-(97) 623. www.ispo.cec.be/convergencegp.

Europäischer Rat, 1994: *Europa und die globale Informationsgesellschaft. Empfehlungen für den Europäischen Rat (Bangemann-Bericht).* Brüssel: Europäischer Rat.

European Commission, 1998: *Cable Review*: Communication Concerning the Review Under Competition Rules of the Joint Provision of Telecommunications and Cable TV Networks by a Single Operator and the Abolition of Restrictions on the Provision of Cable TV Capacity Over Telecommunications Networks, OJ C 71, Brussels, March.

Everschor, Franz, 2000: Fernsehen zwischen Zuschauern und Aktionären. Die Krisensituation der US-amerikanischen Broadcast-Networks. In: *Funkkorresspondenz* 23, 6-14.

Excite At Home Corporation, 2000: *Annual Report Pursuant to Section 13 of the Securities Exchange Act of 1934.* Business Report Form 10-K. Wahington, D.C.: Securities And Exchange Commission.

Farhi, Paul, 1998: Competition in Cable TV Arrives. Starpower Becomes 2nd Service Provider in Gaithersburg. In: *The Washington Post*, September 24, 1998, Page E03.

Faßler, Manfred, 1996: *Mediale Interaktion. Speicher, Individualität, Öffentlichkeit.* München: Fink.

FCC, 1997: *Annual Assessment of the Status of Competition in the Markets for the Delivery of Video Programming: Fourth Annual Report.* FCC No. 97-423, CS Docket No. 97-141, FCC, Washington, D.C., www.fcc.gov/Bureaus/Cable/Reports/fcc97 423.html.

FCC, 1998: FCC Launches Inquiry, Proposes Actions to Promote the Deployment of Advanced Telecommunications Services By All Providers. Press Release to Report No. CC 98-24, August 6, www.fcc.gov.

FCC, 1999: *Report on the Development of Advanced Telecommunications Capability to All Americans*, January 28, CC Docket No. 98-146, www.fcc.gov/Bureaus/Common_ Carrier/News_Releases/1999/nrcc9004.html

FCC, 2000: *Report on the Deployment of Advanced Telecommunications Capability to All Americans (Second 706 Report)*, August 23, CC Docket No. 98-146, www.fcc.gov/ Bureaus/Common_Carrier/Orders/2000/ fcc00290.pdf.

Felsenberg, Alexander/ Kind, Thomas/ Schanze, Helmut/ Tabeling, Petra, 1995: *Statusbericht zur Situation der deutschen Pilotprojekte zum „Interaktiven Fernsehen".* Arbeitshefte Bildschirmmedien des DFG-Sonderforschungsbereichs 240 an der Universität-GH Siegen Nr. 56. Siegen: Universität-GH Siegen.

Fidler, Roger, 1997: *Mediamorphosis. Understanding New Media.* Thousand Oaks, CA/ London/ New Delhi: Pine Forge Press.

Fleischhauer, Jan, 1997: „Öl des 21. Jahrhunderts" In: *Spiegel*, 8, 96-106.

Fletcher Research, 1999: *Interactive TV: Models for Growth. The Fletcher Research Report on UK Interactive Television.* December, www.fletch.co.uk.

Franke, Herbert W., 1994: Der neue Zuschauer - vom Zapper zum Regisseur. In: Reinhard 1994, 51-60.

Gamm, Christoph/ Kunze, Michael, 1994: Wunschprogramm. Video on Demand in Vision und Realität. In: *c´t* 10, 151-152.

Gangloff, Tilmann P., 2000: Aufteilen in Regionen und Hochrüsten. Wie sich die Telekom die Zukunft des TV-Kabels vorstellt. In: *Frankfurter Rundschau* 20. März.

Garling, Jens, 1997: *Interaktives Fernsehen in Deutschland.* Europäische Hochschulschriften, Reihe 40, Kommunikationswissenschaft und Publizistik, Bd. 67. Frankfurt a.M./ Berlin, Bern u.a.: Peter Lang.

Garnham, Nicholas, 1995: Multimedia - Ökonomische, institutionelle und kulturelle Konvergenzhindernisse. In: Kubicek, Herbert (Hrsg.), 1995: *Jahrbuch Telekommunikation und Gesellschaft.* Heidelberg: R.v. Decker, 70-77.

Gebrande, Martin, 2000: Randvoll: Kabelbelegung auf dem Weg zur Missbrauchsaufsicht. In: *tendenz* 1/2000, 12-13.

Geppert, Martin/ Roßnagel, Alexander, 1998: *Telemediarecht. Telekommunikations- und Multimediarecht*, 1. Auflage, München: C.H. Beck.

Gergen, Kenneth J., 1991: *The Saturated Self. Dilemmas of Identity in Contemporary Life*. New York: Basic Books.

Gerlach, Ekkehart, 1996: Auf der Infobahn in das Informationszeitalter. In: Müller, Günter/ Kohl, Ulrich/ Strauß, Ralf (Hrsg.), 1996: *Zukunftsperspektiven der digitalen Vernetzung*. Heidelberg: dpunkt, 385-416.

Gerlach, Ekkehart, 1998: InfoCity NRW. Was erwartet der Homo Connectus vom Netz. In: Leggewie, Claus/ Maar, Christa (Hrsg.): *Internet und Politik. Von der Zuschauer- zur Beteiligungsdemokratie.* Köln: Bollmann, 475-480.

Gerlach, Ekkehart, 1999: Die InfoCity. Was will der Homo Connectus. In: Rutz, Michael (Hrsg.): *Die Byte-Geselschaft. Informationstechnologie verändert unser Leben*. München: Olzog, 223-236.

Gersdorf, Hubertus, 1997: *Chancengleicher Zugang zum digitalen Fernsehen. Eine Untersuchung des verfassungsrechtlichen Regulierungsrahmens am Beispiel des Entwurfs zum Vierten Rundfunkänderungsstaatsvertrag vom 27. Februar 1998.* DLM-Schriftenreihe Band 10, Vistas: Berlin.

Giesecke, Michael, 1991: *Der Buchdruck in der frühen Neuzeit. Eine historische Fallstudie über die Durchsetzung neuer Informations- und Kommunikationstechnologien* 1. Aufl. - Frankfurt am Main: Suhrkamp.

Gilder, George, 1994: *Life after Television: The Coming Transformation of Media and American Life* (rev. ed.), New York: Norton.

Glaser, Peter, 1995: *24 Stunden im 21. Jahrhundert. Onlinesein. Zu Besuch in der Neusten Welt.* Frankfurt/ M.: Zweitausendeins.

Glaser, Peter, 1997: Magischer Hauch. In: *Spiegel Special* 3 „Der digitale Mensch", März.

Glaser, Robert, 2000: „Kunden sind nicht kriminell". In: *Der Spiegel* Nr. 8, 150-152.

Glotz, Peter, 1997: Der Staat muss begreifen, dass er als Moderator tätig werden muss. Bisher weiß niemand, wie weit neue Informationstechnologien auch neue Märkte erschließen werden. In: *Frankfurter Rundschau* 20 Mai.

Goertz, Michael, 1995: Wie interaktiv sind Medien? Auf dem Weg zu einer Definition von Interaktivität. In: *Rundfunk und Fernsehen* 34, 477-493.

Gola, Peter/ Jaspers, Andreas/ Müthlein, Thomas, 1997: Die neuen „Tele-Gesetze". Eine Abgrenzung zwischen Telekommunikation, Telediensten und Mediendiensten. In: *IT-Sicherheit. Praxis der Daten- und Netzsicherheit* Heft 5, 3-10.

Goldhammer, Klaus/ Zerdick, Axel, 1999: *Rundfunk Online. Entwicklung und Perspektiven des Internets für Hörfunk- und Fernsehanbieter.* Berlin: Vistas, www.rundfunk online.de.

Gore, Albert, 1994: UCLA-Speech. Remarks Prepared for Delivery by Vice President Al Gore, Royce Hall, UCLA Los Angeles, California, January 11, 1994, www.ibiblio. org/icky/speech2.html.

Grande, Edgar, 1989: *Vom Monopol zum Wettbewerb? Die neokonservative Reform der Telekommunikation in Großbritannien und der Bundesrepublik Deutschland.* Wiesbaden: Deutscher Universitätsverlag.

Grande, Edgar, 1994: Institutionelle Grenzen staatlicher Innovationspolitik. In: *Der Bürger im Staat*, 44(2), 172-177.

Grande, Edgar, 1998: *Ende der Politik oder Renaissance der Politik? Thesen zur Globalisierung der Wirtschaft und zu den Handlungsmöglichkeiten des Nationalstaats.* Arbeitspapier Nr. 2 des Lehrstuhls für Politische Wissenschaft an der Technischen Universität München.

Grande, Edgar, 1998a: Privatisierung und Regulierung aus politikwissenschaftlicher Sicht. In: Gusy, Christoph (Hrsg.): *Privatisierung von Staatsaufgaben. Kriterien - Grenzen - Folgen.* Serie: Interdisziplinäre Studien zu Recht und Staat 8, Baden-Baden: Nomos, 37 - 56.

Grande, Edgar, 1999: Dominiert der globale Markt die Politik? Globalisierung und die Handlungsfähigkeit der Nationalstaaten. In: *Der Bürger im Staat*, 49. Jg., Heft 4, 1999, S. 205-211.

Grande, Edgar/ Schneider, Volker, 1991: Reformstrategien und staatliche Handlungskapazitäten: Eine vergleichende Analyse institutionellen Wandels in der Telekommunikation in Westeuropa. In: *Politische Vierteljahresschrift* 32(3), 452-478.

Grande, Edgar/ Häusler, Jürgen, 1994: *Industrieforschung und Forschungspolitik. Staatliche Steuerungspotenzialen in der Informationstechnik.* Frankfurt am Main: Campus.

Grande, Edgar/ Eberlein, Burkard, 1999: Der Aufstieg des Regulierungsstaates im Infrastrukturbereich. Zur Transformation der politischen Ökonomie der Bundesrepublik Deutschland. In: Czada, Roland/ Gornig, Martin (Hrsg.): *Von der Bonner zur Berliner Republik: 10 Jahre Deutsche Einheit. Leviathan Sonderheft* 19, Wiesbaden: Westdeutscher Verlag, S. 631-650.

Greenberg, Ian, 1998: Can Big Tech and Telecos Get Along? In: *Wired News*, 28 January.

Greenstein, Shane/ Khanna, Tarun, 1997: What Does it Mean for Industries to Converge? In: David Yoffie (Ed.): *Competing in an Age of Digital Convergence.* Cambridge, MA: Harvard University Press, 201-226.

Greenwald, John, 1997: Bill Gates´ New Hardware Agenda. Microsoft Acquires WebTV. In: *Time*, April 21, v147, n16, 92.

Grice, Corey, 1999: @Home Unit Developing Interactive TV. In: *CNET NEWS.COM*, February 8, www.news.com.

Gruppe von Lissabon, 1997: *Grenzen des Wettbewerbs. Die Globalisierung und die Zukunft der Menschheit.* München: Luchterhand.

Guéhenno, Jean-Marie, 1995: *The End of the Nation-State.* Minneapolis, London: University of Minnesota Press.

Hagen, Martin, 2001: *Ein Referenzmodell für Online-Transaktionssysteme im* Electronic Government. München und Mering: Rainer Hampp.

Haley, Kathy, 1999: New Direction. Forget the Superhighway; Many Roads Lead to Interactive TV. In: *Broadcasting & Cable*, September 3, 18-22.

Hamm, Ingrid (Hrsg.), 1998: *Fernsehen auf dem Prüfstand. Aufgaben des dualen Rundfunksystems. Internationale Studien im Rahmen der Kommunikationsordnung 2000.* Gütersloh: Verlag Bertelsmann Stiftung.

Hanf, Kenneth, 1982: The Implementation of Regulatory Policy: Enforcement as Bargaining. In: *European Journal of Political Research* 10, June, 159-72.

Harmon, Amy, 1999: High-Speed Access Begins to Alter the Role the Internet Plays in the Home. In: *New York Times* April 28, 1999.

Harnischfeger, Monika/ Zoche, Peter, 1996: *Multimediale Dienste in Baden-Württemberg: Analysen zur Rolle von Akteuren und zur regionalwirtschaftlichen Bedeutung des Pilotprojekts.* Teilprojekt im Rahmen der Begleitforschung; 1. und 2. Zwischenbericht des ISI, Juni und August. Karlsruhe: ISI.

Hasebrink, Uwe/ Krotz, Friedrich (Hrsg.), 1996*: Die Zuschauer als Fernsehregisseure? Zum Verständnis individueller Nutzungs- und Rezeptionsmuster.* Baden-Baden, Hamburg: Nomos.

Hasebrink, Uwe/ Rössler, Patrick (Hrsg.), 1999: *Publikumsbindungen. Medienrezeption zwischen Individualisierung und Integration.* München: Verlag Reinhard Fischer.

Hearn, Ted, 1999: FCC likely to Punt On Web Unbundling. In: *Multichannel Online*, January 25, www.multichannel.com.

Hege, Hans, 1995: *Offene Wege in die digitale Zukunft. Überlegungen zur Fortentwicklung des Medienrechts.* Schriftenreihe der MABB Medienanstalt Berlin-Brandenburg, Nr. 2, Berlin: Vistas.

Hege, Hans, 2000: Pflichten und Freiheiten. Ein offenes Kabel würde der Vielfalt dienen. In: *epd medien* Nr. 7, 29. Januar, 7-12.

Heinzle, Christoph, 2000: Bertelsmann startet in Frankfurt interaktives TV. In: *FR* 15. April.

Held, Thomas/ Schulz, Wolfgang, 1999: Überblick über die Gesetzgebung für elektronische Medien von 1994 bis 1998: Aufbau auf bestehenden Regelungsstrukturen. In: *Rundfunk und Fernsehen* 1, 47. Jg, 78-117.

Herkel, Günter, 1998: Kommission zur „Erdrosselung des Kommunikationsstandortes Deutschland"? Zur Arbeit der KEK. In: *M (Menschen machen Medien. Publikation der IG Medien Stuttgart)* 47, Nr. 10, 16-17.

Higgins, John M., 1999: Exciting cable operators. Pushing rollouts of high-speed Web services is just part of new Excite@Home exec´s job. In: *Broadcasting & Cable* June 14, 101.

Hobsbawm, Eric, 1995: *Das Zeitalter der Extreme.* München, Wien: Dt. Taschenbuch Verlag.

Hochstein, Reiner, 1997: Teledienste, Mediendienste und Rundfunkbegriff - Anmerkungen zur praktischen Abgrenzung multimedialer Erscheinungsformen. In: *NJW* 1997, 2977-2981.

Hoffmann-Riem, Wolfgang/ Schulz, Wolfgang/ Held, Thorsten, 2000: *Konvergenz und Regulierung. Optionen für rechtliche Regelungen und Aufsichtsstrukturen im Bereich Information, Kommunikation und Medien.* Baden-Baden/ Hamburg: Nomos.

Hoffmann-Riem, Wolfgang/ Vesting, Thomas, 1994: Ende der Massenkommunikation? Zum Strukturwandel der technischen Medien. In: *Media Perspektiven* 8, 382-391.

Hofmeir, Stefan, 1999: Digital TV in der Offensive. In: *Funkschau* 17/99, 28-33.

Höing, Michael/ Treplin, Daniel, 1994: *Marktübersicht Interaktives Fernsehen. 25 in- und ausländische Systeme im Vergleich. Eine Analyse.* Kommunikations-Kompendium Bd. 1. Unterföhring: MGM.

Hollingsworth, Joseph R./ Streek, Wolfgang, 1994: Countries and Sectors: Concluding Remarks on Performance, Convergence and Competitiveness. In: Joseph R. Hollingsworth/ Schmitter, Philippe C./ Streek, Wolfgang (Hrsg.): *Governing Capitalist Economies. Performance and Control of Economic Sectors.* New York/ Oxford, 270-301.

Holtz-Bacha, Christina, 1997: Das fragmentierte Medien-Publikum. Folgen für das politische System. In: *Aus Politik und Zeitgeschichte* B 42/97, 13-21.

Holznagel, Bernd, 1998: New Challenges: Convergence of Markets, Divergence of the Laws? Questions Regarding the Future Communications Regulation. In: *International Journal of Communications Law and Policy* Issue 2, Winter 1998/99.

Hou, Peihong/ Frink, Holger, 1998: Videoserver und ihr Einsatz in einer Web-Umgebung. In: *Fernseh- und Kinotechnik* 51. Jhg. Nr. 1+2, 38-42.

Hulsink, Willem, 1996: *Do Nations Matter in a Globalizing Industry? The Restructuring of Telecommunications Governance Regimes in France, the Netherlands and the United Kingdom (1980-1994).* Delft: Eburon.

Hummel, Manfred, 1999: "Laptop und Lederhose" hoch im Kurs. In: *SZ*, 18. März.

Hüttig, Christian, 1989: Die Deregulierung des internationalen Telekommunikationssektors - Zum Verhältnis von technischer Entwicklung und ordnungspolitischem Wandel. In: *Leviathan Sonderheft 10.* Opladen, 144-169.

IDR 1998: Bericht der „Initiative Digitaler Rundfunk" der Bundesregierung. Dokumentiert in: *Funk Korrespondenz* 36, 4. September.

IITF, 1993: *The National Information Infrastructure: Agenda for Action.* September 15., Washington, D.C.: Information Infrastructure Task Force.

IITF, 1994: *The National Information Infrastructure: Progress Report.* September Washington, D.C.: Information Infrastructure Task Force.

Jäckel, Michael (Hrsg.), 1991: *Kabelfernsehen in Deutschland. Pilotprojekte, Programmvermehrung, private Konkurrenz. Ergebnisse und Perspektiven.* München: R. Fischer.

Kahin, Brian, 1996: The U.S. National Information Infrastructure Initiative: The Market, the Net and the Virtual Project. In: Kahin, Brian/ Wilson Ernest J., III (eds.): *National Information Infrastructure Initiatives: Vision and Policy Design.* Cambridge, MA and London: MIT Press http://ksgwww.harvard.edu/iip/GIIconf/kahusnii.html.

Kahin, Brian/ Wilson, Ernest J., III (eds.), 1996: *National Information Infrastructure Initiatives: Vision and Policy Design* Cambridge, MA and London: MIT Press.

Kalil, Thomas A, 1997: The Clinton-Gore National Information Infrastructure Initiative. In: Kubicek/ Dutton/ Williams, 339-358.

Kaufmann, Franz-Xaver/ Rosewitz, Bernd, 1983: Typisierung und Klassifikation politischer Maßnahmen. In: Mayntz 1983, 9-36.

Keienburg, Rüdiger, 2000: *Interaktive Dienste über das Kabelnetz als "Moneymaker der Zukunft."* Präsentation auf der ANGA Cable 2000 in Berlin. Manuskript.

Kennedy, Caroline, 1995: US West and the Sentinel Form Partnership. *US West Press Release* September 18.

Keyes, Jessica, 1997: *Webcasting. How to Broadcast to your consumers over the Net.* New York: McGraw-Hill.

Kitschelt, Herbert, 1994: Technologiepolitik als Lernprozess. In: Grimm, Dieter (Hrsg.), 1994: *Staatsaufgaben.* Baden-Baden: Nomos, 391-426.

Kleinsteuber, Hans J., 1995: Die Entwicklung von HDTV in der High-Tech-Triade Japan-Europa-USA. Manuskript des Vortrags auf der Tagung "Technische Innovation und die Dynamik der Medienentwicklung" Universität GHS Siegen am 5./ 6. Oktober 1995.

Kleinsteuber, Hans J., 1996: Regulierung des Rundfunks in den USA. Zur Kontrolle wirtschaftlicher Macht am Beispiel der FCC. In: *Rundfunk und Fernsehen* Jg. 44, 1, 27-50.

Kleinsteuber, Hans (Hrsg.), 1996a: *Der Information Superhighway. Amerikanische Visionen und Erfahrungen,* Opladen: Westdt. Verlag.

Kleinsteuber, Hans J., 1997: Buchbesprechung: Tonnemacher, Jan, 1996: *Kommunikationspolitik in Deutschland. Eine Einführung.* UVK: Konstanz. In: *Publizistik* März Jg. 42 (1), 567f.

Kliment, Tibor, 1997: Mediennutzung im Dickicht der Lebenswelt. In: Scherer, Helmut/ Brosius, Hans-Bernd (Hrsg.), 1997: *Zielgruppen, Publikumssegmente, Nutzergruppen. Beiträge aus der Rezeptionsforschung.* München: Verlag Reinhard Fischer, 206-237.

Klumpp, Dieter/ Schwemmle, Michael, 2000: *Wettlauf Informationsgesellschaft. Regierungsprogramme im internationalen Überblick.* Gutachten für die Friedrich-Ebert-Stiftung, 29. Februar. Bonn: Friedrich-Ebert-Stiftung.

Knill, Christoph/ Lenschow, Andrea, 1999: Neue Konzepte- alte Probleme? Die institutionellen Grenzen effektiver Implementation. In: *Politische Vierteljahresschrift* 40 (4), 591-617.

Knobloch, Silvia, 2000: *Schicksal spielen. Interaktive Unterhaltung aus persönlichkeitspsychologischer und handlungstheoretischer Sicht.* München: Verlag Reinhard Fischer.

Knoche, Manfred, 1999: Das Kapital als Strukturwandler der Medienindustrie - und der Staat als sein Agent? Lehrstücke der Medienökonomie im Zeitalter digitaler Kommunikation. In: Knoche/ Siegert, 149-193.

Knoche, Manfred/ Siegert, Gabriele (Hrsg.), 1999: *Strukturwandel der Medienwirtschaft im Zeitalter digitaler Kommunikation.* München: Verlag Reinhard Fischer.

Koch, Andrew/ Fuchs, Gerhard, 2000: Economic Globalization And Regional Penetration: The Failure of Networks in Baden-Württemberg. In: *European Journal of Political Research* 37: 57-75.

Kolbe, Lutz/ Brenner, Walter, 1997: German Infobahn Trials for the residential Customer: Technological and Conceptual Analysis. In: *Telematics & Informatics*, Volume 14, Number 2, May, Elsevier Science Ltd. Special Issue: Using Telecommunications and Information Technologies for competitive Advantage: Approaches, Rationales and Consequences, 134-149.

König, Klaus/ Benz, Angelika (Hrsg.), 1997: *Privatisierung und staatliche Regulierung. Bahn, Post und Telekommunikation, Rundfunk.* Baden-Baden: Nomos

Kopel, David B., 1999: *Access to the Internet: Regulation or Market?* September 24, Heartland Policy Study No. 92, Chicago, Heartland. www.heartland.org/studies/kopel-sum.htm.

Krasilovsky, Peter, 1994: *Interactive Television Testbeds. Telephone company and cable operator projects.* Benton Foundation Communications Policy Working Paper No. 7, March, Wahington, D.C.: Benton.

Krätke, Michael R., 1997: Globalisierung und Standortkonkurrenz. In: *Leviathan*, Juni, 202-232.

Kröger, Gerfried, 1997: *Digitales Satellitenfernsehen in den USA. Entwicklungsgeschichte, Marktanalyse und Erfolgschancen von Direct Broadcasting by Satellite (DBS).* Sternenfels: Wissenschaft & Praxis.

Kubicek, Herbert, 1984: *Kabel im Haus - Satellit überm Dach. Ein Informationsbuch zur aktuellen Mediendiskussion.* Reinbek: Rowohlt-Taschenbuch-Verlag.

Kubicek, Herbert, 1993: *Steuerung in die Nichtsteuerbarkeit. Die erstaunliche Geschichte des deutschen Telekommunikationswesens.* Berlin: WZB.

Kubicek, Herbert, 1996: Die zukünftige Rolle des Fernsehens in der Informationsgesellschaft. In: *ntz Telekommunikation und Informationstechnik* 3, 18-23 und 4, 18-25.

Kubicek, Herbert, 1997: Das Internet auf dem Weg zum Massenmedium? - Ein Versuch, Lehren aus der Geschichte alter und anderer neuer Medien zu ziehen. In: Werle, Raymund/ Lang, Christa (Hrsg.): *Modell Internet? Entwicklungsperspektiven neuer Kommunikationsnetze.* München: Campus, 213-239.

Kubicek, Herbert, 1997a: *Möglichkeiten und Gefahren der "Informationsgesellschaft".* Modul 8 für das Fernstudienprojekt Informatik und Gesellschaft an der Universität Tübingen. Herausgegeben von Sylvia Rizvi und Herbert Klaeren. Tübingen: Köhler.

Kubicek, Herbert, 1998: Von der Angebots- zur Nachfrageförderung. Die Medien- und Kommunikationspolitik in und nach der Ära Kohl. In: *Blätter für deutsche und internationale Politik*, Nr. 9, 1093-1104.

Kubicek, Herbert/ Schmid, Ulrich, 1996: Alltagsorientierte Informationssysteme als Medieninnovation. Konzeptionelle Überlegungen zur Erklärung der Schwierigkeiten, „Neue Medien" und „Multimedia" zu etablieren. In: *Verbund Sozialwissenschaftlicher Technikforschung Mitteilungen* Heft 17, 6-44.

Kubicek, Herbert/ Dutton, William H./ Williams, Robin (eds.), 1997: *The Social Shaping of Information Superhighways. European and American Roads to the Information Society.* Frankfurt/ M., New York: Campus.

Kubicek, Herbert/ Schmid, Ulrich/ Beckert, Bernd, 1997: *The Development of Multimedia in Germany. A National Study of the SLIM Research Project.* Bericht Nr. 4/97, Universität Bremen, Fachbereich Informatik.

Kubicek, Herbert/ Schmid, Ulrich/ Wagner, Heiderose, 1997: *Bürgerinformation durch „neue" Medien? Analysen und Fallstudien zur Etablierung elektronischer Informationssysteme im Alltag.* Opladen: Westdeutscher Verlag.

Kubicek, Herbert/ Beckert, Bernd/ Sarkar, Ranjana, 1998: *Synopse nationaler und internationaler Multimedia-Pilotprojekte. Studie im Auftrag der Landesanstalt für Rundfunk NRW.* LfR-Materialien, Band 25, September, Düsseldorf.

Kubicek, Herbert/ Beckert, Bernd/ Williams, Robin/ Stewart, James/ van Bastelaer, Beatrice, 2000: *The Social Shaping of Multimedia In An International Perspective. A Five Countries Comparison.* Schriftenreihe der Universität Bremen Fachbereich Mathematik und Informatik Nr. 3/00, Bremen.

Kubicek, Herbert/ Beckert, Bernd/ Breiter, Andreas/ Hagen, Martin, 2001: *Staatliche Initiativen auf dem Weg in die Informationsgesellschaft: Ein Vergleich von Multimedia-Pilotprojekten und ihrem politischen Kontext: Deutschland, EU und USA.* Wissenschaftlicher Ergebnisbericht für die Volkswagen-Stiftung, März. Universität Bremen.

Kuhne, Helmut, 1998: Alles Konvergenz oder was? Das EU-Grünbuch: Eine Auseinandersetzung. In: *epd medien* Nr. 38, 20. Mai, 9-15.

Kunert, Del, 2000: *Today's Video Servers: Key Technology Issues.* White Paper of Concurrent Computer Corporation, Broadband Systems & Design, www.ccur.com.

Lash, Alex, 1996: Road clears for video systems. In: *CNET News.com*, August 8, www.news.com.

Lash, Alex, 1999: While You Weren't Looking, WebTV Grew. In: *The Industry Standard* March 5, www.thestandard.com.

Lessmann, Peter, 2000: Kabel-TV-Poker: Interessengewirr um das Telekom-Netz. In: *Der Spiegel* Nr. 9, 29. Februar.

Levin, Stuart, 1997: Programmer Spotlight: Digital Cable Television is Here. In: *Independent Cable News*, June, 12.

LfK Landsanstalt für Kommunikation Baden-Württemberg) (Hrsg.), 1999: *Bericht über das Erprobungsprojekt für Mediendienste und rundfunkähnliche Kommunikationsdienste.* Bearbeitet von Ulrike Handel, Thomas Rathgeb und Frank Scherer. März 1999. Stuttgart: LfR.

Liebermann, David, 2000: AOL Angles for TV Viewers, AOLTV Marries NET, TV In First Salvo of Battle For Interactive Services. In: *USA Today*, 24 February, 1B.

Lob, Harald/ Oel, Matthias, 1998: Europa und die Informationsgesellschaft: Wirtschaftspolitische Herausforderungen und regionalpolitische Chancen. In: *Aus Politik und Zeitgeschichte* B40/98, 30-38.

Lübbe-Wolff, Getrude, 1996: Stand und Instrumente der Implementation des Umweltrechts in Deutschland. In: Lübbe-Wolff, Getrude (Hrsg.): Der Vollzug des europäischen Umweltrechts. Berlin: Springer, 77-106.

Luhmann, Niklas, 1981: *Politische Theorie im Wohlfahrtsstaat.* München: Olzog.

MacLeod, Vicky (Ed.), 1996: *Media ownership and control in the age of convergence.* London: International Institute of Communications.

Mahnke, Lutz, 1999: Gemeinsam stark? In: *Funkfenster* März/ April, 10.

Majone, Giandomenico/ Wildavsky, Aaron, 1979: Implementation as Evolution. In: Pressman, Jeffrey L./ Wildavsky, Aaron (eds.): *Implementation. How Great Expectations in Washington Are Dashed in Oakland; Or, Why It's Amazing that Federal Programs Work at All.* Second Edition. (Original 1973), Berkeley: University of California Press, 177-194.

Maloney, Janice, 1999: Perlmania. For WebTV's hyperactive founder, never growing up is the best revenge. In: *Wired* 7.07, July, www.wired.com.

Maney, Kevin, 1995: *Megamedia Shakeout. The Inside Story of the Leaders and the Losers in the Exploding Communications Industry.* New York: Wiley.

Markoff, John, 1999: Microsoft hunts its whale, the digital set-top box. In: *New York Times*, May 10, p C1(n) pC1(L).

Marsden, Chris, 1997: Convergence or Coexistence? Television and Telecommunications Policies Diverge in the Convergence Debate. Work in Progress In: *The Journal of Information, Law and Technology (JILT)* 3, http://elj.warwick.ac.uk/jilt/wip/973 mars/.

Martin, Hans Peter/ Schumann Harald, 1996: *Die Globalisierungsfalle. Der Angriff auf Demokratie und Wohlstand.* Reinbek: Rowohlt.

Mattke, Sascha, 1999: Internet-Zugang mit Minutenbremse. In: *Handelsblatt*, 12. Mai, Sonderseite Computer und Medien.

Mayntz, Renate (Hrsg.), 1978: *Vollzugsprobleme der Umweltpolitik. Empirische Untersuchung der Implementation von Gesetzen im Bereich der Luftreinhaltung und des Gewässerschutzes.* Bearbeitet von Eberhard Bohne. Stuttgart: Kohlhammer.

Mayntz, Renate (Hrsg.), 1980a: *Implementation politischer Programme. Band 1 Empirische Forschungsberichte.* Königstein/TS.: Verlagsgruppe Athenäum.

Mayntz, Renate, 1980: Die Entwicklung des analytischen Paradigmas der Implementationsforschung. In: Mayntz 1980a, 1-19.

Mayntz, Renate, 1982: Problemverarbeitung durch das politisch-administrative System. Zum Stand der forschung. In: Hesse, Joachim (Hrsg.): *Politikwissenschaft und Verwaltungswissenschaft.* Opladen: Westdeutscher Verlag.

Mayntz, Renate (Hrsg.), 1983: *Implementation politischer Programme Band II. Ansätze zur Theoriebildung.* Opladen: Westdeutscher Verlag.

Mayntz, Renate, 1983a: Implementation von regulativer Politik. In: Mayntz (Hrsg.) 1983, 50-74.

McConville, Jim, 1995: News, sports, pizza from Time Warner: Interactive services added to Orlando trial. In: *Broadcasting & Cable*, December 4, Vol. 125, No. 49, 83.

McCullagh, Declan, 1999: Strike Up Bandwidth. In: *Wired News* 29 January.

McKinnon, John, 1996: An Expensive Experiment. After Two Years of Test Marketing, Time Warner´s Interactive TV System Still Has An Uncertain Future. In: *Florida Trend*, November, Vol 39, No. 7, 54-57.

Media NRW, 1997: *Landesinitiative Media NRW Band 3: Projekte.* Herausgegeben vom Ministerium für Wirtschaft und Mittelstand, Technologie und Verkehr des Landes Nordrhein-Westfalen, Düsseldorf: Landwirtschaftsverlag.

Media NRW, 1997a: *Telekommunikation und Multimedia. Rahmenbedingungen, Markt- und Techniktrends.* Ein Report des FTK, hrsg. vom Ministerium für Wirtschaft und Mittelstand, Technologie und Verkehr des Landes Nordrhein-Westfalen, Landesinitiative media NRW Band 7, Düsseldorf: LV Druck.

Medosch, Armin, 2000: Sicherheitslücke bei WebTV. Missbrauch fremder User-Accounts möglich. In: *Telepolis*, 5. Januar, www.heise.de/tp

Moechel, Erich, 1998: Microsofts WebTV spioniert die Benutzer aus. In: *Telepolis*, 13. Oktober, www.heise.de/tp

Nachmias, David, 1979: *Public Policy Evaluation. Approaches and Methods.* New York: St. Martin Press.

NCTA, 1999: *Cable Television Developments*, Vol. 23 No 1, Summer 1999. Washington, D.C.: NCTA (National Cable Television Association).

Negroponte, Nicholas, 1995: *Being Digital.* New York: Knopf.

Ness, Susan, 1998: „Consumers First". Speech Before the Consumer Federation of America Utility Conference. Wahington, D.C., October 1, 1998, www.fcc.gov/Speeches/Ness/spsn816.html.

Nett, Lorenz, 1998: Spezifikation der Price-Cap-Regulierung im Telekommunikationsbereich. In: *WIK Newsletter* Nr. 30, März, 15-17.

Niebel, Michael, 1997: The Action Plan of the European Commission. In: Kubicek/ Dutton/ Williams, 61-68.

Nielsen, Jokob, 1997: *The WebTV Usability Review.* February. www.useit.com/alertbox/9702 a.html.

Noam, Eli M., 1995: The Stages of Television: From Multi-channel to the Me-channel. In: Contamine, C./ Dusseldorp, M. van (eds.): *Towards the Digital Revolution*. Published Procceedings of the Sixth European Television and Film Forum in Liège, Belgium, 10-12 November 1994, Düsseldorf: European Institute for 49-54.

Noam, Eli, M, 1992: *Telecommunications in Europe*. New York/ Oxford: Oxford University Press.

Nohlen, Dieter (Hrsg.), 1995: *Wörterbuch Staat und Politik*. Bonn: Bundeszentrale für Politische Bildung.

Nürnberger, Christian, 1999: *Die Machtwirtschaft. Ist die Demokratie noch zu retten?* München: dtv

o.V., 1994: Total vernetzt. Minister Spöri stellt 'Datenautobahn' vor. In: *Stuttgarter Zeitung*, 17. Mai.

o.V., 1994a: Bringing up Baby. The FSN is the world's most ambitious effort to bring on the digital revolution. In: *IE*, December.

o.V., 1995: TV-Testläufe vor Hürden. Der Sinn der geplanten Pilotprojekte zum interaktiven Fernsehen ist zweifelhaft. In: *VDI-Nachrichten*, 29. September.

o.V., 1995a: Multimedia-Versuch soll Ende 1995 beginnen. Zunächst nur 50, in einem Jahr 4000 Teilnehmer. In: *Stuttgarter Zeitung*, 29. Juni.

o.V., 1995b: Cybercitizen Kane is @Home: Will Hearst's journey from newspaper publisher to Internet entrepreneur change the future of multimedia? In: *The Economist* September 16 Vol 336 No 7932, 80-81.

o.V., 1998: NetChannel to End Service. In: *Wired News*, 29. April, www.wired.com/news.

o.V., 1999a: The battle for the last mile. In: *The Economist*, May 1, 87-88.

o.V., 1999b: Consumers to get choice of set-tops. In: *ZDNN*, May 13, www.zdnet.com.

OECD, 1997: *Communications Outlook 1997*. Vol. 1, Paris: OECD.

OECD, 1999: *Communications Outlook 1999*. Telecommunications: Regulatory Issues United States, 18. December, www.oecd.org/dsti/sti/it/index.htm

Oettinger, Günther, 1996: *Zwischenbilanz: Das Multimedia-Pilotprojekt. Stellungnahme der CDU-Landtagsfaktion* Februar. Landtag Baden-Württemberg: Stuttgart.

Ohmae, Kenichi, 1996: *Der neue Weltmarkt. Das Ende des Nationalstaates und der Aufstieg regionaler Wirtschaftszonen*. Hamburg: Hoffmann und Campe.

Olenick, Doug, 1998: For Mature Audiences - WebTV Attracts Older, Wealthier Users Who Dislike Computers. In: *Computer Retail Week*, October 19, 12-14.

Opaschowski, Horst W., 1999: *Generation @. Die Medienrevolution entläßt ihre Kinder: Leben im Informationszeitalter*. Hamburg: British-American Tabacco.

Ott, Klaus, 1999: EU-Kommission soll Deutscher Bank zum Einstieg ins TV-Kabel verhelfen. In: *SZ 2. März*.

Ourand, John P., 1999: The VOD Roll-Out. In: *International Cable*, May, www.cablefax.com

Paikert, Charles, 1999: Cable and AOL: A Deal or a Duel? In: *Cablevision* March 22, 18-22.

Pattay, Walter v., 1994: Der Einfluss der Deregulierung auf die Entwicklung neuer Massendienste. In: *Jahrbuch Telekommunikation und Gesellschaft 1994* „Möglichkeiten der Technikgestaltung nach der Deregulierung". Heidelberg: R.v.Decker, 89-97.

Paukens, Hans/ Schümchen, Andreas, 2000: *Digitales Fernsehen in Deutschland. Explorative Studie zur Entwicklung digitaler Pay-TV-Angebote*. München: Fischer.

Paulweber, Michael, 1999: *Regulierungszuständigkeiten in der Telekommunikation. Sektorspezifische Wettbewerbsaufsicht nach dem TKG durch die Regulierungsbehörde im Verhältnis zu den allgemeinen kartellrechtlichen Kompetenzen des Bundeskartellamts und der Europäiuschen Kommission*. Baden-Baden: Nomos.

Pavlik, John V./ Dennis, Everette E. (eds.), 1993: *Demystifying Media Technology: Readings from the Freedom Forum Media Studies Center*. Mountain View, CA: Mayfield.

Pearce, Kevin, 1998: @Home Network president and CEO plans digital TV services. In: *Mediaweek* May 25 Vol. 8 No 21, 18-22.

Peters, Martin, 1996: Sonderweg an Rhein und Ruhr. Nordrhein-Westfalen will nicht warten, bis Bund und Länder sich auf ein Multimediagesetz einigen. Eine Verordnung macht den Weg frei. In: *Rheinischer Merkur*, 22/96, 31. Mai.

Pfeil, Thomas, 1996: Die Zukunft scheitert an der Telekom. In: VDI-*Nachrichten*, 8. November, 2.

Pfetsch, Frank R., 1997: Zerfall oder Verlagerung? Handlungsspielräume des Nationalstaats. In: *Universitas* 52. Jg. April No. 610, 321-355.

Platho, Rolf, 1999: *Fernsehen und Hörfunk transparent. Recht, Wirtschaft, Programm, Technik.* München: R. Fischer.

Platt, Charles, 1995: Interactive entertainment. Who writes it? Who reads it? Who needs it? In: *Wired* 3.09, September, www.wired.com

Platt, Charles, 1997: The Great HDTV Swindle. In: *Netizen* 5.02 February.

Prittwitz, Volker von, 1994: *Politikanalyse*. Opladen: Leske + Budrich.

Rafter, Michelle, 1998: Telecom Power Play. In: *The Industry Standard*, June 24.

Rammert, Werner, 1995: Regeln der technikgenetischen Methode. Die soziale Konstruktion der Technik und ihre evolutionäre Dynamik. In: *Jahrbuch Technik und Gesellschaft*. Frankfurt a.M./ New York: Campus, 13-30.

Recke, Martin, 1998: *Medienpolitik im digitalen Zeitalter. Zur Regulierung der Medien und der Telekommunikation in Deutschland.* Hrsg.: Medienanstalt Berlin-Brandenburg. Schriftenreihe der MABB Medienanstalt Berlin-Brandenburg, Nr. 8, Berlin: Vistas.

Reinhard, Ulrike (Hrsg.), 1994: *Interaktives Fernsehen.* 2. Veranstaltung zum Thema "Rundfunk-Marketing" an der Universität Mannheim am 26. April 1994. Dokumentationsband. Heidelberg: Reinhard.

Reinhard, Ulrike (Hrsg.), 1994: *Interaktives Fernsehen.* 2. Veranstaltung zum Thema "Rundfunk-Marketing" an der Universität Mannheim am 26. April 1994. Dokumentationsband. Heidelberg: Reinhard.

Reitz, Edgar, 1997: Das Kino der Zukunft. In: *Telepolis*, 14. Februar, www.heise.de/tp

Rhodes, Lucien, 1996: The Race for more Bandwidth. In: *Wired* 4.01, January, www.wired.com.

Riehm, Ulrich, 1998: Notwendigkeit und Möglichkeit einer "Internet-Politik". In: Pfammatter, René (Hrsg.): *Multi-Media-Mania. Reflexionen zu Aspekten neuer Medien.* Konstanz: UVK Medien, 213-248.

Riehm, Ulrich/ Wingert, Bernd, 1995: *Multimedia. Mythen, Chancen und Herausforderungen.* Abschlußbericht zur Vorstudie. Arbeitsbericht Nr. 33 des Büros für Technikfolgen-Abschätzung beim Deutschen Bundestag (TAB), Karlsruhe: Forschungszentrum Karlsruhe.

Ries, Matthias, 1998: *Imperfekt und Imperativ. Untersuchung über den Einfluss von Interessengruppen auf die Verabschiedung des „Multimediagesetzes".* Diplomarbeit an der Fakultät für Sozialwissenschaften der Universität Mannheim. Juli.

Robinson, Kenneth, 1995: Telekommunikationspolitik der Clinton-Administration: Die ersten Jahre. In: Kubicek et al., 1995: *Jahrbuch Telekommunikation und Gesellschaft 1995* "Multimedia - Technik sucht Anwendung", Heidelberg: R. von Decker, 36-53.

Rose, Frank, 1998: The Televisionspace Race. Forget the browser. (Bill Gates has.) Microsoft wants to be in the box. In: *Wired* 6.04 April.

Roth, Cliff, 1998: Who Will Own the Set-top? In: *NewMedia* September 17.

Roth, Cliff, 1999: Bad Reception. Will interactive TV suck viewers in, or will it just suck? In: *Newmedia*, May, Vol. 9.5.

Rötzer, Florian, 1994: Interaktion - das Ende herkömmlicher Medien. In: Paech, Joachim/ Ziemer, Albrecht (Hrsg.), 1994: *Digitales Fernsehen - eine neue Medienwelt?* ZDF Schriftenreihe, Heft 50 Technik, Lübeck: Wullenwever. 66-73.

Rötzer, Florian, 1998: Links das Bier und rechts die Fernbedienung. Interaktives Fernsehen für den *couch potato*. In: *Telepolis*, 16. August, www.heise.de/tp

Rudolph, Ralf, 1997: Tempo-Wunder Proxy-Cache. In: *Internet Professionell* Juni, 38-42.

Ruhrmann, Georg/ Nieland, Jörg-Uwe, 1997: *Interaktives Fernsehen. Entwicklung, Dimensionen, Fragen, Thesen.* Opladen: Westdeutscher Verlag.

Sabatier, Paul A., 1980: A Framework of Analysis. In: *Policy Studies Journal* 8, 538-560.

Sabatier, Paul A., 1996: Top-Down and Bottom-Up Approaches to Implementation Research: a Critical Analysis and Suggested Synthesis. In: *Journal of Public Policy*, 6, 1, Cambridge Univ. Press, 21-48.

Sammel, Judith, 1999: Get a Cable Modem. Go to Jail. In: *Netsurfer's Digest* (NSD) 5.11, April 25, www.geocities.com/flutocracy/cablemodem.htm.

Sarkar, Ranjana S., 1996: Mit Allianzen in die Digitalisierung: Akteure, Interessen und Strategien. In: Kleinsteuber, Hans, J. (Hrsg.): *Der Information Superhighway*, Opladen 1996: Westdeutscher Verlag, 171-202.

Schauz, Michael, 1997: *Video-on-Demand. Bedrohung für das Verleihgeschäft der Videotheken.* München: R. Fischer.

Schiesel, Seth, 1999: AT&T-AOL Deal Would Rain on Excite@Home's Parade. In: *NYT* August 9.

Schiller, Herbert, 1996: United States (1), In: International Institute of Communication (IIC) (ed.): *Media Ownership and Control in the age of convergence.* London: IIC, Global Report Series, 249-264.

Schneider, Volker, 1997: Different Roads to the Information Society? Comparing U.S. and European Approaches from a Public Policy Perspective. In: Kubicek/ Dutton/ Williams, 339-358.

Schneider, Volker/ Kenis, Patrick 1996: Verteilte Kontrolle: Institutionelle Steuerung in modernen Gesellschaften. In: Kenis, Patrick/ Schneider, Volker (Hrsg.): *Organisation und Netzwerk. Institutionelle Steuerung in Wirtschaft und Politik.* Frankfurt/M., New York: Campus, 9-44.

Schönbach, Klaus, 1997: Das hyperaktive Publikum - Essay über eine Illusion. In: *Publizistik*, 42. Jg, Heft 3, 279-286.

Schrape, Klaus, 1995: *Digitales Fernsehen. Martchancen und ordnungspolitischer Regulierungsbedarf. Ein Bericht der Prognos AG im Auftrag der Bayerischen Landeszentrale für Neue Medien.* München: R. Fischer.

Schrape, Klaus/ Hürst, Daniel, 2000: *Kabelfernsehmarkt Deutschland im Umbruch. Neue Geschäftsmodelle für Breitbandnetze.* Eine Untersuchung der Prognos AG im Auftrag von BLM, ANGA und DVB Multimedia Bayern. München: R. Fischer.

Schreiber, William .F., 1998: The FCC Digital Television Standards Decision. In: *Prometheus*, Vol. 16, No. 2, June, 155-172.

Schubert, Klaus, 1991: *Politikfeldanalyse. Eine Einführung.* Opladen: Leske und Budrich.

Schuler, Thomas, 1997: Die 100-Millionen-Dollar-Pleite. In Amerika wurde interaktives Fernsehen zum Flop, jetzt setzen die Konzerne auf das Internet. In: *SZ*, 23. Mai.

Schulz, Wolfgang/ Grünewald, Andreas/ Jürgens, Uwe, 1996: *Kommunikationsordnungen im Überblick.* Research-Paper im Auftrag der Bertelsmann-Stiftung zur aktuellen Lage und Trends der Regulierung von Presse, Rundfunk, Telekommunikation und Online-Diensten in Deutschland, Großbritannien, Frankreich, USA, Australien, Neuseeland und Japan. 3. Dezember, Manuskript.

Schulze, Gerhard, 1997: *Die Erlebnis-Gesellschaft. Kultursoziologie der Gegenwart.* Frankfurt/ M.: Campus.

Schwartz, Evan, 1995: Ray Smith: The I-way, My Way. In: *Wired*, February.

Schwarze, Dietrich, 1994: Technische Rahmenbedingungen des interaktiven Fernsehens. In: Reinhard, 13-22.

Scoblionkov, Deborah, 1998: FCC Moves to Speed the Net. In: *Wired News*, August 6.

Shotter, John, 1993: *Cultural Politics of Everyday Life. Social Constructionism, Rhetoric and Knowing of the Third Kind.* Buckingham: Open Univ. Press.

Simonis, Georg, 1993: Macht und Ohnmacht statlicher Techniksteuerung - können Politik und Staat den Kurs eines Technisierungsprozesses heute wirklich noch beeinflussen? In: Kubicek, Herbert/ Seeger, Peter (Hrsg.): *Perspektive Techniksteuerung. Interdisziplinäre Sichtweisen eines Schlüsselproblems entwickelter Industriegesellschaften.* Berlin, Ed. Sigma, 39-79.

Sinus/ Spiegel-Dokumentation, 1999: *Outfit. Einstellungen, Stilpräferenzen, Markenorientierung, Kaufverhalten, soziale Milieus, Kleidung, Accessoires, Duftwässer.* Sinus Institut Heidelberg. Hamburg: Spiegel-Dokumentation.

Smith, Leslie F./ Wright, John W./ Ostroff, David H., 1998: *Perspectives on Radio and Television. Telecommunications in the United States.* Fourth Edition. Mahwah, New Jersey, London: Lawrence Erlbaum.

Spöri, Dieter, 1995: Neue Wege der Technologie- und Strukturpolitik. Das Beispiel Baden-Württembergs. In: Jürgen Walter/ Ulrich Steger (Hrsg.), *Fortschritt kommt nicht von allein. Innovationsorientierte Strategien für eine intelligente Wirtschaftsordnung.* Düsseldorf: Econ, 140-156.

Staatsregierung Bayern, 1994: *„Bayern Online". Datenhochgeschwindigkeitsnetz und neue Kommunikationstechnologien für Bayern. Programm „Offensive Zukunft Bayern",* Juli , www.bayern.de/Zukunft/Konzept/.

Stammler, Dieter, 1996: Abschied vom Lagerdenken. Medienstaatsvertrag: Bund und Länder sollen zusammenwirken. In: *epd medien* 48 (19), 4-7.

Stammler, Dieter, 1998: Nüchterner, ehlicher. Für eine ganzheitliche Kommunikationspolitik. In: *epd medien,* Nr. 62, 12. August.

Stammler, Dieter, 2000: *Projekt Kommunikationsrat. Chancen einer effizienten Koordination in der Medienpolitik?* FES-Gutachten. Bonn: Friedrich-Ebert-Stiftung.

Stipp, Horst, 2000: Nutzung alter und neuer Medien in den USA. Neue Erkenntnisse über die Wechselwirkung zwischen Online- und Fernsehkonsum. In: *Media Perspektiven* 3/2000, 127-134.

Stock, Martin/ Röper, Horst/ Holznagel, Bernd, 1997: *Medienmarkt und Meinungsmacht. Zur Neuregelung der Konzentrationskontrolle in Deutschland und Großbritannien.* Berlin: Springer.

Stockmann, Brigitte, 1995: *Werbung im Fernsehen. Das aktuelle Nachschlagewerk für die Fernsehwerbung.* München: R. Fischer.

Straubhaar, Joseph D./ LaRose, Robert 1995*: Communications Media in the Information Society.* Belmont, Calif.: Wadsworth.

Stumpf, Ulrich, 1998: Ordnungspolitische Folgen der Konvergenz. In: *WIK Newsletter* Nr. 30, März, 1-2.

Swisher, Kara, 1998: *Aol.com: How Steve Case Beat Bill Gates, Nailed the Netheads, and Made Millions in the War for the Web.* New York: Random House.

Tabbara, Tarik, 1996: Zur Verfassungsmäßigkeit der Errichtung einer Bundesmedienanstalt. In: *Zeitschrift für Urheber- und Medienrecht* 40, Heft 5, 378-389.

Tedesco, Richard, 1999: VOD: A sleeping giant. Proponents see powerful potenzial as costs drop, users repond to enhenced services. In: *Broadcasting & Cable,* June 21, 41.

Tedesco, Richard/ Price, Colman, 1999: AOL invades TV sets. In: *Broadcasting & Cable,* May, 11.

Telebild, 1998: Untersuchung der technischen und tatsächlichen Reichweite der analog genutzten Hyperbandkanäle in deutschen Breitbandkabel-Verteilnetzen. Studie im Auftrag des VPRT. Mai, Ismaning/ Bonn: Telebild/ VPRT.

Teleste, 1999: *Fast Data Access in Hybrid Fiber Coax-Networks.* White Paper der Firma Teleste. Oslo: Teleste

Tenzer, Gerd, 1999: BK-Netze: Goldgrube oder Geldgrab. Statement anläßlich des Medienforums NRW am 15. Juni 1999 in Köln. Manuskript.

Tettenborn, Alexander, 1999: Die Evaluierung des IuKDG. Erfahrungen, Erkenntnisse und Schlußfolgerungen. In: *MMR* 9, 516-522.

Thielmann, Bodo/ Dowling, Michael, 1999: Convergence and Innovation Strategy for Service Provision in Emerging Web-TV Markets In: JMM - *The International Journal on Media Management*, August, 1999 - Volume 1, Issue 1. The Net Academy, www.electronicmarkets.org.

Thorein, Thorsten, 1997: Liberalisierung und Re-regulierung im Politikfeld Telekommunikation: Eine wissenszentrierte Policy-Analyse des bundesdeutschen Telekommunikationsgesetzes. In: *Rundfunk und Fernsehen*, 45. Jhrg. 1997/3, 285-306.

Torris, Therese, 2000: *Europe's iDTV Walls Come Down*. Studie von Forrester Research, Februar, www.forrester.com.

Tristani, Gloria, 1999: Deploying Broadband More Broadly: Working Together to Roll-out Access in America's Small Cities and Rural Areas. Speech delivered to the New Mexico Communications Network Symposium, Albuquerque, New Mexico, November 10, www.fcc.gov/Speeches/Tristani/spgt919.html.

van Dusseldorp, Monique, 1997: Wie vor dem Fernseher angewachsen: Das Mediengefecht zwischen Fernsehen und PC. In: *Bulletin des europäischen Medieninstituts* Jg. 14 2, Juni, 13-16.

van Eimeren, Birgit/ Gerhard, Heinz, 2000: ARD/ZDF-Online-Studie 2000: Gebrauchswert entscheidet über Internet-Nutzung. In: *Media Perspektiven* 8, 338-349.

Veraldi, Dan, 1996: Carpooling on the Information Superhighway: The Case for Newspaper-Television Cross-Ownership, In: *St. Thomas Law Review*, 8, 349-366.

Verband Privater Rundfunk und Telekommunikation (VPRT), 1997: *Rahmenkonzept für eine Medienordnung 2000 plus*. Bonn: VPRT.

Verband Privater Rundfunk und Telekommunikation e.V. (VPRT), 1997a: *Entwicklung der BK-Netze in Deutschland*. Teil 1: Kosten- und Strukturanalyse. Berlin: Vistas.

Vesting, Thomas, 2000: Ökonomie im Überfluß. Medienregulierung im Zeitalter der Vernetzung. In: *epd medien* Nr. 24, 25. März.

Vorderer, Peter/ Knobloch, Silvia, 1998: Wie erleben Rezipienten interaktive Fernsehfilme? In: Schanze, Helmut/ Kammer, Manfed (Hrsg.), 1998: *Interaktive Medien und ihre Nutzer. Band 1. Voraussetzungen, Anwendungen, Perspektiven*. Baden-Baden: Nomos, 157-174.

Wallraf, Georg, 1996: Der Rundfunkbegriff in der Differenzierung kommunikativer Dienste. 78. Tagung des Studienkreises für Presserecht und Pressefreiheit am 27./28. 120. 1995 in Weimar. In: *AfP - Zeitschrift für Medien- und Kommunikationsrecht* 27 (1), 41-44.

Waring, Becky, 1998: Rush for the DTV High Ground. In: *New Media*, No. 2.6

Wehner, Josef, 1997: *Das Ende der Massenkultur. Visionen und Wirklichkeit der neuen Medien*. Frankfurt/ M., New York: Campus.

Wehner, Joseph, 1997: Interaktive Medien - Ende der Massenkommunikation. In: *Zeitschrift für Soziologie* 26 (1997), S. 96-114.

Weiberg, Birk, 2000: Beyond Interactive Cinema. In: *Keyframe* 3, Special Issue „Cinema in the Digital Age", www.keyframe.org

Weidner, Helmut/ Knoepfel, Peter, 1983: Innovation durch international vergleichende Politikanalyse dargestellt am Beispiel der Luftreinhaltepolitik. In: Mayntz 1983, 221-255.

Weinbren, Grahame, 1997: Die digitale Revolution ist die Revolution des freien Zugriffs. Interaktion und Erzählung. In: *Telepolis*, 17. Februar, www.heise.de/tp

Werbach, Kevin, 1997: *Digital Tornado: The Internet and Telecommunications Policy*, Office of Policy and Planning (OPP) Working Paper Series No 29, March 1997, www.fcc.gov/Bureaus/OPP/working_papers/oppwp29.pdf.

Werbach, Kevin, 1999: The Architecture of Internet 2.0. In: *Release 1.0 Esther Dyson's Montly Report*, February, www.edventure.com/release1/cable.html.

Werle, Raymund, 1996: Verbände im Politikfeld Multimedia - Akteure, Rollen, Aufgaben. In: Kubicek et al. (Hrsg.): *Jahrbuch Telekommunikation und Gesellschaft 1996*. Heidelberg: R.v. Decker, 201-216.

Williams, Frederick/ Pavlik, John V. (eds.), 1994: The People's Right to Know. Media, Democracy, And the Information Highway. The Freedom Forum Media Studies Center at Columbia University in the City of New York. Hillsdale, NJ: Erlbaum.

Williams, Robin/ Edge, David, 1996: The Social Shaping of Technology. In: Dutton, William H. (ed.): *Information and Communication Technologies. Visions and Realities*. London: Oxford University Press, 53-68.

Willke, Helmut, 1983: *Entzauberung des Staates. Überlegungen zu einer sozietalen Steuerungstheorie*. Königstein/ Ts.: Athenaeum Verlag.

Willke, Helmut, 1988: Staatliche Intervention als Kontextsteuerung - Am Beispiel Eureka. In: *Kritische Vierteljahresschrift für Gesetzbegung und Rechtswissenschaft* 1, 214-229.

Willke, Helmut, 1992: *Ironie des Staates. Grundlinien einer Staatstheorie polyzentrischer Gesellschaft*. Frankfurt a. M.: Suhrkamp.

Willke, Helmut, 1997: *Supervision des Staates*. Frankfurt am Main: Suhrkamp.

Willke, Helmut, 1997a: Informationstechnische Vernetzung als Infrastrukturaufgabe - Welche Rolle spielt die Politik? In: Werle/ Lang, 115-132.

Windhoff-Héritier, Adrienne, 1980: *Politikimplementation. Ziel und Wirklichkeit politischer Entscheidungen*. Königstein, Ts.: Hain.

Windhoff-Héritier, Adrienne, 1987: *Policy-Analyse. Ein Einführung*. Frankfurt a.M.: Campus.

Wingert, Bernd, 1998: *Zum Stand der privaten Nutzung von Online-Diensten*. Forschungszentrum Karlsruhe, Institut für Technikfolgenabschätzung und Systemanalyse Reihe Wissenschaftliche Berichte des FZKA 6152, Karlsruhe: FZKA.

Wittke, Volker, 1997: Online in die Do-it-yourself-Gesellschaft? - Zu Widersprüchlichkeiten in der Entwicklung von Online-Diensten und denkbaren Lösungsformen. In: Werle, Raymund/ Lang, Christa (Hrsg.): *Modell Internet? Entwicklungsperspektiven neuer Kommunikationsnetze*. München: Campus, 93- 112.

Wössner, Mark, 1998: Rede zur Verleihung des Bertelsmann-Preises 1998, 10. September, *http://preis.stiftung.bertelsmann.de/festakt/laudatio.html*.

Zerdick, Axel/ Picot, Arnold/ Schrape, Klaus/ Atopé, Alexander/ Lange, Ulrich T./ Vierkant, Eckart/ López-Escobar, Esteban/ Silverstone, Roger (European Communication Council), 1999: *Die Internet-Ökonomie. Strategien für die digitale Wirtschaft*. 2. korrigierte Auflage. Berlin, Heidelberg, New York: Springer.

Ziemer, Albrecht (Hrsg.), 1994: *Digitales Fernsehen. Eine neue Dimension der Medienvielfalt*. 1. Auflage, Heidelberg: R.v.Decker.

Zimmer, Jochen, 1998: Fernsehempfang: In Zukunft Satellit vor Kabel? Entwicklung und Perspektiven des terrestrischen, Kabel- und Satellitenfernsehens in Deutschland. In: *Media Perspektiven* 78/98, 352-366.

Zollmann, Peter M., 1997: Interactive News: State of the Art. Manuskript, June, www.rtnda.org/resources/intnews/artsum.htm.

Zorn, Werner, 1998: "Über die verfehlte deutsche Internet-Entwicklung. In: Maar, Christa/ Leggewie, Claus (Hrsg.): *Politik und Internet*. Akademie für das 3. Jahrtausend. München: Bollmann-Verlag.

Zota, Volker, 2001: Moviez zum Nulltarif. Raubkopierte Filme im Internet - Die Filmindustrie hat ein Problem. In: *c't* 3, 90-92.

ZVEI/ Fachverband Unterhaltungselekronik, 1996: *Vermarktung von Set-Top Boxen. Positionspapier des Fachverbandes Unterhaltungselektronik im ZVEI vom 15. August 1996*. Frankfurt/ M.: Zentralverband Elektrotechnik- und Elektronikindustrie. Verteilt am 10.10.1996 mit TK-Rundschreiben 36a/96.